The quality management and energy sector. The productivity impact in Mexico

Dionisio Álvarez

AAMX
Asociación de Autores Mexicanos

Desarrollo editorial: María Elena Vilchis
Dirección Editorial: María del Carmen Vilchis
Edición: Asociación de Autores Mexicanos
Coordinación de diseño: Víctor Álvarez
Corrección: María del Carmen Vilchis
The quality management and energy sector.
The productivity impact in Mexico
ISBN: 978-1530357109

The quality management and energy sector. The productivity impact in Mexico

Dionisio Alvarez

2a. Edición, febrero 2016

Asocioación de Autores Mexicanos, AAMX; 2016

Impreso en México.

Diseño: AAMX©.
Impreso por: AAMX Editorial©.

ISBN: 978-1530357109

Comentario del autor.

El título de este informe no es una desmesura o una exageración. Un día despertamos con la noticia de que los Estados Unidos se habían convertido en el país con el mayor potencial de hidrocarburos del mundo. En dos años, nuestro vecino del norte habrá rebasado a Rusia para convertirse en el mayor productor de gas del planeta. Antes de terminar la década, Estados Unidos rebasará a Arabia Saudita como el mayor productor de crudo. Y en poco más de dos décadas, el coloso norteamericano será exportador neto de petróleo. Es verdad: mientras México se durmió en sus laureles nos cambiaron el mapa. Hoy tenemos que enfrentar un nuevo orden energético global.

En el mundo -y particularmente en América del Norte- se vive una revolución energética desde hace una década. Los avances tecnológicos, de la mano del talento y de la competencia global, han hecho posible la identificación y explotación de enormes recursos de gas y petróleo que antes eran inaccesibles o inviables técnica y financieramente. Se trata de los llamados recursos no convencionales. El resultado es que hemos sepultado el mito del fin de la era del petróleo. La nueva abundancia global de recursos ha invertido los roles de la oferta y la demanda: si antes eran los inversionistas quienes competían por un número muy limitado de países con potencial de hidrocarburos, hoy en día son los países quienes compiten por el talento global, la inversión y el acceso a la tecnología.

Frente a estos cambios vertiginosos, México ha permanecido impasible. Con un sector de hidrocarburos pensado para mediados del siglo XX, nuestro país es completamente ajeno a la revolución energética del siglo XXI. Mientras que países como Cuba, Irán y Corea del Norte compiten por inversión extranjera para desarrollar sus recursos, México se mantiene cerrado y aislado. Nuestro sector energético fue pensado para un mundo que ya no existe -un mundo en el cual era factible que una sola empresa pudiera desempeñar sola todas las actividades de la cadena de valor. Un mundo de petróleo fácil, ejemplificado en México por el mega-yacimiento de Cantarell que hoy está en su ocaso.

Nuestro sector de hidrocarburos está en crisis. Los síntomas abundan. La producción de petróleo es 25% inferior a la de hace 9 años. La producción de gas está estancada y no alcanza a cubrir la demanda nacional. Las reservas probadas de crudo son 41% más bajas que al inicio del siglo. El país aún cuenta con un enorme potencial en hidrocarburos. Pero es incapaz de desarrollarlo. ¿Cómo nos beneficiamos de poseer enormes reservas de crudo en las aguas profundas del Golfo de México, si carecemos de los recursos financieros y técnicos para explotarlas? ¿De qué nos sirve tener las cuartas reservas de lutitas más grandes del mundo, si no las podemos explotar?

Es una paradoja incómoda y absurda: somos incapaces de explotar nuestra riqueza mineral por la camisa de fuerza que nos impusimos nosotros mismos. Las leyes que creamos nos impiden maximizar nuestra renta petrolera y garantizar la seguridad energética del país. Nos impiden transformar a la energía en un factor de competitividad (como lo ha hecho Estados Unidos a partir del gas de lutitas). Nos impiden acelerar el desarrollo industrial y tecnológico del país. Y sin embargo, hemos preferido dejarlas intactas, como si fuesen sagradas, como si no hubieran sido escritas por hombres de carne y hueso como nosotros.

Sin embargo, hay razones para ser optimistas. La crisis por la que atraviesa el sector nos obliga a actuar. Por primera vez en mucho tiempo, hay un consenso sobre la urgencia de reformar, esta vez en serio, el sector de hidrocarburos. Los diversos diagnósticos coinciden en la esencial. Ciertamente hay diferencias importantes en cuanto a lo que debe contener la reforma. Pero prácticamente ninguna voz seria afirma hoy en día que el modelo mexicano es sano y sostenible.

El presente informe busca convertirse en un referente importante en el debate sobre la reforma energética que veremos en los próximos meses. Representa el fruto del esfuerzo profesional. Es un documento ambicioso, puesto que no solamente presenta un diagnóstico detallado del sector en México, o de las tendencias globales y las experiencias internacionales más importantes: también pone sobre la mesa una visión del sector que el país necesita, fundamentada en objetivos nacionales explícitos de los cuales se desprenden líneas estratégicas y propuestas concretas.

El informe parte de una premisa esencial: el petróleo es y debe seguir como patrimonio de la nación. Toda discusión seria sobre la reforma energética debe estar sustentada en una definición del rol que el sector de hidrocarburos debe jugar en el país. Tenemos que establecer objetivos claros y tangibles, alineados con el interés nacional y la competitividad de la economía. Una vez definidos estos objetivos, podemos identificar los medios más directos y eficaces para alcanzarlos. Estos medios conforman el paquete de reformas que requiere el sector. Las propuestas que presenta este documento son el resultado de este proceso de análisis, que considera tanto el diagnóstico del sector en México como las lecciones relevantes de países con empresas nacionales de petróleo, que sin embargo, están abiertos a la competencia y la inversión.

Estoy seguro que en este documento encontrarán argumentos, ideas y datos valiosos para valorar lo que ha sucedido con el sector de hidrocarburos en México y en el mundo, pero sobre todo para replantearnos el tipo de sector -y de país- que queremos. Si somos capaces de reformar este sector para desplegar su potencial a plenitud -en términos de generación de riqueza, innovación, y fortalecimiento de la competitividad- estaremos dando el paso más importante para el desarrollo de México en las últimas décadas. En esta era de cambios y revoluciones, el mayor riesgo para el futuro es permanecer inmóviles.

Dionisio Alvarez

Índice de Competitividad Internacional 2013

México 2030: una humilde placa conmemorativa, recordando a los muertos en la explosión del 31 de enero de 2013, adorna la plazoleta que enmarca el desvencíjado complejo corporativo de Pemex. El óxido cubre ya buena parte de la placa, los nombres de las víctimas se han vuelto casi ilegibles. Plena concordancia con el entorno: hacia donde se mire, Pemex destila austeridad y descuido. Ventanas sucias, muebles de otra era, computadoras del paleolítico. Mucha gente, poca actividad.

Esta triste circunstancia no es producto de la casualidad. Hace ya más de una década, cesaron las exportaciones petroleras. Desde el final de la administración Peña Nieto, la menguante producción nacional dejó de ser suficiente para cubrir las necesidades del país. De pilar de la hacienda pública, Pemex se convirtió en máquina comesubsidios, abrumada por un pasivo laboral infinito. Las importaciones de petrolíferos se volvieron un pesado yugo al cuello de la balanza externa mexicana ¿Las reservas? En caída libre ¿Los nuevos proyectos de producción? Decepcionantes, frustrados por la falta de tecnología y la incapacidad de Pemex para gestionar tareas de gran aliento ¿La red de ductos? Desbordada, mal mantenida, mal conectada con Estados Unidos, presa del saqueo permanente y sujeta a cada vez más accidentes con cada vez más víctimas ¿Las lutitas, todo el *shale gas* y el *shale oil* que Tamaulipas, Coahuila y Nuevo León comparten con Texas? Bien, gracias, en estado primigenio, virginal.

Pero el petróleo es nuestro. Inútil, inexplorado, inexplotado, pero bien nuestro. No, aquí no hubo reforma energética. Nada de concesiones ni de contratos de riesgo ni de asociaciones estratégicas. Nada de importar libremente gasolinas, nada de refinerías privadas. Nada de nada ¿Que hasta Corea del Norte, el mismísimo reino ermitaño, permite la entrada a capital extranjero en el sector petrolero? Sí, pero ¿y eso, qué? Como México no hay dos ¿Que el petróleo vale cada vez menos, que las energías alternativas alcanzaron ya la madurez, que la riqueza se pierde cada día que se queda el patrimonio en el subsuelo? Fruslerías de tecnócrata.

No, nada de reformas. Los argumentos técnicos no valen contra la dignidad de la patria. La Nación demanda el derecho inalienable al estancamiento, el privilegio de perderse la mayor revolución tecnológica en medio siglo, el gusto del gas caro y el petróleo importado. Faltaba más.

México 2013: en la mira, un futuro ominoso. Pero no es el único posible. La geografía nos dotó de una riqueza inmensa en el subsuelo. La historia nos ofrece ahora la oportunidad de explotarla a plenitud. Reza un viejo dicho del sector energético que el petróleo está en la mente de las personas. En la última década, una explosión de neuronas y tecnología ha encontrado energía en lugares insospechados: el chapopote se ha vuelto hidrocarburo utilizable, las perforaciones de pozos se realizan en línea horizontal, las piedras son inyectadas con agua para extraer gas en cantidad inmensa.

Esa prodigiosa alquimia está transformando la realidad energética y geopolítica del mundo. La producción de petróleo y gas de Estados Unidos está creciendo a ritmo acelerado desde hace media década. Con ello ya no sólo es posible, sino probable, que antes de 2020 nuestro vecino pase de depender de importaciones provenientes del siempre inestable Medio Oriente a convertirse en un exportador neto de energía. En Canadá, la provincia de Alberta atraviesa por una fiebre del oro, al volverse técnica y financieramente viable la explotación de las llamadas arenas bituminosas. En África, tierra de hambrunas y guerras civiles durante décadas, se encuentran algunos países con las mayores tasas de crecimiento del planeta, impulsados por la explotación de petróleo en aguas profundas.

Pero para detonar esos procesos expansivos se requiere de algunas condiciones mínimas. La primera es la participación de múltiples jugadores en los esfuerzos de exploración y producción: los proyectos de lutitas o de aguas profundas, por ejemplo, son de tan alto riesgo, requieren de tanto capital y exigen tanto talento que no hay empresa estatal o privada en el mundo que pueda o quiera enfrentar sola el reto. Por ese motivo, en la industria petrolera hay una dinámica simultánea de competencia y colaboración.

La segunda es la posibilidad de asociación con los poseedores de la tecnología y el conocimiento requeridos para explotar esos recursos. Contra lo que a veces se opina, la alta tecnología petrolera no se vende ni se compra en un mercado abierto. Son técnicas propietarias, celosamente guardadas por las empresas petroleras, protegidas por una maraña de patentes. Las empresas de servicios pueden proveer algunas cosas, pero no lo último, no lo más innovador, no lo que se requiere para movernos del estancamiento al crecimiento acelerado.

En México no existen esas condiciones. Mientras el resto del mundo se movía en dirección del pragmatismo, nuestro país se quedó anclado en un modelo altamente restrictivo, con una sola empresa estatal monopolizando todas las fases del proceso productivo, atada de pies y manos, incapaz de asociarse con nadie en territorio nacional, abrumada por una carga fiscal y regulatoria excesiva bajo cualquier métrica.

Sin embargo, esa realidad podría cambiar este año. Con alta probabilidad, el gobierno federal presentará en los próximos meses una iniciativa de reforma a la legislación en materia petrolera. Aún no se conocen los pormenores y persiste el riesgo de que se trate sólo de cambios marginales, de mejoras incrementales, de muy poco que altere de fondo la ecuación. Sin embargo, hay una posibilidad de que una reforma ambiciosa, transformadora, surja del proceso de negociación entre el gobierno y las principales fuerzas políticas del país.

El presente reporte está dividido en dos secciones. La primera sección resalta la urgencia de llevar a cabo una reforma energética que detone la inversión, el crecimiento económico y el desarrollo económico del país. Busca proveer datos y argumentos, sustento técnico y propuestas concretas, para facilitar la construcción de una reforma que sea a un tiempo suficientemente radical y políticamente viable.

Esta sección parte, en su primer capítulo, de una descripción de los instrumentos fundamentales de los cuales se valen los países para maximizar la riqueza de sus recursos no renovables. Describe también la revolución que recorre al mundo, del cambio tecnológico de la última década, del surgimiento de nuevas técnicas, nuevos mantos, nuevas reservas, nuevos jugadores.

El segundo capítulo busca mostrar las muchas rutas de una reforma posible. Con estudios de caso sobre una gran diversidad de países, se analizan los múltiples instrumentos para potenciar rápidamente al sector petrolero, maximizar el valor de la renta y beneficiar a ciudadanos presentes y futuros. Varios países han creado mercados eficientes de hidrocarburos, han convertido al sector en una palanca de desarrollo industrial y tecnológico y han impulsado su competitividad. Ello sin privatizar nada y sin ceder un ápice en el control de la Nación sobre los recursos del subsuelo.

El tercer capítulo es una disección aguda de los males que aquejan al sistema petrolero mexicano y en particular a su actor clave, Pemex. Recorre los excesos de la carga tributaria, las restricciones financieras de la empresa, la caída en las reservas, los problemas de gestión de proyectos, los desbalances de la refinación y la petroquímica, las limitaciones normativas y las deficiencias de esfuerzos recientes de transformación. No es un bonito retrato, pero no es una crítica desproporcionada: se reconoce lo que se tiene que reconocer, los esfuerzos de muchos petroleros que, contra todo, mantienen a flote la única operadora petrolera del país.

El cuarto capítulo presenta las propuestas. O más bien, temas ineludibles de conversación, elementos indispensables de una reforma que se diga transformadora. Es nuestra contribución inicial a un debate que apenas empieza. Por último, hacemos un análisis del impacto que tendría la reforma.

La segunda sección del informe consta de un análisis con base en información estadística de la competitividad de México frente a las principales economías del mundo y de la región. En términos generales, el país se mantiene estancado: ocupa el mismo lugar entre las 46 economías evaluadas que hace una década. A falta de reformas estructurales, y a pesar de la estabilidad macroeconómica, el país no ha aumentado su capacidad para atraer y retener talento e inversión.

Este es un reporte técnico, pero tiene de sustrato un argumento político y moral. Reformar al sector petrolero en México es cambiar de fondo la relación entre Estado y ciudadanos por tres vías. Primero, permitiría liquidar o al menos acotar el ecosistema de corrupción que se ha formado en torno a Pemex, con efectos funestos para la confianza de los ciudadanos en sus autoridades. Segundo, al transparentar la naturaleza y tamaño del patrimonio, haría visibles las responsabilidades de los mexicanos presentes hacia los mexicanos futuros, eventualmente generando tracción contra el despilfarro y el abuso. Tercero, al reducir la dependencia financiera del Estado hacia los ingresos petroleros, acabaría con el divorcio entre gasto e impuestos. Y al volvernos contribuyentes, tal vez aprenderíamos a ser mejores ciudadanos, y el gobierno a rendir cuentas por lo que hace o deja de hacer.

Ese es tal vez el mensaje central, aunque implícito, del reporte. Lo que se juega con la reforma al sector de hidrocarburos no sólo es la prosperidad futura del país, sino también la salud moral de la república. Ojalá gobierno y oposición lo tengan en cuenta cuando decidan qué futuro se quiere.

Sobre la presente edición

Los siguientes capítulos se refieren únicamente al estudio del sector de hidrocarburos. Esto quiere decir que el análisis, diagnóstico, referencias internacionales y propuestas están exclusivamente relacionadas con los combustibles fósiles, específicamente petróleo y gas.

En este sentido, el reporte no hace un análisis a profundidad sobre otras fuentes de energía como son la energía eléctrica, los biocombustibles y otras energías renovables (eólica, solar, hidroeléctrica, entre otras). Aunque en el capítulo 1 se describe brevemente la evoluación del crecimiento de éstas últimas, no son el objeto de este estudio.

Por otra parte, cada uno de los capítulos inicia con los mensajes principales. Estos mensajes sintetizan los argumentos en torno a cada tema discutido.

Reconocemos que en la cadena productiva de los hidrocarburos el mayor valor está en el *upstream*, es decir, en la fase de exploración y producción. Por ello, tanto en el diagnóstico de México como en las propuestas hacemos un análisis con mayor énfasis en esta etapa. Ello no significa que las otras fases de la cadena sean soslayadas. Aunque en menor medida, también describimos la problemática y ofrecemos recomendaciones para el caso de refinación y petroquímica (*downstream*).

Finalmente, este estudio no se trata únicamente de Pemex. Hasta ahora es inevitable referirnos al sector de hidrocarburos y su industria en México como sinónimos de Pemex. Sin embargo, la discusión de la reforma no puede reducirse al papel de la paraestatal en el sector y a cómo lograr que sea rentable y operativamente eficiente. La reforma y la problemática del sector de hidrocarburos en México trascienden el desempeño de Pemex.

Capítulo 1. Una visión global del sector de hidrocarburos

Mensajes principales

1. El Estado y los hidrocarburos

- La propiedad original de los hidrocarburos es y deberá seguir siendo de la Nación.

- En general, el objetivo de los Estados con reservas de hidrocarburos es maximizar el valor de la renta de sus recursos no renovables.

- En la cadena productiva de los hidrocarburos el mayor valor está en el *upstream*, es decir, en la fase de exploración y producción.

- Los principales esquemas legales que existen en el mundo para maximizar la renta económica de los hidrocarburos son las concesiones y los contratos (de servicios y de producción compartida).

- Hay tres instrumentos que utilizan los Estados para maximizar el valor de la renta petrolera, independientemente del esquema contractual: las regalías *(royalties)*, el sistema de deducciones y el esquema fiscal (impuestos).

- Los Estados combinan estos tres elementos según el objetivo y expectativas de extracción de renta que tengan.

- El sector de hidrocarburos es uno de los negocios más grandes en el mundo. Está íntimamente relacionado con la geopolítica internacional, la diplomacia y las fricciones políticas.

2. Esta es la nueva era de los hidrocarburos

- Los hidrocarburos son y seguirán siendo la principal fuente de energía a nivel global.

- De 1980 a la fecha, las reservas probadas mundiales de hidrocarburos han crecido casi 2.5 veces.

- Se ha roto el mito del fin del petróleo.

3. La innovación tecnológica es la constante del mundo energético

- Con el desarrollo de nuevas tecnologías, muchos recursos antes inaccesibles hoy son viables técnica y comercialmente.

- La tecnología de punta no se vende.

- El bien más preciado y escaso de la industria petrolera es el talento humano

4. Transición del crudo fácil al crudo difícil

- Los campos convencionales, y en particular los grandes yacimientos, se están acabando.

- Los nuevos descubrimientos son más pequeños, más costosos y más difíciles de explotar.

- El aumento en la producción mundial vendrá de fuentes no convencionales: lutitas, aguas profundas, gas grisú, arenas bituminosas.

5. El mundo energético ya cambió

- Norteamérica está emergiendo como la gran potencia energética del mundo.

- Para 2018, EUA será el mayor productor de petróleo y gas del mundo.

- En menos de dos décadas, EUA podría convertirse en un exportador neto de petróleo, lo cual afectaría directamente a México al reducirse la demanda de crudo mexicano importado.

Introducción

Para poder analizar y discutir sobre el sector de hidrocarburos es importante definir qué objetivo cumple. La visión es que la Nación es y deberá seguir siendo la única dueña original de los hidrocarburos. Sin ese punto a discusión, el Estado mexicano debería transformar la lógica de control e ingresos fiscales que ha tenido en las últimas décadas, hacia la maximización del valor de la renta petrolera para promover el desarrollo del país de manera intergeneracional. En este sentido, deben plantearse objetivos claros que guíen al sector de hidrocarburos. Creemos que la discusión de la reforma de este sector debe estar orientada hacia cuatro objetivos estratégicos:

1. Maximizar el valor de la renta petrolera.

2. Garantizar la seguridad energética y fortalecer la competitividad del país.

3. Convertir al sector en una palanca de desarrollo industrial y tecnológico.

4. Transformar la renta petrolera en bienestar de largo plazo.

Para cumplir con esto, no sólo debe ser relevante la explotación de los hidrocarburos sino el planteamiento de la pregunta ¿cómo hacerlo de la forma más eficiente? El país requiere entender a la energía de los hidrocarburos como un insumo para la producción. El enfoque debe ser lograr un sector energético que impulse la competitividad de las empresas y sectores productivos a través del cumplimiento de la demanda -seguridad en el abasto- y la oferta de precios competitivos.

A fin de entender cómo llegamos al planteamiento de estos cuatro objetivos,[1] este capítulo establece conceptos generales y una visión global del sector. Para ello se divide en dos apartados: el primero describe cómo los Estados maximizan el valor de la renta petrolera utilizando diferentes instrumentos legales. Un hecho definitivo es que la primera fase de la cadena productiva es la que genera el mayor valor económico (la renta), es decir, la fase de exploración y producción de hidrocarburos, usualmente llamada *upstream*. En este sentido, se explican los diferentes arreglos institucionales para la explotación de los hidrocarburos.

El segundo apartado describe las tendencias internacionales en el sector. El petróleo y el gas seguirán siendo la principal fuente de energía, la más usada y explotada a nivel mundial. Sin embargo, a diferencia de las décadas anteriores, hoy vivimos un cambio estructural en el sector ya que hemos pasado del crudo fácil al crudo difícil. Esto significa que la innovación tecnológica y la habilidad de los países para atraer talento e inversión serán cada vez más determinantes para explotar estos recursos. Por ello, se muestra cómo el mapa energético del mundo ha cambiado. América del Norte ha emergido como la región con el mayor potencial de hidrocarburos, principalmente por el descubrimiento reciente de recursos no convencionales.[2]

México, como parte de América del Norte, podría beneficiarse del nuevo contexto energético de la región aún cuando no tuviera reservas abundantes de hidrocarburos. Para ello requeriría una infraestructura de transporte y distribución eficiente que le permitiera importar energéticos a precios competitivos de EUA y Canadá, para así satisfacer la demanda que no es cubierta por la producción nacional.

Al mismo tiempo, el sector energético nacional podría convertirse en un factor de competitividad para las empresas mexicanas y para la economía en su conjunto. Para esto, el país requiere un mercado de hidrocarburos y

derivados en el cual los precios reflejen tanto las fluctuaciones en la oferta y la demanda como los costos reales de generar energía. Esto no ocurre actualmente debido a la política oficial de precios controlados y subsidiados.

1.1 El papel del Estado y los hidrocarburos

En general, el objetivo común de los Estados con reservas de hidrocarburos es maximizar el valor de la renta de sus recursos no renovables. Las relaciones entre el Estado, como administrador de los hidrocarburos de la Nación; la industria, a través de operadores; y la forma en la que se distribuye la renta generada, son fundamentales para cumplir con dicho objetivo.

En este punto cabe hacer la distinción entre el operador y el dueño de los hidrocarburos. El operador es una empresa petrolera que participa en la fase de exploración y producción de hidrocarburos, tiene la responsabilidad de tomar decisiones, asume el riesgo de capital y obtiene beneficios sólo en caso de éxito, y pierde todas las veces en las que los proyectos no son exitosos.[3] El dueño original de los recursos es quien maximiza el valor de la renta de los mismos.

Además de entender estas distinciones, es importante identificar cuáles son las actividades más rentables en el sector y explicar así la razón por la que los Estados mantienen la propiedad de los hidrocarburos. En la cadena productiva de los hidrocarburos el mayor valor está en el *upstream*, es decir, en la fase de exploración y producción.

La industria de petróleo y gas usualmente se divide en tres etapas:

1. *Upstream*: La exploración y producción de petróleo y gas.

2. *Midstream*:[4] Las actividades logísticas y de transporte de crudo, gas sin proceso y productos refinados.

3. *Downstream*: Abarca la refinación de crudo y el procesamiento de gas natural, así como la comercialización de petrolíferos y petroquímicos.

Por mucho, el sector que genera más valor o renta es el de exploración y producción -*upstream*-. De acuerdo con un estudio de McKinsey, el retorno a la inversión del *upstream*, tanto para petróleo como para gas es 150% mayor al del *downstream*, y entre 150% y 200% mayor con respecto al *midstream* (ver Gráfica 1.1).

3. Ver una discusión más detallada en: D. Wood (coord.) 2012, *Un nuevo comienzo para el petróleo mexicano: principios y recomendaciones para una reforma a favor del interés nacional*. México: ITAM y The Woodrow Wilson Center Mexico Institute.

4. Esta fase a su vez se puede dividir en *upper midstream* y *lower midstream*. La primera se refiere a logística y transporte de crudo y gas no procesado. *Lower midstream* se refiere a logística y transporte de refinado.

1. En el capítulo 4 se desarrollan a detalle estos cuatro objetivos así como las propuestas para alcanzarlos.

2. Los recursos no convencionales se refieren a los hidrocarburos que se pueden extraer directamente de la roca generadora. Más adelante describimos en qué consisten este tipo de recursos.

Capítulo 1. Una visión global del sector de hidrocarburos

Gráfica 1.1 Rentabilidad de la industria de petróleo y gas por etapa productiva

En la industria de petróleo y gas, el *upstream* es el que crea más valor

Fuente: McKinsey & Company, México, 29 de mayo de 2013
(1) Retorno sobre capital invertido = NOPLAT / Capital invertido; NOPLAT = EBIT * (1-tasa de impuestos). Donde NOPLAT es el resultado neto de explotación menos impuestos ajustados, y EBIT son las utilidades antes de intereses e impuestos.

La explotación de hidrocarburos es una actividad muy riesgosa tanto por los niveles de inversión como por las complejidades técnicas. Esta característica es especialmente marcada en el *upstream* y es la principal razón por la cual la tecnología de punta en este sector no se vende. Sin embargo, como consecuencia del agotamiento de los yacimientos "fáciles" (de baja complejidad técnica), las inversiones necesarias para el descubrimiento y desarrollo en los yacimientos "difíciles" se han disparado a niveles muy altos (ver la discusión posterior sobre el costo de pozos en aguas profundas).

La combinación de estos altos costos de inversión con altos niveles de riesgo ha generado que la mayor parte de los proyectos ahora se ejecuten por consorcios de múltiples operadores. Las compañías petroleras más grandes y exitosas actualmente comparten tecnología de punta y se asocian para explotar diferentes yacimientos. De este modo reducen su exposición al riesgo en su papel de operadores. Esta dinámica de competencia y cooperación entre operadores ya es característica del sector moderno de petróleo y gas.

1.1.1 Instrumentos para la maximización de la renta petrolera

La renta económica proveniente de la explotación del petróleo se define como la diferencia entre el ingreso petrolero y los pagos a los factores de la producción (incluyendo la inversión).[5]

No existe un diseño óptimo de sector. Para lograr la maximización de la renta, los Estados deben utilizar una combinación de diferentes instrumentos que respondan a las características específicas de sus recursos, visión y presiones políticas de las cuales son objeto.

De hecho, dentro de un mismo país pueden existir diferentes esquemas. Cada uno puede variar de acuerdo con las condiciones geológicas de los distintos proyectos, la existencia o no de una empresa petrolera estatal (*NOC, national oil company* por sus siglas en inglés)[6] y los términos de la negociación que establezcan entre el Estado y los operadores.

La estrategia de un Estado para maximizar su renta petrolera debe considerar el impacto sobre la inversión y los niveles de producción. En otras palabras, si un Estado implementa un régimen fiscal confiscatorio para el sector de hidrocarburos, la inversión difícilmente llegará y por lo tanto no se producirá petróleo ni habrá renta petrolera que maximizar.

De esta manera, cada país procura fijar un régimen legal y fiscal que maximice la renta para el Estado pero que también ofrezca viabilidad a las decisiones de los inversionistas. En un mundo en el que las reservas de hidrocarburos han crecido dramáticamente como resultado de la revolución tecnológica, existe un alto grado de competencia entre los países productores para atraer inversiones. En este sentido, es evidente que los arreglos institucionales de cada país compiten entre sí.

En el siguiente diagrama se muestran los principales esquemas legales que existen a nivel internacional para establecer derechos y obligaciones tanto de los Estados como de los operadores. Estos se agrupan en dos tipos: sistemas de concesiones y sistemas contractuales (Figura 1.1).

5. World Bank, (2007). Legal Arrangements in the Petroleum Industry. En Tordo, Sylvana, (2007). *Fiscal Systems for Hydrocarbons. Design Issues*, World Bank working paper No. 123.

6. Las empresas estatales (NOC), no son dueñas de los recursos sino que solamente explotan los hidrocarburos en beneficio de la Nación.

Figura 1.1 Mecanismos legales en el sector petrolero

Fuente: Elaboración propia con datos de Daniel Johnston, (1994). *International Petroleum fiscal systems and production sharing contracts. Tulsa, Ok: Penn Well Publishing*

La mayor parte de los países productores de hidrocarburos cuentan con un marco institucional que comprende tanto concesiones como contratos de producción compartida. En cualquier caso, el Estado determina el mecanismo contractual idóneo a partir de la complejidad del yacimiento y de la necesidad de hacer más atractivo el esquema en términos de inversión y talento para desarrollarlo. La concesión es el instrumento legal donde la mayor parte del riesgo y de la inversión la asume el operador, quien tiene una mayor libertad para deducir costos.

En contraste, un esquema contractual basado exclusivamente en contratos de servicios es mucho menos eficiente para atraer inversión y talento, ya que el Estado asume la mayor parte del riesgo y la inversión.[7] México, junto con Arabia Saudita y Kuwait, es de los pocos países productores de hidrocarburos con contratos de servicios donde el Estado asume todo el riesgo.

Sin importar el tipo de esquema, en la mayoría de los casos la Nación es la dueña de los hidrocarburos en el subsuelo y los instrumentos arriba descritos le ayudan al Estado a maximizar el valor de la renta. Excepciones importantes son EUA y Canadá, donde la Nación no siempre es la dueña de los hidrocarburos (en estos países, la propiedad de la tierra otorga también la propiedad de la riqueza del subsuelo).

En ambos sistemas - concesiones y contratos- el inversionista, ya sea directamente el Estado o los operadores (incluyendo a las NOC), asume todos los riesgos y costos asociados a la exploración, desarrollo y producción de los hidrocarburos y recibe una compensación adecuada al nivel de riesgo. El riesgo depende de las especificaciones de cada proyecto y las expectativas futuras de producción. En términos generales, mientras mayor sea el riesgo de inversión más alta será la proporción de renta que reciba el inversionista.

Es importante tener en cuenta que hay tres elementos fundamentales que inciden en la maximización del valor de la renta petrolera, independientemente del esquema contractual. Estos elementos son: las regalías (royalties), el sistema de deducciones y el esquema fiscal (los impuestos). La estructura y peso de estos elementos en el esquema de maximización del valor de la renta petrolera son determinados por el Estado según criterios como pueden ser la rapidez con la que se pretenden desarrollar reservas y recursos específicos, el perfil de riesgo que asuma el propio Estado (incluyendo su disposición a compartir el riesgo) y su intervención en la planeación y operación de los proyectos petroleros. La combinación de estos elementos y el tipo de arreglo legal determinan el modo en que se distribuye la renta petrolera e inciden en la atracción de talento e inversión al sector. A continuación se describen los tres elementos mencionados:

- **Regalías (*royalties*):** Este es el primer pago que realiza el operador. Se determina con base en la cantidad y el valor del petróleo producido. Puede ser un porcentaje fijo o depender de una escala móvil de acuerdo con el grado de rentabilidad de un proyecto. El total de las ganancias menos las regalías equivale al ingreso neto.

- **Deducciones / Recuperación de costos:** En esta fase se deducen los costos de operación, depreciación, amortización y agotamiento, así como los costos intangibles de la perforación. En un esquema de concesiones las deducciones no tienen límite. Es decir, se deducen todos los costos. En el caso de los contratos de producción compartida esta recuperación de costos tiene un límite. Esta es una de las principales diferencias entre ambos sistemas. Al ingreso neto menos la recuperación o la deducibilidad de costos se le denomina ingreso gravable.

- **Esquema fiscal:** En esta fase se establecen impuestos con tasas variables. En el caso de una concesión, al ingreso neto menos la deducibilidad de costos se le denomina ingreso gravable y sobre ese ingreso se establecen diferentes impuestos. En el caso de un contrato de producción compartida, posterior a la deducibilidad de costos se hace un reparto de utilidades (*profit oil split*) y sobre el monto restante se establecen diferentes impuestos.[8]

La Tabla 1.1 resume las principales diferencias entre los distintos mecanismos legales.

7. En un contrato de servicios puro el Estado asume la totalidad del riesgo y la inversión (los operadores en este caso son contratistas). En contratos de servicios de riesgo el Estado y el operador comparten tanto el riesgo como la inversión.

8. Daniel Johnston, (1994). *International Petroleum fiscal systems and production sharing contracts. Tulsa, Ok: Penn Well Publishing*

Tabla 1.1 Aspectos esenciales de distintos esquemas contractuales para la participación de múltiples empresas en el sector de hidrocarburos

Conceptos	Modelo cerrado		Modelo abierto
	Sistema de contratos		Sistema de concesiones
	Servicios (Puro y Riesgo)	Producción Compartida	Concesiones
Propiedad del hidrocarburo	• Las reservas en el subsuelo son de la Nación • En los casos de contrato de servicio puro el operador actúa como contratista • En contratos de servicio de riesgo el operador no toma posesión sobre los hidrocarburos en superficie	• Las reservas en el subsuelo son de la Nación • El Estado comparte la propiedad de la producción con el operador en puntos específicos después de boca de pozo o en los puntos de entrega (en superficie)	• Las reservas en el subsuelo son de la Nación • El operador toma posesión de la totalidad de la producción de hidrocarburo a boca de pozo (en superficie)
Canalización de renta para el Estado[1]	Ingresos no tributarios — No pagan regalías ni otros ingresos	• Regalías (% de la producción) • Bonos de asignación • Participación especial • Pagos por ocupación de área	• Regalías (% de la producción) • Reparto de utilidades (profit oil) • Bonos de asignación • Participación especial • Pagos por ocupación de área
	Ingresos tributarios — Impuestos	• Impuestos corporativos (sobre la renta, impuestos ambientales) • Impuestos especiales al aceite durante la vida del proyecto	• Impuestos corporativos (sobre la renta, impuestos ambientales) • Impuestos especiales al aceite durante la vida del proyecto
Compensación para el operador[2]	Tarifa por barril. En los contratos de **servicio a riesgo** el pago es una tarifa por barril en efectivo vinculada a las utilidades	• La producción en especie se comparte entre el operador y el gobierno • Utilidades netas de los ingresos de parte de la producción • Recuperación de inversiones de capital reconocidas como amortización y depreciación (gasto virtual)	• Utilidades netas de los ingresos de toda la producción • Recuperación de inversiones de capital reconocidas como amortización y depreciación (gasto virtual)
Inversión	La inversión de capital corre casi totalmente a cargo del Estado, ya sea directamente o a través de una empresa estatal (NOC)	El operador aporta toda la inversión de exploración, desarrollo y explotación	El operador aporta toda la inversión de exploración, desarrollo y explotación
Deducibilidad de los costos	Sólo deduce los costos asociados con la prestación del servicio	Existe un tope anual en las deducciones de capital, los costos operativos van al 100%, el remanente se reconoce en años posteriores	El operador puede reconocer anualmente el 100% de las deducciones correspondientes a inversiones de capital y costos operativos

1. También se denomina *goverment take* y se entiende como la ganancia que obtiene el Estado de un proyecto de explotación de hidrocarburos. Como se ve en la tabla, puede darse a través de bonos de asignación, regalías, participación del gobierno, pagos por ocupación de áreas e impuestos.

2. Es conocido también como *company take* y es el porcentaje de las ganancias del operador después de cumplir con las regalías, deducir y recuperar sus costos, y pagar impuestos.

Fuente: IMCO con información de Daniel Johnston, (1994). *International Petroleum fiscal systems and production sharing contracts.* Tulsa, Ok: Penn Well Publishing y Description of Individual Fiscal Tools en Open Oil, (2012). *Oil Contracts: How to read and understand them,* 1era edición. Disponible en: http://openoil.net/understanding-oil-contracts

En la práctica, este menú de opciones puede ser calibrado por los gobiernos. Es decir, cada una de estas palancas (regalías, deducibilidad de costos, límites a la recuperación de costos, reparto de utilidades, bonos de asignación, participación del gobierno, impuestos corporativos, etc.) puede ser ajustada por el Estado según el objetivo y expectativas de extracción de renta que tenga. Por ejemplo, como se explica a detalle en el capítulo 2, Colombia se ha vuelto un país más atractivo para la inversión en el sector de hidrocarburos gracias a una reducción moderada en los niveles de regalías. El aumento en la inversión se ha traducido en mayor producción, que a su vez le ha permitido al Estado capturar más renta petrolera.

1.1.2 La política internacional en el sector de hidrocarburos

El sector de hidrocarburos es uno de los negocios más grandes en el mundo. Por su importancia económica, el sector está íntimamente relacionado con la geopolítica internacional, la diplomacia y las fricciones políticas. La economía política del petróleo y el gas está determinada por cinco características básicas de la industria:

1. La extracción de hidrocarburos genera importantes rentas, aún en yacimientos con altos costos.

2. Hay importantes costos hundidos en la exploración y producción de hidrocarburos.

3. En la fase de exploración, los riesgos son muy grandes (por la incertidumbre de encontrar yacimientos) pero decaen significativamente en la fase de explotación.

4. Los derivados del petróleo y el gas se consumen masivamente y son fundamentales para el funcionamiento de las economías. Por tanto, sus precios son políticamente sensibles y repercuten en muchos otros precios vía los costos de transporte, de generación de energía y de muchos procesos industriales.

5. Los precios internacionales de los hidrocarburos son volátiles, por lo que la renta petrolera también es muy inestable.

La combinación de altas rentas, costos hundidos y elevada volatilidad de precios generan un ciclo político de negocios en el sector de hidrocarburos, particularmente en países con institucionalidad débil. Cuando los precios son bajos, los gobiernos tienen un incentivo a abrir su sector, atraer inversionistas externos y generar incentivos para actividades de exploración. Sin embargo, cuando los precios aumentan o cuando se descubren yacimientos de petróleo fácil, los gobiernos cambian su política: para extraer más renta de los operadores, los gobiernos incrementan las tasas impositivas y de *royalties*, e inclusive expropian activos. Como consecuencia de sus costos hundidos, los operadores se ven obligados a aceptar estos cambios en las condiciones fiscales y contractuales o inclusive a aceptar la pérdida de activos.

En el corto plazo, los beneficios de un giro de esta naturaleza en el esquema fiscal y contractual del sector de hidrocarburos son obvios y los costos pueden parecer invisibles. Un régimen más agresivo de captura de la renta petrolera genera mayores recursos para construir una clientela política a través de diversos mecanismos, como los subsidios a los combustibles. Los niveles de producción pueden mantenerse constantes durante un tiempo por los enormes costos hundidos de los operadores. Además, la renta petrolera tiene la virtud, desde la perspectiva de los gobernantes, de divorciar el gasto público del cobro de impuestos, limitando la necesidad de rendición de cuentas a la ciudadanía.

Sin embargo, eventualmente un cambio súbito y arbitrario en las condiciones contractuales del sector tiene efectos devastadores sobre el mismo. La falta de certidumbre jurídica, combinada con el nuevo régimen fiscal agresivo o confiscatorio, desincentiva la inversión en el sector. En el mediano y largo plazo, esta falta de inversión en actividades exploratorias produce una caída en la producción o una disminución en los precios internacionales y genera presiones fiscales insostenibles. En ese punto puede darse un nuevo ciclo de apertura. Los gobiernos se ven obligados a ofrecer otra vez condiciones contractuales favorables a los operadores privados o internacionales, para atraer inversión y revertir la caída en la producción.

Los episodios de nacionalismo petrolero dejan importantes legados institucionales, en particular la existencia de empresas petroleras nacionales (*NOC*), a veces altamente ineficientes pero políticamente potentes, con una capacidad de influencia amplia entre trabajadores, contratistas y clientes privilegiados.

Para analizar el sector de hidrocarburos en cualquier país, sobre todo con una óptica reformista, se debe atender ese legado. Se debe transferir el control de las reservas a órganos reguladores autónomos, separar las finanzas de la empresa nacional del presupuesto del Estado, introducir disciplina de mercado al abrir el sector a la competencia, e incluso colocar una parte del capital de la *NOC* entre inversionistas privados, aún si se mantiene bajo un control estatal mayoritario.

La supervivencia de esas reformas en una nueva fase de alta producción y altos precios depende de la fortaleza institucional subyacente. En países con tradiciones democráticas frágiles y débil Estado de Derecho, la apertura del sector difícilmente puede resistir los fuertes incentivos políticos a extraer más renta en el presente, aún si se sacrifica la producción y renta futuras.

Venezuela representa el mejor ejemplo de este ciclo político de negocios del sector petrolero. Durante los años 50 y 60, en un entorno de precios bajos, ese país sudamericano promovió la participación de empresas internacionales para fortalecer las actividades de exploración. En los años 70, tras el incremento de precios provocado por el primer choque, el gobierno venezolano nacionalizó la industria petrolera y creó una empresa pública para hacerse cargo del sector, PDVSA.

Quince años después, tras un desplome de precios y envuelta en una severa crisis fiscal, Venezuela volvió a impulsar la inversión extranjera en el petróleo. Pero el episodio aperturista no duró mucho tiempo. Con la llegada al poder de Hugo Chávez en 1998, se inició un proceso largo de renacionalización parcial del sector.

El fenómeno se acentuó tras el paro petrolero de 2002-2003 y el inicio de una fase de ascenso sostenido de los precios internacionales. Diversos contratos con operadores extranjeros fueron modificados o cancelados. PDVSA perdió la autonomía financiera y administrativa que tenía, y se convirtió en la fuente central de financiamiento de la política chavista, interna y externa. Los resultados han sido los previsibles, pese a contar con las mayores reservas de crudo del mundo, entre 2000 y 2011 la producción de crudo de Venezuela reportada oficialmente se mantuvo estancada en alrededor de 2.9 millones de barriles por día.[9] Algunos analistas incluso estiman que la producción real de Venezuela en años recientes podría ser menor a la reportada. De acuerdo con la EIA, entre 2001 y 2012 la producción de crudo en Venezuela cayó 25% al pasar de 3.2 a 2.4 millones de barriles por día.[10]

La baja inversión en desarrollo de campos es responsable del estancamiento o caída en la producción: en 2011 PDVSA sólo invirtió en exploración y producción 11 mil millones de dólares. Esta cifra palidece frente a los 19 mil millones que invirtió PEMEX ese mismo año, o los 42 mil millones que invirtió Petrobras en Brasil.[11]

Eventualmente, es probable que Venezuela regrese a la fase aperturista del ciclo. Posiblemente le sigan países que han seguido rutas similares, aunque menos estridentes, como Argentina, Ecuador e incluso Brasil en fechas recientes. No hay respuestas únicas, pero existen algunos ejemplos virtuosos como el de Noruega, descritos en el capítulo 2 de este informe. Una constante de esos ejemplos, más allá de las reglas específicas del sector petrolero, es la existencia de un Estado de Derecho y de pesos y contrapesos institucionales que impiden que el sector sea manipulado con fines políticos. Sin eso, no hay mucho que proteja la lógica intergeneracional que debería tener el sector contra los vaivenes de la renta petrolera y de los impulsos de apropiación que genera.

1.2 La revolución tecnológica de los hidrocarburos

Hasta hace unos años, todo parecía indicar que el fin de la era de los hidrocarburos estaba a la vista. La transición hacia el fin del petróleo[12] había estado en la conciencia del mundo occidental desde la crisis del petróleo de 1973, que puso en evidencia el enorme riesgo que implicaba la adicción de las economías avanzadas al petróleo y gas importado. Todavía en la primera década del siglo XXI parecía inevitable la llamada transición energética en un futuro no muy lejano: el aumento sostenido de los precios de los hidrocarburos y la innovación tecnológica en las energías renovables parecía sugerir que éstas reemplazarían a las primeras en cuestión de años.

Sin embargo, esa visión ha cambiado profundamente en años recientes. Hoy el mundo vive una segunda era dorada de las energías fósiles. Las reservas probadas de hidrocarburos se han multiplicado en casi 2.5 veces de 1980 a la fecha. Este fenómeno ha roto el paradigma del fin de la era del petróleo y nos ha obligado a replantear nuestra perspectiva sobre la oferta de hidrocarburos en las siguientes décadas. Todo parece indicar que los hidrocarburos seguirán teniendo un papel preponderante en la composición de la oferta energética mundial, como se puede apreciar en las gráficas 1.2, 1.3 y 1.4.

9. OPEP, (2013). *Annual Statistical Bulletin* 2012. Disponible en: http://www.opec.org/opec_web/static_files_project/media/downloads/publications/ASB2012.pdf

10. EIA, (2012). Venezuela Analysis Brief. Última actualización 3 de octubre de 2012. Obtenido en: http://www.eia.gov/countries/analysisbriefs/Venezuela/venezuela.pdf

11. CNN Finance, (06-03-2013). *Chavez's death won't spur new Venezuela oil drilling*. Obtenido en: http://finance.fortune.cnn.com/2013/03/06/hugo-chavez-death-oil/

12. The Economist, (23-10-2013). *The End of the Oil Age*. Obtenido en: http://www.economist.com/node/2155717

Gráfica 1.2 Producción total mundial según fuente de energía (millones de barriles diarios)

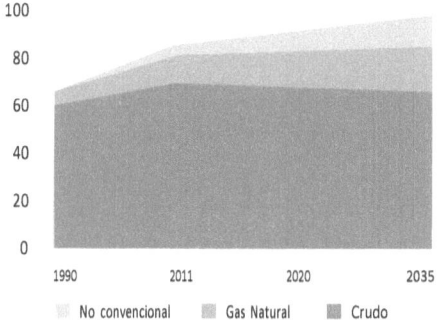

Fuente: IMCO con información de la IEA, 2012, World Energy Outlook 2012.

Nota: Los recursos no convencionales se refieren a los hidrocarburos que se pueden extraer directamente de la roca generadora, estos pueden ser por ejemplo formaciones de lutitas, arenas bituminosas o gas grisú. Más adelante describimos en qué consisten este tipo de recursos.

Gráfica 1.3 Reservas probadas de petróleo en el mundo (miles de millones de barriles)

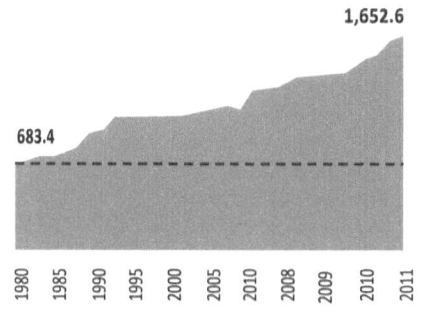

Fuente: BP Statistical Review of World Energy 2012.

El nivel actual de reservas de petróleo alcanzaría para 55 años al mismo ritmo de producción de 2011. Para el caso del gas natural, alcanzaría para 71 años. Sin embargo, en los próximos años los avances tecnológicos bien podrían impulsar el aumento de las reservas mundiales de gas natural en 340% y de petróleo en 350% (ver Tabla 1.2). En los países de la OCDE este aumento podría ser mucho mayor -de hasta 960%.

De acuerdo con el BP Statistical Review of World Energy 2012, el consumo total de energía mundial en 2011 fue de aproximadamente 12.2 mil millones de toneladas de crudo equivalente (MTCE). Los hidrocarburos (petróleo, gas natural y líquidos asociados) abastecieron 57% de la demanda global, mientras que 30% provino del carbón, 8% de energías renovables (incluyendo hidroeléctricas) y poco menos de 5% de la energía nuclear.

Las proyecciones a futuro señalan que los hidrocarburos continuarán siendo la principal fuente energética. De acuerdo con el World Energy Outlook 2012, publicado por la Agencia de Información de Energía de EUA (EIA),[13] y el BP World Outlook 2030, la demanda global de energía llegará a 16.6 mil MTCE en 2030, lo que implica un crecimiento de 40% respecto a 2011. La demanda se abastecerá en 54.4% de hidrocarburos, 27.5% de carbón, 12% de energías renovables y cerca de 6% de energía nuclear (ver Gráfica 1.4). Por tanto, es posible afirmar que vivimos en la era de los hidrocarburos y así continuará en el futuro cercano.

Gráfica 1.4 Crecimiento de la demanda global según fuentes de energía (miles de MTCE)

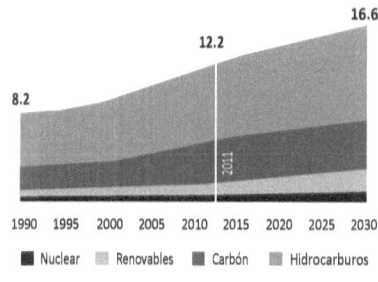

Fuente: BP, 2013, World Outlook 2030.

En las mismas proyecciones, las energías renovables -que parten de una base muy pequeña- son las que exhiben un mayor crecimiento, sobre todo a expensas del carbón, que está siendo gradualmente desplazado por sus altos costos económicos y ambientales. Los costos de las energías renovables, especialmente eólica y en menor grado solar, podrían representar una opción factible de suministro a pequeña escala.

Sin embargo, la mayor revolución por magnitud, impacto y escala, ocurre en la forma de explorar y producir hidrocarburos. En las siguientes décadas será cada vez más importante el uso de tecnología de punta y cono-

13.   International Energy Agency, (November 2012). World Energy Outlook 2012. Obtenido en: http://www.worldenergyoutlook.org/publications/weo-2012/

Capítulo 1. Una visión global del sector de hidrocarburos

Tabla 1.2 Reservas probadas de petróleo y gas a 2011 y recursos recuperables (con cambio tecnológico)

	Gas Natural (tmc)		Petróleo (miles de millones de barriles)	
	Reservas Probadas	Recursos Recuperables	Reservas Probadas	Recursos Recuperables
OCDE	28	193	244	2,345
No OCDE	205	597	1,450	3,526
Total	232	790	1,694	5,871
R/P (años)	71	241	55	189

Fuente: IMCO con información de la IEA, 2012, *World Energy Outlook 2012*.
Nota: R/P son los años que duraría el recurso de seguir produciendo a niveles de 2011.
Tmc: trillones de metros cúbicos.

cimiento especializado para poder explotar el potencial de hidrocarburos a nivel mundial. De hecho, gracias a los avances tecnológicos se ha hecho posible (y rentable) la explotación de una enorme cantidad de yacimientos más complejos y más pequeños que décadas atrás no hubieran sido factibles de desarrollar ni en términos financieros ni técnicos.

No obstante, debido a la complejidad técnica y los niveles de inversión necesarios para poder explotar los hidrocarburos no todos los países tienen acceso a esta revolución. La tecnología de punta -tanto en maquinaria y equipo, como en investigación y desarrollo- no está a la venta. Además, ésta no es suficiente si no se cuenta con el recurso más escaso: la experiencia y el talento humano. Hoy, la industria de los hidrocarburos a nivel global está en franca competencia, no por los recursos naturales que cada vez son más abundantes, sino por el personal experimentado y capacitado.[14]

Es decir, las compañías que son dueñas de las tecnologías de vanguardia normalmente retienen dicho conocimiento en patentes, las cuales no venden ni licencian, sino que las utilizan en inversiones donde sus retornos potenciales son altos o las comparten con otras empresas cuando se asocian en proyectos específicos. México ha quedado fuera de esta revolución tecnológica, pues bajo su esquema actual sólo tiene acceso a tecnología rezagada que le prestan (pero no le transfieren) sus contratistas.

Estos cambios están haciendo que termine el mundo de los grandes yacimientos. El escenario de fácil explotación a muy bajo costo, donde solo un puñado de países eran productores, se agota a la misma velocidad que los yacimientos que dieron pie a esa era en la producción de petróleo. Hoy, los campos gigantes como Ekofisk en Noruega, Cantarell en México, o la Franja del Orinoco en Venezuela, que catapultaron la producción petrolera en estos países hace 30 años, se encuentran en fase de declinación. En cambio, la nueva producción petrolera vendrá de una variedad de lugares con altos costos de producción, pero con la misma constante: el talento humano y la tecnología como base del éxito. Es decir, estamos en la transición de una era de petróleo fácil a una de petróleo difícil.

Antes, los hidrocarburos se hallaban en grandes yacimientos en pocos países, los cuales por sus bondades geológicas eran de bajo riesgo y bajo costo de producción. Pero el mundo ha cambiado. Actualmente, los nuevos hidrocarburos se localizan por todo el orbe, en numerosos campos de mucho menor tamaño a los antes vistos. Esta diversidad y dispersión conlleva riesgos de exploración y producción mayores a los que el mundo estaba acostumbrado. Igualmente, estos nuevos recursos vendrán de fuentes no tradicionales, como se explica más adelante.

En esta nueva era, la capacidad de crecer de los países dependerá de políticas que permitan capitalizar las oportunidades que abran sus puertas a la revolución tecnológica. Por esta razón, países como Noruega, Colombia o incluso China, han reformado sus políticas energéticas para aprovechar dichos recursos de forma más rápida y eficiente. A pesar de tener exitosas empresas estatales de hidrocarburos, estos países han creado mercados energéticos abiertos a la competencia, lo que les ha permitido detonar una transformación económica y explotar mejor sus recursos fósiles, como se explica a mayor detalle en el capítulo 2 del presente informe.

1.2.1 Los nuevos recursos energéticos

Los recursos energéticos que hoy son económicamente viables gracias a los avances tecnológicos son principalmente:

- **Gas grisú.** Es el gas natural que se obtiene de la producción minera, especialmente del carbón.[15] Su producción es relativamente sencilla y requiere poca inversión ya que es un subproducto del proceso minero. Esto lo ha convertido en un recurso comercialmente atractivo en países como Australia, Canadá, Rusia, Colom-

---

14. "Manpower shortage: Age demographics of petroleum industry leading to problems", *Offshore Magazine*. Obtenido en: http://www.offshore-mag.com/articles/print/volume-61/issue-8/news/manpower-shortage-age-demographics-of-petroleum-industry-leading-to-problems.html

15. En inglés se conoce como: Coal bed methane

bia y EUA. En México, dicho combustible podría representar una alternativa de bajo costo para las industrias de Coahuila (donde se extrae el carbón), ubicadas lejos de las zonas de abasto tradicionales de hidrocarburos.[16]

- **Arenas bituminosas.** Las arenas bituminosas son depósitos saturados de un petróleo muy viscoso, parecido al chapopote. Por su

forma, este petróleo no se perfora como tradicionalmente se haría en los yacimientos, sino que se excava como si fuera un mineral. De acuerdo con el *World Energy Council*,[17] las reservas mundiales de bituminosas alcanzan los 250 mil millones de barriles, es decir, 18% de las reservas totales de crudo en el mundo. De estas reservas, 71% se ubican en Canadá y el resto en diversos países, entre los que destacan Kazajistán y Rusia. La importancia de las bituminosas canadienses no se limita exclusivamente a sus reservas. Su producción representa actualmente 2 millones de barriles diarios (mmbd) y se espera que aumenten a 3.6 mmbd en 2020. Lo anterior implica que para fines de 2014, Canadá podría convertirse en el mayor proveedor de petróleo crudo pesado de las refinerías norteamericanas de la costa del Golfo de México,[18] siempre que la infraestructura de oleoductos se desarrolle para este fin. El escenario descrito es especialmente importante para México, pues implica que el país podría ser desplazado como proveedor de dichas refinerías.

- **Aguas profundas.** En los años setenta, las empresas petroleras de Estados Unidos, Noruega y Brasil decidieron invertir en tecnologías para explotar hidrocarburos en el lecho marino a profundidades antes inaccesibles. La inversión en tecnología fue una respuesta a los embargos petroleros del Medio Oriente. Por ello, con presupuestos de investigación sostenidos y tras treinta años de desarrollo, estos países desarrollaron tecnologías submarinas (robots, sistemas de monitoreo, plataformas semi-sumergibles, entre otros) para llegar a profundidades de varios kilómetros de tirante de agua y debajo del lecho submarino. Actualmente, son pocos los países que cuentan con la tecnología y experiencia para explotar dichos yacimientos. Asimismo, pocas empresas tienen la capacidad para invertir en dichos proyectos por sus altos costos, riesgos y complejidad tecnológica.

De acuerdo con datos de la industria,[19] invertir en el proceso exploratorio de un pozo en aguas profundas cuesta entre 200 a 250 millones de dólares. Pero de encontrarse petróleo, la inversión en infraestructura, perforación, instalaciones submarinas y mantenimiento de dichos pozos se eleva a un costo entre 6 mil a 15 mil millones de dólares como es el caso de Perdido, proyecto desarrollado por un consorcio internacional,[21] [20] a poco más de 13 kilómetros de la frontera marítima entre EUA y México. Para poner estos números en perspectiva, usando el ejemplo de Perdido que es el mayor complejo productor de aguas profundas en EUA, desarrollar un campo similar en el lado mexicano del Golfo de México implicaría poco menos del presupuesto total de Pemex, o bien, 84% del gasto en educación[22] del país en 2013. Además, los riesgos de dicha producción son muy elevados debido a las distancias entre la plataforma marina del pozo y la superficie. Existen, por ejemplo, riesgos de corrosión, flexibilidad de la tubería, alimentación de energía a las instalaciones submarinas, entre otros.

El accidente del *Deepwater Horizon* en el Golfo de México, hace dos años, es una muestra de la complejidad de controlar dichos riesgos y que resultó en altísimos costos para el medio ambiente, las comunidades aledañas y la empresa responsable (20 mil millones de dólares en multas e indemnizaciones).[23] Por esta razón, todas las empresas petroleras del mundo que explotan yacimientos en aguas profundas, con excepción de Pemex, se alían con otras empresas para aprovechar sus ventajas competitivas y diversificar el riesgo de la inversión. Esto explica la existencia de más de 35 mil pozos[24] en la parte estadounidense del Golfo de México, mientras que del lado mexicano existen únicamente mil pozos.[25] De hecho, la producción petrolera de aguas profundas en EUA representa 72% de la producción total mexicana de petróleo crudo.

En otras palabras, bajo el esquema legal actual, Pemex no sólo no produce petróleo de aguas profundas, sino que no podrá alcanzar a sus competidores en la carrera tecnológica necesaria para enfrentar los retos que implica explotar dichos yacimientos.

16. Aun cuando las industrias en Coahuila se encuentran cerca de Texas donde se podrían conectar al gas, esto no necesariamente resulta en un abasto de combustible barato ya que podría implicar inversiones importantes en gasoductos.
17. World Energy Resources, (2010). *Survey of Energy Resources*. Obtenido en: http://www.worldenergy.org/publications/2010/survey-of-energy-resources-2010
18. Citigroup Energy 2020: *North America, the New Middle East?* Obtenido en: http://fa.smithbarney.com/public/projectfiles/ce1d2d99-c133-4343-8ad0-43aa1d-a63cc2.pdf
19. BP, Shell, Exxon, Anadarko, IHS CERA *Upstream Capital Costs Index (UCCI) Deepwater Exploration: Techno-Commercial Aspects.* Obtenido en: www.rigzone.com
20. Shell, sitio web. Obtenido en: www.shell.com
21. El consorcio lo integran Shell (35%, operador), Chevron (37.5%) y BP (27.5%).
22. Presupuesto de Egresos de la Federación 2013. Obtenido en: http://www.diputados.gob.mx/LeyesBiblio/pdf/PEF_2013.pdf
23. BP, (2013). *Committed to the Gulf.* Obtenido en: http://www.bp.com/sectiongenericarticle800.do?categoryId=9048902&contentId=7082577
24. Dichos pozos representan a 50 empresas. *Ver After Spill, Gulf Oil Drilling Rebounds*, Wall St. Journal September 20, 2012. Obtenido en: http://online.wsj.com/article/SB10000872396390443890304578008573749823206.html
25. Pemex, (2012). *Informe Estadístico 2012*, Pemex Exploración y Producción. Obtenido en: http://www.ri.pemex.com/index.cfm?action=statusfilecat&categoryfileid=10183

- **Lutitas (*shale*).** Las lutitas son formaciones geológicas de rocas de muy baja permeabilidad, donde, a diferencia de los campos tradicionales, los hidrocarburos quedan atrapados en la roca y no fluyen. Los hidrocarburos, tanto de gas natural como de petróleo, son liberados gracias a un proceso llamado "fraccionamiento hidráulico" (*hydraulic fracking*) que aumenta la permeabilidad de las lutitas. El proceso de producción es relativamente simple. Una vez perforado un pozo a una profundidad de 2,000 a 2,500 metros, se hace una descarga eléctrica que expande momentáneamente la roca donde se encuentran los hidrocarburos, lo cual aumenta significativamente su permeabilidad. Acto seguido se inyecta una solución especial que mantiene temporalmente abiertos los canales para que fluyan los hidrocarburos a la superficie para su producción.

Muchos yacimientos de lutitas habían sido identificados desde el siglo XIX, pero fue apenas durante los últimos 10 años que su explotación comercial se volvió posible, gracias a la tecnología del *fracking*.

Los pozos de lutitas son relativamente pequeños y efímeros. En promedio, cada uno requiere una inversión de entre 10 y 20 millones de dólares. Tienen tasas aceleradas de declinación: en promedio alcanzan su producción máxima en tres o cuatro meses.[26] La única forma de mantener e incrementar la producción en dichos campos es con un plan de operación de alta eficiencia en logística y movilidad de cientos o miles de pozos, para así tener producciones comercialmente viables. Es decir, aunque productores de pequeña escala pueden participar en la explotación de lutitas, en el agregado se requieren inversiones millonarias en miles de pozos para alcanzar niveles razonables de rentabilidad.

Pese a la pulverización en la producción, ésta ha crecido de forma exponencial, especialmente en EUA. Por ejemplo, de acuerdo con la EIA,[27] en 2012 el estado de Dakota del Norte se convirtió en el segundo productor de petróleo de Estados Unidos, sólo detrás de Texas, cuando hace apenas 10 años el estado no figuraba en el mapa de hidrocarburos. La fortuna de Dakota del Norte es estar en el corazón de la cuenca de lutitas del Bakken, rica en petróleo ligero y otros líquidos. Hoy dicha cuenca produce casi el mismo volumen que el yacimiento Ku-Maloob-Zaap, el mayor activo petrolero de México.[28]

De acuerdo con la EIA,[29] México tiene el cuarto potencial de gas de lutitas más grande del mundo, (ver Mapa 1.2 en la siguiente página). La pregunta es si el país podrá explotar dicho potencial y si en el corto plazo estados como Tamaulipas, Nuevo León y San Luis Potosí podrán desplazar a Veracruz, Tabasco y Campeche como los principales productores de hidrocarburos del país.

Las nuevas fuentes de hidrocarburos están cambiando la forma en que los países se abastecen de energía. Nuevos jugadores, compañías y países, adquieren relevancia tanto del lado de la demanda como de la oferta. Esto reduce el margen de negociación de los países tradicionalmente productores de petróleo sobre los regiones tradicionalmente consumidoras (Estados Unidos, Japón y Europa). Aquellos países que logren atraer talento y tecnología más rápida a su sector energético serán quienes generen las mayores utilidades-y la mayor renta-de los nuevos hidrocarburos.

Hoy, América del Norte ya es la región con el mayor potencial energético del planeta cuando se consideran los recursos no convencionales, actualmente accesibles y comercialmente viables gracias a la revolución tecnológica. Estos recursos incluyen el aceite y gas de lutitas, las arenas bituminosas y el gas grisú. Antes de la revolución tecnológica, el Medio Oriente contaba con el mayor potencial de recursos convencionales, seguido por Sudamérica. Los cambios en la jerarquía global de reservas de hidrocarburos probadas a partir de la revolución tecnológica se pueden apreciar en el Mapa 1.1.

Mapa 1.1 Cambios en las posiciones mundiales de reservas probadas de hidrocarburos, por región (2011).

Fuente: Elaboración propia con información de BP Statistical Review of World Energy 2012, World Energy Council, World Bank, Canadian Energy Research Institute.

26. Schlumberger, (2011) Study assesses shale decline rates. En *The American Oil and Gas Reporter*, (May 2011). Obtenido en: http://www.slb.com/~/media/Files/dcs/industry_articles/201105_aogr_shale_baihly.ashx

27. EIA, (2012). *Rankings* http://www.eia.gov/state/rankings/?sid=ND#series/46

28. EIA, (2012). North Dakota crude oil production continues to rise August 15

29. EIA, (2012). *World Shale Gas Resources: An Initial Assessment of 14 Regions Outside the United States*. Obtenido en: http://www.eia.gov/analysis/studies/worldshalegas/

29. EIA, (2012). North Dakota crude oil production continues to rise August 15 2012 en *Today in energy*. Obtenido en: http://www.eia.gov/todayinenergy/detail.cfm?id=7550

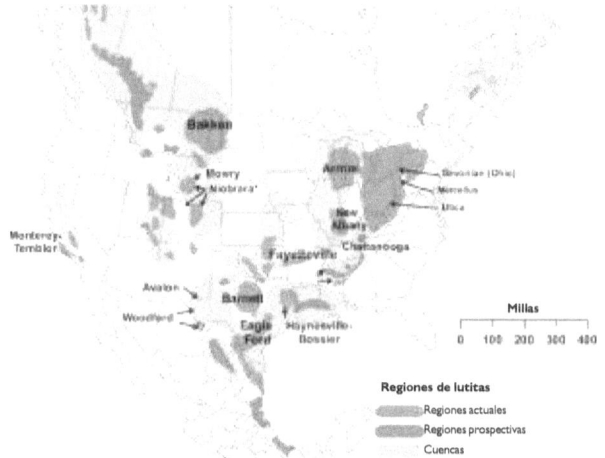

Fuente: EIA, disponible en: http://www.eia.gov/pub/oil_gas/natural_gas/analysis_publications/maps/maps.htm

Detrás de América del Norte, la ex Unión Soviética emerge como la segunda región con mayor potencial de recursos de hidrocarburos totales (convencionales más no convencionales). En tercer lugar está Medio Oriente, en donde la revolución tecnológica ha tenido un efecto relativamente modesto, al poseer pocos yacimientos no convencionales. Y en cuarto lugar aparece la región de Asia Pacífico, encabezada por China, que también cuenta con vastas reservas de lutitas.

La mayor parte del incremento en las reservas no convencionales de hidrocarburos se dará en países que no son miembros de la OPEP. Éstos últimos seguirán siendo líderes en la producción de petróleo de fuentes convencionales, aunque algunos de sus países miembros, como Venezuela, también cuentan con grandes reservas de recursos no convencionales.

Sin embargo, a pesar de la revolución tecnológica, los recursos no convencionales seguirán representando una fracción minoritaria de la producción total de hidrocarburos, tanto en los países de la OPEP como fuera de ella. Esto se puede ver en la Gráfica 1.5.

Gráfica 1.5 Producción total mundial según fuente de energía

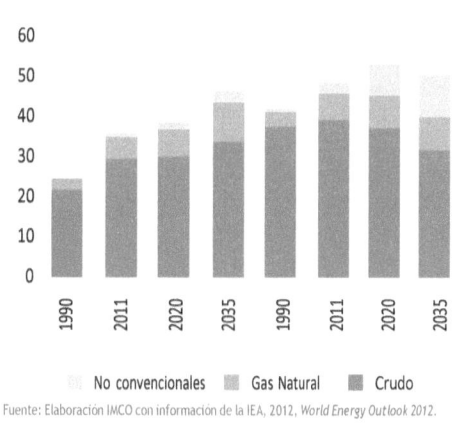

Fuente: Elaboración IMCO con información de la IEA, 2012, *World Energy Outlook 2012*.

De acuerdo con la EIA,[30] EUA podría convertirse en cinco años en el primer productor mundial de petróleo, y en dos años en el primer productor de

---

30. International Energy Agency, 2012, *World Energy Outlook*, 2012.

Capítulo 1. Una visión global del sector de hidrocarburos

Gráfica 1.6 Importaciones de petróleo EUA (millones de barriles diarios)

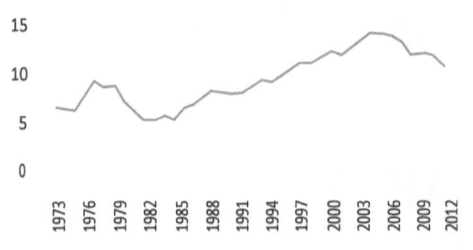

Fuente: IMCO con información de la EIA, 2013.

Gráfica 1.7 Crecimiento esperado de las importaciones de petróleo por región (2011-2035)

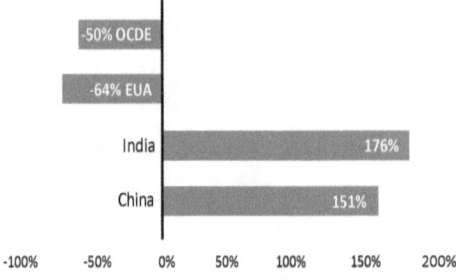

Fuente: IMCO con información de la IEA, 2012, *World Energy Outlook 2012*.

gas natural. Con ello desplazaría a Arabia Saudita y Rusia como primeros productores de petróleo y gas, respectivamente. Este surgimiento de EUA como súper-potencia energética se debe, por un lado, a su producción en campos de lutitas y aguas profundas, y por el otro, a su menor demanda energética *per cápita*. Lo anterior explica por qué las importaciones de petróleo de EUA en diciembre de 2012 fueron iguales a las de 1999 (ver Gráfica 1.6). Se espera que las importaciones de Estados Unidos caigan 64% entre 2011 y 2035 (ver Gráfica 1.7). En los países de la OCDE también se espera una caída en las importaciones de crudo en las próximas décadas. En contraste, en las dos economías emergentes más grandes y pobladas del mundo, China e India, la importación de crudo podría crecer más de 150% para el 2035. En estos países, tendencias como la industrialización, la expansión de las clases medias y el incremento en el parque vehicular provocarán que el consumo de energía aumente sostenidamente durante las siguientes décadas.

La preeminencia de los hidrocarburos provenientes de Norteamérica es ya una realidad. Hoy el crudo canadiense y la producción de crudo de lutitas de la cuenca del Bakken han empezado a sustituir el petróleo ligero (y por ende, más valioso y costoso) que importaba EUA principalmente de Angola y Nigeria para sus refinerías en la costa este.[31] Por otro lado, la llegada de los crudos pesados canadienses a las refinerías de la costa del Golfo de México en territorio norteamericano amenazan las exportaciones de crudo de México, ya que sólo estas refinerías cuentan con las técnicas necesarias para procesar el crudo mexicano.[32]

---

31. Citigroup, (2012). *Energy 2020: Independence Day*
32. Pemex, (2011). *Reporte 20-F* ante la Securities and Exchange Commission (SEC). Obtenido en: http://www.ri.pemex.com/index.cfm?action=content&section-ID=17&catID=12160

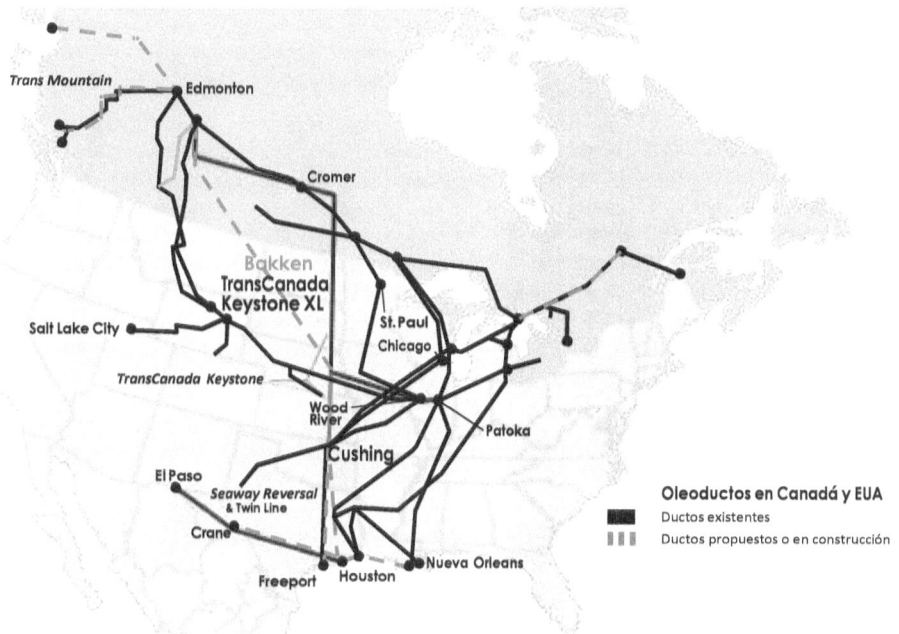

Fuente: Canadian Energy Research Institute.

Por otro lado, la nueva producción de hidrocarburos en Estados Unidos y Canadá ha crecido tanto que se han creado importantes cuellos de botella en su transportación, pese a la amplia red de oleoductos existentes en Norteamérica. Esto ha provocado una acumulación de inventarios por arriba de lo normal en Cushing, Oklahoma, y como consecuencia un diferencial de precios mayor a $15 dólares por barril[33] entre el precio internacional de referencia (el Brent) y el precio del West Texas Intermediate (WTI) (valuado en Cushing). Para atender dicho problema, se ha planteado desde principios de 2011 ampliar la red de oleoductos con el proyecto del oleoducto Keystone XL y algunas extensiones de los actuales. Esto permitiría mover el crudo de lutitas de la cuenca del Bakken y el crudo sintético de las bituminosas canadienses hasta las refinerías estadounidenses localizadas en el Golfo de México, así como también a la costa del Pacífico (ver Mapa 1.3).

De construirse esta nueva red, el Golfo de México ya no sería un puerto de importación sino de exportación de hidrocarburos para mercados con precios más altos como Europa. Pero dicha infraestructura también permitiría a los canadienses exportar petróleo al mercado asiático, que es el de mayores precios y mayor crecimiento en el mundo. Actualmente, China, Corea y Japón pagan un sobreprecio al estar referenciados a los precios del crudo proveniente de los Urales, principal región productora de petróleo en Rusia y la ex-república soviética de Kazajistán.[34]

En este escenario, el crudo canadiense podría convertirse en el precio de referencia de la región. Lo anterior afectaría profundamente a los productores existentes, como Rusia y Medio Oriente, que tradicionalmente tenían cautivos a los mercados europeo y asiático.

33.   EIA, (2013). *Petroleum and other liquids, spot prices.* Obtenido en: http://www.eia.gov/dnav/pet/pet_pri_spt_s1_a.htm

34.   Top Oil News, (2012). *Oil Prices, Urales Brent*, December 2012. Obtenido en: http://www.topoilnews.com/

Cuadro 1.1 El debate ambiental en torno al fraccionamiento hidráulico

Actualmente existe un debate internacional acerca de los posibles riesgos ambientales y de salud asociados al fraccionamiento hidráulico -*fracking*- en la producción de hidrocarburos. Los temas principales de ese debate son tres: a) la contaminación de mantos acuíferos, b) el uso intensivo del agua empleada en el proceso, y c) los terremotos generados al romper la roca del subsuelo. Estos temas reflejan una creciente preocupación ambiental acerca de esta tecnología, y que ha llevado a países como Francia y Bulgaria -con las mayores reservas del gas de lutitas *(shale gas)* en Europa- a prohibir el *fracking*. Al interior de Estados Unidos también existe este debate: en los estados de California y Nueva York se ha prohibido o establecido una moratoria para realizar esta actividad, en buena medida en respuesta a la presión de ambientalistas.

La evidencia documentada no es abundante. Hasta ahora hay muy pocos casos de contaminación de acuíferos provocados por el coctel de agua y químicos que son inyectados para romper la roca. En cuanto a los terremotos, hasta ahora todos han sido de magnitudes mínimas y no han ocasionado daños humanos ni económicos. Sin embargo, en los próximos meses se espera que se publiquen varios reportes sobre los impactos en salud de la población que vive en las zonas cercanas a los pozos donde se extrae el *shale gas*. De los resultados de dichos estudios dependerá si se levanta la moratoria en el estado de Nueva York o no.

Una preocupación adicional que existe en California y en las zonas con una relativa escasez de agua -entre los cuales está incluido México -es que el *fracking* es intensivo en su uso. Sin embargo, aún persisten las dudas de si el volumen utilizado en esta actividad es mayor o menor al de otros procesos como la recuperación secundaria de hidrocarburos, o bien, al volumen que se utiliza para el mantenimiento de un campo de golf. Algunas estimaciones señalan que, en promedio, un proceso de fraccionamiento hidráulico usa 6 millones de galones de agua en un año,[1] mientras que un campo de golf usa de 30 a 35 millones de galones de agua en un año.[2]

Los críticos de esta actividad han señalado que la industria estadounidense ha gozado de exenciones al cumplimiento de las principales leyes ambientales y de protección a la salud.[3] Además, el gobierno federal de ese país ha sido muy lento en establecer una regulación nacional de la actividad. Apenas a principios de mayo de 2013 el gobierno estadounidense presentó una segunda iniciativa para regular el *fracking*, exigiéndole a la industria que revele la mayor parte -más no todos- los químicos usados en el proceso, así como para realizar análisis frecuentes de la calidad del agua donde se ubican los pozos.

Para atender las preocupaciones y dudas legítimas de la ciudadanía, y garantizar la protección del medio ambiente y salud de la población, la regulación en México deberá adelantarse y establecer desde el inicio reglas muy claras tanto para evitar la contaminación de acuíferos y del entorno, como para asegurarse que la actividad haga un uso racional del agua. Esto es indispensable pues Pemex y los reguladores del sector energético han sido hasta ahora laxos en cumplir y hacer cumplir la normatividad ambiental.

Por último, no debe olvidarse que, en la discusión sobre si los recursos de las lutitas son convenientes para el país o no en términos ambientales, será necesario considerar a qué fuente alternativa estarían desplazando: ¿a otros hidrocarburos o a las energías renovables?

1. Fuente: Wall Street Journal (Diciembre 6, 2011). Disponible en: http://online.wsj.com/article/SB10001424052970204528204577009930222847246.html
2. Fuente: National Academy of Sciences. *Induced Seismicity Potential in Energy Technologies*. Disponible en: http://www.nap.edu/catalog.php?record_id=13355
3. Fuente: Robert Kennedy Jr. (Enero 2013). *The Perils of Fracking*. Disponible en: http://video4good.com/the-perils-of-fracking-robert-f-kennedy-jr-at-commitforum-2012-part-7/.

¿Cómo puede aprender México del manejo inadecuado del gas de lutitas (*shale gas*) en Estados Unidos?

Steven Cohen

Director Ejecutivo

The Earth Institute, Universidad de Columbia

El fraccionamiento hidráulico (*Hydrofracking* o *hydraulic fracturing* en inglés) puede ser necesario para satisfacer nuestra creciente demanda de energía, pero se requiere establecer políticas públicas efectivas que regulen la práctica y el manejo de la extracción para proteger la salud de las personas y el medio ambiente. El fraccionamiento hidráulico es la práctica de extraer gas natural al inyectar agua, arena y químicos a una alta presión sobre la lutita, que está a casi 2,500 metros de profundidad, para fracturar la formación rocosa y liberar el gas que se encuentra atrapado en su interior.

Al igual que con todas las industrias extractivas, el proceso genera desperdicios que pueden ser dañinos para el ambiente, particularmente las fuentes de abastecimiento de agua potable. Conforme México desarrolle la regulación del fraccionamiento hidráulico, deberá aprender de las inconsistencias y del rezago en la regulación de esta actividad en Estados Unidos. México debe crear una política nacional que considere los costos y beneficios de la explotación de este tipo de gas natural.

La necesidad del gas natural como una fuente de energía barata, confiable y lista para utilizarse ha causado que áreas ricas en lutitas se precipiten a extraer el gas antes de entender bien sus impactos ambientales. Quienes están a favor ven al fraccionamiento hidráulico como un método loable para aumentar la independencia energética del país así como para apoyar a las economías locales y la creación de empleo.

A pesar de que el gas natural produce menos emisiones de dióxido de carbono que el carbón o el petróleo, el proceso de extracción puede causar una degradación ambiental seria. También implica riesgos potenciales de salud y seguridad. Además, se requieren grandes cantidades de agua para su extracción, que a su vez produce aguas residuales que contienen fluidos del fraccionamiento de roca. Por otra parte, con frecuencia esta actividad se realiza en zonas rurales remotas, con lo cual se requiere construir nuevos caminos, los cuales generan tráfico vehicular con la contaminación asociada. Si México es capaz de regular este proceso de tal forma que tome en cuenta estos riesgos, el gas natural podría convertirse en una fuente energética que sirva como puente para transitar hacia las fuentes renovables.

México puede aprender de los intentos (u omisiones) para regular el fraccionamiento hidráulico en Estados Unidos. Muchos de estos impactos continúan siendo mal comprendidos. En general, este proceso ha sido poco regulado tanto por el gobierno federal como por los estatales. En 2012, la Agencia Internacional de Energía publicó las "Reglas doradas para una era dorada del gas" (*Golden Rules for a Golden Age of Gas*) en respuesta al titubeo de los gobiernos para seguir de cerca el auge en la perforación del gas de lutitas en Norteamérica, señalando que "una completa transparencia, medición y monitoreo de los impactos ambientales, así como la participación de las comunidades locales son críticos para atender las preocupaciones del público." [1]

En Estados Unidos, las compañías energéticas han evitado publicar información sobre el impacto ambiental que generan los químicos empleados en el proceso, argumentando que la mezcla de fluidos que son inyectados son secretos comerciales. Cualquier cantidad de problemas –como un inadecuado recubrimiento de los pozos, mala cimentación, rupturas en los tanques de los fluidos, etc.- pueden resultar en el derrame del fluido residual del fraccionamiento hidráulico hacia el medio ambiente. [2]

Para poder aprovechar los beneficios de esta fuente barata de energía sin incurrir en consecuencias significativas, los riesgos del fraccionamiento hidráulico deben ser manejados con cuidado, lo cual no puede hacerse sin una regulación nacional.

---

1. International Energy Association "Golden Rules for a Golden Age of Gas". 29-05-2012. Obtenido en: http://www.worldenergyoutlook.org/media/weowebsite/2012/goldenrules/WEO2012_GoldenRulesReport.pdf

2. The Environmental Review Process for Natural Gas Exploration in the Marcellus Shale. Obtenido en: http://www.dec.ny.gov/energy/46288.html

Capítulo 2. Las lecciones para México

Mensajes principales

¿De quiénes podemos aprender?

- Las experiencias internacionales demuestran que no hay un modelo único para desarrollar eficazmente el sector de hidrocarburos.

- Otros países han diseñado un marco institucional que les permite maximizar el aprovechamiento de sus recursos no renovables, apoyándose en distintos operadores, sin perder la propiedad de su riqueza energética.

- Los diseños institucionales varían en cuanto al nivel de competencia y de apertura a la participación privada en las diferentes etapas de la cadena de valor (*upstream y downstream*).

- En la mayoría de los países seleccionados existen entes reguladores independientes de los agentes operadores de la industria.

- Estos operadores ayudan a los Estados a reducir el riesgo asociado con las actividades petroleras y la inversión que requieren hacer para el desarrollo y explotación de sus recursos.

- En general, el grado de competencia en el sector de hidrocarburos depende del riesgo y las necesidades de inversión asociadas a cada contexto geológico.

- México es el único país del mundo en donde una empresa 100% estatal ostenta el monopolio de toda la cadena de valor de los hidrocarburos.

Arabia Saudita

- Cuenta con enormes reservas probadas y yacimientos de bajo o moderado grado de complejidad técnica.

- Tiene mucho petróleo fácil con costos de producción bajos, por lo que tiene sentido que el Estado asuma la totalidad del riesgo.

- El Estado reserva a sus empresas estatales la exploración y producción de hidrocarburos pero permite la inversión privada en el resto de la cadena de valor (refinación y petroquímica).

Cuba

- Al margen de cuestiones ideológicas, el gobierno cubano reconoce que para maximizar el valor de su renta petrolera requiere de la inversión y talento que ofrecen operadores internacionales.

- El Estado se ha asociado con diferentes operadores internacionales de capital público y privado a través de contratos de riesgo.

Brasil

- En la década de los noventa, Petrobras se abrió a la inversión extranjera. Con esta decisión, despegó en términos de producción y valor de mercado.

- El gran descubrimiento de recursos en el Pré-Sal (2006) en Brasil, ha derivado en una serie de políticas que han revertido las prácticas de competencia para el sector.

- Esta decisión ha desatado el debate sobre qué tanto se pone en riesgo, no sólo la sostenibilidad financiera de Petrobras, sino también el desarrollo de otras industrias domésticas.

- En la fase de *downstream* se permite la competencia abierta.

Colombia

- Es un ejemplo de flexibilidad institucional y de un marco regulatorio claro para la atracción de inversión, tanto local como internacional.

- Las decisiones de política energética han llevado al país a convertirse en un exportador neto de crudo.

- El arreglo institucional colombiano ha impulsado la formación de empresas nacionales privadas que se han convertido en una fuente de crecimiento, generación de empleos, desarrollo industrial y recursos para el fisco.

Noruega

- Es un país ejemplar por tener un modelo petrolero vanguardista, sustentable y con visión de largo plazo.

- El modelo regulatorio de Noruega es precursor de diseños institucionales como el brasileño y el colombiano.

- Cuenta con una de las empresas estatales de petróleo más eficientes y reconocidas a nivel global: Statoil, empresa mixta que cotiza en bolsa.

- Destaca también por la visión con la que el Estado invirtió la riqueza de un recurso no renovable en activos para las generaciones futuras a través de un fondo gubernamental para aprovechar los ingresos petroleros.

Canadá

- Es un país privilegiado por su potencial energético. Dispone de las terceras reservas probadas de crudo más grandes del mundo, después de Arabia Saudita y Venezuela.

- El sector petrolero canadiense es de los más abiertos en el mundo. Se caracteriza por la robusta jurisdicción de las provincias sobre sus recursos energéticos y por su integración logística y comercial con EUA.

- Posee 70% de las reservas mundiales de arenas bituminosas. Estos recursos son depósitos saturados de un petróleo muy viscoso, por su forma no se perforan tradicionalmente sino que se excavan como si fuera un mineral.

- Canadá ha sabido diseñar su marco institucional de tal forma que la explotación de sus recursos no convencionales - las arenas bituminosas - sea rentable en el contexto actual.

2.1 Estrategias para explotar la riqueza petrolera

México puede aprender mucho sobre el desarrollo del sector petrolero a nivel internacional. Varios países en el mundo han emprendido diferentes caminos para aprovechar los recursos provenientes de los hidrocarburos. En este capítulo se narran historias de cómo otros Estados han diseñado un marco institucional que maximice el aprovechamiento de sus recursos no renovables, apoyándose en otros operadores pero sin perder la propiedad de su riqueza energética. Los ejemplos seleccionados ayudan a ilustrar la diversidad de arreglos institucionales y el efecto que tienen sobre la capacidad de maximizar el valor de la renta y atraer inversión y talento.

Asimismo, los ejemplos seleccionados ayudan a identificar la diferencia entre el dueño de los recursos (el Estado) y las entidades que los explotan (operadores). Las experiencias internacionales demuestran que no hay un modelo único para administrar eficientemente al sector. Por ello, el propósito de esta sección es analizar distintas experiencias que proporcionen lecciones valiosas para reformar al sector de hidrocarburos en nuestro país.

Cada estudio de caso se divide en tres secciones: diseño institucional, actividades de *upstream* y actividades de *downstream*. El diseño institucional describe la organización del sector, la presencia de reguladores independientes, la estructura de las empresas petroleras estatales y los instrumentos que sirven para maximizar el valor de la renta petrolera. Las actividades de *upstream* son aquellas de exploración y producción de petróleo y gas, siendo ésta la primera fase de la cadena productiva de hidrocarburos. Como se explicó en el capítulo 1, las actividades de *midstream* se refieren a logística y transporte de crudo, gas sin proceso y refinados, mientras que las actividades de *downstream* son aquellas que continúan la fase productiva, refiriéndose a refinación de crudo y procesamiento de gas natural y comercialización de petrolíferos y petroquímicos. Para efectos prácticos, en este análisis el uso del término *downstream* incluye el *midstream*.

El mayor valor agregado del sector se encuentra en las actividades de *upstream*. Por ello, en cada país se establecen arreglos institucionales capaces de aprovechar al máximo las rentas generadas en dicha fase, sin dejar de lado al resto de la cadena productiva. Para tomar esta decisión, los gobiernos enfrentan dos alternativas: tener un mayor control del sector asumiendo un mayor riesgo y necesidades de inversión, o bien, permitir la entrada de otros jugadores para reducir el riesgo y no tener que asumir las necesidades de inversión. Estas opciones marcan un espectro de posibilidades y, como veremos más adelante, la elección de cada país dependerá de sus propias circunstancias.

Los seis casos de estudio corresponden a Arabia Saudita, Cuba, Brasil, Colombia, Noruega y Canadá. Estos países han reformado sus sectores de hidrocarburos para generar prosperidad, fortalecer las finanzas del erario público e impulsar su desarrollo económico. Los casos se presentan según el nivel de apertura de cada sector, de los casos más restrictivos hasta los más abiertos.

2.2 Arabia Saudita: La abundancia del petróleo fácil

2.2.1 Panorama general

Arabia Saudita posee las segundas reservas probadas de petróleo convencional más grandes[1] (después de Venezuela).[2] A 2011, las reservas saudí árabes de crudo eran de 265 mil millones de barriles,[3] 18% del total mundial y 19 veces las reservas probadas de México.[4] En reservas de gas natural, Arabia Saudita ocupa el quinto lugar mundial, después de Rusia, Irán, Catar y Estados Unidos.[5] En cuanto a la producción de crudo, en 2011, Arabia Saudita ocupaba el segundo lugar global,[6] sólo detrás de Rusia.[7]

Si consideramos los hidrocarburos totales (petróleo crudo, gas natural líquido, condensados, compuestos generados por la refinación y otros líquidos incluyendo biocombustibles), Arabia Saudita ocupa el primer lugar tanto en producción como en exportación, superando ligeramente a EUA y Rusia.[8]

2.2.2 Diseño institucional

Arabia Saudita tiene un modelo de sector de hidrocarburos basado en una empresa monopólica que es 100% estatal, Saudi Aramco. Esta empresa está integrada verticalmente y participa en toda la cadena de valor. Saudi Aramco se creó en 1933 como una empresa privada, a partir de un consorcio entre el gobierno saudí y una empresa norteamericana. Sin embargo, conforme las reservas y la producción de crudo fueron aumentando, el gobierno saudí fue adquiriendo un porcentaje mayor hasta quedarse con su totalidad en 1980.

El Estado saudí cuenta con dos instituciones clave para ejercer su rectoría sobre el sector de petróleo y gas. La primera es el Consejo Supremo de Petróleo y Minerales. El consejo es responsable de la política del sector, en términos generales, así como de la planeación estratégica de Saudi Aramco. El consejo se compone de miembros de la familia real, ejecutivos de Saudi Aramco y ministros del gobierno. La otra institución es el Ministerio del Petróleo y Recursos Minerales. El ministerio se encarga de la planeación y regulación del sector, incluyendo la industria petroquímica.[9]

Saudi Aramco explota eficazmente las reservas saudíes de crudo sin necesidad de asociarse con otras empresas a través de contratos de producción compartida o de riesgo. De hecho, estos tipos de contratos están prohibidos por la legislación saudí vigente. El Estado extrae la riqueza del subsuelo exclusivamente a través de su empresa estatal. No obstante, el mercado de gas natural empieza a abrirse paulatinamente a la inversión extranjera para la exploración en la zona del Rub al-Jali, así como para la distribución de gas.[10]

El sector petrolero domina la economía saudí árabe. En 2011, este sector representó 58% del PIB.[11] Por otra parte, las finanzas públicas dependen casi exclusivamente de los ingresos petroleros. Estos significaron el 95% de los ingresos presupuestales totales en 2011.

Por otra parte, las exportaciones de petróleo equivalen a 87% de las exportaciones totales saudí árabes.[12] Esto demuestra que Arabia Saudita no ha logrado diversificar su economía: los sectores manufacturero (sin considerar la refinación de petróleo) y de servicios apenas contribuyen 8% y 34% al PIB, respectivamente.[13] Es evidente que el sector petrolero fortalece tanto a los ingresos del gobierno saudí como a la economía de ese país.

El régimen fiscal saudí para la extracción de petróleo y gas natural consiste en un impuesto corporativo a una tasa de 85%, comparada con el

1. OPEC (2012). *Share of World Crude Oil Reserves 2011.* Obtenido en: http://www.opec.org/opec_web/en/data_graphs/330.htm

2. Sobre este punto existe controversia, pues algunas instituciones y analistas consideran que las reservas probadas de Venezuela han sido sobre-estimadas por el gobierno venezolano. Por ejemplo, la Agencia de Información de Energía de EUA y el *Oil and Gas Journal* consideran que las reservas probadas a 2011 de Venezuela eran de 211 mil millones de barriles, y no 298 mil millones como el gobierno ha reportado. Si se consideran estos números, Arabia Saudita seguiría teniendo las reservas probadas más grandes del mundo.

3. EIA (2013). *Saudi Arabia Overview.* Última actualización: 23-02-2013. Obtenido en: http://www.eia.gov/countries/analysisbriefs/Saudi_Arabia/saudi_arabia.pdf

4. Pemex (19-03-2013). Palabras del Presidente de la República, Enrique Peña Nieto, en *Conmemoración del 75 Aniversario de la Expropiación Petrolera.* Obtenido en: http://www.pemex.com/index.cfm?action=news&sectionID=8&catID=42&contentID=28272

5. EIA (2013). *Op. Cit.*

6. El volumen de producción de crudo de Arabia Saudita fluctúa frecuentemente debido a la revisión de cuotas de la Organización de Países Exportadores de Petróleo (OPEP) y a decisiones internas del gobierno saudí árabe y de la empresa estatal de petróleo, Saudi Aramco. Por lo tanto, y debido a la cercanía entre los niveles de producción de Arabia Saudita y EUA, desde 2012 es común que en algunos meses este último país rebase al primero.

7. En 2011, las reservas probadas reportadas por Venezuela eran de 298 mil millones de barriles de petróleo crudo, superior a los 265 mil millones de Arabia Saudita. Ver en: OPEC (2012). *Annual Statistical Bulletin 2012. OPEC Members' facts and figures 2011.* Obtenido en: http://www.opec.org/opec_web/static_files_project/media/downloads/publications/ASB2012.pdf

8. EIA (2013). *Op. Cit.*

9. *Ibid.*

10. *Ibid.*

11. Saudi Arabian Monetary Agency (2012). *Forty Eight Annual Report: The Latest Economic Developments.* Obtenido en: http://www.sama.gov.sa/sites/samaen/ReportsStatistics/ReportsStatisticsLib/5600_R_Annual_En_48_2013_02_19.pdf

12. Saudi Arabian Monetary Agency, *Op. Cit.*

13. *Ibid.*

gravamen de 20% a otras actividades.[14] La inversión en campos de gas natural implica un impuesto de 35%. Las regalías son variables, sin embargo no existe información sobre el rango de sus tasas (ver tabla 2.1)

Tabla 2.1 Régimen fiscal en el sector de hidrocarburos de Arabia Saudita

	Instrumentos	Tasa
	Royalties	Se estipula en el acuerdo inicial y varía de proyecto a proyecto
Tasas de impuestos:	**General**	20%
	Producción de crudo	85%
	Inversión en campos de gas natural	30%
	Deducciones de capital e incentivos de inversión	Tasas de depreciación específica para determinada clase de activos y es posible deducir las pérdidas de un año fiscal

Fuente: IMCO con base en Ernst and Young (2012). *Global oil and gas tax guide.*

2.2.3 Actividades en *upstream*

La industria petrolera saudí está dominada por Saudi Aramco. Esta firma produce 95% del crudo saudí. El restante 5% lo producen otras empresas estatales.[15] Saudi Aramco es la mayor empresa petrolera del mundo en términos tanto de producción como de reservas.[16] También ocupa el primer lugar mundial en exportación de líquidos de gas natural (LGN), y el octavo lugar en capacidad de refinación.[17] En exploración y producción de petróleo, Saudi Aramco opera como monopolio.

La importancia de Arabia Saudita en el mercado global de hidrocarburos también deriva de su rol como líder *de facto* de la Organización de Países Exportadores de Petróleo (OPEP).[18] La OPEP es un cártel de 12 países

petroleros[19] que concentra 81% de las reservas probadas globales de petróleo[20] y que actualmente produce alrededor de 43% del petróleo mundial.[21] El liderazgo de Arabia Saudita al interior de la OPEP le permite jugar un rol crucial para equilibrar la oferta y la demanda en el mercado global de hidrocarburos.[22]

Al analizar el modelo de Arabia Saudita, es muy importante tener en cuenta que es un caso especial por dos razones. La primera es que tiene enormes reservas probadas de crudo, sólo por debajo de Venezuela. La segunda son las características de las reservas, ya que una parte considerable de ellas corresponde a yacimientos de bajo o moderado grado de complejidad técnica. Un ejemplo es el megayacimiento de Ghawar, el más grande del mundo, con 88 mil millones de barriles de crudo.[23]

Esto quiere decir que Arabia Saudita aún tiene mucho petróleo "fácil", que puede ser extraído a un costo unitario relativamente bajo. Por ejemplo, expertos estiman que el costo de producir un barril de crudo en Arabia Saudita es de entre 2 y 3 dólares, uno de los más bajos del mundo.[24] En contraste, el costo de producción de un barril de las arenas bituminosas, o *tar sands*, de Alberta, Canadá es de aproximadamente 60 dólares.[25]

2.2.4 Actividades en *downstream*

En las actividades relacionadas con refinación y petroquímica la paraestatal saudí está facultada para asociarse con terceros en proyectos específicos. En refinación, Saudi Aramco opera de manera exclusiva cuatro refinerías en Arabia Saudita, que representan el 25% de su capacidad de refinación.[26] Otras tres refinerías saudí árabes operan como consorcios (*joint ventures*) que la paraestatal posee y opera de manera conjunta con otras empresas: posee 37.5% de la refinería saudí de Petro Rabigh y 50% de las refinerías de Samref y Sasref.[27] En el extranjero, Saudi Aramco posee una participación (a

14. Tax Foundation (2011). *Treating Royalties to Governments as the Taxes They Are.* Obtenido en: http://taxfoundation.org/blog/treating-royalties-governments-tax-es-they-are

15. Michigan State University (2011). *Saudi Arabia: Economy. Global Edge.* Obtenido en: https://globaledge.msu.edu/countries/saudi-arabia/economy

16. Saudi Aramco (2013). *At a glance.* Obtenido en: http://www.saudiaramco.com/en/home/our-company/our-history0.html#our-company%257C%252Fen%252F-home%252Four-company%252Fat-a-glance.baseajax.html

17. Saudi Aramco (2012). *Annual Review 2011.* Obtenido en: http://www.saudiaramco.com/content/dam/Publications/Annual%20Review/AnnualReview2012/2012AnnualReview_EN.pdf

18. The Wall Street Journal (13-03-2013). *Energy Journal: OPEC Acknowledges U.S. Oil Threat.* Obtenido en: http://blogs.wsj.com/marketbeat/2013/03/13/energy-journal-opec-acknowledges-u-s-oil-threat/

19. Estos países son Irán, Kuwait, Arabia Saudita, Venezuela, Catar, Indonesia, Libia, los Emiratos Árabes Unidos, Argelia, Nigeria, Ecuador, Gabón y Angola.

20. OPEC (2012). *OPEC Share of World Crude Oil Reserves 2011.* Obtenido en: http://www.opec.org/opec_web/en/data_graphs/330.htm

21. OPEC (2012). *Annual Statistical Bulletin 2012. OPEC Members' facts and figures 2011.* Obtenido en: http://www.opec.org/opec_web/static_files_project/media/downloads/publications/ASB2012.pdf

22. Michigan State University (2011). *Op. Cit.*

23. Kemp, John (09-11-2012). *Is Bakken set to rival Ghawar?* Reuters. Obtenido en: http://www.reuters.com/article/2012/11/09/us-column-kemp-usoil-bakken-idUS-BRE8A816H20121109

24. BBC Business News, (08-11-2011). *The cost of petrol and oil: how it breaks down.* Obtenido en: http://www.bbc.co.uk/news/business-15462923

25. BBC Business News, *Op. Cit.*

26. Ras Tanura, Riyadh, Jiddah y Yanbu

27. Saudi Aramco (2012). *Annual Review 2011.* Obtenido en: http://www.saudiaramco.com/content/dam/Publications/Annual%20Review/AnnualReview2011/AR2011En-1.pdf

Tabla 2.2 Producción y consumo de crudo en países caribeños, miles de barriles diarios

Año	Barbados		Cuba		Jamaica		Trinidad y Tobago	
	Producción	Consumo	Producción	Consumo	Producción	Consumo	Producción	Consumo
2008	1.10	7.7	52.5	141.4	6.4	80.3	156.6	41.4
2009	0.77	9.3	48.5	169.5	6.9	58	153	37.2
2010	1.00	8.7	53.3	163.9	2	57.6	145.4	36.7
2011	1.00	9	55.5	184	3	60	138	40

Fuente: IMCO con información de la EIA.

través de sus filiales) en cuatro refinerías constituidas como consorcios. La capacidad de refinación que Saudi Aramco tiene a través de los consorcios representa el 75% de su capacidad total de refinación.

En petroquímica, Saudi Aramco ha comenzado a asociarse con otras empresas para proyectos específicos. En particular, en 2011 la paraestatal saudí creó un consorcio con la norteamericana Dow Chemical para construir un complejo petroquímico en la ciudad de Jubail. En esa misma ciudad está en construcción, desde 2008, un importante complejo petroquímico y de refinación a través de un consorcio con la firma francesa Total. Saudi Aramco también está desarrollando un complejo petroquímico como parte del consorcio con Sumitomo Chemical, una firma privada japonesa.[28] Asimismo, está en negociaciones un posible proyecto con la empresa china Sinopec para construir una refinería en Yanbu.[29] Estos proyectos muestran que los *joint-ventures* (o consorcios) son una de las líneas estratégicas de Saudi Aramco para realizar inversiones que amplíen su capacidad petroquímica y de refinación.

2.2.5 Conclusión

El diseño institucional del sector de *upstream* saudí responde tanto a las características geológicas de baja complejidad, como al tamaño de los yacimientos de Arabia Saudita. Éstos le permiten tener costos de producción mucho menores que la mayoría de los países productores de petróleo. Por lo tanto, al controlar los precios a través de la OPEP, extraen y maximizan en mayor medida el valor de la renta petrolera de sus recursos.

El sector de hidrocarburos en Arabia Saudita es similar al de México en varios aspectos: ambos son países productores y exportadores de crudo, y cuentan con empresas paraestatales monopólicas de exploración y producción que no pueden asociarse con terceros en las actividades de *upstream*. Sin embargo, la diferencia fundamental entre los dos países

-en la primera fase de la cadena productiva- es que la nación árabe cuenta con abundantes yacimientos de petróleo fácil, de baja complejidad técnica y bajos costos de producción.

Sin embargo, Saudi Aramco sí puede asociarse con otras empresas en el resto de la cadena de valor (*downstream*), tanto dentro como fuera de Arabia Saudita, mientras que Pemex no puede hacerlo en territorio mexicano. Además, Saudi Aramco ha llevado a cabo una estrategia de internacionalización, pues cuenta con subsidiarias en 16 países.

2.3 Cuba: Su relación con las operadoras petroleras internacionales

2.3.1 Panorama general

Al igual que la mayoría de los países caribeños,[30] Cuba es un importador neto de petróleo. La mayor parte de su consumo doméstico se abastece a través de un convenio de cooperación con Venezuela.[31] No obstante, su posición geopolítica y la manera en que el gobierno ha decidido desarrollar los yacimientos petroleros en su territorio, lo hacen un caso interesante para México.

La isla está localizada en una zona estratégica en la producción de hidrocarburos del continente americano. Cuba y su zona económica exclusiva[32] están a las puertas de uno de los mayores consumidores e im-

---

28. Saudi Aramco (2012). *Op. Cit.*
29. *Ibid.*

30. Según la EIA, a excepción de Trinidad y Tobago, el resto de los países caribeños son importadores netos de crudo. Ver más en EIA, (2013) *Caribbean. Analysis Briefs.* Última actualización mayo de 2012. Obtenido en: http://www.eia.gov/cabs/Caribbean/Full.html

31. Este convenio, firmado desde 2000, implica que Venezuela envíe 100 mil barriles diarios de crudo y a cambio Cuba provea 50.000 médicos, entrenadores deportivos, técnicos agrícolas y otros profesionales de la isla. A la fecha de elaboración de este documento y en medio del proceso de transición que actualmente atraviesa Venezuela por la muerte de Hugo Chávez, Héctor Capriles, candidato de oposición, ha sugerido el término de dicho convenio. Véase más en: http://www.eluniversal.com.mx/notas/911072.html

32. La zona económica exclusiva cubana comprende 112 mil km² del Golfo de México

portadores de petróleo del mundo (EUA), país que podría convertirse en exportador por sus reservas de lutitas.[33] El Servicio Geológico de EUA (*US Geological Service*) advierte que el potencial de la cuenca norte cubana oscila entre 4.6 y 9.3 mil millones de barriles de crudo y entre 9.8 y 21.8 billones de pies cúbicos de gas natural.[34] Además, se estima que 59% de la capacidad de refinación de petróleo del hemisferio está ubicada dentro de las cuencas de Golfo de México y el Mar Caribe.[35]

2.3.2 Diseño institucional

En el sector de hidrocarburos cubano participan principalmente el Ministerio de Energía y Minas, encargado de dictar la política en materia petrolera, eléctrica y minera, y la empresa estatal CUPET (Unión Cubana del Petróleo).[36] La empresa está controlada al 100% por el Estado cubano e integra las actividades petroleras de exploración y producción, refinación, y comercialización.

Para la participación de terceros (empresas operadoras), Cuba cuenta con dos modalidades de esquemas contractuales:[37]

a) **Contratos de producción incrementada o producción mejorada:** Asociación de capital para el incremento de la producción en yacimientos existentes. El objetivo de estos contratos es modernizar la tecnología y métodos empleados en los yacimientos descubiertos antes de 1990.

b) **Contratos de riesgo:** Estos contratos se instrumentan a través de la empresa CUPET. La empresa estatal está autorizada para asociarse con operadoras petroleras internacionales para explorar y explotar hidrocarburos. La operadora extranjera aporta capital, tecnología y *know-how* a cambio del 50% de la producción. Ésta puede ser vendida a CUPET como prioritaria o exportarse.[38]

En el caso del régimen fiscal, la información disponible sobre los beneficios fiscales que obtiene el Estado cubano vía los contratos de riesgo es muy limitada. Sólo se sabe que el gobierno ha establecido esquemas flexibles para la atracción de inversión. Las ganancias netas anuales de las transacciones realizadas en Cuba tienen un impuesto del 30%. El porcentaje de la producción para recuperación de los costos debe ser negociado con base en el potencial y las características de cada bloque. A diferencia de la mayoría de los países productores de petróleo, en el régimen fiscal cubano no se contempla el pago de regalías (royalties), ni bonos de entrada o de asignación.[39] De hecho, el Estado cubano establece el mismo esquema fiscal a las compañías petroleras que a las de otros sectores, es decir, no reclama una renta.

2.3.3 Actividades en *upstream*

Pese al embargo económico impuesto a la isla por EUA y la ideología del régimen, desde inicios de la década del 2000 el gobierno cubano decidió abrirse al capital privado internacional. En 2003, la entonces hispano-argentina Repsol YPF[40] tomó la decisión de explorar en aguas profundas en Cuba.[41] A finales de julio del 2004, el grupo petrolero anunció que el resultado no era favorable. A través del primer pozo exploratorio perforado en el área, con un costo superior a los 25 millones de dólares, sólo se encontró un yacimiento de crudo de baja calidad no comercializable.

Posteriormente, en 2006 el gobierno cubano instrumentó un plan de extracción de petróleo y gas mucho más ambicioso. A partir de este programa, el gobierno empezó a celebrar diversos contratos con operadoras internacionales. Entre las ventajas de apoyarse con terceros están el incremento de actividades exploratorias, el ahorro de recursos al gobierno y la disminución de riesgos.

La asignación de bloques exploratorios a partir de 2005 se dio a través del esquema de contratos de riesgo. De este modo, para fines de exploración petrolera y asignación de bloques, el país se dividió en 43 bloques en la franja Costera Noroccidental, que comprende principalmente las

33. Al respecto ver el capítulo 1 de este reporte.

34. U.S. Geological Survey, (February 2005). *Assessment of Undiscovered Oil and Gas Resources of the North Cuba Basin, 2004.* Adapted by Congressional Research Services

35. Piñón Cervera, Jorge (2011). *Oportunidades para Cuba en la transformación de hidrocarburos dentro de las cuencas del Caribe y del Golfo de México.* Presentación en el III Congreso Cubano de Petróleo y Gas (Petrogras, 2011), IV Taller Internacional de Geología y Potencial de Petróleo del SE del Golfo de México. Obtenido en: http://www.cubacienciasdelatierra.com/Memorias2011/III%20Congreso%20cubano%20de%20Petroleo%20y%20Gas.pdf

36. CUPET es la entidad estatal cubana que integra las actividades petroleras de prospección, exploración, refinación, comercialización.

37. Joseph Ma. March Poquet (1998). *La inversión extranjera en Cuba: localización por actividades productivas.* En: Joseph Ma. March Poquet y Antoni Sánchez (eds.) (1998). *Transición económica en perspectiva.* Universitat de Valencia, Valencia

38. Ángel De la Vega (junio-2007). La frontera olvidada: México y Cuba en el Golfo. *Energía a Debate*, IV (20), pp. 8-14. Obtenido de: www.energiaadebate.com.mx/Articulos/junio-2007/la_frontera.htm

39. Ángel de la Vega, *Op. Cit.*

40. Repsol YPF operó entre 1999 y 2012. Fue una empresa energética global del sector de los hidrocarburos, desarrollando actividades de exploración, producción, refino, marketing y nuevas energías en todo el mundo. Su sede social se encontraba en Madrid, y cotizaba en la Bolsa de Madrid y el Ibex. Tras la nacionalización de YPF por el gobierno argentino, acontecida en mayo de 2012, Repsol continuó su actividad como subsidiaria de la anterior en cotizaciones y operaciones, manteniendo los mismos activos excepto los propios de YPF.

41. Para ello, Repsol YPF contrató una de las mayores plataformas de perforación petrolera del mundo: La plataforma semisumergible Eirik Raude, propiedad de la empresa Noruega Ocean Rig, diseñada para aguas ultra profundas, y construida en los Estados Unidos, comenzó a perforar a un costo de 195,000 dólares por día.

Figura 2.1 Asignación de bloques en la franja costera noroccidental cubana

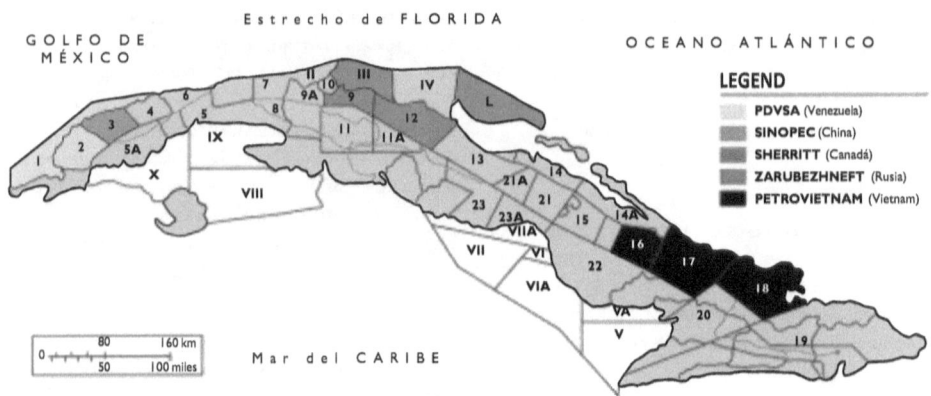

Fuente: Institute of Americas, Jorge Piñón, 2011 & Nenurkar, Neelesh et al. (2011). *Cuba's Offshore Oil Development: Background and U.S. Policy Considerations,* Congressional Research Service

provincias de La Habana y Matanzas. De los 43 bloques de esta zona, 11 ya fueron asignados (ver Figura 2.1).[42] A su vez, la zona económica exclusiva se dividió en 59 bloques, de los cuales se han asignado 23. Para finales de 2012, cinco bloques más se encontraban en negociación (ver Figura 2.2).[43] Actualmente, cinco empresas extranjeras realizan actividades de exploración en la franja costera noroccidental cubana y diez empresas realizan estas actividades en la Zona Económica Exclusiva de Cuba en el Golfo de México.

En términos de la producción, la información disponible refleja que únicamente la canadiense Sherrit International participa actualmente junto con CUPET en la producción nacional de crudo. En 2010, esta operadora produjo 22% del total nacional, es decir 11.3 mbd, mientras que el resto estuvo en manos de la petrolera cubana, 38.87 mbd. Es decir, pese a las múltiples asignaciones de bloques, la mayoría de ellos se encuentran en etapa exploratoria y de levantamiento de información. Se espera que en los próximos años la información disponible sobre los recursos prospectivos se materialice en operaciones exitosas de extracción de crudo.

Tabla 2.3 Producción total de crudo en Cuba (2010), según operador

Operador	Mbd (miles de barriles diarios)	%
CUPET	38.87	78
Sherrit (Canadá)	11.13	22

Fuente: Sherrit Financial Reports; Oficina Nacional de Estadísticas de Cuba en J.R. Piñón (23-01-2011), Analyzing Sherrit. *The Cuban Economy.*

2.3.4 Actividades en *downstream*

Otra de las alianzas que existen en la isla se ha logrado en términos de refinación. La mayor parte de la producción petrolera de Cuba es crudo pesado, con altos grados de azufre.[44] Cuba no cuenta con la tecnología para procesar crudo con alto porcentaje de azufre en sus cuatro refinerías.[45] Las refinerías capaces de procesar este tipo de petróleo son de muy alta tecnología, y pertenecen en su gran mayoría a empresas norteamericanas que no pueden invertir en Cuba.

---

42. Dos pertenecen a la venezolana PDVSA, uno a SINOPEC (China), en operación con la estatal cubana CUPET. Otro bloque más está bajo la operación de la canadiense Sherrit International Corporation & Perbeco, cuatro fueron asignados a la rusa Zarubezhneft y tres más a la petrolera estatal Petrovietnam. Ver más en Piñón Cervera, Jorge, (2011). *Op. Cit.* & Nenurkar, Neelesh et al., (2011). *Cuba's Offshore Oil Development: Background and U.S. Policy Considerations,* Congressional Research Service

43. 7 Repsol (España), Statoil (Noruega), y ONGC Videsh Limited (India); 4 Petronas (Malasia) y Gazprom (Rusia); 4 PetroVietnam; 1 Petrobras (Brasil); 4 Petróleos de Venezuela (PDVSA); 1· ONGC Videsh Limited (India); 2· Sonangol (Angola); 5 bloques en negociación: China National Petroleum Company (CNPC· China).

44. El crudo cubano presenta alto contenido de azufre (3.0 - 5.0 %) y entre 10 - 18 °API. La medida de grados API es una medida de cuánto pesa un producto de petróleo en relación al agua. Si el producto de petróleo es más liviano que el agua y flota sobre el agua, su grado API es mayor de 10. Un crudo ligero oscila entre 31.1 y 39° API. Los productos de petróleo que tienen un grado API menor que 10 son más pesados que el agua.

45. Las refinerías se encuentran en Cabaíguán, Cienfuegos, La Habana, y Santiago de Cuba, con una capacidad nominal total de 115 mil barriles por día. Aunque la capacidad real, debido a roturas y falta de piezas, es de unos 60 mil barriles diarios. Ver más en Cereijo Manuel (2004). Cuba: Crisis energética. En *Revista Guaracabuya.* Obtenido en: http://www.amigospais-guaracabuya.org/oagmc237.php

Figura 2.2 Asignación de bloques en la Zona Económica Exclusiva de Cuba

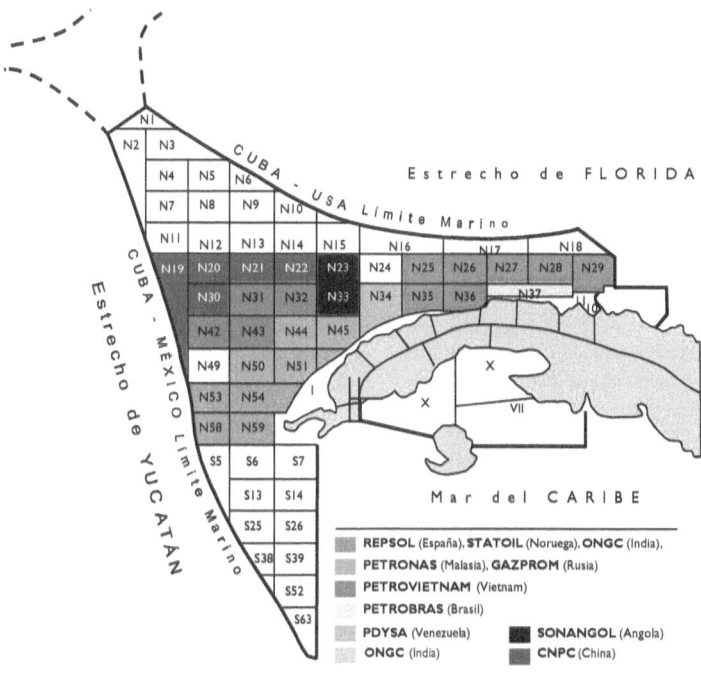

Fuente: Institute of the Americas, Jorge Piñón, 2011 & Nenurkar, Neelesh et al. (2011). *Cuba's Offshore Oil Development: Background and U. S. Policy Considerations*, Congressional Research Service

Por esta razón, en 2005 se constituyó la empresa PDV-CUPET entre los gobiernos de Cuba y Venezuela, para impulsar la puesta en operación de la Refinería de Cienfuegos. El compromiso fue el procesamiento de 60 mil barriles de crudo proveniente de Venezuela, adicionales a los volúmenes que actualmente reciben. Esta compañía está controlada en 51% por el gobierno cubano y en 49% por el gobierno venezolano.

En el caso de la distribución de gasolina, la empresa CUPET tiene una subsidiaria llamada CUBALUB- Empresa Nacional de Lubricantes encargada de las operaciones de ventas al por menor.

2.3.5 Conclusión

En la política energética, el gobierno cubano actúa con pragmatismo para maximizar el valor de su renta petrolera, lo cual requiere de la inversión y talento que le ofrecen operadores internacionales. El régimen político ha tomado decisiones económicas para satisfacer las necesidades de esta nación caribeña al abrir oportunidades a la inversión privada internacional. La experiencia cubana indica que la visión de su gobierno es muy diferente a la que ha prevalecido en México. La propiedad de los hidrocarburos no está vinculada con la intervención exclusiva del Estado en su exploración y explotación, a través de un monopolio estatal. Por el contrario, Cuba ha dado cabida a diferentes empresas internacionales con capacidad técnica y conocimiento, ha diversificado así el riesgo y busca con ello un mejor aprovechamiento de sus recursos.

2.4 Brasil: La involución

2.4.1 Panorama general

En 2009, Brasil se ubicó como el noveno productor de petróleo a nivel mundial. Su producción ha mostrado un crecimiento sostenido en los últimos años, al alcanzar 2 mmbd en 2010. Más aún, se ha reportado que Brasil tiene reservas probadas de aceite por 13.9 mmbd, con lo que es el segundo país con más petróleo en Sudamérica, después de Venezuela.[46] La mayoría de estas reservas se encuentran en las cuencas costa afuera (offshore) de Campos y Santos, situadas en la costa sudeste del país.[47]

A su vez, Brasil tiene una gran dotación de gas natural. Se estima que sus reservas probadas de gas son de 423 mil millones de metros cúbicos.[48] Sin embargo, la producción de este hidrocarburo ha crecido lentamente por dos razones: la falta de infraestructura para transportar el gas y los bajos precios domésticos que desincentivan su producción.[49]

2.4.2 Diseño institucional

Brasil ha pasado por múltiples procesos de reforma que explican el desarrollo del sector petrolero. La primera de ellas se dio en noviembre de 1995, bajo el mandato del Presidente Cardoso. Con la reforma constitucional (Enmienda No. 9 para reformar partes del Artículo 177) se creó un nuevo marco legal para la administración del monopolio estatal en los hidrocarburos. Hasta entonces, la Constitución de 1988 y la Ley 2.004 (1953) le daban a Petrobras los derechos exclusivos de todas las actividades petroleras.

Petrobras (Petróleo Brasilero) es la empresa estatal de hidrocarburos en Brasil. Ésta se creó en 1953 como un monopolio estatal. Tras la reforma de 1995 se abrió a la inversión extranjera y actualmente es la séptima compañía de energía más grande del mundo, con presencia en 25 países. Es una empresa de energía integrada con actividades en toda la cadena productiva de petróleo y gas, así como en la generación de biocombustibles y otras energías alternativas.

El diseño institucional que se generó a partir de esta primera ola de reformas, estableció diferentes agencias involucradas en las actividades del sector. Por una parte, el Ministerio de Minas y Energía junto con el Consejo Nacional de Política Energética tienen la responsabilidad de establecer la estrategia y dictar la política energética del país. Por otro lado, resalta la creación de una nueva agencia regulatoria, la Agencia Nacional de Petróleo (ANP). Esta agencia es la encargada de promover la regulación, la contratación - a través de contratos de concesión - y la fiscalización de las actividades económicas integradas en la industria de petróleo, gas natural y biocombustibles. Además, tiene la atribución de transferir los recursos de los hidrocarburos a empresas privadas y a Petrobras, dependiendo de la actividad específica. Este cambio constitucional inició la etapa moderna de la industria petrolera brasileña.

Bajo este nuevo esquema, Petrobras dejó de ser un monopolio estatal y tuvo que adaptarse rápidamente a la competencia. Como consecuencia de ello, en 1996 Petrobras tuvo que transferir todos los datos no confidenciales (incluyendo datos sísmicos y geofísicos) a la ANP.[50] La agencia, a su vez, puso la información a disposición del público a través de su banco de datos.

Otro cambio importante fue la apertura de Petrobras a la inversión privada bajo la premisa de que el Estado mantendría la mayoría de los votos en la compañía. En esta privatización parcial,[51] Petrobras puso en el mercado 28.48% de sus acciones con derecho a voto (poco más del 16% del total de acciones de la compañía), recaudando en el mercado doméstico y en bolsas internacionales un monto superior a los 4,000 millones de dólares.[52]

A partir de su apertura, las decisiones de la empresa recaen en un Consejo de Administración conformado por ministros de Estado y representantes de los accionistas minoritarios. Este órgano es de naturaleza colegiada y autónoma dentro de sus prerrogativas y responsabilidades, en la forma de la ley y del Estatuto Social. El Consejo está compuesto por nueve miembros, elegidos en Asamblea General Ordinaria para un mandato de un año pero con posibilidad de reelección. De los nueve miembros, siete son representantes del accionista controlador, uno es representante de los accionistas minoritarios titulares de acciones ordinarias y otro es representante de los accionistas titulares de acciones preferentes.

50. Agencia Nacional del Petróleo (Septiembre, 2007). *Prospects for investments in the Brazilian oil and gas industry*. The Exploration and Production Databank BDEP. Presentación de la Agencia Nacional del Petróleo. Obtenido en: http://www.brasil-rounds.gov.br/arquivos/Seminario_Tecnico_R9/Roadshow_London/Apresentacao_Paulo_Alexandre_BDEP_London.pdf

51. Desde 2000 Petrobras cotiza en la bolsa de Nueva York (NYSE).

52. Center for Energy Economics, University of Texas at Austin (2006). *Brazil's restructuring of the Oil and Gas Industry, Case Study*. Obtenido en: http://www.beg.utexas.edu/energyecon/new-era/case_studies/Brazil_Restructuring_of_the_Oil_Gas_Industry.pdf

46. Swiss Business Hub Brazil (2011). *The Brazilian Oil and Gas Sector*. Obtenido en: www.osec.ch

47. EIA (2012). *Análisis de Brasil*. Obtenido en: http://www.eia.gov/countries/cab.cfm?fips=BR

48. Swiss Business Hub Brazil (2011). *Op. Cit.*

49. EIA (2012). *Op Cit.*

Tabla 2.4 Organización del sector petrolero en Brasil

	Organismo	Función
Dirección y legislación	Cámara de diputados y senado	Tienen el poder de crear leyes de alcance nacional y enmendar la Constitución.
Estrategia e instrumentación	Ministerio de Minas y Energía	Propone y ejecuta políticas energéticas y de explotación de uso de los recursos minerales del país.
	Consejo Nacional de Política Energética	Define políticas de importación y exportación de hidrocarburos, para garantizar la constancia en el abastecimiento del mercado interno.
	Empresa de Investigación Energética	Provee al ministerio de Minas y Energía estudios sobre energía y energía eléctrica, petróleo, gas natural, carbón mineral y fuentes renovables para la planificación del sector energético.
Regulación y supervisión	Agencia Nacional del Petróleo	Promueve la regulación, la contratación y la fiscalización de las actividades económicas integradas en la industria de petróleo, gas natural y biocombustibles.
	PPSA Presal	Empresa estatal responsable de la gestión de contratos de partición de producción y comercialización de hidrocarburos en el área del Pré-Sal (es un regulador, no operador)
	Instituto brasileño del Medio Ambiente y de los Recursos Naturales Renovables	Otorga licencias de operación con base en criterios de protección al medio ambiente y uso sostenible de recursos naturales.
Ejecución estatal	PETROBRAS	Operadora petrolera estatal mixta verticalmente integrada. Opera en los segmentos de exploración y producción, refinación, transporte y comercialización de petróleo y gas, petroquímicos, biocombustibles y sus derivados.

Fuente: IMCO con información de la Agencia Nacional del Petróleo de Brasil y Petrobras

Gráfica 2.1 Porcentaje de capital social en Petrobras según fondo y accionista

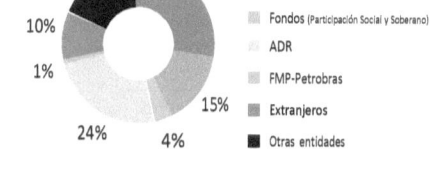

- Gobierno Federal — 29%
- BNDES — 15%
- Fondos (Participación Social y Soberano) — 4%
- ADR — 24%
- FMP-Petrobras — 1%
- Extranjeros — 10%
- Otras entidades — 17%

Fuente: Petrobras (2013). *Información de Capital social*. Obtenido en: http://www.investi-dorpetrobras.com.br/es/gobernacion/capital-social/ Consulta: 11 de enero de 2013.

La apertura derivó en un nuevo esquema fiscal: en agosto de 1997 se establecieron nuevos instrumentos para canalizar los ingresos del sector petrolero hacia el Estado brasileño.[53] El esquema vigente se compone de los ingresos mencionados en la tabla 2.5.

Otro cambio, producto de la reforma de 1995, fue la inclusión de Braspetro, el brazo internacional de la empresa, a la estructura formal de Petrobras. Los buenos resultados fueron inmediatos. Otras compañías y consorcios internacionales empezaron a invitar a Petrobras a participar en diferentes proyectos alrededor del mundo, ya fuera como operador o como socio no activo. Este tipo de ofrecimientos se dio a cambio de asociaciones, vía concesiones en las prometedoras costas brasileñas.

Si bien, previo a la apertura Petrobras contaba con una fortaleza tecnológica considerable, ésta estaba enfocada únicamente en ciertas áreas. Este nuevo modelo de internacionalización catapultó sus capacidades tecnológicas- principalmente en exploración de aguas profundas- que la llevaron a alcanzar la autosuficiencia petrolera en 2006 y al descubrimiento de los recursos del Pré-Sal, hidrocarburos que se ubican debajo de una extensa capa de sal, a una profundidad de 7,000 m.[54]

53. Ley 9.478, de 6 de agosto de 1997

54. Petrobras, *Operations in the Pre-Salt*. Obtenido en: http://www.petrobras.com.br/en/energy-and-technology/sources-of-energy/oil/presalt/

Tabla 2.5 Régimen fiscal en el sector de hidrocarburos en Brasil

Ingresos tributarios	**ICMS:** Impuesto sobre las operaciones relativas a la circulación de mercancías y prestación de servicios de transporte interestatal y comunicación interurbana e intermunicipal. (Estatal)
	CIDE: Contribución para la intervención en el dominio económico. Grava la importación y comercialización de petróleo y sus derivados, gas natural y sus derivados, y combustibles (precios de los combustibles).
	Pasep/Cofins: Contribuciones sociales federales diseñadas para el financiamiento de la seguridad social. Para las entidades de derecho público consiste en una recaudación mensual de los ingresos corrientes.
	Otros: El documento tomado como fuente no especifica los otros impuestos se pagan.
	Impuesto sobre la Renta: Impuesto pagado respecto a las utilidades que genere la persona moral.
Ingresos no tributarios	**Bono de asignación:** El bono de asignación tendrá su valor mínimo establecido en la convocatoria y será equivalente al pago ofrecido en la propuesta para la obtención de la concesión. Debe ser pagado al momento de la asignación del contrato. La recaudación de bonos de asignación cubre nueve rondas de licitación de bloques exploratorios y dos rondas de licitación de las áreas inactivas de acumulación marginal (Artículo 46 de la Ley 9.478, del 6 de agosto de 1997).
	Royalties/regalías: Se pagan mensualmente, en moneda nacional, a partir de la fecha de inicio de la producción comercial de cada campo. El monto corresponde a entre 5% y 10% de la producción de petróleo o gas natural (Artículo 47 de la Ley 9.478, 6 de agosto de 1997).
	Participación especial: En los casos de gran volumen de producción o rentabilidad se tendrá que pagar una participación especial, que será reglamentada por decreto presidencial (Ley 10.261, de 2001). La participación especial varía entre 10% y 40% y será aplicada sobre el ingreso bruto de la producción una vez deducidos las regalías, inversiones de exploración, costos de operación y depreciación de tributos previstos en la legislación en vigor (Artículo 50 de la Ley 9.478, del 6 de agosto de 1997).
	Pago por ocupación o retención de área: Pago por la ocupación o retención de área, que se hará anualmente, con base en los kilómetros cuadrados o fracciones de área, de acuerdo con el decreto presidencial que lo regule. El valor del pago se incrementará en un porcentaje establecido por la Agencia Nacional del Petróleo, siempre que haya una prórroga para el periodo de exploración (Artículo 51 de la Ley 9.478, del 6 de agosto de 1997).
	Pago a dueños de la propiedad: En el contrato de concesión también se establecerá un pago a los propietarios de la tierra, que consistirá en un porcentaje variable entre 5% y 1% de la producción de petróleo o gas natural, como lo determine la Agencia Nacional del Petróleo (Artículo 52 de la Ley 9.478, del 6 de agosto de 1997).

Fuentes: IMCO con información de la Ley 9.478, del 6 de agosto de 1997, del Ministerio de Hacienda de Brasil. Obtenido en: http://www.receita.fazenda.gov.br. Ernst and Young (2012). *Global oil and gas tax guide*. Obtenido en:http://www.ey.com/Publication/vwLUAssets/2012-global-oil-and-gas-taxguide/$FILE/EY_Oil_Gas_Tax_Guide_2012.pdf

En plena euforia petrolera por los recursos del Pré-Sal, el entonces presidente Luiz Inácio Lula da Silva cambió el modelo que había fortalecido a Petrobras, y en su conjunto a todo el sector petrolero brasileño. En lugar de seguir con un modelo de contratos de concesión, se optó por contratos de producción compartida, con especificaciones de contenido nacional, y con Petrobras al frente de todo el proceso de desarrollo.

En 2010 el gobierno creó una nueva entidad estatal, Pré-Sal Petróleo S.A. (PPSA). Esta entidad, que no es un operador, posee todos los yacimientos de Pré-Sal, administra los recursos explotados y puede vetar proyectos si no son compatibles con el interés nacional. Con el nuevo régimen, el gobierno impuso que Petrobras fuese parte del consorcio ganador con una participación no menor al 30%.

El gobierno incrementó su posición dentro de Petrobras al pasar de 40% a 48% del capital social. Al ser una empresa pública, Petrobras está sujeta a las reglas de la Comisión de Valores de Brasil (CVM) y de la Bolsa de Valores, Mercaderías y Futuros (BM&F Bovespa). En el extranjero, cumple con las normas de la *Securities and Exchange Commission* (SEC) y la Bolsa de Valores de Nueva York (NYSE) en EUA, Latibex de la Bolsa de Valores de Madrid, España, la Bolsa de Comercio de Buenos Aires y la Comisión Nacional de Valores (CNV) en Argentina.

Sin embargo, como resultado de los cambios en las decisiones de la política energética en el régimen de Lula, el valor de las acciones de Petrobras se ha desplomado desde 2006, como se aprecia en la gráfica 2.2.

Gráfica 2.2 Precio de la acción de Petrobras (PBR) en Nasdaq (dólares por acción)

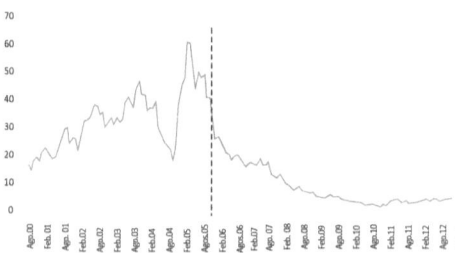

Fuente: IMCO con información de BOVESPA (Bolsa de valores de Sao Paulo) y Yahoo Finance
Notas: (1) La línea punteada indica el descubrimiento del Pré-Sal (2) Nasdaq solo maneja acciones PBR, que son los ADR que se usaron en la primera emisión en el 2000.

La interferencia gubernamental no sólo se ha limitado a Petrobras, sino a sus socios, proveedores, e incluso a otras áreas de la economía brasileña. En un afán de impulsar el sector de servicios petroleros doméstico, la administración de Lula impuso participaciones obligatorias de la industria nacional en todos los proyectos de Pré-Sal, la cual no estaba preparada para absorber la cantidad y calidad de trabajo requerido.

2.4.3 Actividades en *upstream*

Como se explicó líneas arriba, a finales de la década de los noventa, los derechos de exploración y producción (E&P) en Brasil empezaron a otorgarse por concesiones a través de licitación pública, organizada por la Agencia Nacional del Petróleo, ANP. A Petrobras se le otorgaron los derechos por todos los campos productivos hasta agosto de 1998. Toda área que no se hubiese puesto en producción, declarada no comercial o sin financiamiento suficiente, automáticamente quedaría en la jurisdicción

de la ANP. Este proceso de asignación previo a la participación privada es lo que comúnmente se conoce como la Ronda Cero de Brasil.

Como resultado de estos cambios regulatorios, otras compañías petroleras nacionales e internacionales empezaron a tener un rol cada vez más relevante. Entre estos operadores se puede listar a Shell, Chevron, BG, Statoil, Repsol, OGX y HRT O&G, entre otras. Cabe destacar que, a pesar de que la inversión extranjera está permitida, en 2010 Petrobras fue responsable de 91.2% de la producción nacional de crudo.[55]

En el caso de los descubrimientos del Pré-Sal en 2010, se estableció un régimen especial basado en contratos de producción compartida. En ellos se establece que Petrobras debe participar como operador en todos los proyectos con al menos el 30%.

Como resultado de la política energética nacionalista y proteccionista del presidente Lula, Petrobras ha tenido que retirarse[56] de algunos proyectos ambiciosos en el ámbito internacional.[57] Se ha tenido que concentrar en el desarrollo del Pré-Sal, operar sola y sin compartir el riesgo. Esta decisión del gobierno federal repercutió en las ganancias: el segundo trimestre de 2012 Petrobras reportó pérdidas por 665 millones de dólares. Fue el primer reporte trimestral en números rojos desde 1999.

Las decisiones antes descritas también redujeron las oportunidades para ampliar el conocimiento y la experiencia de Petrobras en otras áreas y tecnologías. El resultado ha sido la baja en la producción de hidrocarburos de esa empresa en los últimos seis años, especialmente de aceite (ver gráfica 2.3).

2.4.4 Actividades en *downstream*

Al igual que en las actividades de *upstream*, Petrobras domina las actividades de *downstream* en Brasil. El país cuenta con una capacidad de refinación de 1.9 mmbd dividida en 13 refinerías, de las cuales Petrobras opera 11. Debido a la creciente demanda interna de energéticos, Brasil planea expandir su capacidad de refinación en los próximos años. Destaca la construcción de las plantas Abreu y Lima, planeadas como una asociación estratégica (*joint venture*) con Petróleos de Venezuela (PDVSA), las cuales serán capaces de procesar petróleo pesado.[58]

55. *Ibíd.*
56. The Economist (01-11-2012). *The Perils of Petrobras*. Obtenido en: http://www.economist.com/news/americas/21566645-how-gra%C3%A7a-foster-plans-get-brazils-oil-giant-back-track-perils-petrobras
57. Sólo quedaron activos de bajo riesgo, como el de México, en Burgos.
58. EIA (2012). *Análisis de Brasil*. Obtenido en: http://www.eia.gov/countries/cab.cfm?fips=BR

Gráfica 2.3 Producción de aceite (crudo y líquidos de gas) de Petrobras (miles de barriles diarios)

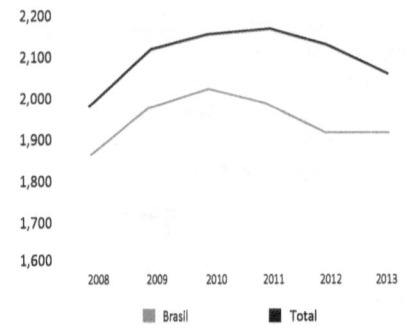

Fuente: Yahoo Finance

Notas: (1) Datos promedio de 2013, hasta Marzo 2013.

La construcción de las nuevas refinerías ha sido una de las decisiones más costosas para el gobierno. Ambas se instalaron en la región noreste de Pernambuco, completamente alejadas de los mercados a los que estaban destinadas a atender. El proyecto original, concebido en 2005 y aprobado en 2009, proyectaba un costo de 5,000 millones de dólares. Este presupuesto se ajustó en 2010 a 12,000 millones de dólares por el aumento en los precios del acero. Hoy, los sobrecostos entre materiales y retraso en la entrega de equipo y maquinaria (en su mayoría producidos o manufacturados en Brasil), superan los 20,000 millones de dólares. Se espera que las dos refinerías entren en operación a mediados de 2014.[59]

Con respecto al transporte de gas, Petrobras opera el sistema doméstico de gas natural. Dicho sistema cuenta con más de 6,400 kilómetros de gasoductos, la mayoría de ellos ubicadas en el sudeste y noreste del país. Hasta 2010, los sistemas no estaban interconectados, entorpeciendo el desarrollo de la producción y el consumo de este hidrocarburo.[60]

En cuanto a la comercialización de combustible, en Brasil existe un mercado competido en el que participan operadores nacionales e internacionales. Las más de 39 mil estaciones de servicio están operadas por empresas como Shell, Chevron, Esso, Alesat y Bandeira Branca.[61]

2.4.5 Conclusión

Petrobras ha pasado de ser un ejemplo exitoso para explotar sus recursos a uno menos flexible con resultados económicos y financieros desfavorables. A pesar de que destaca por sus capacidades tecnológicas y de conocimiento, se encuentra en una complicada situación financiera derivada de las decisiones políticas a las que ha estado sujeta. Este caso resulta relevante para México puesto que pone en evidencia cómo políticas proteccionistas pueden limitar el potencial de extracción de un país, disminuyendo no sólo la competitividad del sector sino la de toda la economía.

2.5 Colombia: un modelo de regulación efectiva

2.5.1 Panorama general

Colombia no es una potencia global en materia de hidrocarburos: ocupa la posición 26 en producción de crudo[62] y la 33 en exportación.[63] Sin embargo, de no haber sido por el cambio en la política de hidrocarburos en 2003, hoy Colombia sería un importador neto de petróleo. El cambio institucional clarificó las reglas del juego y creó un marco regulatorio más favorable para atraer inversión y talento al sector. Los resultados se parecen a lo que necesita México: un aumento constante de la actividad de exploración y producción de crudo y gas.

2.5.2 Diseño institucional

En Colombia siempre se ha permitido la participación de operadores privados en todos los eslabones de la cadena de valor (upstream y downstream). Los recursos minerales son propiedad de la nación y el Estado sólo puede autorizar contratos temporales de explotación. Desde principios del siglo XX se comenzaron a otorgar concesiones en las que el Estado recibía regalías correspondientes al 11% de la producción.[64] Éstas tenían una duración de 50 años, a partir de los cuales todos los bienes e instalaciones pasaban a ser propiedad nacional. En 1951 se creó la Empresa Colombiana de Petróleos (Ecopetrol) para ocuparse de los campos en los que los operadores privados perdían sus concesiones.

A partir de 1969 se sustituyeron las concesiones por contratos de asociación o de producción compartida.[65] En ellos, Ecopetrol comenzó a tener

59. Leila Coimbra and Jeb Blount (29-08-2012). *UPDATE 2-Petrobras rushes to meet fuel demand as costs soar*. Obtenido en: http://www.reuters.com/article/2012/08/29/petrobras-refining-idUSL2E8JTB6P20120829

60. *Ibíd.*

61. AHP (2012). Anuário Estatístico Brasileiro do Petróleo, Gás Natural e Biocombustíveis 2012

62. CIA World Factbook (2010). Obtenido en: https://www.cia.gov/library/publications/the-world-factbook/rankorder/2173rank.html

63. CIA World Factbook (2010). Obtenido en: https://www.cia.gov/library/publications/the-world-factbook/rankorder/2176rank.html

64. Ecopetrol (2011). *Ecopetrol: Energía limpia para el futuro*. Obtenido en: http://www.ecopetrol.com.co/especiales/Libro60anios/esp/cap10-2.htm

65. *Ibíd.*

un papel más activo. Los operadores eran responsables de los gastos y riesgos de exploración. Ecopetrol participaba con 50% en las inversiones necesarias para la explotación durante 25 años y recibía 50% de la producción después de regalías (cercanas a 20%).[66]

En 1983 se descubrió el yacimiento Caño Limón, considerado el más importante dentro del país de la segunda mitad del siglo XX y que convirtió a Colombia en un país exportador de crudo. Debido a este auge, surgió la percepción de que el país se convertiría en un gran país petrolero como Venezuela, lo que generó presión social y política para renegociar los contratos y aumentar el *government take*.[67]

Para hacer caso a estas presiones, en 1989 el gobierno comenzó a limitar la participación de terceros y a bajar los rendimientos de éstos en los contratos. Con regalías variables a la producción y con un esquema de distribución que resultó en menores rendimientos por producción,[68] las empresas privadas comenzaron a retirarse de la explotación del subsuelo colombiano. Esto se dio en un momento en el que más de 40% del territorio colombiano estaba ocupado por la guerrilla.

En consecuencia, a partir de la década de los noventa, la actividad exploratoria comenzó a declinar. Colombia pasó de tener 73 pozos explorados en 1988 a únicamente 11 pozos en 1996, siendo este último año el más crítico.[69] Lo anterior llevó a una reducción del 30% en la producción de petróleo entre 1996 y 2002,[70] ocasionando que la inversión en el país se redujera también de manera importante. En 2002 se proyectó que este escenario crítico podía ocasionar que el país pasara de ser exportador a importador de crudo en 2007.[71]

El sector petrolero necesitaba un esquema que generara más incentivos para los inversionistas nacionales y extranjeros. En 2003 se reestructuró el sector de hidrocarburos colombiano. Se creó la Agencia Nacional de Hidrocarburos (ANH) y Ecopetrol S.A. fue constituida como una compañía mixta con 88% de sus acciones en propiedad del Estado.

La Agencia Nacional de Hidrocarburos (ANH) se creó con la finalidad de hacer más competitiva a Ecopetrol. De este modo, Ecopetrol seguiría funcionando como empresa petrolera y las funciones de regulación se traspasarían al interior de la Agencia. Para lograr lo anterior, la ANH adquirió tareas de organismo rector y regulador de la política de hidrocarburos. Entre sus principales funciones se encuentran:[72]

- Identificar y evaluar el potencial de hidrocarburos en el país (reservas).

- Estructurar los estudios e investigaciones en las áreas de geología y geofísica para generar nuevo conocimiento sobre las cuencas sedimentarias de hidrocarburos de Colombia.

- Planear y optimizar el aprovechamiento de los hidrocarburos y generar interés exploratorio y de inversión.

- Diseñar, promover, negociar, celebrar y administrar los contratos y convenios de exploración y explotación.

- Asignar las áreas para exploración y explotación.

- Apoyar en la formulación de la política gubernamental en materia de hidrocarburos.

- Recaudar y transferir las regalías y compensaciones monetarias por la explotación de hidrocarburos al Sistema General de Regalías.

- Fijar los volúmenes de producción de petróleo concesionado que los operadores deben vender para la refinación interna, al igual que el precio al que debe ser vendido.

Tras la reestructuración del sector en 2003, Ecopetrol transfirió la facultad de evaluar las reservas del país a la ANH. Además, la agencia actualmente tiene la facultad de poner a disposición de otras empresas operadoras el conocimiento geológico de las cuencas sedimentarias del país. La difusión para fomentar la inversión en exploración se realiza a través del sitio web de la Agencia, utilizando como instrumento el banco de información petrolera.[73]

Antes de la reestructuración del sector, Ecopetrol desempeñaba la función de juez y parte. Fungía como la reguladora del sector y a la vez operaba como empresa petrolera del estado, lo cual dificultaba sus operaciones. El papel de petrolera estatal con la función de financiar las actividades del estado colombiano limitaba su crecimiento puesto que

66. *Ibid*.
67. *Ibid*.
68. Técnicamente el factor R a través del cual se calculaba la distribución entre el socio y Ecopetrol empezó a disminuir. El factor R se basa en un cociente que relaciona los ingresos y los gastos del inversionista. Obtenido en: http://www.minhacienda.gov.co/portal/page/portal/HomeMinhacienda/politicafiscal/Notas-Fiscales/Boletinesconyuntura/BCF%20-%2002%20-%202003_US.PDF
69. Asociacion Colombiana del Petróleo, (Diciembre, 2003). *Situacion actual y alternativas de reactivación del sector petrolero*. Obtenido en: http://www.acp.com.co/assets/documents/asuntos%20economicos/exploracion%20y%20produccion/situacion_alternativas2003.pdf
70. *Ibid*.
71. *Ibid*.
72. Asociación Nacional de Hidrocarburos, (2011). La ANH, sus funciones. Última actualización 16-11-2011. Obtenido en: http://www.anh.gov.co/es/index.php?id=13.
73. Ver más en el sitio web de la ANH: http://www.anh.gov.co/es/index.php?id=101

Tabla 2.6 Organización del sector petrolero en Colombia

	Organismo	Función
Dirección y legislación	Congreso de la República de Colombia	Se encarga de elaborar las leyes y normas para una mejor organización del país.
Estrategia e instrumentación	Consejo Nacional de Política Económica y Social	Fija las políticas generales y específicas del país, en particular las del sector de hidrocarburos.
	Ministerio de Minas y Energía	Supervisa y dicta las políticas en temas de hidrocarburos.
	Departamento Nacional de Planeación	Tiene como obligación diseñar y ejecutar el plan nacional de desarrollo incluyendo las áreas de desarrollo sostenible.
	Ministerio de Hacienda	Fija las políticas de impuestos y regalías y las distribuye a la federación y municipios, a través del sistema general de regalías.
Regulación y supervisión	Agencia Nacional de Hidrocarburos	Agencia encargada de licitar bloques, cobrar regalías, recopilar datos sísmicos y financiar descubrimientos por parte del gobierno colombiano.
	Superintendencia de servicios públicos domiciliarios	Control de las empresas de servicio público como las de distribución del gas natural y gas LP.
Ejecución estatal	ECOPETROL	Operadora petrolera estatal mixta verticalmente integrada. Opera en los segmentos de exploración y producción, transporte y logística, refinación y petroquímica, ventas y mercadeo de crudo.

Fuente: IMCO con información de la Agencia Nacional de Hidrocarburos, el Ministerio de Minas y Energía de Colombia y Ecopetrol.

los excedentes de explotación no los podía reinvertir en su expansión.[74] Esta condición es muy similar a lo que ocurre actualmente con Pemex.

Actualmente, la empresa está dedicada exclusivamente a las actividades de la industria, y puede asociarse y competir con empresas privadas para la exploración y explotación del recurso. En 2007, Ecopetrol se convirtió en una empresa mixta al colocar a disposición del público inversionista 12% de su capital, a través de ventas de mostrador de acciones a ciudadanos, con un monto limitado. El restante 88% pertenece al Estado, aunque un 8% adicional de las acciones de la empresa están por privatizarse. Las acciones cotizan en la Bolsa de Valores de Colombia y sus ADRs[75] están inscritos en las bolsas de valores de Nueva York y Toronto.[76]

Ecopetrol es la única empresa petrolera verticalmente integrada en Colombia. Con esta estructura opera en los siguientes segmentos de la cadena de producción: exploración y producción, transporte y logística, refinación y petroquímica, ventas, y mercadeo de crudo.[77] La compañía

también cuenta con inversiones en Brasil, EUA y Perú.[78] Las inversiones en bienes de capital (CAPEX) de más de 80 mil millones de dólares se concentran en la producción (60%), seguido por exploración (25%), refinería (7%), transporte (5%), otros (2%) y biocombustibles (1%).[79]

Otra de las medidas de reestructuración fue que la toma de decisiones de la empresa se separó de la política. A pesar de ser una empresa estatal, ésta cuenta con una Junta Directiva formada por nueve miembros elegidos por la Asamblea General de Accionistas en los términos establecidos en los Estatutos Sociales. Aunque el Ministro de Hacienda y Crédito Público, el Ministro de Minas y Energía, y el Director de Planeación Nacional forman parte de la Junta, ellos no son los únicos encargados de la toma de decisiones.

---

74. Ecopetrol (2011). *Op. Cit.*

75. American Depositary Receipt Shares, por sus siglas en inglés

76. Ecopetrol (2012). *Accionistas, Bolsa de valores.* Obtenido en: http://www.ecopetrol.com.co/contenido.aspx?catID=542&conID=77349

77. El grupo corporativo tiene acciones en las siguientes compañías: Exploración

y producción: Hocol (100%), Savia (50%), Equion (51%); Ecopetrol América (100%), Ecopetrol Perú (100%) y Ecopetrol Brasil (100%); Transporte: ODL (65%), ODC (73%), Oleoducto Bicentenario (56%), Ocensa (73%) y Cenit (100%); Refinería y petroquímica: Reficar (100%) y Propilco (100%); Biocombustibles: Ecodiesel (50%) y Bioenergía (91%) Ecopetrol (2013). *Company Fact Sheet.* Obtenido en: http://www.ecopetrol.com.co/documentos/76916_Fact_sheet_Ecopetrol_New_design_V5.pdf

78. Ibíd.

79. Ibíd.

La Junta cuenta con un representante de accionistas minoritarios y un representante de los departamentos productores de hidrocarburos, además de otros miembros independientes.[80] Esta junta directiva es similar al Consejo de Administración de Pemex. Sin embargo, una diferencia clave radica en que en el caso colombiano la Junta y la empresa no son parte del presupuesto, mientras que en México sí. Por otro lado, Colombia tiene representantes de accionistas independientes, cosa que en México tampoco sucede.

En Colombia los recursos provenientes de los recursos petroleros se distribuyen a través del Sistema General de Regalías,[81] que al igual que el sector petrolero, fue reformado en 2011.[82] Antes de su reestructuración, el sistema regresaba 80% de las regalías a los departamentos productores[83] de recursos no renovables y 20% se redistribuía entre los que no participaban en esta actividad. La reforma de 2011 tuvo como fin aumentar la equidad en la distribución de los ingresos, con el objetivo de que para 2015 los departamentos productores sólo reciban directamente 20% de los recursos y el 80% restante se reparta entre todos a través de fondos. Las regalías se reinvierten a través del Fondo de Ciencia, Tecnología e Innovación, el Fondo de Desarrollo Regional y el Fondo de Compensación Regional. Además, se designa un monto para ahorro a través del Fondo de Ahorro Pensional Territorial y el Fondo de Ahorro y Estabilización. Por último se invierte hasta 2% de las regalías en cartografía y exploración de yacimientos petroleros.

Con la creación de la ANH también cambió la forma en la que se otorgan los derechos de explotación. Se eliminaron los contratos de asociación y se reemplazaron por dos tipos de contratos de concesión: los contratos de exploración y producción (E&P) y los contratos de evaluación técnica (TEA).

Los E&P son contratos de seis años prorrogables para exploración, dos años prorrogables para evaluación, y 24 años prorrogables para explotación. El operador es responsable de la producción y dueño de ésta, menos regalías y pagos por uso del subsuelo. Las regalías son escalonadas según la productividad del campo explotado, estimadas en 5% para campos de

hasta 5 mil barriles diarios de petróleo crudo equivalente (mbdpce), hasta 25% en campos mayores de 600 mbdpce. Además, el operador se compromete a pagos adicionales de 30% de los ingresos reales en exceso cuando la producción supere los 5 millones de barriles y el precio del *West Texas Intermediate* (WTI) supere un precio base de referencia.[84]

Tabla 2.7 Ingresos tributarios y no tributarios de los hidrocarburos en Colombia

Ingresos tributarios	Impuesto sobre la renta
	Impuesto a la gasolina
Ingresos no tributarios	**Dividendos de Ecopetrol:** Colombia es dueña del 88% de las acciones de Ecopetrol, los dividendos son los pagos de estas acciones.
	Regalías: Es el beneficio originado por el derecho sobre la propiedad del recurso natural. Las regalías son escalonadas según la productividad del campo explotado, estimadas en 5% para campos de hasta 5 mbdpce hasta 25% en campos mayores de 600 mbdpce.
	Derechos económicos de los contratos de la ANH: Son pagos realizados por las compañías petroleras a la ANH para poder ejecutar los contratos de E&P.

Fuente: IMCO con información de ingresos petroleros de la ANH en Datos, Estados Financieros; Participación estatal en la renta, Asociación Colombiana de Petróleo; Banco de la República de Colombia, Series Estadísticas - Producción, Salarios y Empleo y Ministerio de Hacienda y Crédito Público, Marco Fiscal de Mediano Plazo.

Los TEA tienen como objetivo la evaluación del potencial hidrocarburífero de un área. Estos consisten en un permiso con un máximo de duración de 24 meses, con la posibilidad de obtener un contrato E&P en el área estudiada, al presentar un proyecto exploratorio.[85]

80. Ecopetrol (2012). *Informe de funcionamiento de la junta directiva y sus comités.* Obtenido en: http://www.ecopetrol.com.co/documentos/79805_Informe_de_Funcionamiento_Junta Directiva_Gesti%C3%B3n_2012.pdf

81. Este sistema está conformado por los recursos provenientes de recursos minerales. Estos recursos no forman parte del presupuesto nacional y se destinan a proyectos de desarrollo económico, social y ambiental. Véase mas en: http://www.anh.gov.co/es/index.php?id=10

82. Departamento Nacional de Planeación, (Abril, 2012). *Sistema General de Regalías.* Obtenido en: http://portalterritorial.gov.co/apc-aa-files/7515a587f-637c2c66d45f01f9c4f315c/Regalias_DNP.pdf

83. Vale la pena aclarar que el estado colombiano es un estado unitario, y sus divisiones territoriales no son estados - son departamentos, nombre que implica que son subdivisiones del estado colombiano.

84. Lopez, Enrique, et al. (2012). La economía petrolera en Colombia. *Borradores de economía.* Num.692, p.50

85. *Ibid.*, p. 30

Desde 2007, la licitación se realiza por medio de rondas en las que se adjudican las áreas a ser explotadas. Éstas tienen como objeto asignar áreas determinadas para la exploración y explotación de los hidrocarburos. Para ello, la ANH selecciona las propuestas más favorables.[86] Hasta 2010, se habían asignado 188 bloques[87] a través de estas rondas.[88]

Las rondas ofrecen tres tipos de bloques. Los Tipo 1 (o mini ronda) que son bloques de E&P para cuencas maduras, los Tipo 2 o bloques con prospectiva pero sin mucha información, y los bloques Tipo 3 que cuentan con poca información y mayor riesgo, destinados a contratos TEA.[89]

Tabla 2.8 Resultado de las rondas convocadas por la ANH hasta 2010

Proceso	Bloques ofertados	Bloques asignados	Área asignada (millones de hectáreas)
Ronda Caribe 2007	13	9	2.5
Mini Ronda 2007	38	12	0.25
Crudos pesados	8	8	12.7
Ronda Colombia 2008	43	22	4.2
Mini Ronda 2008	102	42	1.9
Ronda Colombia 2010	230	95	10.05

Fuente: Ministerio de Minas y Energía

2.5.3 Actividades en *upstream*

En términos de producción de petróleo, Ecopetrol es la empresa colombiana más importante. Domina la industria nacional con más de

343,174 bpdc (barriles promedio día calendario), que representan 36% de la producción.[90] Su producción de crudo creció más de 240% entre 2004 y 2012.[91]

Gráfica 2.4 Producción de crudo. Ecopetrol 2004-2012 bpdc.

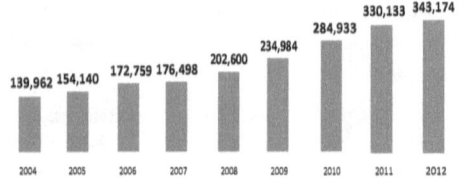

Fuente: Informe Estadístico Petrolero Ecopetrol

El desarrollo del sector de hidrocarburos en Colombia ha contribuido al buen desempeño de la economía, que creció 1.7% en 2009 (en el contexto de la crisis financiera global), 4% en 2010 y 6% en 2011. Lo anterior a pesar de la importante apreciación del peso colombiano en los últimos años, en buena medida atribuible a la exportación de petróleo (ver gráfica 2.5).

Gráfica 2.5 Tipo de cambio, pesos colombianos por dólar

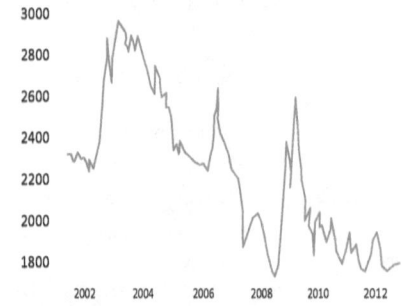

Fuente: IMCO con base en información de Wolfram Alpha

Por otra parte, el éxito de Ecopetrol se refleja también en los mercados de valores. La gráfica 2.6 muestra los precios de las acciones de Ecopetrol y Petrobras a lo largo del tiempo. En el eje vertical derecho se muestran los porcentajes de incremento en el valor de la acción en el tiempo. En el caso de Ecopetrol, en la oferta pública inicial en la Bolsa de Bogotá

---

86. Para poder presentar una propuesta los interesados deben de comprar un paquete de información, en caso de obtener el bloque, éstos no deben de pagar una cuota o bono de asignación. Obtenido en: http://www.rondacolombia2012. com/images/Instructivo_Compra_Paquetes_de_informacion_ronda_2012_2. pdf y http://www.rondacolombia2012.com/images/presentaciones/contrato_e_p. pdf

87. Zamora, Armando (Julio, 2010). *Rendición de cuentas. Sector Minero Energético. Agencia Nacional de hidrocarburos.* Obtenido en: http://www.minminas.gov.co/minminas/downloads/UserFiles/File/OLGA%20BAQUERO/AHN-VILLAVICENCIO. pdf

88. En diciembre de 2012 concluyó la Ronda Colombia 2012. Según el sitio oficial de la ANH se dictaron 51 resoluciones de adjudicación. Véase más en: http://www.rondacolombia2012.com/index.php/17-noticia-lanzam

89. ACP hidrocarburos (2012). Edición No. 1. Obtenido en: http://www.acp.com.co/assets/documents/Asuntos%20Publicos/comunicaciones/Publicaciones/Revista%20ACP.pdf

90. Asociación Colombiana del Petroleo (Marzo, 2012). *Informe estadístico petrolero.* Obtenido en: http://www.acp.com.co/index.php?option=com_k2&view=item&id=12:informe-estad%C3%ADstico-petrolero&Itemid=67

91. Ibid.

de noviembre de 2007, obtuvo 2,800 millones de dólares. Las acciones subieron más de 100% desde que empezó a cotizar en la bolsa, mientras que las acciones de Petrobras tan sólo han aumentado en 30% desde el 2004, con una tendencia decreciente desde 2010.

Gráfica 2.6 Comparación de comportamiento de las acciones de Ecopetrol (ECOPETROL: CO) y Petrobras (PETR3: BZ). Enero 2004-Abril 2013

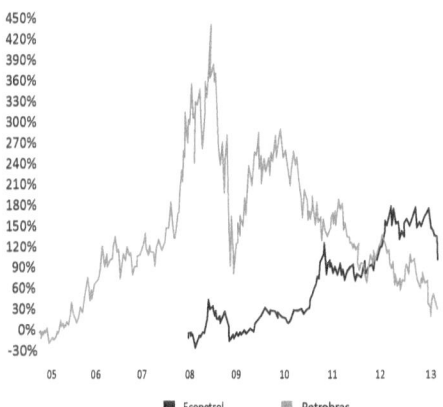

Fuente: www.marketwatch.com

El nuevo modelo ha sido un éxito para Colombia. Entre 2005 y 2011 la producción de crudo aumentó 73%, el número de pozos explorados pasó de 35 a 127 y la actividad de levantamiento sísmico se duplicó en el mismo periodo.[92] Las reglas claras de juego, la forma de adjudicar los distintos bloques según su tipo y las distintas modalidades de contratos han atraído a empresas de distintos tamaños. Las empresas pequeñas encuentran oportunidades en campos pequeños, que aunque no generan grandes economías de escala, tienen un marco regulatorio y fiscal atractivo para invertir en esa escala.[93] Por otra parte, las grandes compañías petroleras se enfocan en campos con mayores prospectivas.[94]

En 2010, 48 compañías participaron en la producción de crudo en Colombia[95] y cerca de 150 participaron en toda la cadena de valor.[96] La

inversión extranjera directa en el sector pasó de 278 millones de dólares en 2004 a 5,083 millones de dólares en 2011.[97] En este periodo surgieron empresas privadas como Pacific Rubiales y Canacol.[98] Pacific Rubiales es la compañía petrolera privada más grande de América Latina y la segunda empresa productora de petróleo en Colombia[99] con 22% de la producción total.[100] También tiene operaciones en Perú y Guatemala.

Gráfica 2.7 Producción total de crudo en Colombia, 2005-2011* (miles de barriles diarios)

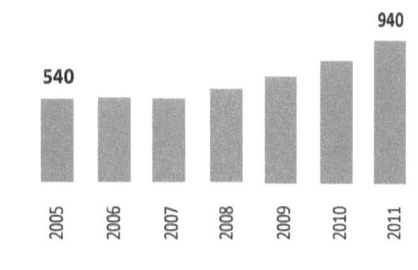

Fuente: EIA. *Incluye líquidos del gas

Gráfica 2.8 Distribución de la producción total de crudo 2011, según operador (porcentaje)

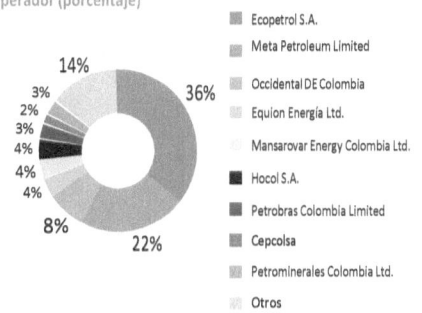

Fuente: IMCO con base en Ecopetrol (2011). Informe Estadístico Petrolero

A pesar de no ser uno de los países más atractivos en reservas petroleras, el sector de hidrocarburos colombiano se ha convertido en uno de los más dinámicos de la región. Esto se refleja en tasas de crecimiento

92. Asociación Colombiana del Petróleo (Marzo, 2012). *Op. Cit.*
93. Americas Society and Council of the Americas (Diciembre, 2010). *Colombia's Energy Renaissance.* Obtenido en: http://www.as-coa.org/sites/default/files/ColombiasEnergyRenaissance.pdf
94. *Ibid.*
95. Asociación Colombiana del Petróleo (Marzo, 2012). *Op. cit.*
96. Americas Society and Council of the Americas (Diciembre, 2010). *Op. Cit.*

97. Asociación Colombiana del Petróleo (Marzo, 2012). *Op. cit.*
98. Americas Society and Council of the Americas, (Diciembre, 2010). *Op. cit.*
99. Bajo el nombre de Meta Petroleum Limited y Pacific Stratus Limited
100. Asociación Colombiana del Petróleo (Marzo, 2012). *Op. Cit.*

anuales mayores a 15% desde el 2008,[101] y en los mayores ingresos fiscales petroleros. Según cifras oficiales, los ingresos petroleros del sector representaron 2.56% del PIB y 16.72% de los ingresos del gobierno en 2011. Ello implica un crecimiento de 260% desde 2004, año posterior al cambio en la política energética.[102]

Gráfica 2.9 Ingresos petroleros en Colombia (miles de millones de dólares)

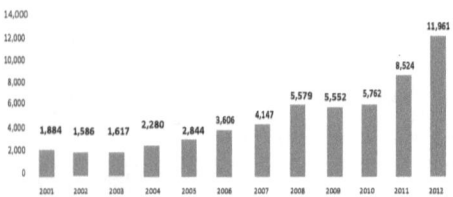

Fuente: IMCO. La información de ingresos petroleros se obtuvo de la: Agencia Nacional de Hidrocarburos. ANH en Datos, Estados Financieros; Participación estatal en la renta, Asociación Colombiana de Petróleo; Banco de la República de Colombia, Series Estadísticas- Producción, Salarios y Empleo y Ministerio de Hacienda y Crédito Público, Marco Fiscal de Mediano Plazo.

Nota: El tipo de cambio es a dólares constantes de 2005 con base en Banco de la República de Colombia, Series Estadísticas- Tasas de cambio.

Este dinamismo se refleja también en la Bolsa de Valores de Bogotá. De 89 empresas colombianas registradas en abril de 2013, 14 provienen del sector de hidrocarburos, 50% están calificadas con una liquidez alta[103] y la mitad restante con una liquidez baja.[104] Asimismo, desde 2010 seis empresas energéticas estadounidenses también cotizan en la Bolsa Colombiana: Anadarko Petroleum Corporation, Chevron Corporation, ExxonMobil Corporation, Gran Tierra Energy Inc., Murphy Oil Corporation y Schlumberger NV.[105]

Por otra parte, el papel de la ANH como regulador que determina reglas claras que aplican por igual a todas las compañías, ha sido un deto-

nante tanto de la inversión, como de la exploración y de la producción. Ecopetrol continúa siendo la empresa líder en el país y se ha fortalecido a consecuencia de los cambios en el sector. Las regalías provenientes del sector han aumentado constantemente desde su reestructuración (entre 2004 y 2011 aumentaron 219% en términos reales).[106] Las actividades de exploración que actualmente se realizan permitirán que Colombia continúe siendo un país exportador de crudo y autosuficiente en energía.

2.5.4 Actividades en *downstream*

En este segmento de la cadena participan operadores públicos y privados especializados. En el caso de transporte, Colombia tiene seis oleoductos[107] que llevan la producción de crudo hacia las refinerías para consumo interno y cuatro de ellos están conectados a terminales de exportación hacia el Caribe.[108] En diciembre de 2010, Ecopetrol anunció la asociación con un consorcio internacional para desarrollar el Oleoducto Bicentenario. El consorcio está formado por siete compañías productoras de crudo: Ecopetrol S.A., Pacific Rubiales Energy, Petrominerales Colombia Ltd., Hocol S.A., Canacol Energy S.A., Vetra Exploración y Producción S.A.S, y Grupo C&C Energy (Barbados) Ltd. Este proyecto se inició debido al aumento en la producción de crudo del país con la expectativa de aumentar, en una primera fase, la capacidad de transporte de crudo en 600,000 bd.[109]

La refinación y sus actividades relacionadas están bajo el control estatal a través de Ecopetrol. Los precios de los refinados son regulados por el Ministerio de Minas,[110] mientras que la ANH regula el precio al cual se debe de vender el crudo de concesión destinado a la refinación para uso dentro del país.[111] El código de petróleos da prioridad al abastecimiento del mercado interno de refinados y una vez cumplido este requisito los productores pueden exportar.[112] Los principales refinados obtenidos en Colombia son gasolinas, derivados medios y combustóleo (fuel-oil). De acuerdo con la EIA, en 2012 Colombia registró una capacidad de refina-

101. Cabrales, Orlando (Marzo, 2012). *La política petrolera gubernamental*.

102. Cálculo IMCO con información de: Agencia Nacional de Hidrocarburos. ANH en Datos, Estados Financieros; Participación estatal en la renta, Asociación Colombiana de Petróleo; Banco de la República de Colombia, Series Estadísticas-Producción, Salarios y Empleo y Ministerio de Hacienda y Crédito Público, Marco Fiscal de Mediano Plazo.

103. Canacol Energy LTD, Ecopetrol S.A., Empresas de Energía de Bogotá S.A. E.S.P., Interconexión Eléctrica S.A. E.S.P., Isagen S.A. E.S.P., Petrominerales LTD, Pacific Rubiales Energy Corp

104. Biomax biocombustibles S.A., Empresa de Energía del Pacífico S.A. E.S.P., Gas Natural S.A. E.S.P., Proenergía Internacional S.A., Promigas S.A. E.S.P., Sociedad de Inversiones de Energía

105. INFOVALMER (2013). *Boletín Informativo de acciones*. Valoración a 30 de abril de 2013. Entidad vigilada por la superintendencia fiscal de Colombia. Información proporcionada por la Comisión Nacional Bancaria y de Valores.

106. Cabrales, Orlando, *Op. Cit.*

107. Estos ductos son: Ocensa, Caño Limón - Coveñas, Oleoducto del Alto Magdalena (OAM), Oleoducto de Colombia (ODC), Oleoducto de los Llanos Orientales (ODL), Oleoducto Transandino. Información obtenida de Memorando de Información. Corficolombiana Banca de Inversión, Bogotá, Diciembre 2011. Obtenido en: http://www.bicentenario.com.co/single.php?id_int_single=18&idsingle=2

108. EIA (2013). *Ficha de análisis Colombia*. Obtenido en: http://www.eia.gov/countries/cab.cfm?fips=CO

109. Proyecto Oleoducto Bicentenario Petróleo por Colombia. Obtenido en: http://www.bicentenario.com.co/index.php?idsingle=13&id_int_single=0

110. Ministerio de Minas (2013). Obtenido en: http://www.minminas.gov.co/mme/

111. Asociación Nacional de Hidrocarburos (2013). Obtenido en: http://www.anh.gov.co/es/index.php?id=13

112. López, Enrique, *et al.*, (2012). La economía petrolera en Colombia. *Borradores de economía*. Num.692, p.51 y 52

ción de 290,850 a través de las cinco refinerías en manos de Ecopetrol.[113] La planta de Cartagena anteriormente pertenecía a la operadora Glencore International. Sin embargo, en 2009 Ecopetrol compró el 100% de la refinería, con lo cual hoy controla totalmente esta fase de la cadena. La decisión de Ecopetrol se debió a que Glencore no pudo conseguir financiamiento para la ampliación de la refinería, debido a la crisis económica del 2008, la caída de los precios internacionales del crudo y la baja calificación crediticia de la propia Glencore. Por ello, Ecopetrol tomó en sus manos el proyecto.[114]

2.5.5 Conclusión

Colombia tiene sin duda un modelo de sector de hidrocarburos flexible, dinámico y que está diseñado para permitirle al Estado maximizar el valor de la renta petrolera, mayoritariamente en el *upstream*. En los últimos años se han logrado ver los resultados de este arreglo institucional. La decisión de política energética de invitar a múltiples empresas a participar y poner el capital en manos de ciudadanos e inversionistas, se ha traducido en un esquema muy virtuoso de crecimiento de reservas, producción y capacidades tecnológicas.

2.6 Noruega: Un modelo eficiente de gestión del sector

2.6.1 Panorama general

El sector petrolero noruego surgió a finales de la década de los cincuenta. La estrategia inicial del gobierno para desarrollar este sector consistió en beneficiarse de la experiencia y tecnología de compañías extranjeras. Para ello se creó un marco legal y económico capaz de regular y limitar dichas participaciones a fin de facilitar la transferencia de tecnología y el desarrollo de las capacidades locales.[115] Es decir, sin negar la participación de otros operadores que desarrollaran y explotaran los yacimientos, el Estado fue adquiriendo tecnología y forjando capital humano través de su operador, Statoil.

Statoil ASA es una compañía de energía internacional con operaciones en más de 40 países. Fue creada en 1972, privatizada parcialmente en 2001 y fusionada con la división de petróleo y gas de Norsk Hydro en 2007. Es una de las comercializadoras netas de crudo más grandes del mundo. También es la segunda mayor empresa exportadora de gas en

Europa. Actualmente, el Estado es el accionista mayoritario con 67% de las acciones.[116]

2.6.2 Diseño institucional

El modelo noruego se puede resumir como "la fusión de mecanismos para obtener el máximo valor económico del sector petrolero respecto a lo que podría obtenerse por la sola venta de gas y petróleo".[117] Parte del éxito de este modelo se debe a la definición clara de objetivos que determinan la organización del sector. Desde un principio, el objetivo principal del modelo ha sido maximizar el valor de la renta petrolera para fortalecer el sistema de pensiones noruego. Otros objetivos específicos son: incrementar las reservas de yacimientos de petróleo y gas, proteger al medio ambiente, aumentar la inversión para investigación y desarrollo y optimizar la recuperación de hidrocarburos de las reservas en explotación. Algunos mecanismos para lograr estos objetivos son controlar los costos y mejorar la coordinación entre concesionarios (operadores).[118]

Para cumplir con estos objetivos, la organización del sector petrolero está dividida en tres áreas. Éstas son:

- Autoridades políticas y gubernamentales (parlamento y ministerios de gobierno)

- Entidades técnicas y de supervisión (directorados, agencias reguladoras)

- Empresas petroleras -operadores- (nacionales y extranjeras).[119]

El Parlamento define el marco regulatorio que rige las actividades petroleras. El gobierno, a través de los diferentes ministerios, ejerce las políticas del sector (ver tabla 2.9). Todas las actividades petroleras, desde la adjudicación de las licencias hasta el desmantelamiento de los campos, están sujetas a aprobaciones oficiales y permisos.[120]

---

113. EIA (2013). *Op. Cit.*
114. Portafolio, (30-08-2012). *Ampliación de Reficar se encareció por planta de propileno.* Obtenido en: http://www.portafolio.co/negocios/ampliacion-reficar-se-encarecio-planta-propileno
115. Estrada, Javier H. (2007). El Modelo Petrolero Noruego y sus Beneficios. *Economía Informa.* Núm. 347, Julio-Agosto. p. 87
116. Statoil (2011). Reporte anual 2011. Obtenido en: http://www.statoil.com/annualreport2011/en/thisisstatoil/pages/thisisstatoil.aspx
117. Estrada, Javier H. (2007). *Op. Cit.*
118. IMCO con base en información del Directorado Noruego de Petróleo y el Ministerio de Energía y Petróleo
119. Estrada, Javier H. (2007). *Op. Cit.* p.92
120. MPE, DPN (2011). *Op. Cit.* p.16-19

Tabla 2.9 Organización del sector petrolero en Noruega

	Organismo	Función
Legislación	Parlamento	Define el marco regulatorio que rige las actividades petroleras en Noruega.
Instrumentadores	Ministerio de Petróleo (MPE)	Maneja los recursos petroleros de acuerdo con los lineamientos establecidos por el Parlamento.
	Directorado Noruego de Petróleo	Como asesor del MPE, propone medidas para maximizar la extracción de las reservas y se encarga de la asignación de bloques.
	Ministerio de Finanzas	Recolecta y administra los impuestos y tarifas que surgen de actividades petroleras.
	Ministerio del Medio Ambiente (MMA)	Implementa regulaciones para la preservación del medio ambiente.
	Ministerio del Pesca y Asuntos Costeros	Implementa medidas de contingencia en caso de derrames de aceite.
	Ministerio del Trabajo e Inclusión Social	Implementa regulaciones en materia de salud, seguridad y medio ambiente.
Supervisores	Autoridad de la Seguridad Petrolera	Verifica el cumplimiento de regulaciones en materia de seguridad, medio ambiente laboral y medidas de contingencia necesarias en el sector petrolero.
	Autoridad Noruega de Control Pesquero	Asegura el cumplimiento de la Ley de Control de la Contaminación y Asesora al MMA.
	Administración Costera Noruega	Vigila que el Estado se encuentre preparado para actuar en casos agudos de contaminación.
Ejecutores estatales	Petoro AS Costera Noruega	Empresa 100% estatal por medio de la cual se realizan las inversiones del gobierno noruego.
	Statoil ASA	Operador petrolero estatal mixto verticalmente integrado, desempeña actividades de upstream y downstream en Noruega y en otros países.
	Gassco ASA	Empresa 100 % estatal encargada de operar eficientemente el transporte de gas.

Fuente: IMCO con información del DNP y del Ministerio del Petróleo

El Directorado Noruego de Petróleo (DNP) es una agencia gubernamental independiente y especializada que asesora al Ministerio de Petróleo y Energía. Su objetivo es plantear medidas para maximizar el valor económico de las actividades petroleras. Esto lo hace a través de criterios para garantizar la gestión prudente y segura de los recursos no renovables. La prevención de accidentes y el cuidado al medio ambiente son funciones centrales de esta agencia. Además, para lograr sus objetivos, la agencia se encarga de recolectar información sobre la Plataforma Continental Noruega (PCN). Asimismo, junto con otros organismos, da seguimiento exhaustivo a las actividades petroleras.[121] El diseño del DNP es un modelo exitoso de agencia regulatoria y ha servido como precursor del modelo brasileño y más recientemente del modelo colombiano.

---

121. Directorado Noruego de Petróleo (2011). Obtenido en: http://www.npd.no/en/About-us/

Figura 2.3 Cálculo de impuestos petroleros

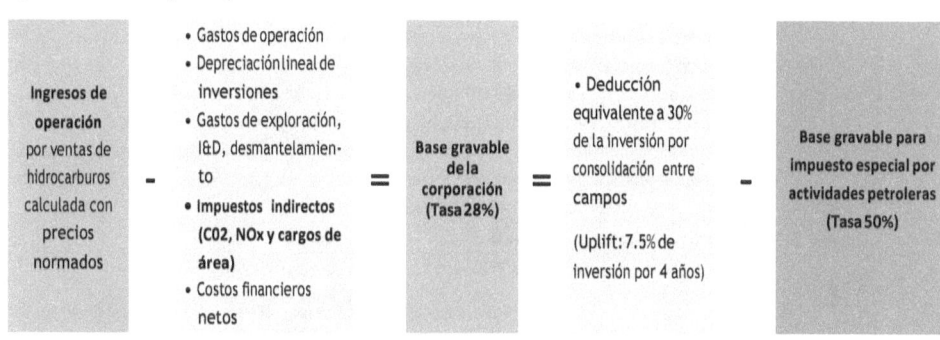

Fuente: Ministerio de Petróleo y Energía de Noruega
Nota: Los precios normados los fija el Consejo de Precios de Petróleo y sirve para estimar los ingresos de los operadores únicamente con fines fiscales. La mayoría del petróleo que se produce en la PCN se vende entre compañías filiales, lo que podría reducir el precio de venta del producto. En estos casos, los precios normados buscan reflejar a qué precio se hubiera vendido el petróleo si éste se hubiera vendido entre compañías independientes.

Además de Statoil, Noruega cuenta con dos empresas paraestatales del sector: Gassco y Petoro AS. Petoro AS es la entidad financiera por medio de la cual el gobierno noruego invierte en el sector y cuida los intereses financieros del Estado. Ésta administra el Interés Financiero Directo del Estado (SDFI por sus siglas en inglés). El SDFI es una especie de fondo estatal con el que se invierte en campos de petróleo y gas, ductos e instalaciones en tierra. Como cualquier otro inversionista, el Estado cubre parte de la inversión y de los costos para recibir a cambio una porción del ingreso de las licencias de producción.

La Ley de Hidrocarburos (Petroleum Act) establece que el Estado es el dueño de los recursos en el subsuelo de la PCN. Por esta razón sólo el Estado tiene el poder de otorgar licencias de exploración y producción.[122] Las licencias de exploración no son exclusivas, y varios operadores las pueden adquirir en aquellas zonas donde no se han asignado licencias de producción. Las licencias de este tipo se otorgan para recabar información geográfica, química, física y técnica. Por el contrario, las licencias de producción son exclusivas y comprenden desde la exploración hasta el plan de desmantelamiento al término de las operaciones.

En Noruega, las actividades petroleras generan ingresos fiscales muy significativos. En primer lugar, las compañías pagan un impuesto ordinario sobre las utilidades del 28%, igual al que se cobra a cualquier otra corporación.[123] En segundo lugar, el gobierno cobra un impuesto especial adicional de 50%, debido a las rentas extraordinarias que recibe normalmente este sector. En tercer lugar, se cobran impuestos ambientales por emisiones de dióxido de carbono (CO_2) y óxido nitroso (NO), así como un cargo por área. Esta última cuota se fija con el propósito de que el operador no ocupe un bloque si no tiene la intención de explorarlo y explotarlo, con lo que se busca aumentar la actividad en las zonas concesionadas[124] (ver Figura 2.3).

Los ingresos petroleros que recibe el Estado se componen del dividendo de Statoil, los ingresos del SDFI, y los ingresos tributarios y no tributarios que pagan las empresas extranjeras[125] (ver tabla 2.10).

122. Estrada, Javier H. (2003). *Efectos de la regulación en exploración y explotación de petróleo sobre el desarrollo del sector de hidrocarburos en Noruega, Brasil y Alberta, Canadá, y sobre sus empresas petroleras estatales. Perspectivas para Pemex en caso de regulaciones similares en México.* México, D.F.

123. Sin ser específico, el DNP hace referencia a que el sistema impositivo petrolero se basa en las regulaciones noruegas de impuestos ordinarios a corporaciones más el impuesto especial por rentas excesivas del sector. Véase más en: http://www.npd.no/en/publications/facts/facts-2010/chapter-3/

124. *Ibíd.* p.19-20

125. *Ibíd.* p.24

Tabla 2.10 Ingresos tributarios y no tributarios de los hidrocarburos en Noruega

Ingresos tributarios	**Impuesto ordinario:** La tasa de este impuesto es del 28% sobre las utilidades. El sistema tributario del petróleo está conformado por las reglas ordinarias de los impuestos corporativos, que se especifican en la Ley de Impuestos de Petróleo (Ley 35 del 13 de junio de 1975) relacionada con los impuestos a los depósitos de petróleo submarinos. **Impuesto especial:** La tasa es del 50%. Además del impuesto ordinario y debido a la alta rentabilidad económica de la explotación de hidrocarburos, existe un impuesto especial sobre las utilidades con el propósito de que los beneficios de esta industria se administren por el Estado. Este impuesto se cobra una vez que se descuenta de la deducción equivalente a 30% de la inversión por consolidación. **Impuestos Ambientales:** Por emisiones de dióxido de carbono y óxidos de nitrógeno.
Ingresos no tributarios	**Regalías:** Es el beneficio originado por el derecho sobre la propiedad del recurso natural. **Renta:** Es una cuota por área (típicamente por km²) que el operador paga al Estado anualmente. El propósito es que el operador no ocupe un bloque si no tiene la intención de explorarlo y explotarlo. **Interés Directo Financiero del Estado** (en inglés State's Direct Financial Interest, SDFI). Es un sistema a través del cual el Estado es propietario de una parte de los campos de petróleo y gas, ductos e instalaciones terrestres. El Estado cubre parte de los costos y gastos de inversión, a cambio de una porción del ingreso que genere la licencia de producción. **Dividendos:** El estado noruego es dueño de 67% de las acciones de Statoil. Por este hecho, el Estado recibe utilidades o dividendos como accionista.

Fuente: Norwegian Ministry of Petroleum and Energy/ Norwegian Petroleum Directorate, 2012, *The Norwegian Petroleum Sector, Facts 2012*

En total, en 2010 los ingresos fiscales generados por el sector de hidrocarburos representaron 10.3% del PIB del país (ver gráfica 2.10) y 19% de los ingresos del gobierno general noruego.[126] De estos ingresos, los dividendos directos de Statoil pagados al Estado (como accionista de la empresa) fueron de 12.8 mil millones de coronas, es decir, 2.1 mil millones de dólares, y 4.7% de los ingresos petroleros totales.[127]

La visión intergeneracional del modelo noruego se materializa a través del Fondo Global de Pensiones Gubernamentales (originalmente llamado Fondo Noruego del Petróleo). En él se invierten los ingresos de las actividades petroleras con el fin de no alterar las finanzas públicas, preservar la competitividad del tipo de cambio y garantizar beneficios para las generaciones futuras. El fondo se creó en 1990 y lo opera el banco central (Norges Bank). Al cierre de 2012, el fondo valía 3.8 billones de coronas

noruegas,[128] es decir, más de 655 mil millones de dólares,[129] cifra equivalente a 1.15% del PIB global.[130]

La operación del fondo sigue reglas muy estrictas. La más importante, desde 2001, dicta que el gobierno sólo puede gastar alrededor del 4% del rendimiento del fondo. El capital del fondo está diversificado, aproximadamente 60% en acciones de mercados internacionales, 35-40% en bonos soberanos y corporativos y un máximo de 5% en bienes raíces. Las inversiones se hacen en más de 70 países, a excepción de Noruega, para no afectar la competitividad de las exportaciones a través de la apreciación de la moneda. La mayoría de las inversiones se realizan en Europa y Norteamérica, además de algunos mercados emergentes.[131]

126. IMCO con base en OCDE, 2012, Obtenido en: http://stats.oecd.org/Index. aspx?QueryId=40568 y Norwegian Ministry of Petroleum and Energy/Norwegian Petroleum Directorate, (2012). *The Norwegian Petroleum Sector, Facts 2012.* Obtenido en: http://www.npd.no/en/Publications/Facts/Facts-2011/

127. En 2012 Statoil pagó 137.2 miles de millones de coronas como impuestos, es decir, 22,698.33 millones de dólares (considerando el tipo de cambio 6.0444982 a 2012) Obtenido en: http://stats.oecd.org/Index.aspx?QueryId=40568. Ver reporte financiero en Statoil, Annual Report on Form 20-F 2012. Obtenido en: http://www.statoil.com/Annual

128. Norges Bank Investment Management (2012). *Fondo Global de Pensiones Gubernamentales, Reporte anual 2012.* Obtenido en: http://www.nbim.no/Global/Reports/2012/Annual%20report/Annual%20report%2012.pdf

129. *Ibid.* Para la conversión a dólares se usó un tipo de cambio anual de 5.8210 coronas noruegas por dólar, reportada para 2012 por Norges Bank en: http://www.norges-bank.no/en/price-stability/exchange-rates/

130. Suponiendo un PIB global de 5.66*10^13 dólares a finales de 2012. Cálculos IMCO con datos de WolframAlpha y el FMI. Con cifras parciales a marzo de 2013 el valor del fondo se registró en 4.04 billones de coronas, es decir 146% del PIB noruego y 1.25% del PIB mundial.

131. Norges Bank Investment Management (2013). *Government Pension Fund Global -Holdings.* Obtenido en: http://www.nbim.no/en/investments/holdings-/

Gráfica 2.10 Ingresos petroleros en Noruega como porcentaje del PIB (miles de millones de dólares)

Total de ingresos petroleros   %PIB

Fuente: IMCO con base en OCDE, (2012) Obtenido en: http://stats.oecd.org/Index.aspx?QueryId=40568 y en Norwegian Ministry of Petroleum and Energy/Norwegian Petroleum Directorate (2012). The Norwegian Petroleum Sector, Facts 2012. Obtenido en: http://www.npd.no/en/Publications/Facts/Facts-2011/

Aunque desde 2006 el fondo cambió de nombre a Fondo Global de Pensiones Gubernamentales, éste no se ha usado para hacer frente al gasto en el rubro de jubilaciones. De acuerdo con el Norges Bank, no se ha tomado una decisión sobre cuándo empezará a cubrir el gasto en pensiones. Sin embargo, ante el envejecimiento de la población, el fondo es un instrumento que tiene el gobierno para poder hacer frente al incremento esperado en el gasto de pensiones en el futuro.[132]

2.6.3 Actividades en *upstream*

La apertura, a través de la llegada de inversiones y la entrada de nuevos jugadores en la década de los 70, ayudó a acelerar el crecimiento del sector. En la gráfica 2.11, la línea azul muestra que con la participación de varios operadores las reservas probadas y los recursos aumentaron. Al compararlo con la línea roja, que muestra lo que hubiera logrado Statoil en ausencia de competencia, es claro que la diversidad de operadores permitió acelerar la incorporación de más reservas y recursos.

Gráfica 2.11 Incremento acumulado de reservas y recursos contra descubrimientos*

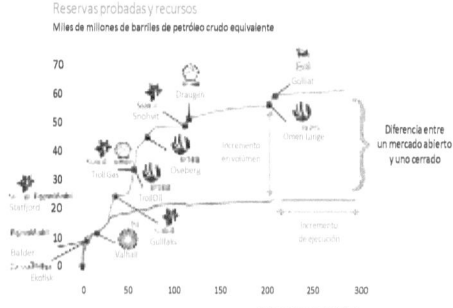

Reservas probadas y recursos
Miles de millones de barriles de petróleo crudo equivalente

Fuente: Wood McKenzie en *The Norwegian Energy Model*, Helge Hove Haldorsen, VP Strategy Statoil, presentación en la Embajada Noruega en la Ciudad de México, 22 de junio de 2012.

Nota: (*) Reservas probadas y recursos desde la apertura en 1972

Desde las primeras rondas de licitación, el Estado noruego sometió a concurso un número limitado de bloques, dando preferencia a aquellos con mayor probabilidad de contar con yacimientos. Por esto, los primeros campos fueron de magnitudes significativas. A la fecha, estos campos ya son maduros y su producción ha decrecido. De 2005 a 2011 la producción de crudo de Noruega disminuyó 33%, pasando de 2,978 mbd a 2,007 mbd.[133]

132. Norges Bank Investment Management (2011). *Government Pension Fund Global*. Obtenido en: http://www.nbim.no/en/About-us/Government-Pension-Fund-Global/

133. Según información de la EIA e incluye líquidos del gas. Obtenido en: www. eiagov

En consecuencia, la producción de petróleo y gas está repartida en un mayor número de campos más pequeños.[134]

En 2009, Noruega se ubicó como el segundo exportador y el quinto productor de gas natural, mientras que en 2010 fue el séptimo exportador de petróleo. El sector petrolero representa cerca de 21% del total del valor agregado generado en el país, siendo la mayor industria nacional.[135] Esta cifra duplica el valor agregado que representa esta industria en México, el cual es menor al 10%.[136]

2.6.4 Actividades de *downstream*

Al igual que la exploración y producción de hidrocarburos, las actividades de downstream están abiertas a la participación privada y extranjera. El Estado noruego se encarga de la operación de los oleoductos y las terminales petroleras al interior del país. Sin embargo, el oleoducto internacional que conecta los campos noruegos con Gran Bretaña es operado por ConocoPhillips en *joint venture* con Statoil.

Gassled es un *joint venture* de los dueños del sistema de transporte de gas ligado a la PCN. Gassled es operada a través de Gassco AS, una empresa 100% estatal responsable de coordinar y administrar los flujos de gas que pasan por los ductos del sistema hasta las terminales.[137] Todos los operadores (concesionarios) venden su propio gas pero Gassco es la herramienta del Estado para verificar que el transporte de gas se haga eficientemente.[138]

De acuerdo con la EIA, Noruega tiene una capacidad de refinación de 319 mil bd. El país cuenta con dos grandes refinerías: Slagen, operada por ExxonMobil y Mongstad, operada por Statoil. Los mercados de productos refinados funcionan sin intervención de ninguna agencia del Estado, a diferencia de los países revisados anteriormente en los que se fijan y regulan los precios de estos productos.

2.6.5 Conclusión

El modelo noruego ha sido único desde su creación y fue el precursor de los modelos exitosos adoptados en países como Brasil y Colombia. Varios aspectos hacen del sector de hidrocarburos noruego una referencia obligada para países como México. En primer lugar, el modelo noruego tiene el objetivo primordial de maximizar el valor de la renta petrolera en beneficio de la sociedad actual y futura. Esta visión intergeneracional también incluye medidas de protección al medio ambiente. Este objetivo, a su vez, se basa en consideraciones específicas muy claras que están relacionadas con responsabilidades interministeriales que favorecen su cumplimiento.

En segundo lugar, el Fondo Global de Pensiones Gubernamentales, con sus estrictas reglas de operación, se ha convertido en un instrumento estratégico para maximizar el valor de la renta petrolera y garantizar que tenga una lógica intergeneracional. Además, la estructura del *downstream* y su funcionamiento permite que los mercados de productos refinados sean eficientes.

México podría beneficiarse de incorporar elementos fundamentales del modelo institucional noruego como son:

1. Maximizar el valor de la renta petrolera en beneficio de la sociedad actual y futura a través de un órgano regulador fuerte e independiente, una NOC sólida que compite con otros operadores por la atracción de inversión y talento. El diseño institucional y el marco regulatorio sin duda han permitido lograr estos resultados.

2. Creación de un fondo soberano que opera con una lógica intergeneracional disociado claramente de los procesos políticos.

3. Un mercado eficiente de productos refinados donde los precios se fijan libremente sin intervención gubernamental.

2.7 Canadá: un mercado abierto en auge

2.7.1 Panorama general

El sector de hidrocarburos canadiense es uno de los más abiertos en el mundo. Las provincias tienen jurisdicción total sobre sus recursos energéticos y dictan su propia estrategia de integración logística y comercial con EUA.

Canadá es un país privilegiado en cuanto a potencial energético. Dispone de las terceras reservas probadas de crudo más grandes del mundo,

---

134. MPE, DPN (2011). *The Norwegian Petroleum Sector 2011, Facts.* p. 12. Obtenido en: http://www.npd.no/en/Publications/Facts/Facts-2011/

135. MPE, DPN (2011). *Op. Cit.* p.22

136. INEGI (2013). *Banco de Información Económica - Cuentas Nacionales.* Cifras a 2011.

137. El equivalente de Gassco en México sería Pemex Gas y Petroquímica Básica (PGPB). La diferencia es que dentro de PGPB se encuentran dos direcciones: Ductos y Gas Natural. Ductos es estrictamente transporte - similar a GASSCO- pero Gas Natural es la dueña del gas natural transportado por Ductos. Esto ha derivado en subsidios cruzados entre subsidiarias, lo cual ha inhibido la participación de terceros en la comercialización y en transporte.

138. MPE, DPN (2011). *Op. Cit.*

después de Arabia Saudita y Venezuela. Actualmente, Canadá es el sexto productor de petróleo a nivel mundial, con una producción de 3,592 mbd.[139] Canadá posee además 70% de las reservas mundiales de arenas bituminosas (depósitos saturados de un petróleo muy viscoso que por su forma no se perfora tradicionalmente sino que se excava como si fuera un mineral).[140]

La producción de crudo ha crecido consistentemente desde 1999.[141] Canadá ha logrado reemplazar la caída en la producción de los campos tradicionales con los recursos obtenidos en las arenas bituminosas y en la producción en campos marítimos. Canadá es exportador neto de crudo y lo seguirá siendo durante décadas, por el vasto potencial de las arenas bituminosas y una demanda nacional relativamente modesta (la población del país es de sólo 35 millones de personas, menos de un tercio de la de México).[142] Actualmente, 60% del petróleo canadiense nacional es exportado, en su mayoría a EUA.

Canadá es el mayor proveedor tanto de crudo como de gas natural de EUA: en el 2012 las importaciones de crudo y gas canadiense representaron 28% y 90%, respectivamente, del total de las importaciones estadounidenses de estos recursos, mientras que las importaciones mexicanas de crudo representan únicamente el 9%.[143]

2.7.2 Diseño institucional

Las provincias canadienses son las encargadas de regular la explotación de los recursos dentro de su territorio. La provincia de Alberta genera 75% de la producción de hidrocarburos. Prácticamente todas las reservas de arenas bituminosas se encuentran dentro de sus límites geográficos.

En Alberta, los recursos no renovables son administrados por el Ministerio de Energía de Alberta, que es la entidad que otorga los permisos de extracción. También administra y monitorea la eficiencia fiscal y el sistema de regalías. Asimismo, promueve la inversión en el sector, la eficiencia energética y la conservación ambiental dentro de la provincia. Además, para complementar el trabajo del Ministerio, cuenta con la Junta de Conservación de Recursos Energéticos, un tribunal creado para regular dichos recursos y asegurar que los acuerdos sean de interés público.[144]

139.   CIA (2012). *CIA World Factbook*. Obtenido en: http://www.cia.gov/library/publications/the-world-factbook/rankorder/2241rank.html?countryName=Canada&countryCode=ca&regionCode=noa&rank=7#ca

140.   World Energy Resources (2010). *Survey of Energy Resources*. Obtenido en: http://www.worldenergy.org/publications/2010/survey-of-energy-resources-2010

141.   IEA (2010). *Oil and Gas Security: Canada*. Obtenido en: http://www.iea.org/publications/freepublications/publication/canada_2010.pdf

142.   *Ibid*.

143.   EIA. Obtenido en: http://www.eia.gov/dnav/pet/pet_move_impcus_a2_nus_ep00_im0_mbbl_m.htm

144.   Obtenido en: http://www.ercb.ca/about-us/who-we-are

Figura 2.4 Ubicación de los recursos petrolíferos en Canadá. 2010.

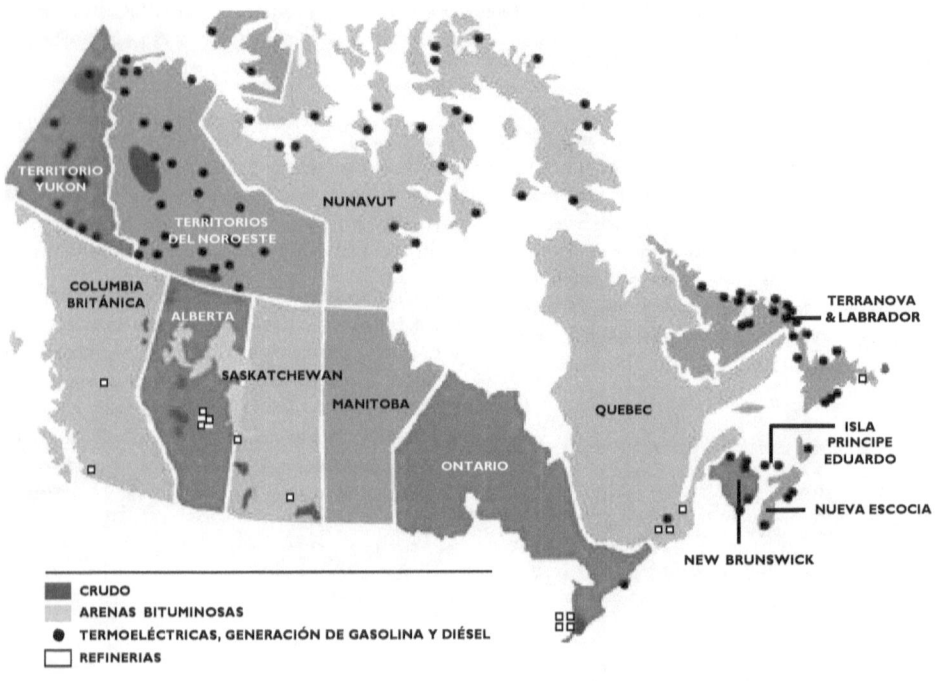

Fuente: Canadian Centre for Energy.

Las compañías petroleras -los operadores- pagan impuestos a los gobiernos en los tres niveles: federal, provincial y municipal. Sin embargo, las regalías se pagan solamente a nivel provincial.

En 1997, Alberta diseñó un esquema de regalías para incentivar la inversión en arenas bituminosas, que son fáciles de localizar pero que resultan mucho más caras de explotar que un yacimiento de petróleo convencional.[145] El esquema se reformó nuevamente en 2009 para atraer inversión en exploración y desarrollo de métodos alternativos de recuperación de petróleo, eliminando los programas especiales para fuentes no convencionales.[146] Las regalías toman en cuenta los costos y riesgos de cada tipo de producción para atraer mayores volúmenes de inversión.[147] En 2011, las regalías provenientes de las arenas bituminosas representaron más del 50% de los ingresos totales por regalías. A continuación se presenta una tabla que muestra el sistema fiscal en la provincia.

---

145. Alberta Energy, Price Waterhouse Coopers (2009). *Alberta's Royalty System: Jurisdictional Comparison*. Obtenido en: http://www.energy.alberta.ca/Org/pdfs/Royalty_Jurisdiction. pdf
146. *Ibid.*
147. *Ibid.*

Tabla 2.11 Sistema fiscal para la producción de hidrocarburos en Alberta.

Gravamen	Etapa de la producción	Descripción
Tarifa de entrada	Al momento de adquirir los derechos sobre el recurso	Para adquirir derechos sobre el recurso, las empresas deben participar en una subasta competitiva. Se otorgan derechos anuales (por hectárea) al mayor postor.
Tarifas de renta de la tierra	Preproducción y producción	Tarifa fija por hectárea de tierra arrendada.
Regalías	Producción	Los retornos se multiplican por la tasa de regalía correspondiente al nivel de producción
Impuesto sobre la renta a sociedades	Producción, una vez que se cuenta con ingresos tasables	Se pagan al gobierno federal y provincial.
Impuesto de propiedad mineral	Producción para compañías en tierras libres	Aplica para los desarrollo en territorios libres (no provincias)
Impuesto de propiedad municipal	Preproducción y producción	Impuesto basado en el valor de la tierra

Fuente: Alberta Energy.

Como se puede ver en la gráfica 2.12, en años recientes las arenas bituminosas se han convertido en la principal fuente de ingresos por regalías en Alberta. En una década, su contribución pasó de ser marginal a representar casi 60% del total de regalías.

Gráfica 2.12 Regalías en Alberta según el tipo de hidrocarburo (millones de dólares)

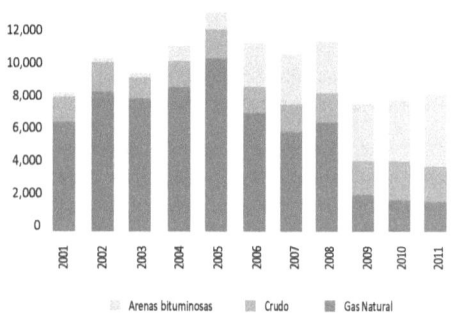

Fuente: Alberta Energy.

Gráfica 2.13 Regalías como porcentaje de los ingresos totales de la provincia de Alberta

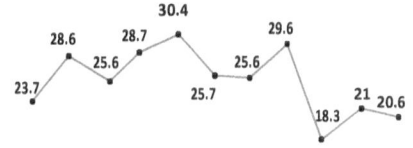

Fuente: Alberta Energy.

Al igual que en el esquema de regalías, las estructuras contractuales y los esquemas de asignación de bloques los define cada provincia. En Alberta se realizan ofertas públicas multianuales para arrendar tierras delimitadas.[148] También se puede aplicar para obtener un permiso de exploración, con duración de cinco años, que en caso de resultar exitoso puede convertirse en contrato de arrendamiento.[149] Existe otra modalidad para adquirir contratos y permisos sobre la tierra a través de compras

148.   Los interesados realizan una propuesta de forma electrónica y la tierra es arrendada al mayor postor. La oferta debe incluir las tarifas de entrada y las tarifas de uso de la tierra. Los contratos son otorgados por 15 años con posibilidad de extensión. Fuente: Alberta Energy (2009). *Alberta Oil Tenure Guideline*. Obtenido en: http://www.energy.alberta.ca/OilSands/pdfs/GDE_OST_2009_Ch3.pdf

149.   *Ibid.*

directas de derechos que aplican para pequeños pedazos de tierra en los que no se tiene que participar en la oferta pública ya mencionada.[150]

La política energética de Canadá se define por la división de poder entre las provincias y el gobierno federal. Las provincias son dueñas de todos los recursos naturales dentro de sus límites geográficos, y por lo tanto son responsables de su conservación, desarrollo y administración.

El gobierno federal se encarga de los asuntos relacionados con el comercio internacional, la relación entre provincias, los recursos ubicados en tierras federales y las tierras del norte, la producción en campos marítimos, y de políticas de interés nacional.

Otro factor que define la política canadiense es su orientación de mercado. Canadá no cuenta con ninguna empresa estatal en el sector. Para participar en el sector, las empresas operadoras deben cumplir con una de las siguientes condiciones: estar constituidas en Canadá, que 50% de la compañía pertenezca a un individuo o empresa canadiense, o que las acciones se ubiquen en alguna bolsa de valores canadiense, donde los ciudadanos puedan participar en el financiamiento o la propiedad de la empresa.[151]

Actualmente más de 100 empresas operadoras participan en el sector.[152] Las más importantes, en cuanto a ingresos brutos y producción, son Suncor Energy (con 472,721 bd), Canadian Natural Resources Limited (con 389,053 bd), Imperial Oil Limited (con 255,000 bd), Talisman Energy (con 178,000 bd) y Husky Energy (con 211,300 bd). Cada una registró ventas superiores a 7 mil millones de dólares canadienses en 2011 (aproximadamente misma cantidad en dólares americanos).[153]

2.7.3 Actividades en *upstream*

La extracción y producción de hidrocarburos se han convertido en un imán de inversión -local y extranjera- en Canadá, siendo éste el sector que más inversión recibe. Tan sólo en 2011 se registraron flujos de inversión directa por 51 mil millones de dólares. En los últimos diez años, el desarrollo de las arenas bituminosas en Alberta ha atraído el interés de inversionistas, y los flujos de capital han crecido a la par de la producción. En 2011 Canadá producía 3 mmbd, de los cuales poco más de la mitad provenía de las arenas bituminosas. Sin embargo, se espera que

para 2025 la producción proveniente de las arenas bituminosas sea de 4.2 mmbd, y que para 2030 supere los 5 millones.[154]

Tabla 2.12 Proyección de producción de crudo (millones de barriles diarios)

	2011	2015	2020	2025	2030
Este de Canadá	0.3	0.2	0.2	0.2	0.1
Convencional	1.1	1.3	1.3	1.2	1.1
Arenas bituminosas	1.6	2.3	3.2	4.2	5
Total	3	3.8	4.7	5.6	6.3

Fuente: Canadian Association of Petroleum Producers

Entre los países con mayor potencial de hidrocarburos, Canadá es, junto con EUA, quien cuenta con el sector más abierto. Se estima que sólo el 20% de las reservas mundiales de hidrocarburos se encuentran totalmente abiertas a la inversión del sector privado. Pero de esas reservas abiertas a la inversión privada, 55% pertenecen a las arenas bituminosas canadienses.[155] En otras palabras, Canadá posee las mayores reservas de crudo accesibles a empresas operadoras privadas de todo el mundo.

2.7.4 Actividades en *downstream*

De igual forma que en las actividades de *upstream*, el sector de refinación, transporte y petroquímica pertenece a empresas privadas. El sector de refinación ha reducido su capacidad en las últimas décadas. En 1970, Canadá contaba con 40 refinerías. Para 2007 solamente operaban 19, con una capacidad de refinación cercana a 1,948 mbd (ver la discusión sobre rentabilidad de las actividades de *downstream* y *midstream* en el capítulo 1).

Canadá cuenta con un pujante sector de transporte y distribución de hidrocarburos que opera los ductos que transportan el crudo a EUA, y es el principal proveedor de crudo y gas natural a ese país. El 97% de las exportaciones de crudo canadiense se dirigen a EUA, principalmente a través de cuatro ductos privados: Keystone, Enbridge, Express y Trans Mountain. Con excepción del Trans-Mountain, que se dirige a la costa canadiense (para exportar vía marítima),[157] los ductos conectan Alberta con los EUA.

150. *Ibid.*
151. Obtenido en: http://laws-lois.justice.gc.ca/eng/regulations/C.R.C.,_c._1518/page-13.html
152. PWC (2012) *Pipelines, politics and price.* Obtenido en: http://www.pwc.com/en_CA/ca/energy-utilities/publications/pwc-canadian-report-2012-05-31-en.pdf
153. *Ibid.*

154. Obtenido en: http://www.capp.ca/getdoc.aspx?DocId=209546&DT=NTV
155. Obtenido en: http://www.oilsandstoday.ca/EnergyEconEnviron/Pages/EnergySecurity.aspx
156. Obtenido en: http://www.nrcan.gc.ca/energy/sources/infrastructure/1607
157. Obtenido en: http://www.capp.ca/getdoc.aspx?DocID=209479

Para atender las proyecciones de producción proveniente de las arenas bituminosas, en mayo del 2012, la empresa TransCanada le propuso al gobierno estadounidense construir un ducto llamado Keystone XL. Con 1,897 kilómetros de longitud, y un diámetro de 36 pulgadas, este ducto conectaría Hardisty, Alberta con Steele City, Nebraska, donde se conectaría con otros ductos para llevar crudo hasta el golfo de México.[158] El costo del proyecto es de más de 5 mil millones de dólares, considerado el mayor proyecto de infraestructura actualmente en EUA. El ducto tendrá capacidad para transportar 830,000 barriles al día a las refinerías del centro de EUA y del golfo de México.[159] Con el proyecto se podría reducir en 40% la dependencia americana del petróleo venezolano y del Medio Oriente.[160] Además del Keystone XL, se espera la construcción de dos nuevos ductos para transportar el crudo proveniente de las arenas bituminosas: Northern Getaway (2019) que va de Alberta a la costa oeste canadiense para exportar vía marítima a Asia, y la expansión de TMX (2017) dentro de Estados Unidos.[161] El downstream en Canadá promueve la creación no sólo de un sistema de transporte y distribución de hidrocarburos eficiente sino un mercado eficiente de productos refinados en beneficio de la economía canadiense.

2.7.5 Conclusión

De los países incluidos en este estudio, Canadá es el que tiene el sector de hidrocarburos más abierto. El nivel de apertura del marco institucional canadiense responde a sus características geológicas, al objetivo de maximizar el valor de la renta petrolera y la creación de mercados eficientes de hidrocarburos y productos derivados de éstos. En un contexto político muy distinto al mexicano, Canadá diseñó un marco institucional capaz de atraer inversión, talento y tecnología que genera recursos que llegan a los diferentes niveles de gobierno.

Lecciones para México, conclusiones generales

Los casos descritos en este capítulo muestran cómo otros países han diseñado distintos marcos institucionales que les permiten maximizar el aprovechamiento de sus recursos no renovables (ver tabla 2.14). A través de dichos marcos, estos países han logrado cumplir con objetivos como la maximización del valor de la renta petrolera, garantizar la seguridad energética y la creación de mercados eficientes de hidrocarburos y productos refinados. Destaca el caso de Noruega, que ha logrado estos objetivos con una lógica intergeneracional. El común denominador ha sido el establecimiento de regímenes fiscales flexibles para atraer inversión y talento, así como diseños regulatorios para evitar la intervención de la lógica política en el sector de hidrocarburos, principalmente en Canadá, Noruega y Colombia.

La mayoría de los países analizados han convertido a su sector de hidrocarburos en una palanca de desarrollo industrial y tecnológico que fortalece su competitividad. Lograr el objetivo de seguridad energética y una mayor competitividad de los países, depende de si el marco institucional promueve la creación tanto de mercados eficientes para productos refinados como de sistemas completos de transporte y distribución de hidrocarburos.

El mecanismo más comúnmente utilizado para cumplir con los objetivos anteriores es la participación de operadores privados. Éstos le ayudan a los Estados a reducir el riesgo asociado con las actividades petroleras y la inversión que requieren hacer para el desarrollo y explotación de sus recursos. El grado de competencia en el sector de hidrocarburos, en general, depende del riesgo y las necesidades de inversión asociadas a cada contexto geológico. Únicamente en países como Arabia Saudita, que cuenta con grandes yacimientos de fácil extracción, tiene sentido que el Estado asuma la mayor parte del riesgo.

A excepción de Canadá, en todos los países estudiados la Nación es la dueña de los hidrocarburos. En contraste, en ninguno (excepto México) la empresa estatal es la única con la facultad de explorar, extraer y procesar estos hidrocarburos. Los países seleccionados con empresas nacionales, NOC, tienen esquemas en los que éstas conviven con operadores privados. En estos casos las NOC se han beneficiado y fortalecido de la convivencia en términos de capacidad operativa y tecnológica. Es decir, sin debilitar a sus empresas estatales, los países han permitido la participación de distintos operadores para la explotación de sus recursos.

Por otra parte, a excepción de Cuba, las empresas estatales aquí referidas (Saudi Aramco, Petrobras, Statoil y Ecopetrol) se caracterizan por participar en proyectos más allá de las fronteras de sus territorios nacionales. Estos operadores estatales han emprendido proyectos de exploración y producción en EUA y Canadá, una de las regiones más dinámicas del mundo en los últimos años (ver tabla 2.13).

158.   Al momento de escribir este reporte, junio de 2013, la Casa Blanca aún no otorgaba el permiso de construcción del oleoducto de Keystone.

159.   Obtenido en: http://keystone-xl.com/about/the-project/

160.   Canadian Energy Research Institute (2012). *Pacific Access: Overview of Transportation Options*. Obtenido en: http://www.ceri.ca/images/stories/2012-02-07___Pacific_Access_Overview_of_Transportation_Options.pdf

161.   *Ibíd.*

Tabla 2.13 Compañías estatales de hidrocarburos y países en donde desarrollan actividades de exploración y producción

Compañía	País	E&P Internacional
Statoil[162]	Noruega	Argelia, Angola, Azerbaiyán, Australia, Brasil, Canadá, Cuba, Islas Feroe, Groenlandia, India, Indonesia, Irán, Irlanda, Libia, Mozambique, Nigeria, Rusia, Surinam, Tanzania, Turquía, Reino Unido, Estados Unidos, Venezuela.
Petrobras[163]	Brasil	Estados Unidos, Colombia, Venezuela, Perú, Bolivia, Uruguay, Portugal, Turquía, Libia, Benín, Nigeria, Gabón, Angola, Tanzania, Namibia
Ecopetrol[164]	Colombia	Perú, Brasil, Estados Unidos
Saudi Aramco[165]	Arabia Saudita	Tiene subsidiarias en: Estados Unidos, Holanda, Italia, Reino Unido, India, China, Japón, Corea del Sur y Singapur para las áreas de: ventas y marketing, refinación y químicos, distribución, exploración y producción, joint ventures en gas (upstream), materiales y servicios.

Fuente: IMCO con información de los sitios web de cada empresa

Creemos que la dirección correcta para México es transitar hacia un esquema más congruente con las características de sus reservas y con el contexto internacional en el que compite por inversión y talento. La lección es clara: el país necesita un cambio de visión y nuevas reglas que permitan explotar y aprovechar el potencial de hidrocarburos en beneficio de las generaciones presentes y futuras de mexicanos. La competencia y la flexibilidad en el diseño institucional del sector de hidrocarburos son elementos esenciales para convertir al sector de hidrocarburos en un motor de la competitividad del país.

Tabla 2.14 Resumen comparativo de países seleccionados

	Características del sector	Categorías	Arabia Saudita	Cuba	Brasil	Colombia	Noruega	Canada	México
Aspectos generales	Reservas probadas (miles de millones de bpce)	Número	265	0.124	14	1.9	5.3	174	10.2
	Producción diaria de crudo (millones de b/d)	Número	9.8	0.055	2.8	0.923	2	3.7	2.6
	¿Empresa estatal (NOC)?	Sí, No	Sí	Sí	Sí	Sí	Sí	No	Sí
	Nombre de NOC	Nombre	Saudi Aramco	Cupet	Petrobras	Ecopetrol	Statoil	N/A	Pemex
Upstream	¿Operadores distintos a NOC pueden participar de forma independiente en upstream a través de concesiones?	Sí, No	No	Sí	Sí	Sí	Sí	Sí	No
	¿NOC puede asociarse con terceros en upstream?	Sí, No	No	Sí	Sí	Sí	Sí	N/A	No
	Tipo de contratos que NOC puede suscribir con otras empresas en upstream	Producción compartida, Riesgo, Servicios	Contrato de servicio puro	Contratos de Riesgo, Servicios	Contratos de Producción Compartida, Servicios	Contratos de Producción Compartida, Servicios	Contratos de Producción Compartida, Servicios	N/A	Contrato de servicio puro
	¿NOC tiene operaciones internacionales en upstream?	Sí, No	Sí	No	Sí	Sí	Sí	N/A	No
Downstream	¿NOC puede asociarse con terceros en downstream?	Sí, No	Sí	Sí	Sí	Sí	Sí	N/A	No
	¿Participación privada o extranjera en refinación y petroquímica?	Sí, No	Sí	Solo en refinación	Sí	Sí	Sí	Sí	Solo en Petroquímica
	¿Competencia en mercado de combustibles? (múltiples empresas y precios liberalizados)		No	No	Sí	Sí	Sí	Sí	No
	¿NOC tiene operaciones internacionales en downstream?	Sí, No	Sí	No	Sí	No	Sí	N/A	Sí (Deer Park Houston con Shell)
Inversión privada en NOC	¿NOC tiene participación privada?	Sí, No	No	No	Sí	Sí	Sí	N/A	No
	Porcentaje de acciones de NOC en manos de inversionistas distintos al Estado	%	0%	0%	44%*	10%	33%	N/A	0%
	Mercados financieros donde NOC coloca acciones	Países	Ninguno	Ninguno	Sao Paulo, Madrid, Buenos Aires, Nueva York	Bogotá, Nueva York, Toronto	Oslo, Nueva York	N/A	Ninguno
Régimen fiscal	¿Régimen fiscal flexible (tasas diferenciadas por proyecto)?	Sí, No	No	No	Sí	Sí	Sí	Sí	No

Fuente: IMCO con información de la EIA, (2013). Analysis Briefs. Obtenido en: www.eia.gov
Nota: NOC = Empresa estatal del petróleo (National Oil Company)

* - Acciones con derecho a voto

Capítulo 3. Atrapados en el pasado: el sector de hidrocarburos en México

Mensajes principales

1. Potencial de hidrocarburos

- México tiene reservas totales (3P) por más de 43 mil millones de barriles de petróleo crudo equivalente (mmmbpce).

- Los recursos no convencionales son superiores a los 60 mil millones de barriles de petróleo crudo equivalente.

- México ocupa el cuarto lugar mundial en recursos prospectivos de lutitas de acuerdo con la Agencia de Información de Energía de EUA (EIA).

- Explotar los nuevos recursos es más costoso, de mayor riesgo y son más complejos de identificar y extraer. Lo cual es incosteable para una sola empresa.

- Desarrollar el potencial de lutitas implica inversiones por casi nueve veces el presupuesto anual de Pemex.

2. Reservas y producción de crudo

- Las reservas probadas de gas y petróleo han caído 41% en los últimos diez años.

- Desde 2004, la producción de Cantarell se ha reducido en 835 mil barriles diarios, una disminución de 85%.

- Las reservas totales (3P) han caído 21% desde 2001, mientras que las probadas (1P) han caído 41%.

- En los últimos diez años, el costo de producción de Pemex se incrementó 120%.

3. En el sector de gas

- La demanda de gas natural crece 5.6% al año.

- Las plantas de ciclo combinado de CFE constituyen la mayor parte de la demanda.

- La producción de gas no es suficiente y ha caído 14% en los últimos cuatro años.

- Las importaciones de gas natural han crecido 386% desde 2001.

- Los escenarios de precios bajos hacen que los proyectos únicamente de gas no sean rentables. Sólo cuando se consideran los líquidos del gas, los proyectos se hacen rentables.

- El Sistema Nacional de Gasoductos opera cerca de su capacidad máxima.

- La infraestructura creció en torno a la demanda de gas de la CFE. La nueva infraestructura a cargo de Pemex sólo resuelve las necesidades de Pemex.

- En comparación con el resto de Norteamérica, los precios de gas en México no son competitivos.

- Las importaciones de gas no han resuelto el problema por la falta de capacidad del Sistema Nacional de Gasoductos.

- Las alertas críticas de gas han aumentado debido a la falta de suministro y los cuellos de botella en el Sistema Nacional de Gasoductos.

- La integración con el mercado de energía de Norteamérica se dificulta debido a la falta de inversión sistemática en infraestructura de transporte y distribución de hidrocarburos.

- La falta de certidumbre en el abasto y los precios del gas reducen la competitividad de México.

4. En el sector de refinación

- En México se importa uno de cada dos litros de gasolina, al igual que el 20% de los petrolíferos.

- Los consumidores no pagan el costo real de importar o producir nacionalmente gasolinas. En 2012 el subsidio a la gasolina fue de 222,751 mdp, que representa la mitad del gasto programable de Pemex en 2012 ó 70 veces el presupuesto destinado a SENER en el mismo año.

- El petróleo que se refina es cada vez más pesado y produce menos refinados.

5. El Estado y Pemex

- La Nación es y deberá seguir siendo la única dueña original de los hidrocarburos.

- La decisión de concentrar en una sola empresa la tarea de explotar la riqueza petrolera del país ha derivado en un operador que, por su tamaño y complejidad, es muy difícil de controlar y administrar eficazmente.

- A Pemex sólo le está permitido trabajar con contratistas que prestan bienes y servicios.

- El operador gana por los hidrocarburos producidos, mientras que el contratista gana entre más se usen sus equipos.

- El operador asume todo el riesgo. El contratista no asume riesgo alguno sino que recibe un pago por tarifa.

- El diseño institucional del sector no permite aprovechar las oportunidades de tecnología y operación que existen a nivel internacional.

6. Régimen Fiscal

- Pemex aporta en promedio 34% de los ingresos del Gobierno federal cada año.

- El régimen fiscal de Pemex asegura recursos para el Estado en el corto plazo a costa de la viabilidad financiera y operativa de la empresa en el tiempo.

- El régimen fiscal de Pemex no es competitivo internacionalmente.

Introducción

El modelo institucional que históricamente ha regido a la industria energética mexicana ha materializado la propiedad del Estado sobre los recursos del subsuelo a través de la operación de una única empresa. Este modelo no permite aprovechar los beneficios de la revolución tecnológica que vive el sector de hidrocarburos en el mundo. Extraer petróleo nunca ha sido fácil, y como explicamos en el capítulo anterior, la tecnología y el talento son determinantes para el éxito o fracaso en la explotación de los recursos.

El mundo cuenta con reservas de hidrocarburos muy amplias. Sin embargo, la complejidad de los nuevos yacimientos hace que se requieran niveles crecientes de inversión, tecnología y talento. Actualmente, estos tres factores son mucho más escasos que los recursos mismos. Esta situación obliga a los países con recursos de hidrocarburos a competir entre sí para atraer inversión, tecnología y talento.

Antes de proponer cambios a las reglas del juego del sector de hidrocarburos mexicano, es importante entender cómo funciona, qué áreas deben mejorarse y en qué sentido hacerlo. Por lo tanto, en este capítulo se discute el potencial de México en hidrocarburos, se analizan los principales indicadores del sector y las condiciones que impactan en la operación de Pemex.

3.1 El potencial de México en hidrocarburos

El potencial de hidrocarburos de México se concentra tanto en reservas como en recursos prospectivos. Los recursos prospectivos se dividen en siete cuencas ubicadas en la parte oriental del país. La mayor parte de ellas son colindantes o están dentro del Golfo de México. En este sentido, en 2012 se dio el primer descubrimiento de aceite en aguas profundas en el Golfo de México[1] (Proyecto Área Perdido).[2]

---

1. Pemex (2012). *Prospectiva de petróleo crudo 2012-2016.*
2. Estos yacimientos son transfronterizos con Estados Unidos en la denominada Área Perdido (Perdido Foldbelt), considerado el yacimiento más importante.

Capítulo 3. Atrapados en el pasado: sector de hidrocarburos en México

Fuente: Pemex exploración y producción (PEP), 2012.

Gráfica 3.1 Volumen de reservas 3P (probadas, probables y posibles) por cuenca a 2012

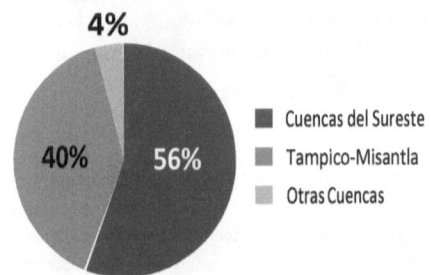

4%

40% 56%

■ Cuencas del Sureste
■ Tampico-Misantla
■ Otras Cuencas

Fuente: IMCO con información de Pemex, 2012. Tomado de la presentación del Director General de Pemex en la Conferencia Tecnológica Temática de Explotación y Exploración de Aceite y Gas de Lutitas, abril de 2013.

Tabasco. Asimismo, es en estas cuencas donde se ha obtenido la mayor parte del volumen de producción acumulada en todas las regiones productoras del país desde el inicio de su explotación.

Como se observa en la gráfica 3.1, a pesar de su madurez, las cuencas del Sureste son la mejor fuente de producción nacional en el mediano plazo. Esto se debe tanto al importante volumen que representan como a la certidumbre de su producción. Ya existe infraestructura de transporte y distribución cercana para desarrollar la mayor parte de estas reservas, lo que reduce los costos del futuro desarrollo.[4] Sin embargo, para maximizar el volumen recuperado de producción, será necesaria una mayor implementación de técnicas de recuperación secundaria y mejorada,[5] así como de tecnologías de punta para explotación de crudos pesados y extrapesados.

En segundo lugar se encuentra la cuenca de Tampico-Misantla, que contiene 40% de las reservas totales y aloja al Paleocanal de Chicontepec. En esta cuenca, la extracción de los volúmenes depositados representa un gran reto dada su complejidad geológica. Su desarrollo implica una explotación masiva de pozos, lo que aunado a la baja productividad de los mismos, repercute en la rentabilidad de las inversiones. La explotación rentable del área requiere las mejores tecnologías para la interpretación del subsuelo, la perforación de pozos horizontales multifracturados y una muy buena coordinación operativa.

Para dimensionar el atractivo de las reservas en sus volúmenes es importante conocer su equivalencia en años. Según su clasificación de incertidumbre, las reservas 1P, 2P y 3P corresponden a 10, 19 y 32 años de la producción anual actual, respectivamente.

3.1.1 Reservas

Los volúmenes remanentes de reservas 1P, 2P y totales ó 3P, al 1° de enero de 2012, se estiman en 13.8, 26.2 y 43.8 miles de millones de barriles de petróleo crudo equivalente (mmmbpce), respectivamente. La mayor parte de las reservas remanentes se encuentra en las cuencas del Sureste,[3] las cuales representan 56% de las reservas totales del país y abarcan los actuales campos marinos en Campeche y los terrestres en

---

3.   Estas cuencas son una agregación para el manejo administrativo de Pemex y representan varias cuencas geológicas con características diferentes.

4.   El sistema de transporte y distribución se creó pensando en esta zona de producción. Los problemas actuales en este tema se deben a que sólo se tomó en cuenta esta región estimando que no existían yacimientos en el resto del territorio nacional.

5.   La recuperación secundaria y mejorada se refiere a técnicas de extracción adicional de petróleo después de la recuperación primaria, que es la que utiliza únicamente la energía natural del yacimiento. La recuperación secundaria y mejorada incluye inyección de agua, gas, o cualquier otro medio que complete los procesos de recuperación del yacimiento.

Figura 3.1 Clasificación de las reservas de hidrocarburos

Las reservas se clasifican según su nivel de certidumbre:	
Reservas probadas (denominadas 1P)	• Son cantidades estimadas de hidrocarburos (aceite crudo, gas natural y líquidos del gas natural), evaluadas a condiciones atmosféricas. A través de análisis de datos ingeniero-geológicos se estima, con razonable certidumbre, que serán comercialmente recuperables a una fecha específica y bajo las condiciones económicas actuales. • Su estimación incluye promedios de precios y costos históricos en un periodo de tiempo consistente con el proyecto. • Son las reservas con mayor probabilidad de certidumbre y menor riesgo asociado.
Reservas probables	• Reservas no probadas de hidrocarburos que, con base en los análisis de datos ingeniero-geológicos, tienen una alta probabilidad de ser recuperables. • La estimación de su volumen tiene una probabilidad de 50% de éxito. • El volumen de **reservas 2P** es igual a la suma de las **reservas probadas + probables.**
Reservas posibles	• Volúmenes de hidrocarburos cuya recuperación comercial es menos factible que la de las reservas probables, con base en información geológica y de ingeniería. • La estimación de su volumen tiene una probabilidad de 10% de éxito. • El volumen de **reservas 3P** es igual a la suma de las **reservas probadas + probables + posibles.** Es decir, son las reservas totales.

Fuente: IMCO con base en SENER. (2006-2012), Glosario de términos petroleros; Pemex, (2012). Las reservas de hidrocarburos de México; Securities Exchange Commission (SEC).

Sin embargo, explotar estas reservas representa un gran reto para Pemex y el país, dado el nivel de inversión requerido para su desarrollo. Por ejemplo, para desarrollar el volumen de las reservas 2P, es decir, la reserva media, se requieren cerca de 300 mil millones de dólares[6] (esto bajo el supuesto de un costo de 11.43 dólares por bpce). Este monto de inversión representa 11.5 veces la inversión total de Pemex para 2013.

3.1.2 Recursos prospectivos

Los recursos prospectivos se dividen en convencionales y no convencionales. Los primeros son los hidrocarburos que se encuentran en una roca almacenadora distinta a la roca generadora, mientras que los no convencionales son aquellos que se pueden extraer directamente de la roca generadora -formaciones de lutitas[7] (*shale gas* y *shale oil*)-. Para ambos tipos, se estima que existen volúmenes importantes en el territorio nacional que eventualmente podrían incrementar las reservas actuales.[8]

Es importante destacar que los volúmenes de recursos prospectivos son más inciertos que las reservas totales (3P), con menos de 10% de probabilidad de ser productivos. En su estimación no se cuenta con estudios de interpretación sísmica para todas las áreas ni con pozos exploratorios. Sin embargo, en su cálculo se estudian campos o formaciones en otras partes del mundo para obtener información e inferir razonablemente el potencial de las áreas analizadas.

Recursos convencionales[9]

Estos recursos se estiman en 54.4 mmmbpce, de los cuales 49% se ubican en aguas profundas y 37% en las Cuencas del Sureste. Su magnitud equivale al volumen de hidrocarburos producido por todas las cuencas del país hasta ahora y se traduce en 40 años de la producción actual.[10]

Para el desarrollo y explotación de estos recursos se requieren niveles de inversión muy altos. Un ejemplo es el desarrollo de recursos en aguas profundas, cuyo volumen es de 26.6 mmmbpce. Si de ese volumen se

6. Estimación IMCO. Véase la metodología del cálculo como anexo de este reporte.

7. El aceite de lutitas o *shale oil* es bastante parecido al petróleo, pudiendo sustituirlo en buena parte de sus aplicaciones. El aceite de lutitas presenta una menor cantidad de azufre (aproximadamente 1%) y una mayor fluidez, se encuentra en rocas sedimentarias arcillosas (esquistos bituminosos o lutitas bituminosas) que contienen materiales inorgánicos y orgánicos, procedentes de la fauna y la flora acuáticas. El gas de lutitas o shale gas se encuentra en los esquistos arcillosos sedimentarios, aunque el interior rocoso del esquisto presenta baja permeabilidad. Por ende, para la extracción comercial de dicho gas es necesario fracturar la roca hidráulicamente, acción que ha generado un debate medioambiental como se puede leer en el capítulo 1 de este reporte.

8. La EIA en su estudio del potencial de gas de lutitas para todo el mundo considera

en México 681 millones de millones de pies cúbicos que equivalen a 136,200 millones de barriles de petróleo crudo equivalente. Con ello el país es el cuarto con el potencial más grande de este tipo de recursos. *World Shale Gas Resources: An Initial Assessment of 14 Regions outside the United States.* Obtenido en: http://www.eia.gov/analysis/studies/worldshalegas/

9. La metodología y memoria de cálculo para todas las estimaciones y supuestos de esta sección pueden consultarse en el Anexo Capítulo 3.

10. Información tomada de Pemex Exploración y Producción PEP (2012). Véase también presentación del director general de PEP en la conferencia tecnológica temática "Exploración y explotación del aceite y gas de lutitas", Cd. de México, 04 de abril de 2013.

considera que 25% se pudiera convertir en reserva explotable (1P), lo que equivale a 6.6 mmmbpce, se necesitaría una inversión de 186 mil millones de dólares (esto bajo el supuesto de un costo de descubrimiento y desarrollo de 28.07 USD/bpce). La inversión estimada representa 7.5 veces la inversión total de Pemex en 2013.

Además de la magnitud de los recursos de inversión, es importante tener en cuenta el reto en términos de la capacidad de ejecución. Por ejemplo, para poder incorporar los recursos convencionales de aguas profundas a reservas 1P, se requerirían perforar 134 pozos exploratorios considerando una incorporación de 100 mmbpce de reservas probadas por pozo y una probabilidad de éxito de 50%. Esto implica al menos 22 años al ritmo y capacidad actual de perforación exploratoria de Pemex en aguas profundas.[11]

El desarrollo de los recursos prospectivos convencionales restantes[12] tiene asociado un menor costo de descubrimiento y desarrollo. Este costo se estima en 16.13 USD/bpce al referirse a áreas de menor reto tecnológico y logístico comparado con el de aguas profundas. Si utilizamos las mismas premisas de riesgo volumétrico de la estimación anterior, el volumen restante de 28 mmmbpce convertido a reserva explotable (1P) sería de siete mmmbpce. La inversión requerida es de 112.9 mil millones de dólares,[13] lo que representa 4.3 veces el presupuesto de 2013 de Pemex u 11.9 veces el presupuesto de Salud en 2013.

Recursos no convencionales

Estos recursos se estiman en 60.2 mmmbpce y están distribuidos principalmente en las cuencas de Tampico-Misantla (58%), Burgos (25%) y Sabinas (16%). Para el análisis de dicho potencial, Pemex ha dividido los recursos en seis provincias, como se muestra en el Mapa 3.2.

Mapa 3.2 Provincias con recursos no convencionales

Fuente: Pemex Exploración y Producción (PEP), 2012.
Notas: La provincia de Chihuahua está en estudio, aún sin estimación.

De este total de recursos, 53% es aceite (shale oil) y 47% es gas (shale gas). El mayor potencial de aceite se ubica en la provincia de Tampico-Misantla, mientras que el gas se distribuye principalmente en esta misma provincia, con 26% de gas húmedo, y en Sabinas y Burgos con 74% de gas seco. Con los escenarios de precios actuales, la mayor rentabilidad de los proyectos se obtiene en el aceite y gas húmedo, por lo que éstos se tendrían que privilegiar en la secuencia de desarrollo.

Los proyectos de gas provenientes de lutitas no son rentables bajo el régimen fiscal actual ni bajo los escenarios de precios de corto y mediano plazo, principalmente debido al reto tecnológico que implica su explotación y a los niveles de inversión que se requieren. Como se explica en el capítulo 1, un pozo de lutitas requiere una inversión de entre 10 y 20 millones de dólares,[14] a diferencia de un pozo tradicional de aceite, que en tierra puede costar entre uno y dos millones de dólares y en aguas profundas más de 200 millones de dólares.

La diferencia principal entre los pozos de lutitas y los de recursos convencionales está en la rentabilidad de cada pozo. En un pozo de un yacimiento convencional la producción inicial va declinando paulatinamente

---

11. Para 2013 PEP programó seis pozos en aguas profundas. A febrero de 2012 PEP tenía seis equipos de perforación de aguas profundas. Pemex Exploración y Producción, presentación "Aguas profundas en México: la oportunidad y el reto" 22 de febrero de 2012.

12. Es decir las cuencas del Sureste, Tampico-Misantla, Burgos, Veracruz, Sabinas y Plataforma Yucatán.

13. Estimación IMCO. Véase la metodología del cálculo como anexo de este reporte.

14. Este monto se refiere al costo físico de hacer el pozo más la renta de la máquina y servicios adicionales. No incluye costos de infraestructura ni de producción.

durante el tiempo, lo que produce un flujo de ingresos que va reduciéndose a tasas constantes durante varios años. Un pozo de lutitas alcanza su pico de producción en los primeros cuatro a seis meses, declina abruptamente en los siguientes, y posteriormente alcanza una producción muy por debajo de los niveles del pico de producción, lo cual reduce la rentabilidad de la explotación de este tipo de formaciones.[15]

Los costos de producción de lutitas oscilan entre los 20 y 30 dólares por barril extraído, dependiendo de la cuenca y sus características geológicas. En contraste, un yacimiento tradicional como Cantarell, exhibe costos ligeramente arriba de 6 dólares por barril,[16] mientras que un pozo en aguas profundas como Perdido, puede exceder los 40 dólares por barril. Estas razones económicas de producción y costo, hacen que las grandes compañías operadoras - Pemex incluida- no vean tan atractivo el negocio de las lutitas.

En este sentido, Pemex ha proyectado una inversión de sólo 12 mil millones de dólares para las actividades de exploración de gas y aceite de lutitas.[17] Para el desarrollo masivo de estos recursos se requieren 27,000 pozos de desarrollo e infraestructura. Si se considera un costo de 7.96 millones de dólares por pozo, se requerirían 215 mil millones de dólares adicionales a lo presupuestado. De este modo, la inversión total necesaria para la explotación y desarrollo del gas y aceite de lutitas es de 226.8 mil millones de dólares, es decir, 8.7 veces el presupuesto total de Pemex en 2013.

Para capturar el valor de todas estas reservas y recursos se requieren inversiones mucho mayores a las observadas en el sector. Igualmente, es necesaria una gran capacidad de ejecución y -en algunos casos- el uso de tecnología de punta con la que la industria petrolera mundial ya cuenta.

Los pozos de lutitas son relativamente pequeños y efímeros. La única forma de mantener e incrementar la producción en dichos campos es con un plan de operación de alta eficiencia en logística y movilidad de cientos o miles de pozos que permita tener producciones comercialmente viables. Es decir, aunque productores de pequeña escala pudieran participar en la explotación de lutitas, en el agregado se requieren inversiones millonarias en miles de pozos para alcanzar niveles razonables de rentabilidad.

Todas estas condiciones evidentemente rebasan las capacidades actuales de Pemex, como se muestra en las gráficas 3.3 y 3.4. Intentar explotar todo a través de la paraestatal implicaría periodos de desarrollo muy

largos y costos mucho más altos que si se hiciera en asociación con otras empresas del sector. No asociarse impactaría negativamente en el valor económico de los recursos en detrimento del país.

Gráfica 3.3 Potencial de reservas y recursos prospectivos (Millones de bpce)

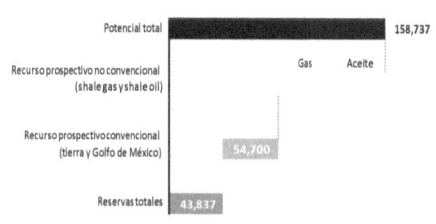

Fuente: IMCO con información de PEP, 2012. Ver también la Estrategia Nacional de Energía 2013-2017.

Como se puede apreciar en el gráfico 3.4, para que México desarrolle solamente sus reservas 2P (probadas y probables) se requieren inversiones por 300 mil millones de dólares. Esta cifra es 11.5 veces el presupuesto de inversión de Pemex en 2013, que fue de 26 mil millones de dólares. Por otra parte, para desarrollar todas las reservas y recursos prospectivos, las inversiones requeridas ascienden a 825 mil millones de dólares -es decir, 32 veces la inversión anual de Pemex.

Gráfica 3.4 Estimación de las inversiones requeridas para la explotación de reservas y recursos prospectivos (miles de millones de dólares)

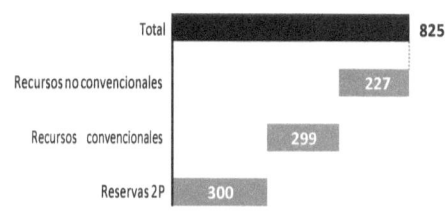

Fuente: IMCO. Véase metodología en el anexo "Memoria de cálculo de inversión para la explotación de recursos"

15. IHS, IHS CERA Upstream Capital Costs Index (UCCI).
16. Ídem.
17. Estas actividades se refieren a 9,400 km2 de sísmica, 175 pozos exploratorios y 590 pozos de delimitación y caracterización.

Capítulo 3. Atrapados en el pasado: sector de hidrocarburos en México

3.2 El deterioro de los indicadores del sector

México ha perdido relevancia en la escena petrolera internacional. En el año 2000, el país ocupó el quinto lugar mundial en producción de crudo y el 12° en reservas probadas. Para 2012 cayó a las posiciones 7 y 17, respectivamente. Las reservas probadas de gas también descendieron en el mismo periodo, al pasar de la posición 29 a la 36. Sólo la producción de gas natural se ha mantenido constante (posición 12 y 13 durante los últimos 13 años).[18]

El deterioro de los principales indicadores en materia de hidrocarburos en el país es evidente. El más preocupante es la caída de 41% en las reservas probadas durante la última década. Esto significa que la tasa de extracción de hidrocarburos ha sido mayor que la de restitución de reservas. Adicionalmente, satisfacer la creciente demanda doméstica de petrolíferos y de gas natural con producción interna, se ha convertido en un reto importante. Hoy importamos 20% de petrolíferos[19] y 50% de las gasolinas que consumimos. En 2022 se espera que el valor de las importaciones mexicanas de gasolinas, diésel, turbosinas, combustóleo, gas LP y gas natural, superen el valor de las exportaciones de crudo.[20] Estas condiciones, junto con otros indicadores del retraso crítico del sector, se detallan en las siguientes secciones.

3.2.1 Situación del petróleo hoy: menos producción y menos reservas

Es imposible referirnos al sector petrolero en México sin hablar de Cantarell. Desde sus inicios a finales de 1979, Cantarell se ubicó entre los seis principales campos del planeta y fue el principal protagonista del desarrollo de la industria petrolera mexicana con su vasta reserva de bajo costo (4-5 dólares por barril de petróleo crudo equivalente).[21] Cantarell fue el responsable de crear la expectativa de que México podía apalancar su desarrollo económico en los recursos petroleros depositados en el subsuelo del territorio nacional. Se estima que sus reservas originales eran de más de 17 mil millones de barriles de petróleo crudo y 8 billones de pies cúbicos de gas natural.[22]

Cantarell ha aportado alrededor de 45% de la producción petrolera del país[23] y de la misma forma ha contribuido a la hacienda pública nacional. Hasta el cierre de 2011, había producido casi 15,600 millones de barriles de petróleo crudo equivalente, volumen que representa 112% de las reservas probadas actuales del país[24]

De modo similar que los grandes campos en el mundo,[25] Cantarell está en declive.[26] En 2004, la producción nacional de crudo alcanzó la cifra récord de 3.4 millones de barriles diarios (mmbd), donde Cantarell fue responsable de 60% de la producción total.[27] A partir de 2005 y debido a la madurez del campo, la producción comenzó a declinar y, por ende, a llevar a la baja la producción nacional. La caída fue compensada mediante la incorporación de producción de proyectos con potencial en la cartera: Ku-Maloob-Zaap- ubicado frente a las costas de Tabasco y Campeche- y Litoral Tabasco. Sin embargo, dada la magnitud del decremento de Cantarell desde 2004, estos esfuerzos no lograron evitar la caída general en la producción. Para 2012, la producción nacional había disminuido 25% (-835 mbd) (ver gráfica 3.5).

18. Considera las reservas de hidrocarburos de México 2012, Pemex Exploración y Producción. Ver también BP (2012), *Statistical Review of World Energy. Full Report*. Obtenido en: http://www.bp.com/sectionbodycopy.do?categoryId=7500&contentId=7068481

19. En las estadísticas de Pemex se consideran petrolíferos los siguientes: gasolinas automotrices, turbosina, diésel, combustóleo y gas licuado de las plantas de Pemex Gas y Petroquímica Básica y Pemex Exploración y Producción. Véase Pemex (2012), *Anuario estadístico*.

20. *Ibid* y SENER (2011-2026). *Prospectivas de petrolíferos, gas LP, gas natural y del mercado de petróleo crudo.*

21. Pemex (2013). *Proyectos estratégicos, Cantarell hoy en día.* Obtenido en: http://www.pemex.com/index.cfm?action=content&sectionID=145&catID=12681&contentID=19973.

22. Lajous, Adrián (2009). *El ocaso de Cantarell.* En Nexos 01/10/2009. Obtenido en: http://www.nexos.com.mx/?P-leerarticulo&Article=3272

23. Pemex, *Todo sobre la reforma energética.* Cantarell, pasado, presente y futuro. Obtenido en: http://www.pemex.com/index.cfm?action=content&sectionid=137&catid=12222

24. Pemex (2013). *Reservas de hidrocarburos al 1 de enero de 2013.*

25. La producción petrolera de Siberia Occidental declina desde 1988, si bien tuvo un repunte temporal a finales de los años 90 y la primera mitad del presente decenio. Alaska alcanzó su máximo nivel de producción en 1989, Gran Bretaña en 1998, Noruega en 2001 y México en 2004. Llama la atención que la declinación en estas provincias petroleras fue precedida por la de sus campos de mayor tamaño: Samotlor, Prudhoe Bay, Statfjord, Forties, Ekofisk y Cantarell. La elevada concentración de la producción en unos cuantos campos súper-gigantes y gigantes en cada una de estas provincias explica su declive. En Lajous, Adrián (2009) *Op. Cit.*

26. Se estima que el crudo remanente de Cantarell es de: 2,000 mmbpce de reservas 1P y poco menos de 5,000 mmbpce en reservas 3P Pemex (2013). *Op. Cit.*

27. Para 2011 Irán registró ese nivel de producción y se posicionó como quinto productor a nivel internacional.

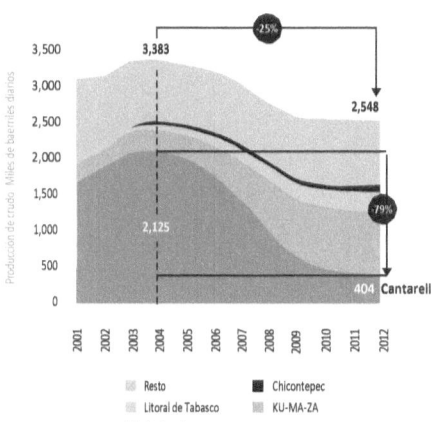

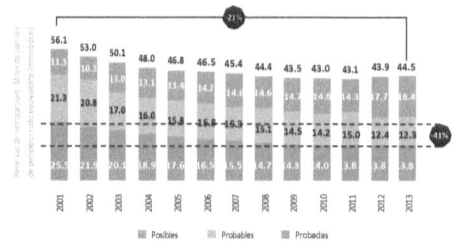

Fuente: IMCO con base en Anuario estadístico de Pemex (2012) y documento de reservas de Pemex (2013).

(1) Reservas a la fecha de corte oficial del 1 de enero de cada año. (2) Las reservas se clasifican en: 1P= Probadas; 2P= Probadas + Probables, y 3P= Probadas + Probables + Posibles, éstas últimas son la reservas totales.

Fuente: IMCO con base en información de CNH, 2012.

Nota: Producción por proyecto.

De los 2.12 mmbd de 2004, Cantarell pasó a producir tan sólo 404 mil barriles diarios (mbd) en 2012. La caída de 1.7 mmbd equivale a 85% de la producción total de Noruega en 2011 y casi el doble de la producción total de Colombia en el mismo año.[28] Esto equivale a ingresos perdidos equivalentes a 253.7 miles de millones de dólares si tomamos en cuenta los precios de referencia por año desde 2004.[29] Por la madurez de sus campos, la declinación de Cantarell es un hecho irreversible tal como sucedió en grandes campos como el de Ekofisk en Noruega.

En el caso de las reservas, la reducción en los niveles de producción ha ido acompañada de un bajo nivel de restitución de reservas de hidrocarburos (crudo y gas). Esto ha llevado a la caída en el total del stock en sus tres clasificaciones: 1P, 2P y 3P, lo cual limita la expansión de la producción para el mediano y largo plazo. De 2001 a la fecha, se registró una caída de 41% en el nivel de reservas probadas (1P). Esto indica que no se ha logrado compensar el petróleo que se extrae con el descubrimiento de nuevos campos (ver gráfica 3.6).[30]

En los últimos seis años la inversión en exploración aumentó 94%, alcanzando un monto de 31 mil millones de pesos en 2011.[31] Esta inversión ha permitido incrementar el volumen de reservas aportado por la vía de nuevos descubrimientos. Actualmente, esto equivale a un tercio del volumen restituido a nivel de reservas probadas (1P), que sumado a un mayor volumen por las reclasificaciones en los campos en desarrollo, ha permitido detener el deterioro de 9.7 mmbpce en el horizonte analizado.

---

28.   Según datos de la EIA la producción total de Noruega en 2011 fue de 1,721 mbd, mientras que la de Colombia fue de 940 mbd para ese mismo año. Obtenido en: www.eia.gov

29.   El precio es el promedio del año, según cada 20-F. Para 2012, el precio y la producción son los indicadores operativos de Pemex.

30.   Esto es así incluso tomando en cuenta los incrementos por reclasificaciones de reservas que se hacen año con año por el mayor conocimiento y mejores prácticas en las reservas existentes.

31.   Pemex (2012). *Anuario estadístico* y formato 20-F SEC.

Capítulo 3. Atrapados en el pasado: sector de hidrocarburos en México

Gráfica 3.7 Incorporación de reservas 1P entre 2010 y 2011 (miles de millones de bpce)

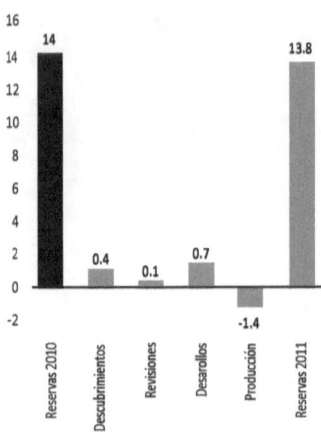

Fuente: Pemex, 2011, Informe de reservas de hidrocarburos.

Nota: Las barras centrales (descubrimientos, revisiones y desarrollos) se refieren a la actividad en el periodo 2010 y 2011. En total al contrastar la producción de 2010 con la pérdida de 1.4 miles de millones de bpce, el total de reservas en 2011 fue de 13.8 miles de millones de bpce.

En los últimos dos años la tasa de reposición de reservas ha alcanzado el 100%. En 2011, se restituyó el total de la producción por primera vez desde que se incorporó el campo Akal en Cantarell en la década de 1970, y en 2012 se registró una restitución de 104% (ver gráfica 3.8). Sin embargo, si la producción se hubiera mantenido en el nivel récord de 2004, el volumen restituido en 2012 equivaldría al 85%.

Gráfica 3.8 Tasa de reposición de las reservas probadas (miles de millones de bpce)

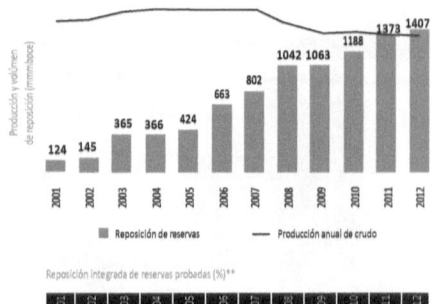

Fuente: IMCO con base en Anuario estadístico, Pemex (2012) y documento de reservas de Pemex (2013).

* Miles de millones de barriles de petróleo crudo equivalente.

** Reposición del año que se indica.

La mayor parte de las reservas probadas (1P) se localiza en las cuencas del Sureste y las dos regiones marinas, es decir, en la sonda de Campeche. Sin embargo, éstas son las reservas que han caído. Los nuevos volúmenes de explotación vendrán de la aplicación de tecnologías de recuperación secundaria o mejorada en los campos maduros, de zonas geológicamente más complicadas, áreas de difícil acceso como aguas profundas o formaciones compactas como las lutitas. Ello implica costos más altos con respecto a los campos convencionales como Akal en Cantarell. El mejor ejemplo es el Paleocanal de Chicontepec, cuenca constituida por 29 campos que concentra 39% de las reservas 3P, pero con costos de producción arriba de los 20 dólares por bpce dada su complejidad geológica.

Es por esto que México no está aislado de la dinámica de transición en la industria del petróleo fácil al petróleo difícil. Para muestra, tenemos la comparación entre Cantarell y Chicontepec. Por décadas, Pemex se enfocó en Cantarell que, por sus bondades geológicas, es fácil de explotar y tiene bajos costos de producción. Sin embargo, la migración hacia la producción con mayor complejidad ya está ocurriendo. En la gráfica 3.9 se observa cómo los costos de producción, si se consideran todos los campos en donde opera Pemex, han crecido 46% en los últimos seis años, con una tasa anual de 7%. Por su parte, los costos de exploración y desarrollo han crecido 20% en el mismo periodo, a una tasa anual de 4%. Se espera que esta tendencia continúe en los próximos años.

Gráfica 3.9 Costos de producción de Pemex, 2006-2012 (dólares constantes a 2011 /bpce)

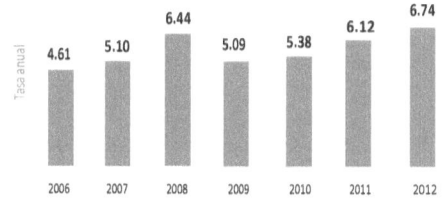

Fuente: Pemex, Relación con inversionistas.

Gráfica 3.10 Costo de exploración y desarrollo, 2006-2011 (dólares constantes a 2011 /bpce)

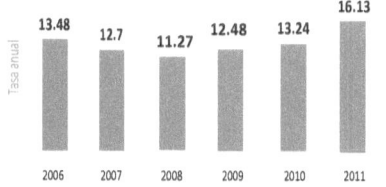

Fuente: Pemex, Relación con inversionistas.

Del tal manera que para poder explotar de manera rentable las reservas actuales es muy importante la adopción de nuevas tecnologías y nuevas prácticas operativas.

3.2.2 Situación del gas hoy: problemas de producción y de distribución para su consumo

El gas natural se ha convertido en una de las fuentes energéticas más utilizadas a nivel mundial. Tiene múltiples ventajas comparativas con respecto a otros energéticos, ya que es un combustible más limpio que el carbón y otros hidrocarburos, tiene amplia disponibilidad - principalmente en América del Norte-, sus precios relativos son muy competitivos desde hace algunos años y se espera que este escenario de precios se mantenga al menos en el mediano plazo.

No obstante, la oportunidad que el gas representa para México se ha visto limitada por problemas tanto de producción como de infraestructura. El sistema de transporte y distribución actual tiene cuellos de botella que se traducen en problemas de abasto en algunas regiones y por lo tanto, en una pérdida de competitividad para la industria del país.

Por el lado de la demanda, desde 2001 se ha incrementado el consumo de gas natural a una tasa anual de 5.6%, hasta alcanzar en 2012 un volumen de 7,923 mmpcd, es decir, un incremento total de 82%.[12] Su uso más intensivo ha sido como insumo para la generación eléctrica, en donde el consumo de la CFE representó 40% de la demanda total en 2012. Además, la industria nacional utiliza crecientemente gas natural como combustible.[13] En este sentido, se espera que la demanda crezca

32.   SENER (2012). *Prospectiva de Gas Natural 2012*.
33.   *Ibid.*

Gráfica 3.11 Evolución del precio del gas natural Henry Hub, 2000-2013 (USD/ mmBTU)

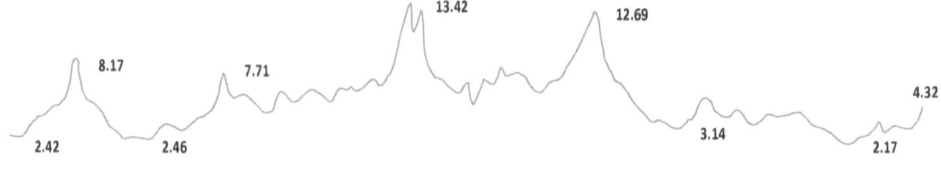

Fuente: EIA. Disponible en www.eia.gov

principalmente por un incremento en la capacidad de generación eléctrica a través de ciclos combinados. Esto significa que el mercado estará dominado por un monopolio -Pemex- y un monopsonio -CFE- que al final tienen como dueño al Estado mexicano, lo que crea enormes distorsiones para los consumidores finales.

Por otro lado, la revolución de las lutitas en Norteamérica ha incrementado sustancialmente la producción de gas natural al norte de nuestras fronteras y con ello han bajado los precios en ese mercado. Este fenómeno ha venido a revitalizar a la industria manufacturera en todo Norteamérica y más recientemente en México, ya que los precios de gas en el país están referenciados al Henry Hub del Golfo de gas de Texas. Esta caída en los precios es la principal causa del aumento del consumo de gas natural en el territorio nacional.

Además, los depósitos de gas en el subsuelo mexicano presentan una particularidad afortunada. Por una parte, México ocupa el lugar 36 en reservas de gas con 12,500 millones de pies cúbicos. En comparación, países como Rusia o Catar, por ejemplo, tienen reservas probadas superiores a los 1.5 billones y 884,500 millones de pies cúbicos,[34] respectivamente. Sin embargo, al considerar el gas de lutitas, México ocuparía el cuarto lugar mundial en recursos prospectivos, con 1,614,000 millones de pies cúbicos, de acuerdo con estimaciones de la EIA. Por lo tanto, las reservas de este gas no convencional implican grandes oportunidades y retos para México.[35]

No obstante, la producción de gas natural convencional se ha rezagado por la competencia con los proyectos de crudo, dados los escenarios de precios del gas. En el portafolio de inversión de Pemex, los diferentes proyectos compiten por recursos que son escasos. Los proyectos de petróleo tienen mayor rentabilidad y por lo tanto, obtienen asignaciones presupuestales antes que los de gas. Es decir, los proyectos de gas reciben menos inversión. Incluso, hasta hace unos años el gas era considerado un subproducto y era quemado o venteado a la atmósfera.[36]

La gráfica 3.12 muestra la caída de la producción de gas natural. Para 2012 se situó en 5,676 millones de pies cúbicos diarios (mmpcd), es decir, 14% por debajo del punto máximo alcanzado en 2009 (6,534 mmpcd). Este gas natural se divide en asociado -aquel que viene mezclado con el crudo- y no asociado- que proviene de yacimientos sólo de gas.

En el caso de la disminución del gas asociado, dicho comportamiento se explica por la caída en la producción de crudo en Cantarell. Con el objeto de atenuar la declinación de este yacimiento, se ha reducido también la extracción de gas para que la caída sea lo menos acelerada posible. Por el lado del gas no asociado, la baja en la producción se explica por la disminución de la inversión en el proyecto de Burgos, así como la caída en la producción del proyecto Veracruz por la madurez de sus campos, la dificultad para incorporar campos nuevos, y por privilegiar la producción de aceite.

---

34.   BP (2012). *Statistical Review of World Energy, full report.*

35.   A nivel molecular no existe diferencia entre el gas proveniente de lutitas y el gas natural de los campos convencionales.

36.   Por ejemplo, en 2008 la quema, el venteo y las fugas de gas en las actividades de exploración y producción de hidrocarburos significaron el envío a la atmósfera de recursos por alrededor de 76 mil pesos por minuto (por encima de 40 mil millones de pesos ese año). En 2009, la CNH emitió las disposiciones obligatorias para evitar la quema y venteo de gas a la atmósfera. Secretaría de Energía, (2009). *Comunicado no. 95.* Obtenido en: http://www.energia.gob.mx/webSener/portal/Mobil.aspx?id=1080

Gráfica 3.12 Producción de gas natural, 2001-2012 (millones de pcd)

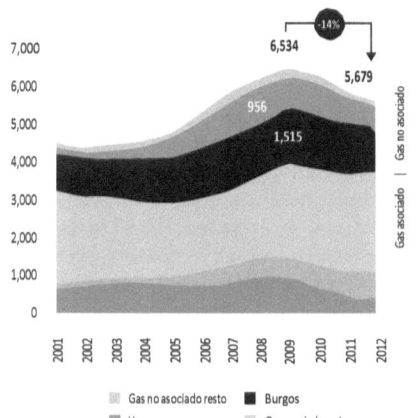

Fuente: IMCO con información de la CNH.

*No incluye nitrógeno e incluye la producción por proyecto.

La insuficiente producción de gas natural en el país, sumada a una demanda creciente, ha tenido como consecuencia que las importaciones hayan crecido y sigan creciendo. Entre 2001 y 2011, las importaciones netas de gas crecieron 17% (tasa anual de crecimiento) y para el último año de referencia representaron 27% con respecto a la oferta (ver gráfica 3.13).

La importación de gas natural se realiza vía ductos o por terminales de GNL (gas natural licuado).[37] México cuenta con nueve puntos de importación por ductos y tres terminales de regasificación de GNL, el cual importa de países como Nigeria, Noruega o Perú.

Gráfica 3.13 Balance nacional de gas seco, 2001-2011 (millones de pcd)

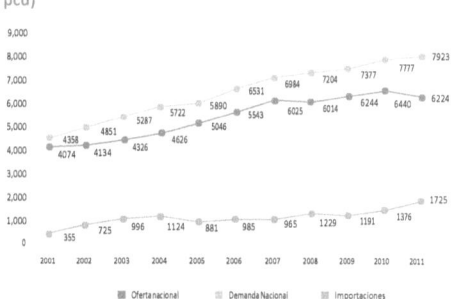

Fuente: IMCO con información de SENER (2012). Prospectiva de gas natural 2012-2026.

Nota: El porcentaje (17%) se refiere a la tasa anual de crecimiento.

En un contexto regional de precios bajos y bonanza, así como de importaciones crecientes, México no tiene un abasto acorde con su demanda de gas natural. El problema está en la infraestructura de transporte y distribución. Es decir, la cuestión no es únicamente la insuficiencia de la oferta doméstica de gas, sino el cómo llevar el energético hacia los puntos de consumo final.

Debido al crecimiento del mercado, la red de distribución y transporte de gas natural en México presenta ya serias limitaciones en su capacidad y alcance. Actualmente, la red de gasoductos tiene una longitud de 7,656 km.[38] La red fue diseñada básicamente para satisfacer el consumo de las plantas de ciclo combinado de la CFE con gas de los activos en el sureste, y actualmente está saturada en algunos tramos. Esto impide llevar gas a los clientes industriales más alejados de los puntos de inyección. Hay varios cuellos de botella en el flujo del norte hacia el sur[39] y de los centros productores del Golfo hacia el occidente.

Adicionalmente, la importación por ductos está muy cerca de llegar al límite de la infraestructura disponible. La capacidad máxima de los ductos de importación conectados a la red (ubicados en Tamaulipas y Chihuahua) es de 1,530 mmpcd y para 2011 ya se registraba un volumen de 1,356 mmpcd.

---

37. La diferencia entre el gas natural y el GNL (Gas natural licuado) es el estado físico en el que se encuentra. El GNL es gas natural enfriado a -162° C donde pasa de gas a un estado líquido. Al ser un líquido puede ser fácilmente transportado vía tanques o vía buques.

38. Ídem.

39. Los principales cuellos de botella se localizan en los ductos de Reynosa-Los Ramones y San Fernando-Los Ramones.

Mapa 3.3 Red nacional de gasoductos

Complejos procesadores de gas de Pemex
Ductos con capacidad restringida (disponibilidad > 10%)
Ductos con capacidad suficiente (disponibilidad > 18%)
Ductos Privados

Fuente: IMCO con datos vectoriales de INEGI.

Por lo anterior, las limitaciones de la infraestructura han afectado a la industria nacional. En los últimos dos años, muchas empresas dedicadas a la industria de la transformación[40] han tenido que parar operaciones debido al aumento de las alertas críticas. Éstas son avisos de Pemex a sus clientes para que reduzcan su demanda y se dan cuando hay desequilibrio entre la demanda y la oferta de gas. De 2010 a la fecha, se ha registrado un aumento de 125% en las alertas emitidas por Pemex Gas y Petroquímica Básica (PGPB), donde la falta de suministro a cargo de la paraestatal fue la causa más importante. Según la Confederación de Cámaras Industriales (CONCAMIN), los cuellos de botella en el Sistema Nacional de Gasoductos causaron pérdidas a empresas privadas por más de 1,500 millones de dólares en la producción entre 2011 y 2012.[41]

Pese a que desde 1995 se permite la inversión privada en el almacenamiento, transporte y distribución de gas, el desarrollo de infraestructura ha sido muy limitado. De 1997 a 2011, el desarrollo de la infraestructura fue impulsado principalmente por la CFE para asegurar el suministro a sus plantas eléctricas. Por lo tanto, el requerimiento de infraestructura estaba ligado únicamente a las necesidades de la Comisión, dejando poco margen de participación para la industria.

De cara a la problemática, la administración federal anterior emitió el Programa de Cambio Estructural del Gas Natural. A partir de 2012, la estrategia ha sido instrumentada por Pemex, a través de Pemex Gas y

Petroquímica Básica (PGPB) y ha firmado nuevos contratos para la capacidad de transporte. El objetivo de dicho programa es aumentar 38% la longitud de la red de transporte y 125% la red de distribución, lo que implica la construcción de ocho gasoductos troncales.

El plan establece que para 2013 y principios de 2014 debe incrementarse la capacidad de compresión en la red de gasoductos y así aumentar la capacidad de transporte norte-sur, además, se deberá importar GNL por Manzanillo para surtir al occidente del país.[42] Aunque el gas importado por Manzanillo es mucho más caro, no existe otra alternativa porque no hay infraestructura para importarlo por tierra en la frontera norte. Esta estrategia es apenas una medida paliativa para el problema.

Por otro lado, el programa establece que para fines de 2014 entrará en operación la fase I del gasoducto Los Ramones, de inversión mixta, con lo que se equilibraría el suministro de mediano plazo. Esto duplicará la capacidad de importación del país, con una capacidad aproximada de 2,100 bpcd.[43]

Sin embargo, el problema para la industria persistirá si la construcción de infraestructura se da únicamente en torno a las necesidades de Pemex y CFE, y no a las del país en su conjunto. En contraste, en EUA y Canadá la red de distribución crece y se desarrolla según las necesidades de los participantes de la industria: el transporte está divorciado del precio de la molécula, es decir, del gas.

Dado que en este eslabón de la cadena es permitida la inversión privada, uno de los retos actuales es cómo hacer que el sector privado invierta para ampliar rápidamente la red. Los temas más relevantes en gas son:

- Los proyectos de gas en el esquema actual de Pemex no tienen los recursos necesarios para que la producción crezca al ritmo que crece la demanda

- La competencia del gas mexicano es la producción de gas en EUA y las importaciones de GNL

- Se requiere dar certidumbre e incentivos a la inversión en infraestructura de transporte y distribución

40. Las regiones más afectadas por las alertas críticas han sido, D.F., Puebla, Toluca, Guadalajara y el Bajío. Véase más en: Milenio (13-09-2102). *Padecen en Bajío abasto de gas natural*, Obtenido en: http://leon.milenio.com/cdb/doc/noticias2011/25fec51cf416c5bb8b4ba0a289c57619?quicktabs_1=1

41. IMAGEN (01-10-2012). Pemex alerta por crisis en entrega de gas natural. Obtenido en: http://www.dineroenimagen.com/2012-10-01/7793. Consultado el 28-01-2013.

42. SENER (2012). *Prospectiva de gas natural 2012-2026*.

43. *Ibid.*

3.2.3 Pemex Refinación y la destrucción de riqueza

La refinación en todo el mundo es un negocio de margen y muy competido. Sin embargo, en México Pemex Refinación no ha tenido que competir con otros productores de combustibles, principalmente de gasolinas. Las deficiencias en sus balances e ineficiencias de transformación se han remediado con importaciones de gasolinas y otros refinados de EUA. Pemex Refinación es el punto más débil de la cadena de valor de los hidrocarburos mexicanos.

En México – de la misma manera que en otros países en vías de desarrollo – se prevé un mayor consumo de combustibles y petrolíferos, principalmente por el incremento de la población y la mayor demanda de vehículos motorizados. Tan sólo en los últimos diez años, el parque vehicular se incrementó en 92%, los vehículos particulares en 97% y los vehículos pesados 72%.[44] Asimismo, en el mismo período la demanda por petrolíferos creció 3.3% anualmente, principalmente impulsada por el sector transporte.[45]

La mezcla que se destina al Sistema Nacional de Refinación (SNR) se ha vuelto cada vez más pesada. Esto significa que se obtienen menores cantidades de productos de mayor valor como diésel, gasolina o turbosina, por cada barril de crudo. Asimismo, la mezcla de crudo que se utiliza para refinar tiene alto contenido de azufre por lo que se han tenido que realizar varios procesos de reconfiguración industrial.

El SNR cuenta con seis refinerías[46] cuyo diseño y configuración data de mediados del siglo pasado.[47] Las seis refinerías que conforman el sistema fueron diseñadas para operar con mezclas de petróleo ligeras. Por ello, a finales de los noventa arrancó el programa de reconfiguraciones del SNR. En una primera etapa se reconfiguraron las plantas de Cadereyta (1997-2003) y Madero (1999-2002) para procesos de crudo pesado, y en 2012 concluyó la reconfiguración de Minatitlán, iniciada en 2003.

Mapa 3.4 Infraestructura de refinación en el territorio nacional, producción de refinados por refinería (2011)

Fuente: IMCO con información de Secretaría de Energía, 2012. Prospectiva de petrolíferos 2012-2026.

La reconfiguración es necesaria para hacer que las refinerías sean capaces de convertir productos residuales a productos ligeros (gasolinas y diésel) de alta calidad. Asimismo, sirve para aumentar la capacidad de procesamiento de crudo pesado, al eliminar los altos contenidos de azufre.

No obstante, la situación de Pemex Refinación es grave por dos factores. En primer lugar, existe una muy baja eficiencia y confiabilidad de las plantas actuales ya que operan por debajo de estándares internacionales. En segundo lugar, existe una baja expansión de la capacidad en los últimos años y una insuficiente producción a cargo de Pemex Refinación dado el contexto tecnológico en el que opera.

En cuanto a la eficiencia, en el negocio de la refinación se pierde valor cuando el proceso se interrumpe. Lo que se busca es que las plantas operen a su máxima capacidad durante el mayor tiempo posible. En el caso mexicano, las seis refinerías tienen que suspender operaciones de manera imprevista con 13 veces más frecuencia que el promedio internacional (ver gráfica 3.14). Además, para producir petrolíferos, las refinerías mexicanas utilizan 43% más energía que el estándar internacional.[48] La configuración de las refinerías mexicanas no es la adecuada e implica una ineficiente conversión del crudo en combustibles comerciales, lo que las hace poco competitivas internacionalmente.

44. INEGI (2012). *Estadísticas económicas. Vehículos de motor registrados en circulación.* Obtenido en: http://inegi.org.mx/sistemas/olap/proyectos/bd/consulta.asp?p=1475&c=2317&s=est&cl=4#

45. Entre 2000 y 2011 el transporte fue el de mayor consumo, considerando que dentro de este segmento se encuentra la demanda del parque vehicular a gasolina del transporte particular, el consumo de diésel destinado principalmente al transporte de carga, la turbosina utilizada por el transporte aéreo, y en menor medida, el combustóleo empleado en actividades ferroviarias y marítimas. Véase SENER, (2012). *Prospectiva de petrolíferos 2012-2026.*

46. Cadereyta, Madero, Minatitlán, Salina Cruz, Tula y Salamanca.

47. Madero (1940); Salamanca (1950); Tula (1976); Salina Cruz y Cadereyta (1979). SENER, *Cronología de la refinación en México.* Obtenido en: http://www.sener.gob.mx/res/85/Refinacion_Web.pdf

48. Pemex (2011). *Indicadores de evaluación del desempeño.*

Gráfica 3.14 Paros no programados como porcentaje del total de paros, Pemex Refinación, 2007-2011

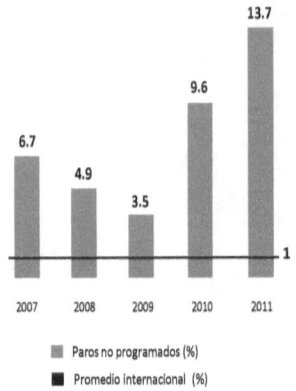

Fuente: Pemex, (2011). Informe de responsabilidad social.

Con respecto a la capacidad de refinación, y pese a las recientes reconfiguraciones, la mitad de la producción tiene que refinarse fuera del territorio nacional. Según cifras de la SENER, de los 2,960 mbd de petróleo que se produjeron en 2011 sólo 1,540 mbd se pudieron someter a procesos de transformación en el SNR,[49] el restante 48% se exporta.[50]

Aunque entre 2001 y 2011 la capacidad nominal de refinación del país aumentó 10% en el SNR, de 1,540 mbd a 1,690 mbd, la producción de petrolíferos a cargo de Pemex ha demostrado ser insuficiente para satisfacer la demanda interna. En conjunto y según cifras de Pemex, la elaboración total de productos refinados en 2011 fue de 1,190 mbd, que al contrastarse con la demanda nacional (1,501 mbd) implica un déficit de 20%.[51] Es decir, para poder satisfacer la demanda interna, uno de cada cinco petrolíferos vendidos en el país tuvo que ser importado.

Esto se agrava en el caso de las gasolinas de las cuales 50% se importan. Para 2011, la demanda por gasolinas fue de alrededor de 800 mbd, mientras que la producción nacional fue de apenas 400 mbd. Para cerrar esta brecha, de 2007 a 2012 la tasa de importación aumentó de 41% a 50% (ver gráfica 3.15).

Gráfica 3.15 Producción y demanda de gasolinas, 2001-2011 (mbd)

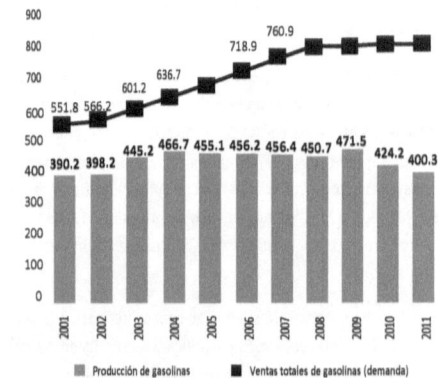

Fuente: IMCO con información de Pemex, 2012, Anuario estadístico.

Igualmente, la importación se ha dado no sólo para cubrir la demanda sino también para cumplir con la NOM-086 de combustibles fósiles para la protección ambiental.[52] Esta NOM regula la calidad de los combustibles para suministrar gasolina y diésel ultra bajos en azufre (UBA). Aunque la norma se publicó en 2006 y entró en vigor desde 2009, hasta principios de 2013 Pemex no había cumplido con el suministro en todas las ciudades del país. Únicamente se comercializa este tipo de combustible (UBA) en la frontera norte, en la zona metropolitana de Monterrey, Guadalajara y el Valle de México.[53]

En el mediano plazo, Pemex Refinación continuará importando gasolina sin plomo para satisfacer la demanda interna. Durante 2011, se importaron aproximadamente 405 mil barriles diarios de gasolina sin plomo, lo que representa 50.7% del total de la demanda interna de gasolina sin plomo en ese año.[54]

49.   Presentación del Dr. Enrique Ochoa en el Foro de Energía 11 de marzo de 2013, ciudad de México. Con datos de la EIA (2011).

50.   A través de un acuerdo (join venture) establecido en 1999 entre PMI, Pecten Trading Company, empresa subsidiaria de Shell Oil Company y Pemex Mercado Internacional Norteamérica, S.A. de C.V. se estableció un contrato de suministro de largo plazo a la refinería Deer Park. El acuerdo original fue el suministro total de 200 mbd de crudo maya. En 2008 PMI solicitó disminuir a 170 mbd hasta que expirara el contrato, esto es en 2023. Nuevamente en Enero de 2012 PMI acordó proveer 30 mbd adicionales de crudo maya entre enero de 2012 y diciembre de 2013, con lo que se regresó al volumen originalmente establecido.

51.   Pemex (2012). Anuario estadístico 2012.

52.   NOM-086-SEMARNAT-SENER-SCFI-2005, Especificaciones de los combustibles fósiles para la protección ambiental, publicada en el Diario Oficial de la Federación (DOF) el 30 de enero de 2006.

53.   Véase más en: Pemex Refinación (2011), Ventas Nacionales de Gasolinas y Control de Inventarios Auditoria Financiera y de Cumplimiento. Obtenido en: http://www.asf.gob.mx/Trans/Informes/IR2011i/Grupos/Desarrollo_Economico/2011_0181_a.pdf

54.   Pemex (2011). Form 20-F, p. 53 / 383.

Todo lo anterior no sería grave si el precio de las gasolinas no estuviera subsidiado. Si los consumidores pagaran el costo real de importar o producir nacionalmente gasolinas, se privilegiarían aquellas con un costo total más bajo y no se distorsionarían otros mercados. Sin embargo, el precio está subsidiado con un costo total para el Estado estimado en 222,751 millones de pesos (cifras a 2012), que a pesar de los esfuerzos por reducirlo en los últimos años sigue teniendo una magnitud insostenible. Este monto representa la mitad del gasto programable de Pemex en 2012 o 70 veces el presupuesto destinado a SENER.

Gráfica 3.16 Subsidio/Impuesto especial sobre gasolinas y diésel para combustión automotriz, 2004-2012 (millones de pesos constantes a 2012)

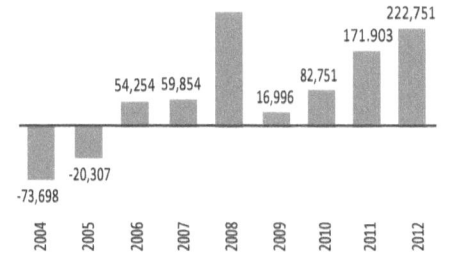

Fuente: IMCO con base en la Cuenta de la Hacienda Pública Federal.

Estos problemas tienen un costo financiero importante. En términos operativos, la refinación es el área en donde Pemex pierde más dinero. En 2011, Pemex Refinación tuvo un rendimiento de operación negativo por 84,377 millones de pesos resultado de la ineficiencia operativa de sus procesos. La inversión adicional en refinación es poco rentable. Además, conviene analizar el escenario de construcción de nueva capacidad de refinación en el país contra la compra de esa misma capacidad en la costa del Golfo de México en EUA y la importación de los productos. El objetivo último debe ser impulsar la competitividad de la economía y eso se logra teniendo insumos para la producción a precios que sean competitivos en la región.

Gráfica 3.17 Resultados de operación Pemex 2012, por subsidiaria (miles de millones de pesos corrientes)

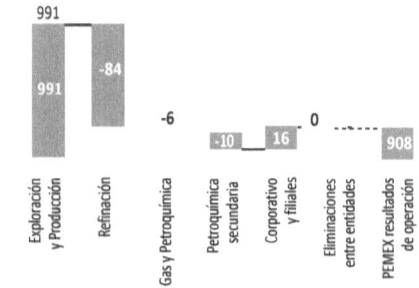

3.2.4 Pemex Petroquímica: inversión privada en la mitad de la cadena productiva

La petroquímica nacional nació de un esfuerzo de sustitución de importaciones y no de un proyecto de integración a una industria globalizada. Desde el inicio se buscó la incursión en una gran cantidad de cadenas de producción en vez de la especialización en aquellas para las cuales México tuviese ventajas comparativas. Esta fase de la cadena de valor de los hidrocarburos ha sufrido varios cambios en su estructura y dirección a lo largo de los años. En esta sección se aborda la situación de la petroquímica en los últimos diez años.

Desde mediados de la década de los noventa y hasta el 2006, la producción petroquímica nacional presentó una tendencia a la baja debido al incremento en los precios del gas natural y a la separación de la petroquímica en básica y secundaria.[55] Dicha división impide garantizar el abastecimiento de insumos para la petroquímica secundaria y reduce la eficiencia de los procesos al perder los beneficios de las economías de escala.

Para entenderlo mejor, la petroquímica básica procesa los condensados y el gas generados en el upstream y por ley, está reservada para el Estado. Por otra parte, la petroquímica secundaria es el segmento donde se transforman los petroquímicos básicos en productos químicos más elaborados y actualmente está abierta a la inversión privada. Esta división ha creado distorsiones para toda la cadena puesto que los insumos para

---

55.   El gas natural es un insumo fundamental en los procesos petroquímicos y por lo tanto clave para la competitividad del segmento.

la petroquímica secundaria no son competitivos a nivel regional. A pesar de esto, la participación privada ha sido muy productiva y ha conformado grupos industriales relevantes a nivel internacional, especialmente en las cadenas del etileno.

Gráfica 3.18 Producción nacional de petroquímicos, años seleccionados (miles de toneladas anuales)

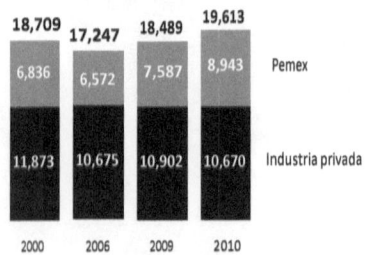

Fuente: Asociación Nacional de la Industria Química (ANIQ), SENER y Pemex.

Como ya se mencionó, Pemex y la industria privada han trabajado para integrar las cadenas petroquímicas que tienen el mayor potencial de valor como son la del etano (etileno), la de aromáticos, la de metano y la de propano, lo que ha revertido la tendencia a la baja de la producción nacional de petroquímicos. Sin embargo, la producción doméstica no es suficiente para satisfacer la demanda nacional, por lo que ésta debe cubrirse con importaciones. En 2012 se tuvo un déficit en la balanza comercial de petroquímicos de 14 mil millones de dólares, con el componente de importaciones a un ritmo de crecimiento de 11% anual durante los últimos doce años.

Gráfica 3.19 Balanza comercial de productos petroquímicos y de origen petroquímico, 2001-2012 (miles de millones de dólares)

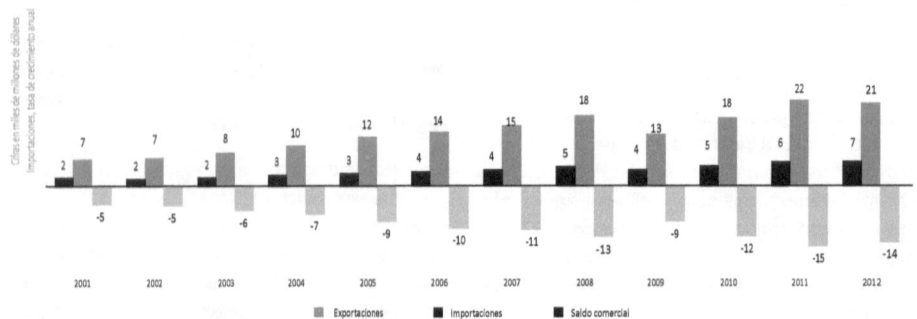

Fuente: BANXICO, Grupo de trabajo de estadísticas de comercio exterior.

Los esquemas de inversión que existen actualmente para los proyectos petroquímicos canalizan recursos financieros de la siguiente manera: a) inversión pública a la producción de aromáticos, amoniaco y óxido de etileno, b) las asociaciones público-privadas se enfocan al cloruro de vinilo y c) la inversión privada desarrolla proyectos para etileno, propileno y amoniaco.

Como puede observarse, Pemex tiene en la actualidad alianzas con el sector privado en petroquímica para el desarrollo de algunos productos. Cabe notar que en la mayoría de estas alianzas, Pemex participa con una aportación a través de suministro de insumos a largo plazo. Las alianzas en mención son las siguientes:

Tabla 3.1 Proyectos en alianza con el sector privado en el sector de petroquímica

	Proyecto	Participantes	Inversión
1	Reactivación de la cadena de acrilonitrilo (incluyendo la modernización de planta de PPQ)	Unigel y Pemex	90 mmUSD Participación Pemex: suministro de insumos
2	Paraxileno en CP Cangrejera	Alfa y Pemex	300 mmUSD Participación Pemex: 50% inversión
3	Cianuro de sodio	Unigel, Peñoles y Pemex	150 mmUSD Participación Pemex: 40% inversión
4	Cloruro de vinil. Para optimizar la cadena, incrementar la producción y reducir los costos	Mexichem y Pemex	200 mmUSD Participación Pemex: suministro de insumos
5	Urea. Para impulsar la producción de fertilizantes	Agrogen y Pemex	200 mmUSD Pemex Petroquímica (PPQ) aporta garantía de suministro a largo plazo de amoniaco en Cosoleacaque
6	1-Buteno	Diabaz y Pemex	40 mmUSD Participación Pemex: 40% inversión
7	Amoniaco	Estado de Sinaloa	1,000 mmUSD Participación Pemex: 15% en suministro
8	Etileno XXI	Braskem y Pemex	3,500 mmUSD Participación Pemex: 10% inversión
		Total	5,480 mmUSD

Fuente: IMCO con información de Pemex Petroquímica.

Una importante oportunidad para México es el entorno internacional favorable para los precios de los petroquímicos gracias a su creciente tendencia. La demanda de petroquímicos crece 8% anual, un ritmo mayor al de la economía mundial. La abundante oferta de gas natural en Norteamérica incrementa la competitividad del segmento de petroquímica en la región. Como ya se discutió en el apartado de gas natural, México tiene el potencial para aprovechar este escenario de oferta abundante y precios bajos, para incentivar el desarrollo de la industria mexicana en general, y de la petroquímica en particular.

Gráfica 3.20 Índice global de precios petroquímicos (IPEX), 2001-2013

Fuente: International Chemical Information Service.

IPEX Índice Global de Precios de Productos Petroquímicos, considera las regiones de Estados Unidos, Europa Occidental y Noreste Asiático.

Capítulo 3. Atrapados en el pasado: sector de hidrocarburos en México

3.3 Marco institucional del sector: un modelo de gestión estatal ineficiente

El modelo mexicano de gestión del sector de hidrocarburos no se ha adaptado a los cambios tecnológicos, al tipo de reservas en su territorio, a nuevos modelos de operación internacionales, ni a su nuevo contexto regional.

El modelo de gestión del sector de hidrocarburos vigente en México está caracterizado por el dominio de Pemex. La empresa operadora estatal produce en un contexto sin competencia y con participación muy limitada de inversión privada. El diseño institucional está relacionado con la convicción de soberanía nacional sobre la propiedad de los hidrocarburos. Este modelo, aunque con cambios y ajustes menores a lo largo del tiempo, está sujeto desde 1958 a restricciones constitucionales que impiden la participación de otros operadores en la industria[56] (ver el artículo "Petróleo, Dominio de la Nación" en este informe).

El resultado ha sido un marco legal que otorga a Pemex la conducción central y estratégica de todas las actividades relacionadas con la industria petrolera.

Desde su creación como compañía estatal y definición como operador único, Pemex ha adoptado el modelo de contratistas -que no invierten en los proyectos, ni comparten el riesgo si éstos no son exitosos-, trabajando con empresas privadas en actividades específicas como pueden ser perforación o levantamiento sísmico. Particularmente, cuando Pemex carece de capacidad tecnológica o de recursos, se ha beneficiado de la aportación de estos contratistas. Pero como operador, Pemex tiene la responsabilidad de tomar todas las decisiones y arriesgar su capital. Naturalmente, gana dinero si el proyecto es exitoso y pierde todas las veces que los proyectos no lo son.[57]

Este apartado describe el modelo de gestión que rige al sector de hidrocarburos en el país. En la primera parte se explican brevemente los principales cambios derivados de la reforma de 2008 para posteriormente mostrar el régimen institucional y fiscal vigente.

3.3.1 La reforma de 2008 y sus limitantes

Los más recientes cambios jurídicos e institucionales en materia energética ocurrieron durante la administración federal 2006-2012 y en el periodo de la LX legislatura 2006-2009. Después de varias discusiones sobre cómo dotar al sector de hidrocarburos de herramientas que lo volvieran más productivo, se resolvió llevar a cabo una serie de modificaciones legales en la estructura de la empresa estatal. No obstante, el resultado no fue una reforma de fondo debido a la falta de consenso entre las principales fuerzas políticas y lo poco ambicioso del planteamiento inicial. Aun con la reforma de 2008, la restricción a la inversión privada en la cadena de valor permanece como el eje central de la política energética nacional.

El punto inicial y objetivo principal de la reforma fue cómo revertir el efecto del agotamiento gradual del campo Cantarell. Otros de los temas discutidos fueron cómo aumentar las actividades de exploración para identificar campos con valor comercial y cómo dotar de mayor autonomía de gestión a Pemex.

Dado ese contexto, el gobierno federal presentó un paquete de iniciativas al Congreso de la Unión.[58] Éstas se pueden resumir en cuatro rubros: exploración y producción (*upstream*), refinación (*downstream*), finanzas públicas y de la empresa, y gobierno corporativo. Los principales cambios propuestos se presentan en la tabla 3.2.

En voz de varios especialistas,[59] la reforma se trató de un cambio en Pemex más que de una reforma al sector de hidrocarburos. Varios temas clave no fueron abordados. Por ejemplo, no se tocaron temas como la libre comercialización de los productos derivados de los hidrocarburos, el papel del sindicato de Pemex en las decisiones estratégicas de la empresa y el obstáculo que la carga fiscal representa para la operación eficiente de la empresa, así como la productividad de la paraestatal.

Los cambios logrados en los primeros tres rubros incluidos en la tabla, fueron marginales y no representaron modificaciones de fondo sobre las condiciones previas. El mayor cambio se dio en el rubro de gobierno corporativo y de estructura institucional. No obstante, la reforma no corrigió de fondo las dificultades de inversión y operación, el papel del presupuesto de Pemex como parte del presupuesto federal y de su figura como financiador del gasto público. La reforma de 2008 tampoco resolvió el tema fundamental de la falta de competencia en el sector.

---

56. Entre 1933 y 1958 se permitía la inversión mixta, aunque rara vez se hizo. Ver en D. Wood (coord.) (2012). *Un nuevo comienzo para el petróleo mexicano: principios y recomendaciones para una reforma a favor del interés nacional.* México: ITAM y The Woodrow Wilson Center Mexico Institute.

57. Ver una explicación más detallada en D. Wood (coord.) 2012, *Op. Cit.*

58. El paquete de iniciativas se presentó en octubre de 2008.

59. Centro de Estudios Espinosa Yglesias, (2008). *Proyecto de evaluación de leyes. Evaluación de la Reforma Energética.*

Tabla 3.2 Balance de las iniciativas presentadas y el alcance de la reforma energética de 2008.

Área	Iniciativa presentada	Lo que logró la reforma de 2008
Exploración y Producción (upstream)	Participación directa del sector privado en la exploración y desarrollo de yacimientos de hidrocarburos	• La participación directa del sector privado (empresas operadoras) en la exploración y producción permanece restringida • Se delineó la figura de "contratos incentivados para terceros" (proveedores de servicios), conocidos como los CIEPS (contratos integrales de exploración y producción). Estos permiten la participación de proveedores en las actividades secundarias de la industria
Refinación (downstream)	• Competencia en la producción de gasolina • Participación del sector privado en la construcción y operación de refinerías	• Se mantiene el monopolio de Pemex en la refinación de petróleo y en la comercialización • Se ordenó la construcción de una refinería en Tula (originalmente prevista para 2016)
Finanzas	• Establecimiento de derechos de extracción de petróleo en niveles comparables a otros países • Dotar de recursos para necesidades de inversión de Pemex y apuntalar su balance financiero	• El régimen fiscal de Pemex no se modificó, sigue ligado al presupuesto público • Compromiso plurianual a fin de reservar recursos para financiar futuras inversiones • Creación de un fondo de investigación y desarrollo de energía renovable • Nuevas reglas para el fondo de estabilización • Introducción de los bonos ciudadanos (Hasta 2012 la SHCP no había publicado los lineamientos para la emisión de estos bonos) • Regímenes especiales para campos maduros, campos con complejidad técnica (Chicontepec) y aguas profundas
Gobierno corporativo y regulación	• Responsabilidad del Consejo de Administración de la creación de valor económico • Creación de un órgano regulador, independiente de Pemex, a cargo de definir la estrategia óptima de explotación y extracción de reservas	• Creación de la Comisión Nacional de Hidrocarburos (CNH) para regular y supervisar la explotación de las reservas de petróleo del país • Cuatro consejeros profesionales para fortalecer el mandato institucional

Fuente: IMCO con base en: Roberto Newell (2012). Política Energética.

En busca de la ruta hacia el crecimiento sostenible en Claudio Loser y Harinder Kohli, (2012). Futuro para todos: Acciones inmediatas para México, Centennial Group Latin America, y en Jesús Reyes Heroles G.G., (2012), Reforma energética y sustentabilidad. Documento para el Banco Interamericano de Desarrollo.

Los contratos incentivados (CIEPS) fueron una figura relativamente atractiva para las empresas de bienes y servicios y actualmente están en operación. Sin embargo, son contratos donde las compañías funcionan como proveedoras de servicios de Pemex. Es difícil que, bajo este esquema, algún proveedor exija su aporte por una compensación con elementos de riesgo.

La experiencia de esta reforma es una clara lección. Para desplegar el potencial de hidrocarburos en el país es necesario hacer reformas profundas. Esto requiere evitar soluciones parciales de corto plazo. La reforma debe tocar la parte fundamental del problema:

la existencia de un único operador que absorbe todas las actividades de la cadena de valor y cuya operación es muy difícil de controlar. Además, este único operador tiene limitaciones de inversión y está impedido de hacer alianzas con otros operadores para hacerse tanto de tecnología como de talento.

3.3.2 El régimen institucional de Pemex: ni empresa ni entidad gubernamental

Figura 3.3 Organización del sector de hidrocarburos en México

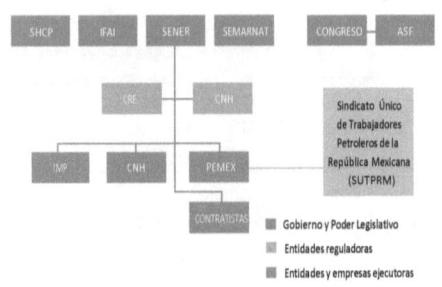

Fuente: IMCO con información de los sitios oficiales de las entidades y dependencias aquí descritas.

El arreglo institucional vigente sufrió algunos cambios derivados de 2008. Se creó la CNH cuyo mandato central es la regulación y vigilancia de la explotación de reservas de petróleo, entidad con carácter técnico y con una visión de largo plazo. Entre sus atribuciones tiene la tarea de establecer los criterios para el diseño de los proyectos de exploración y producción, así como su aprobación técnica y el establecimiento de mecanismos de evaluación de la eficiencia en dichas actividades.

En la práctica, el rol de la CNH ha tenido varias limitaciones. En primer lugar, obedece a un contexto de un único ente regulado, por lo que sus decisiones se restringen a las capacidades de operación de Pemex. Además, cuenta con un equipo profesional muy limitado y con bajo presupuesto de operación. Tan sólo de 2012 a 2013 su presupuesto fue reducido 35%.[60] Paralelamente, la Comisión Reguladora de Energía (CRE) recibió nuevas facultades para establecer las condiciones de las ventas de primera mano en lo que se refiere a transporte, distribución y almacenamiento de petrolíferos.

Por otra parte, se integraron cuatro consejeros profesionales al Consejo de Administración de Pemex. A decir de algunos funcionarios de la paraestatal,[61] esto ha venido a politizar las discusiones dentro del organismo. Lo cierto es que el esquema de consejeros profesionales en un contexto de empresa paraestatal es un híbrido que no cambió ni podía cambiar de fondo la rendición de cuentas ni la toma de decisiones en Pemex. Además, el Consejo de Administración no está obligado a rendir cuentas periódicamente como lo hacen tradicionalmente los consejeros de una empresa a sus accionistas.

Por su parte, el Sindicato sigue siendo un actor de mucho peso en la operación de la empresa. Al tener cinco representantes dentro del Consejo de Administración, participa directamente en las decisiones de la paraestatal. El legado de las "conquistas sindicales" sigue estando presente en las prácticas del sector.

Finalmente, en materia de política energética y regulación, se le dio a la SENER la responsabilidad de formular la Estrategia Nacional de Energía (ENE). Sin embargo, este documento de planeación plantea una visión de 15 años y debe ser ratificado por el Congreso anualmente, con lo cual difícilmente puede ser considerado como un documento de estrategia.[62] Con esta reforma, la SENER tiene la responsabilidad de fijar el precio del petróleo para efectos presupuestales y determinar la producción de petrolíferos en sus prospectivas, así como definir las metas de la tasa de restitución de reservas. En la mayoría de los países, el precio del petróleo es una variable exógena que no es fijada por ningún agente. Este último punto ejemplifica por qué es importante sacar a Pemex del presupuesto federal.

Sin embargo, la reforma de 2008 no resolvió el conflicto de interés del titular de la SENER. Por una parte, dicta la política energética y regula ciertas actividades de Pemex -es juez- y por otra, encabeza el Consejo de Administración al tomar decisiones operativas y sobre proyectos de inversión. Es decir, también es parte involucrada.[63]

A pesar de los cambios producidos en 2008, Pemex sigue conservando una naturaleza dual que la obliga a cumplir con objetivos contradictorios. Al ser una empresa de carácter público se debe regir bajo ciertos criterios financieros como maximizar su rentabilidad. Al mismo tiempo, Pemex en su calidad de organismo descentralizado debe apegarse a la normatividad de la Administración Pública Federal, por lo que su presupuesto es parte del presupuesto de la federación.

60. En 2012 la CNH tuvo un presupuesto programable de 96 millones 974 mil 474 pesos. Para 2013 éste se redujo a 62 millones 590 mil 122 pesos.

61. Reyes Heroles G.G., Jesús (2012). *Reforma energética y sustentabilidad*. Documento para el Banco Interamericano de Desarrollo.

62. A la fecha de elaboración de este reporte el Senado, a diferencia de lo ocurrido en la administración federal 2006-2012, había ratificado la ENE 2013. Ver en Reforma (15-03-2013). *Aprueba el Senado estrategia energética*. Obtenido en: http://www.reforma.com/edicionimpresa/paginas/20130315/pdfs/rNAC20130315-007.pdf

63. Reyes Heroles G.G., Jesús *Op. Cit.*

Cuadro 3.1 Organización del sector de hidrocarburos en México.

	Organismo	Función
Dirección y legislación	SENER	Conduce la política energética del país desde el punto de vista del Ejecutivo Federal, dentro del marco constitucional, para garantizar el suministro competitivo, suficiente, de alta calidad, económicamente viable y ambientalmente sustentable de los energéticos que requiere el desarrollo de la Nación.
	CONGRESO	Define la orientación del sector y plasma en leyes las políticas y normas aplicables. Asimismo, va ajustando dicha normatividad según varíen las condiciones de la industria. Tiene a su cargo la asignación presupuestal para cada entidad y dependencia, ramos administrativos y programas presupuestarios.
Supervisión	SHCP	Encargada de la integración de presupuestos de inversión y operación alineados a las metas de déficit gubernamental, autoriza los techos de endeudamiento, así como la aprobación de los proyectos de inversión del sector. Adicionalmente, controla y supervisa el programa comprometido de ingresos del sector y la autorización del catálogo de productos y mecanismos de precios al público y de transferencia ente las distintas empresas del sector paraestatal.
	SEMARNAT	Supervisa el cumplimiento de las normas ambientales en suelo, aire y agua, y asigna permisos de actividad en áreas geográficas definidas, previo dictamen de estudios de impacto ambiental. Adicionalmente gestiona las iniciativas de reducción de emisiones de gases efecto invernadero.
	ASF	Vigila el cumplimiento de los objetivos contenidos en las políticas y programas gubernamentales, el adecuado desempeño de las entidades fiscalizadas, y el correcto manejo tanto del ingreso como del gasto público.
	IFAI	Organismo que abre un canal para hacer pública información no compartida ordinariamente sobre cualquier proceso de las entidades gubernamentales del sector.
Regulación	CRE	Comisión Reguladora de Energía. Organismo técnico autónomo enfocado a la regulación del mercado del gas natural y gas LP, en sus formas de enajenación y entrega, en la fijación de tarifas y otorgamiento de permisos de infraestructura de transporte, almacenamiento y distribución; buscando la creación de condiciones de eficiencia y competitividad del sector.
	CNH	Comisión Nacional de Hidrocarburos. Organismo con autoridad y autonomía técnica para la regulación, supervisión y evaluación de las actividades de exploración y explotación de hidrocarburos. Elabora estudios, análisis, proyectos y dictámenes técnicos buscando elevar la efectividad de Pemex Exploración y Producción.
Ejecución	PEMEX	Empresa petrolera estatal integrada que cuenta con los derechos exclusivos de exploración extracción, transformación y comercialización de hidrocarburos en el País. Busca satisfacer la demanda nacional de productos petrolíferos, canalizando los hidrocarburos excedentes a los distintos mercados de exportación, bajo la premisa de la maximización del valor económico de las reservas de hidrocarburos y los activos operados.
	IMP	Instituto Mexicano del Petróleo. Provee de servicios de investigación y apoyo técnico especializado para la industria petrolera nacional, y es considerado el brazo tecnológico estatal del sector.
	STPRM	Sindicato Único de Trabajadores de la República Mexicana. Tiene cinco representantes de un total de 15 en el Consejo de Administración.

Capítulo 3. Atrapados en el pasado: sector de hidrocarburos en México

Esta dualidad le impide comportarse netamente como una empresa que busca maximizar su rentabilidad financiera. Por una parte, debe cumplir con la regulación a la que se sujeta cualquier secretaría de estado para cuestiones como organización y funcionamiento, presupuesto, planeación operativa, adquisiciones y obra pública, supervisión, auditoría y evaluación del desempeño. Por otra, la paraestatal no puede decidir de manera independiente cuestiones de planeación estratégica o de proyectos de inversión. La mayoría de las veces depende de diferentes instancias para su operación, y está limitada tanto por la alta carga fiscal a la que está sujeta como por los límites en el techo de inversión.[64]

Finalmente, la fiscalización excesiva sobre Pemex ha sido ineficiente en la práctica. El papel de los reguladores ha sido débil y ha demostrado la falta de conocimiento técnico sobre el sector de hidrocarburos. Aun cuando órganos independientes pudieran vigilar eficientemente al sector, esta opción ha encontrado resistencias por contravenir la concepción sobre la propiedad de los recursos en manos de un único operador.

3.3.3 Finanzas: la quiebra de Pemex y la creciente petrolización de las finanzas públicas

Las ventas

Pemex es la empresa más grande de Latinoamérica en términos de ventas, aunque sus resultados financieros no son buenos. Las ventas observan una tendencia de fuerte crecimiento: durante el periodo 2001-2012, crecieron al 7% de anual en términos reales. Las ventas totales están divididas en la misma proporción entre ventas por exportación y ventas en el mercado doméstico. Esta tendencia ha sido impulsada en los últimos cinco años por un incremento en los volúmenes de venta e incrementos en los precios del crudo y petrolíferos en los mercados de referencia (ver gráfica 3.21).

Los costos

El importante crecimiento en ventas no ha podido ser transformado en un crecimiento de las utilidades. Desde 2007, los costos de operación como proporción de las ventas[65] han crecido 10 puntos porcentuales, al pasar de niveles de 40% de las ventas a 50% de éstas. Esto representa 165 mil millones de pesos de costo adicional que explican, junto con la carga impositiva, los malos resultados financieros obtenidos en los últimos años.[66]

Gráfica 3.21 Tendencia de la ventas totales de Pemex, 2001-2012 (miles de millones de pesos corrientes)

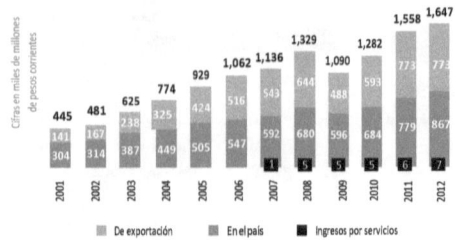

Fuente: IMCO con base en los anuarios estadísticos de 2001-2011. La información de 2012 se obtuvo del reporte de resultados no dictaminados al 31 de diciembre de 2012.

Gráfica 3.22 Eficiencia de operación como porcentaje de ventas (Miles de millones de pesos corrientes)

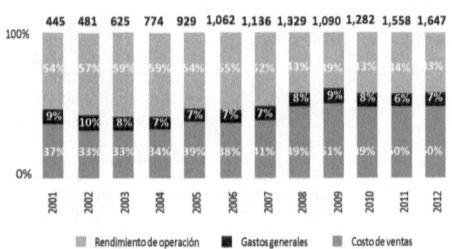

Fuente: IMCO con base en los anuarios estadísticos de 2001-2011. La información de 2012 se obtuvo del reporte de resultados no dictaminados al 31 de diciembre de 2012.

La principal área de ineficiencia es Pemex Refinación, reflejada por los márgenes variables negativos que ha presentado durante los últimos años. En 2012, esta subsidiaria tuvo un margen variable promedio de sólo 0.04 dólares por cada barril procesado. Adicionalmente, carga con problemas de costos logísticos y comerciales no reconocidos en los precios de ventas, así como un pasivo laboral de alrededor de 40% de los pasivos totales.[67]

El régimen fiscal y la carga fiscal de Pemex

Además del incremento de costos, la carga fiscal representa un grande obstáculo al desempeño financiero de Pemex. Históricamente, el régimen fiscal del sector petrolero en México ha tenido como objetivo maximizar el

---

64. En la siguiente sección se describe más a detalle el régimen fiscal del sector.
65. En términos contables esto se registra como costo de ventas o costo de lo vendido.
66. Pemex, estados financieros 2001 a 2012.

67. Ver en este mismo informe el apartado sobre las pensiones de Pemex.

2001	2002	2003	2004	2005	2006	2007	2008	2009	2010	2011	2012
30%	30%	33%	36%	37%	38%	35%	37%	31%	33%	34%	34%

Fuente: SHCP Informe de Finanzas Públicas.

ingreso del Estado mexicano con una visión de corto plazo. Este régimen obedece a una lógica de recaudación para financiar el gasto público, y no de maximización del valor de la renta petrolera con una visión intergeneracional (de largo plazo).

El problema principal es que el régimen fiscal actual obliga a que la única empresa operadora en el país tenga que pagar al fisco cantidades que, la mayoría de las veces, son superiores a las utilidades que genera. La base de pago de derechos para Pemex es el volumen producido y no el margen generado. Este sistema ha operado como un mecanismo de transferencia segura de recursos al gobierno federal, para ser aplicados a programas y actividades que se piensan urgentes y prioritarios en el corto plazo. Este sistema claramente demuestra la dependencia del sector público a los ingresos de los hidrocarburos.

La participación anual de los ingresos petroleros dentro de los ingresos públicos ha sido en promedio de 34% desde 2001. Las finanzas públicas tienen una fuerte dependencia a una fuente poco estable, tanto por la volatilidad en el precio de los hidrocarburos como por la tendencia de la producción nacional. Es por esto que cualquier intento de reducir dicha dependencia, y al mismo tiempo apoyar las finanzas de Pemex, tiene que ser compensado mediante el fortalecimiento de otras fuentes de recaudación como el IVA, el ISR e incrementos en la base de contribuyentes. Además, se requiere revisar la política de subsidios, principalmente los relacionados con la energía.

El régimen fiscal de Pemex es sumamente complejo. Consta de 11 derechos, cuatro impuestos y otras contribuciones. El artículo 7 de la Ley de Ingresos de la Federación 2013, obliga a Pemex a realizar pagos anticipados diarios por concepto de un solo derecho. Por el derecho ordinario sobre hidrocarburos, Pemex deberá pagar este año (2013) 634 millones 525 mil pesos diarios y pagos semanales de 4 mil 453 millones 880 mil pesos (esto incluye días festivos).

Este esquema implica que Pemex destina un alto porcentaje de sus ventas al pago de impuestos. Si por ejemplo, comparamos a Pemex con Petrobras en el periodo de 2000 a 2011, vemos que en promedio Petrobras destinó 33% de sus ingresos para pago de impuestos. Mientras tanto, el monto que Pemex paga es de cerca de 60% de sus ingresos (ver gráfica

3.23).[68] Ciertamente, es muy difícil que cualquier empresa en el mundo pueda ser rentable con una carga fiscal de esa magnitud.

Los efectos negativos de este esquema fiscal sobre Pemex se logran ver en la siguiente gráfica (3.25). Se observa que consistentemente los montos de impuestos y derechos pagados superan la utilidad antes de impuestos y con ello comprometen la viabilidad financiera de la empresa.

Gráfica 3.23 Ingresos petroleros y no petroleros del sector público 2001-2012

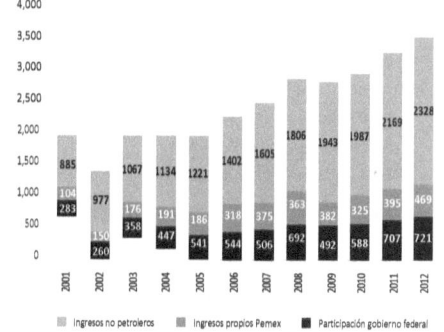

Fuente: SHCP Informe de Finanzas Públicas.

*Participación gobierno federal: Montos pagados por Pemex al gobierno federal por derechos y aprovechamientos, impuesto especial sobre producción y servicios e impuesto a los rendimientos petroleros.

68.   En Huerta Durán, Carlos y Ruiz, Fluvio (2012). *Petrobras: petroleo, finanzas públicas y desarrollo. Revista Olafinanciera.mx*, número 12, mayo y agosto 2012.

Tabla 3.4 Derechos, impuestos y contribuciones que paga Pemex

	Cargas fiscales	Sujeto		Anticipos 2012
1	Derecho Ordinario sobre Hidrocarburos	PEP	PEP	$634,525,000 diarios, $4,453,880,000 semanal, pagos provisionales mensuales
2	Derecho para el Fondo de Investigación Científica y Tecnológica en Materia de Energía	PEP	PEP	Pagos provisionales trimestrales y anual
3	Derecho para la Fiscalización Petrolera	PEP	PEP	Pagos provisionales trimestrales y anual
4	Derecho sobre Hidrocarburos para el Fondo de Estabilización	PEP	PEP	Pagos provisionales trimestrales y anual
5	Derecho Extraordinario sobre la Exportación del Petróleo Crudo	PEP	PEP	Pagos provisionales trimestrales y anual
6	Derecho sobre extracción de Hidrocarburos Paleocanal de Chicontepec y Aguas profundas	PEP	PEP	Pago anual
7	Derecho Especial sobre Hidrocarburos para Campos en el Paleocanal de Chicontepec	PEP	PEP	Pagos provisionales mensuales y anual
8	Derecho Especial sobre Hidrocarburos para Campos en Aguas Profundas	PEP	PEP	Pagos provisionales mensuales y anual
9	Derecho Adicional sobre Hidrocarburos para Campos en el Paleocanal de Chicontepec	PEP	PEP	Pagos provisionales mensuales y anual
10	Derecho Adicional sobre Hidrocarburos para Campos en Aguas Profundas	PEP	PEP	Pagos provisionales mensuales y anual
11	Derecho Único sobre Hidrocarburos	PEP	PEP	Pagos provisionales trimestrales y anual
12	Impuesto a los Rendimientos Petroleros	PMC, PREF, PGPB, PPQ	PMC, PREF, PGPB, PPQ	2,073,000 diarios, 14,318,000 semanal, pago anual
13	Impuesto Especial sobre Producción y Servicios	PREF	PREF	No hay anticipos diarios determinados en la Ley de Ingresos. Pagos mensuales
14	Impuesto al Valor Agregado	Cada órgano subsidiario	Cada órgano subsidiario	Pagos mensuales definitivos
15	Impuestos al Comercio Exterior	Cada órgano subsidiario	Cada órgano subsidiario	Pagos provisionales mensuales
16	Retenciones de ISR e IVA	Cada órgano subsidiario	Cada órgano subsidiario	Pagos provisionales mensuales
17	Contribuciones locales	Cada órgano subsidiario	Cada órgano subsidiario	Cada órgano
18	Contribución de mejoras por obras públicas federales de infraestructura hidráulica	Cada órgano subsidiario	Cada órgano subsidiario	Cada órgano
19	Otros derechos	Cada órgano subsidiario	Cada órgano subsidiario	Cada órgano
20	Multas y recargos	Cada órgano subsidiario	Cada órgano subsidiario	Cada órgano

Fuente: Pemex con base en la Ley de Ingresos 2013. Presentación a cargo del Dr. Fluvio Ruíz, consejero profesional del Consejo de Administración de Pemex, 11 de marzo de 2013, Ciudad de México.

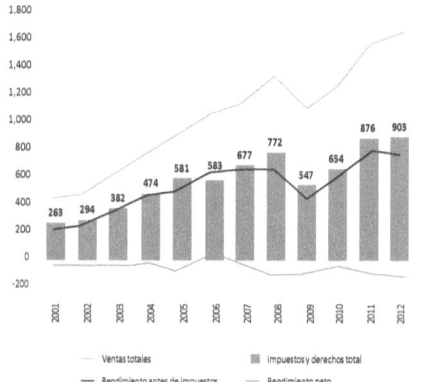

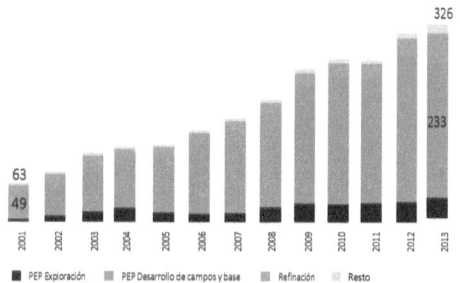

Fuente: IMCO con base en los anuarios estadísticos de 2001-2011. La información de 2012 se obtuvo del reporte de resultados no dictaminados al 31 de diciembre de 2012.

Fuente: IMCO con información de Pemex (2012). Securities Exchange Comission (SEC) Documento 20F Exploración para los años referidos; SHCP (2012). Informe trimestral sobre la situación económica, finanzas públicas y deuda y SHCP, (2013). Presupuesto de egresos de la Federación.

Inversión

Para analizar el desempeño financiero y operativo de Pemex, además de entender el comportamiento de sus ventas, costos y régimen fiscal se tiene que entender la dinámica de inversión. Esto no sólo involucra entender cuánto se ha invertido, sino ver estos montos en el contexto de cuánto más se necesitaría invertir para desarrollar el potencial de hidrocarburos en México. Este último concepto se trató en la sección 3.1 del presente capítulo.

La inversión ha crecido a un ritmo de 15% anual real liderada por Pemex Exploración y Producción (PEP), tanto en su componente exploratorio como de desarrollo de campos para explotación. Destaca el crecimiento relativo que han tenido las inversiones en Pemex Refinación enfocadas a la reconfiguración y acondicionamiento de sus plantas (ver gráfica 3.26).

Este crecimiento en la inversión ha sido definido por la combinación de tres aspectos: el nivel de los recursos generados por la empresa, la carga fiscal y la política de endeudamiento. La expansión de la inversión que se requiere en Pemex para satisfacer la demanda de hidrocarburos de la economía mexicana, requerirá además de los ajustes en esas tres variables, la participación complementaria del capital privado.

PEP en su caso base de proyección, sin considerar ningún cambio estructural en el sector, estima una inversión promedio de 279 mil millones de pesos para los próximos cuatro años, alcanzando los 288 mil millones de pesos en el 2017. Este escenario supone una restitución de reservas mayor a 100%, lo que llevaría a duplicar la actual inversión en exploración al final del cuatrienio.

Los resultados

Para 2012, los resultados integrales de la empresa presentan una pérdida de 121 mil millones de pesos. Sin embargo, antes de aplicar algunos cargos relacionados con la valuación de los pasivos laborales, el rendimiento neto es positivo en casi 5 mil millones de pesos. Como se explicó anteriormente, la carga impositiva juega un papel muy importante en los resultados, ya que si bien la empresa presenta una utilidad antes de impuestos de 909 mil millones de pesos, ésta prácticamente es eliminada por el pago de derechos e impuestos que para 2012 presenta un récord histórico.

Capítulo 3. Atrapados en el pasado: sector de hidrocarburos en México

Gráfica 3.27 Estado de Resultados de Pemex, 2012 (Millones de pesos corrientes)

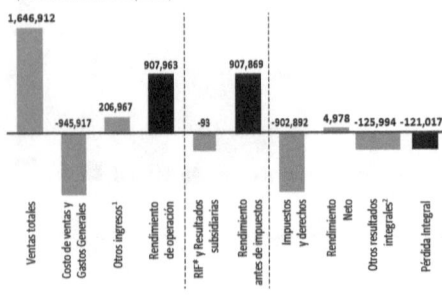

Pemex Estado de Resultados 2012
(cifras en millones de pesos)

*Resultado integral de financiamiento:

1) IEPS devengado (214,102) y otros (-7,135)

2) Pérdidas actuariales por obligaciones laborales (-114,111) y cambios de activos financieros y resultado por conversión de divisas (-11,884)

Fuente: Pemex Reporte de resultados no dictaminados al 31 de diciembre de 2012.

La pérdida integral se explica principalmente por la ineficiencia en las subsidiarias encargadas de las actividades de donwstream, en particular Pemex Refinación. En la gráfica 3.28 se observa que, aunque PEP (encargada de la fase de upstream) reporta una utilidad de 61 millones de pesos, Pemex Refinación tuvo una pérdida integral de 142,019 millones de pesos, debido al débil margen variable que prácticamente fue cero en 2012.[69] Ello se debe a la configuración de las plantas, los paros por la falta de mantenimiento y las fallas en el suministro de energía.

De nueva cuenta, se observa que el mayor valor está en el *upstream*. En una industria donde la mayor rentabilidad está en la extracción y producción del crudo, se han podido ocultar las ineficiencias en la ejecución de otros proyectos, principalmente los relacionados con las actividades de *downstream*. Esto se agrava por la mala administración de los recursos humanos y las condiciones laborales de los trabajadores de Pemex. En 2012, el pasivo laboral representó un gasto de 71,143 millones de pesos.

A ello se suman los elementos estructurales, por ejemplo los costos de logística de importación no trasladados al precio que Pemex estima del orden de 29 mil millones de pesos. Lo anterior, sin contar el costo del decreto del subsidio al gas LP, que para 2011 alcanzó casi 40 mil millones

69. Pemex, (2013). Estados financieros por subsidiaria, información por segmentos.

de pesos entre Pemex Gas y Petroquímica Básica (PGPB), PEP y Pemex Refinación. Sin embargo, aún sin considerar estos costos estructurales e ineficiencias, los resultados del segmento de refinación no serían positivos, situación incontrovertible.[70]

Gráfica 3.28 Resultados integrales de Pemex 2012, según subsidiaria (Miles de millones de pesos corrientes)

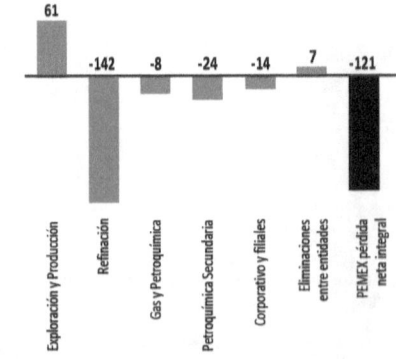

Fuente: IMCO con base en Pemex, estado de resultados 2012.

La dependencia de los ingresos del fisco hacia la renta petrolera ha traído consecuencias negativas. Los bajos niveles de inversión, aunque se han estabilizado en los últimos años, no han sido suficientes para mantener e incrementar los niveles de producción. Además de disminuir el patrimonio de la empresa, el régimen fiscal vigente no manda las señales adecuadas para que mejore la operación de Pemex, ya que es complejo y se enfoca en maximizar los ingresos fiscales del gobierno federal. Con ello, limita los proyectos de inversión de la paraestatal y distorsiona la lógica de jerarquización para la asignación de recursos a los proyectos.[71]

Los cambios tanto estructurales como de procesos internos, deben ir dirigidos a la maximización del valor económico. Esta maximización se logrará en la medida en que se reduzca la carga impositiva y los costos de los procesos, se eliminen los subsidios, se reduzcan los pasivos no

70. Pemex, (2012). Resultados no dictaminados 2012, anexos y presentación *Avances, Retos y Perspectiva de Petróleos Mexicanos*, Marzo 2012.

71. Reyes Heroles G.G., Jesús Op. cit, Estrada E, Javier H. (2003). *Efectos de la regulación en exploración y explotación de petróleo sobre el desarrollo del sector de hidrocarburos en Noruega, Brasil y Alberta Canadá, y sobre sus empresas petroleras estatales. Perspectivas para Pemex en caso de regulaciones similares en México*, México, D.F. Noviembre de 2003. Consultor energía y Medio Ambiente.

relacionados con la operación y aumenten las inversiones para expandir capacidades de producción. Es importante que la reforma considere cambios que le permitan a Pemex ser rentable. Ello sin duda redundará en mayores niveles de producción y mayor rendimiento de las inversiones de la paraestatal.

Sin embargo, la discusión de la reforma no puede reducirse al papel de Pemex en el sector y cómo lograr que sea rentable y operativamente eficiente. La reforma y la problemática del sector de hidrocarburos en México trascienden el desempeño de Pemex.

Uno de los retos en la próxima discusión de la reforma al sector, será decidir cómo maximizar el valor de la renta petrolera. Asimismo, deberán plantearse vías para garantizar la seguridad energética y fortalecer la competitividad del país, así como para convertir al sector en una palanca de desarrollo industrial y tecnológico. Es decir, deberá discutirse cómo lograr un sector integral de hidrocarburos.

Otro objetivo a perseguir será cómo maximizar el valor de la renta en un horizonte de largo plazo. Si nos planteamos la pregunta: ¿La generación actual es la única dueña de la renta petrolera? Evidentemente la respuesta es no. Hasta ahora, los ingresos petroleros provienen de un activo que no se ha utilizado para invertir en otro activo ni se ha proyectado como beneficio futuro.[72] Las generaciones futuras no disfrutarán la riqueza proveniente del petróleo si se gasta o se invierte mal.

Creemos que los objetivos anteriores deben ser el eje en la discusión de la próxima reforma al sector de hidrocarburos en el país. En el siguiente capítulo se presentan a detalle estos objetivos estratégicos y las propuestas alineadas con cada uno de ellos.

---

72. Sobre este tema véase en este mismo reporte, en el capítulo 2, el modelo noruego y en el capítulo 4 la sección: "Nuestros hijos y el petroleo: visión intergeneracional de la renta petrolera". También véase: Chávez Presa, Jorge (2008). *Reflexiones para crear un fondo soberano en México ¿Cómo asegurar la participación de las futuras generaciones del patrimonio petrolero?*. Serie El uso y Abuso de los Recursos Públicos. Cuaderno de debate no. 1, México: Centro de Investigación y Docencia Económicas.

Anexo Capítulo 3

Memoria de cálculo de inversión para la explotación de recursos

Descripción	Tipo de recurso	Clase de costo	Volumen mmmbpce	Ajuste por riesgo	Volumen explotable mmmbpce	Costo usd/bpce	Costo total mmmusd
Reservas 2P	Reservas	Desarrollo	26.2	1.0	26.2	11.43	299.5
Aguas profundas	Recursos convencionales	Desarrollo y descubrimiento	26.5	0.25	6.6	28.07	186.0
Resto convencionales	Recursos convencionales	Desarrollo y descubrimiento	28.0	0.25	7.0	16.13	112.9
Lutitas (*shale*)	Recursos no convencionales	Desarrollo y descubrimiento	60.2	0.25	15.1	15.07	226.8
Totales					54.9		825.2

Metodología

La estimación de las inversiones requeridas es en orden de magnitud y basada en costos unitarios de descubrimiento y desarrollo, sin considerar el costo para *shale*. Este último se estimó a nivel de costo por pozo con fundamento en el alcance definido por Pemex en sus planes de evaluación para lutitas.

Reservas 2P

Se considera la reserva 2P como el volumen de referencia o explotable, es decir, la reserva media y que usualmente se utiliza para la documentación y evaluación de proyectos en la industria. Para estimar la inversión necesaria en el desarrollo de las reservas 2P se considera un costo de desarrollo de 11.43 dólares por barril de petróleo crudo equivalente (bpce). Este costo se obtuvo a partir de dos datos oficiales de Pemex, el costo de descubrimiento y desarrollo 2011 de 16.13 dólares/bpce y el costo de descubrimiento en 2011, de 4.7 dólares/bpce. La diferencia entre estos dos resulta en el costo de desarrollo utilizado.

Aguas profundas y resto de convencionales

El volumen de referencia o explotable se estima considerando que, del total de recursos, 25% se podrán transformar en reserva 1P. Para estimar la inversión necesaria se utiliza el costo de descubrimiento y desarrollo: en el caso de aguas profundas es de 28.07 dólares/bpce, y para el resto de los recursos convencionales se utiliza el costo de descubrimiento y desarrollo oficial de Pemex de 16.13 dólares/bpce.

Lutitas

Para la estimación de la inversión en *shale* se considera el alcance del plan de Pemex para la evaluación de lutitas, con una inversión en exploración de 12 mil millones de dólares y la inversión de desarrollo de 215 mil millones. Esta última se obtiene al considerar los 27,000 pozos de desarrollo del plan a un costo por pozo (incluyendo infraestructura) de 7.96 millones de dólares, la cifra estimada de inversión equivale a un costo de descubrimiento y desarrollo para el volumen explotable de 15 dólares/bpce.

Fuentes específicas de costos

a) **Costo de descubrimiento y desarrollo 2011:** Pemex Relación con Inversionistas, informe Presentación a Inversionistas, Marzo 2013. Obtenido en: http://www.ri.pemex.com/files/content/Pemex_Outlook_060313.pdf

b) **Costo de descubrimiento 2011:** Pemex Boletín de prensa No. 19, 7 de marzo de 2012. Obtenido en: http://www.pemex.com/index.cfm?action=news&sectionid=8&catid=40&contentid=26229

c) Costos de descubrimiento y desarrollo aguas profundas: Dado que no existen reportes de despachos de análisis reconocidos sobre los costos de descubrimiento y desarrollo específicamente en aguas profundas, se consideró el estudio Global E&P Benchmark Study de Ernst and Young (Nov. 2011). De entre todas las empresas que aparecen listadas se seleccionó el costo de PETROBRAS, empresa con mayor participación de producción proveniente de aguas profundas, con 74% del total. El costo de descubrimiento y desarrollo reportado para 2011 (a un promedio móvil de tres años) es de 28.07 dólares/bpce, según estimaciones del despacho citado.

Capítulo 4. Apertura y competencia para explotar nuestra riqueza petrolera

Mensajes principales

- La Nación es y deberá seguir siendo la dueña de los hidrocarburos.

- El Estado debe ejercer la rectoría sobre los hidrocarburos de la Nación.

- Permitir que Pemex se asocie con otros operadores, así como permitir la participación de operadores privados en todas las actividades del sector de hidrocarburos en México, no implica ceder la propiedad de los hidrocarburos ni sobre la renta derivada de ellos.

- En el presente informe no se plantea la privatización de Pemex ni de los hidrocarburos de la Nación.

- México requiere una reforma de fondo que logre atraer inversión y talento al sector para operarlo con mayor efectividad y eficiencia que en el pasado.

- El éxito de una reforma al sector no debe medirse sólo por su aprobación en el Congreso sino por su impacto en la atracción de inversión y talento para cumplir con cuatro objetivos:

    1. Maximizar el valor de la renta petrolera.

    2. Garantizar la seguridad energética y fortalecer la competitividad del país.

    3. Convertir al sector en una palanca de desarrollo industrial y tecnológico.

    4. Transformar la renta petrolera en bienestar de largo plazo.

1. Para maximizar el valor de la renta petrolera

- Se debe multiplicar la capacidad de ejecución en exploración y producción de crudo y gas *(upstream)*. Esto sólo se logrará a través de asociaciones de Pemex con otros operadores.

- Pemex no puede por sí solo explotar todo el potencial del sector y maximizar la renta petrolera.

- Pemex debe operar como una verdadera empresa. Es imprescindible sacarlo de las restricciones que se le imponen al ser parte del presupuesto federal y de que el Estado controle sus utilidades y su gasto con criterios políticos y no industriales.

- La apertura en el sector requerirá de la creación de un nuevo marco regulatorio fiscal y de transparencia y rendición de cuentas.

- Es necesario fortalecer a la Comisión Nacional de Hidrocarburos (CNH) como institución rectora de un sector abierto y competitivo.

2. Para garantizar la seguridad energética y fortalecer la competitividad del país

- México debe aprovechar y ser parte de la revolución energética de América del Norte para convertir a la energía en un factor de competitividad en todos los sectores de nuestra economía. Mantener una postura pasiva implica incrementar nuestra dependencia energética del exterior.

- La creación de mercados eficientes de hidrocarburos es una condición necesaria para incrementar la competitividad del país.

- Es indispensable invertir en la reconfiguración de las refinerías nacionales para poder procesar los crudos pesados mexicanos.

- La apertura a la inversión privada en refinación debe estar sujeta a la capacidad de los operadores para reestructurar la planta laboral de las refinerías actuales.

- Se debe aprovechar la oportunidad de intercambiar productos refinados con la costa del Golfo de EUA.

- Deben revisarse y ampliarse las posibilidades de inversión privada en transporte y distribución, tanto de gas como de petrolíferos.

- Debe permitirse la inversión privada en petroquímica básica.

3. Para convertir al sector en una palanca de desarrollo industrial y tecnológico

- El desarrollo de las cadenas productivas puede impulsar la competitividad y el desarrollo económico de México, aún si se agotan las reservas de petróleo.

- El desarrollo de proveedores locales de clase mundial permitirá que compitan y produzcan en todo el mundo y en beneficio del país.

- El Estado debe diseñar una política educativa que fomente e incentive la formación de talento especializado en áreas asociadas al sector de hidrocarburos.

4. Para transformar la renta petrolera en bienestar de largo plazo

- Tomando en cuenta una lógica intergeneracional, se deberá destinar una parte de la renta petrolera que captura el Estado a un Fondo Soberano de Inversión que rinda beneficios a las generaciones presentes y futuras.

4.1 La ventana de oportunidad para transformar al sector

En 2013, el Poder Ejecutivo y el Congreso tienen ante sí la oportunidad de realizar una reforma al sector de petróleo y gas que podría transformar el destino de México. Una reforma de gran alcance podría fortalecer la competitividad de la economía nacional, generar riqueza en beneficio de las generaciones presentes y futuras de mexicanos, e impulsar el desarrollo tecnológico e industrial del país. Todo lo anterior puede ocurrir sin privatizar a Pemex, ni mucho menos a los hidrocarburos mexicanos. En la opinión, éstos deberán seguir siendo propiedad de la nación. Sin embargo, la realización de una reforma de fondo no está garantizada. Existe el riesgo de que se repita la historia de 2008, cuando la promesa de una reforma estructural quedó diluida en cambios de corto alcance.

El panorama internacional energético se ha transformado en años recientes. Como ya se discutió, no es una exageración decir que nos han cambiado el mapa: Norteamérica ha emergido como la región con el mayor potencial energético del planeta.[1] Gracias a los avances tecnológicos, EUA y Canadá han podido explotar recursos no convencionales (gas de lutitas y arenas bituminosas) que hasta hace unos años eran inaccesibles. A finales de la presente década, se prevé que América del Norte sustituya al Medio Oriente como la región número uno mundial en producción de gas y petróleo.[2]

La revolución energética de Norteamérica ha detonado la generación de inversión, empleo y riqueza, pero ha tenido otro efecto quizá más importante: fortalecer la competitividad de la región a través de la abundancia de energía barata y relativamente limpia. La economía de EUA se está reindustrializando gracias a este boom energético. El retorno de

empresas manufactureras desde países emergentes ha dejado de ser un hecho anecdótico para convertirse en una tendencia importante. Según una encuesta del *Boston Consulting Group* (2012), 48% de las empresas norteamericanas con presencia en China con ventas por más de 10 mil millones de dólares, están considerando transferir parte de sus operaciones del país asiático hacia EUA.[3]

Empresas en sectores intensivos en energía, como *Dow Chemical* (industria química) o *Vallourec* (acero) han anunciado inversiones en EUA para aprovechar los bajos precios del gas natural.[4] Incluso hay empresas mexicanas que están realizando inversiones en EUA para beneficiarse de estos precios. En 2012, Alpek, la empresa petroquímica privada más grande de México, anunció inversiones por 400 millones de dólares para construir una planta de envases para bebidas (PTA y PET) en EUA.[5]

México puede ser parte de la revolución energética de América del Norte y convertir a la energía en un factor de competitividad en todos los sectores de nuestra economía. Sin embargo, primero tiene que transformar el modelo actual del sector de hidrocarburos en uno que le permita explotar su potencial económico. La geología no conoce fronteras y las oportunidades de inversión que hoy aprovechan las empresas energéticas en EUA también existen en nuestro país. Por ejemplo, las reservas probadas recuperables de gas de lutitas en México representan 80% de las reservas de EUA.[6] No obstante, Pemex apenas comenzó a producir gas de lutitas en 2011.[7] En contraste, ese mismo año el gas de lutitas representó más de 20% de la producción total de gas en EUA.[8]

Una reforma amplia y ambiciosa al sector de hidrocarburos podría impulsar la prosperidad y el desarrollo a través de la inversión del valor de la renta petrolera en capital humano y activos de largo plazo. También se podría dar un impulso al desarrollo industrial y tecnológico del país mediante la evolución de las cadenas productivas del sector energético. Todo esto depende de dos variables clave: la inversión y el talento.

1. Edward Morse (2012). *Energy 2020: North America, the New Middle East?* CitiGPS, Commodities Research and Strategy. Obtenido en: http://csis.org/fles/attachments/120411_gsf_MORSE_ENERGY_2020_North_America_the_New_Middle_East.pdf.

2. *Ibid.*

3. Este fenómeno, conocido como *reshoring*, fue discutido recientemente en un estudio especial del semanario *The Economist* (19-01-2013) *Reshoring manufacturing: coming home*. Obtenido en: http://www.economist.com/news/special-report/21569570-growing-number-american-companies-are-moving-their-manufacturing-back-united

4. *Ibid.*

5. "Construirá Alpek planta de PET en EU". Reforma (02-08-2012). Obtenido en: http://www.negociosnorte.com/aplicaciones/articulo/default.aspx?Id=78254&v=2

6. U.S. Energy Information Administration (2011). *World Shale Gas Resources: An Initial Assessment of 14 Regions Outside the United States.* Obtenido en: http://www.eia.gov/analysis/studies/worldshalegas/

7. Pemex (23-03-2011). *Obtiene Pemex primera producción de gas shale.* Boletín No. 26

8. Chatham House (2012). *The Shale Gas Revolution: Developments and Changes.* Obtenido en: http://www.chathamhouse.org/sites/default/files/public/Research/Energy,%20Environment%20and%20Development/bp0812_stevens.pdf

Capítulo 4. Apertura y competencia para explotar nuestra riqueza petrolera

El éxito de una eventual reforma al sector no debe medirse únicamente por su aprobación en el Congreso. Éste debe estar asociado al impacto en la atracción de inversión y talento, así como el impulso que pueda tener sobre el resto de la economía.

Este capítulo ofrece propuestas para reformar al sector de hidrocarburos en México y convertirlo en un generador de inversión, empleo, crecimiento económico y desarrollo. En primer lugar, presenta un panorama general sobre el contexto de la reforma y la necesidad de clarificar algunos conceptos. En segundo lugar, plantea la visión del modelo de sector que, desde la perspectiva, debe orientar el diseño de la reforma. Finalmente, describe los objetivos más importantes que deberán perseguirse con la reforma, así como el detalle de las propuestas para alcanzar cada objetivo.

La lectura de cada sección está ligada con los conceptos centrales que hemos descrito a lo largo de este informe. Los tres conceptos que cruzan tanto a los objetivos como a las propuestas tienen que ver con el marco institucional, la fase productiva de *upstream* y la fase de *downstream*.

El primero -**marco institucional**- se refiere a la necesidad de un cambio en el modelo hacia reglas más flexibles que permitan al Estado maximizar el valor económico de los recursos de hidrocarburos, a través de la atracción de inversión y talento. El segundo -*upstream*- es que para llegar a esa maximización se debe tener en cuenta que el mayor valor económico del sector de hidrocarburos está en esta fase. Finalmente, el tercero - *downstream*- se refiere a que este marco institucional deberá incentivar la creación de un mercado eficiente de productos refinados sin intervención del Estado en la determinación de precios. Las propuestas están relacionadas con los tres elementos aquí descritos.

4.2 El contexto de la reforma

En México, como en cualquier democracia, las decisiones de política pública son sensibles a la opinión colectiva. Por lo tanto, la labor de comunicación es fundamental para que el debate se centre en la evidencia empírica y en los planteamientos reales de la reforma. La confusión de términos clave en el debate de la reforma energética ha generado malentendidos y confusión tanto entre las élites políticas y económicas como en la sociedad en general.[9] Clarificar y contrastar el significado de conceptos como dueño de los hidrocarburos, operador y contratista, o entre renta y utilidad económica, ayudará a reducir drásticamente la posibilidad de confusión y manipulación del contenido de la reforma.

Posiblemente la confusión más común en el debate sobre la reforma petrolera es la diferencia entre el dueño de los hidrocarburos y el operador de los mismos. En México, como en casi todo el mundo, la nación es la dueña de los hidrocarburos. Este punto jamás se ha puesto a discusión. En este sentido, Pemex no es el dueño de los hidrocarburos sino simplemente un operador, una empresa que extrae petróleo y gas del subsuelo para México. Pemex presta un servicio al país por el cual recibe un pago. Otros operadores podrían, en asociación con Pemex o de forma independiente, prestar este servicio a la nación sin que ello implicara de ninguna manera una privatización de los hidrocarburos.

Por ello, es importante que la iniciativa que se presente en el Congreso sea lo más clara posible -particularmente en lo que toca a la participación de operadores distintos a Pemex en el sector. De otra forma, se corre el riesgo de que se generen múltiples interpretaciones sobre una misma iniciativa, complicando la discusión tanto en el Congreso como fuera de él.

---

9. Para una discusión más detallada sobre la importancia de la claridad en la definición de términos del debate, ver Wood, Duncan et al. (2012). *Un nuevo comienzo para el petróleo mexicano: principios y recomendaciones para una reforma a favor del interés nacional.* ITAM y Mexico Institute del Woodrow Wilson International Center for Scholars

Cuadro 4.1 Opinión pública y reforma energética

En general, la opinión pública mexicana no es favorable a la idea de permitir la inversión privada en el sector. Una encuesta nacional de Buendía y Laredo (febrero de 2013) centrada en la reforma a Pemex, arrojó resultados en este sentido. A la pregunta expresa de "En su opinión, ¿qué es lo más importante que debería incluir una reforma?", los resultados fueron los siguientes:

- 29% respondió "Reinvertir las ganancias para que Pemex produzca más"

- 28% "Hacer que la burocracia de Pemex gane menos recursos"

- 23% "Reducir la influencia del sindicato de Pemex"

- Únicamente 6% refirió "Permitir la inversión privada en Pemex"

La distribución por filiación partidista deja ver que tanto panistas como perredistas consideran más importante "Reinvertir las ganancias para que Pemex produzca más", con 30% y 35%, respectivamente. Por su parte, los priístas consideraron más importante (31%) "Hacer que la burocracia de Pemex gane menos recursos". Entre los independientes, las menciones con más importancia fueron "Reinvertir las ganancias..." con 27% y "Hacer que la burocracia..." con 26%. Otras opciones tuvieron una mención de 2%. El 12% de los encuestados no contestó.

Otra pregunta fue "¿Usted está de acuerdo o en desacuerdo con permitir la inversión privada en PEMEX? ¿Muy o algo?". Los resultados muestran que 52% manifestó estar muy/algo en desacuerdo, en contraste con 20% que están muy/algo de acuerdo, 19% están indecisos y 9% no contestó. Por simpatía partidista, la mayoría de las menciones tanto de panistas, priístas y perredistas fue "Muy/algo en desacuerdo" con 51%, 52% y 67%, respectivamente. El único grupo que no expresó una opinión mayoritaria en contra de la inversión privada en Pemex fue el de los independientes: sólo 44% dijo estar muy/algo en desacuerdo.

¿Usted está de acuerdo o en desacuerdo con permitir la inversión privada en Pemex?

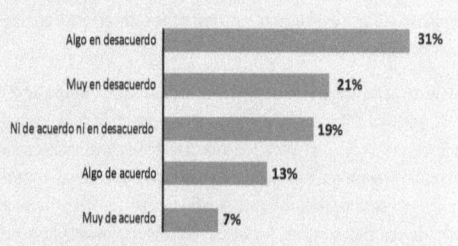

Fuente: Buendía y Laredo, 2013. Proyecto: Pacto por México: percepción y reformas. Encuesta Nacional Trimestral / Febrero 2013. Base total: 1,000 entrevistas efectivas. Periodo de referencia: del 7 al 11 de Febrero de 2013.

4.3 ¿Cómo imaginamos al sector?

Los objetivos y las propuestas de la reforma

En julio de 2012, más de 60% de los electores mexicanos votaron por un candidato o candidata que apoyaba cierto grado de apertura a la inversión en el sector de hidrocarburos. Existe un consenso general sobre la crisis del modelo actual del sector de hidrocarburos, pero no existe un acuerdo semejante en torno a los alcances de la reforma y los elementos que debe contener.

En gran medida, ello se debe a que existen distintas interpretaciones sobre los objetivos que debe perseguir el país a través de su sector de hidrocarburos. Otro factor que explica el disenso sobre la reforma, es que el público general no cuenta con un diagnóstico claro del estado real del sector. En consecuencia, tampoco existe una visión común sobre el modelo óptimo que México debe seguir.

Un buen punto de partida para orientar el cambio es imaginar los objetivos estratégicos que el sector debería perseguir. Tenemos que pensar qué hace el modelo actual por el desarrollo de México y qué nos gustaría que hiciera. Si no definimos con claridad los objetivos de una reforma, corremos el riesgo de confundir los medios con los fines. Esta confusión es responsable de que algunas voces conciban el fortalecimiento y modernización de Pemex como el objetivo de la reforma. En realidad, Pemex no es un fin en sí mismo, sino un instrumento del Estado mexicano para alcanzar otros fines asociados con el bienestar nacional. El debate debe centrarse en si estos fines se pueden alcanzar más eficientemente con Pemex como operador único o con un mayor número de operadores.

Aunado a lo anterior, y a partir tanto del diagnóstico que presentamos en este informe como del diálogo con expertos en el tema, creemos que la discusión de la reforma de este sector debe estar orientada hacia cuatro objetivos estratégicos:

Capítulo 4. Apertura y competencia para explotar nuestra riqueza petrolera

1. Maximizar el valor de la renta petrolera.

2. Garantizar la seguridad energética y fortalecer la competitividad del país.

3. Convertir al sector en una palanca de desarrollo industrial y tecnológico.

4. Transformar la renta petrolera en bienestar de largo plazo.

Hemos elaborado propuestas para una reforma integral al sector de hidrocarburos en torno a objetivos estratégicos para el país. El modelo de sector que proponemos es el que, en nuestra opinión, permite alcanzar esos objetivos de la manera más directa y sencilla. Nuestras propuestas buscan conformar la línea más corta entre el sector que hoy tenemos y el sector que queremos.

Si queremos maximizar la renta petrolera, impulsar la competitividad del país, estimular el desarrollo industrial y tecnológico e invertir la renta en activos para las futuras generaciones, es urgente un nuevo modelo para el sector. El modelo actual -centrado en un monopolio estatal, con espacios muy restringidos o marginales para la iniciativa privada- no está alineado con estos objetivos. Por tanto, requerimos un modelo de sector abierto, flexible, competido e innovador, que multiplique la inversión en toda la cadena de valor. Todo lo anterior manteniendo la propiedad de la Nación (es decir, de todos los mexicanos) sobre los hidrocarburos.

A continuación se explicará en qué consiste cada uno de estos objetivos rectores de la reforma junto con las propuestas para lograrlos.

Objetivo 1. Maximizar el valor de la renta petrolera

Desde la óptica de la maximización del valor de la renta petrolera, la pregunta obligada es ¿cuál es el modelo de sector que nos permitiría elevar los niveles de inversión y explotar eficazmente las oportunidades de generación de riqueza petrolera? Si se toman en cuenta las experiencias internacionales descritas en el capítulo 2, la respuesta es que tenemos que cambiar el modelo: Pemex no puede por sí solo explotar todo el potencial del sector y maximizar el valor de la renta petrolera.

El caso de los hidrocarburos mexicanos es el único en donde una sola empresa - que además tiene prohibido asociarse con otras - es responsable de generar alrededor de una tercera parte[10] de los ingresos tributarios del país. Es imposible que lo haga todo con eficacia y rentabilidad. Ningún otro país cuenta con un régimen de hidrocarburos tan restrictivo y cerrado como el de México. Nadie depende de un monopolio estatal que se encarga de extraer hidrocarburos, refinarlos, procesarlos industrialmente y distribuirlos sin poder asociarse con terceros. Incluso países con regímenes comunistas y con economías con un alto grado de intervención del Estado -como Cuba, Irán o Arabia Saudita- cuentan con sectores de hidrocarburos más abiertos y flexibles que el nuestro.[11]

Un modelo de sector abierto permitiría alcanzar el objetivo de maximizar la renta petrolera. En él, la inversión privada complementaría a la de Pemex, y la paraestatal mexicana podría asociarse con otras empresas operadoras para compartir riesgos y desarrollar capacidades técnicas. Esto último además fortalecería a Pemex como empresa nacional de hidrocarburos.

Alrededor del mundo, lo común es que varias empresas se agrupen en consorcios para desarrollar todo tipo de proyectos (como exploración y producción en aguas profundas).[12] Sin embargo, en México esta práctica está prohibida por la Constitución. Permitirle a Pemex asociarse con otros operadores, así como permitir que otros operadores participaran en el sector y compitieran con Pemex, no implicaría ceder la propiedad de los hidrocarburos. Hay que recordar que Pemex es un operador, pero no es dueño de los hidrocarburos. Por lo tanto, sería factible que otros operadores participaran en el sector para que el Estado mexicano maximice el valor de la renta petrolera con mayor celeridad y eficiencia en beneficio de todos los mexicanos.

Para cumplir con el objetivo aquí enunciado, México debe además aumentar sus niveles de producción. Como se explicó en el capítulo 3, el país tiene un amplio potencial para lograrlo. Sin embargo, en los últimos años la producción de hidrocarburos y refinados del país se ha visto limitada por los niveles de inversión ejercidos con respecto a la inversión requerida para explotar y producir estos recursos.

Por lo tanto, aumentar la inversión en exploración y desarrollo de campos es imprescindible para incrementar los niveles de producción. Por ejemplo, tan sólo para desarrollar el volumen de las reservas 2P se requieren cerca de 300 mil millones de dólares (esto bajo el supuesto de un costo

---

10. SHCP (2012). Informe de Finanzas Públicas. Los ingresos petroleros: ingresos propios PEMEX más derechos y aprovechamientos, impuesto especial sobre producción y servicios e impuesto a los rendimientos petroleros.

11. En Irán y Arabia Saudita existe inversión privada en toda la cadena de valor, con la excepción de la extracción de gas y petróleo. En adición, las empresas estatales de petróleo de estas naciones (National Iranian Oil Company -NIOC- y Saudi Aramco, respectivamente) están facultadas para asociarse con otras empresas en proyectos de refinación y petroquímica. En Irán inclusive se han privatizado un gran número de subsidiarias de NIOC que operaban campos de gas y petróleo así como refinerías. Para más información, ver Tehran Times (25-01-2012). Iran plans to privatize 95% of oil ministry's subsidiaries. Obtenido en: http://www.tehrantimes.com/economy-and-business/94800-iran-plans-to-privatize-95-of-oil-ministrys-subsidiaries-

12. Open Oil (2012). Oil contracts: how to read and understand them, 1era edición. Obtenido en: http://openoil.net/understanding-oil-contracts/

de 11.43 dólares por bpce).[13] Dicho monto de inversión representa 11.5 veces la inversión total de Pemex para 2013. También es necesario expandir las capacidades técnicas del sector a fin de, por ejemplo, explotar recursos que actualmente están fuera de las capacidades del operador único -Pemex- e incrementar la infraestructura de transporte y distribución.

El modelo actual de explotación de hidrocarburos es inadecuado para alcanzar estas metas. Pemex carece de los recursos tecnológicos, humanos, organizacionales y financieros para explotar por sí sola las oportunidades que ofrece el país en materia de hidrocarburos. Para desarrollar el potencial del país, es necesario que otras empresas puedan participar en actividades de exploración y producción (upstream), de forma independiente o asociadas con Pemex, en calidad de operadores y no de contratistas.

La apertura en upstream requerirá a su vez de la creación de un nuevo marco regulatorio fiscal y de transparencia y rendición de cuentas. Los contratos y/o concesiones que se definan para enmarcar la participación de todas las empresas en el sector, deberán ser públicos y accesibles para todos. No puede existir margen alguno para la manipulación de estas herramientas contractuales. Sólo con transparencia en el funcionamiento de estos contratos y el desempeño de los operadores que inviertan en el país -nacionales o extranjeros, públicos o privados- se garantizará la legitimidad y la viabilidad política para la implementación de la reforma en el mediano y largo plazo.

El nuevo marco jurídico debe otorgarle flexibilidad al Estado mexicano para promover la inversión y el desarrollo del sector. La capacidad del Estado para maximizar la renta petrolera está determinada por la existencia de un marco fiscal transparente, eficaz y predecible para ordenar la participación de los operadores.

Paralelamente, Pemex deberá operar como una verdadera empresa y fortalecerse para poder competir. Para lograr esto, es imprescindible sacar a Pemex del presupuesto federal y permitirle un manejo eficiente de sus recursos. El Estado debe controlar sus utilidades, no su gasto. Cualquier empresa determina su capacidad de inversión de acuerdo con sus utilidades, una vez que ha cumplido con el pago de impuestos, derechos, aprovechamientos y regalías. Esto es lo que en la práctica define a una empresa como tal y la lleva a buscar crecimiento y mejoras en su productividad y competitividad.

Bajo un marco regulatorio, legal y fiscal adecuado, la apertura a la competencia en exploración y producción (upstream) sería la reforma de

mayor impacto para la economía mexicana en varias décadas. La atracción de inversión al sector generaría crecimiento económico y empleo, y fortalecería las finanzas públicas debido a una mayor recaudación de ingresos petroleros a cargo del Estado mexicano. Es decir, el Estado maximizaría el valor de la renta petrolera.

Propuestas concretas para el objetivo 1

1. Diseñar un nuevo marco institucional para la maximización del valor de la renta petrolera por parte del Estado en el contexto de un sector abierto

Consideramos que para atraer talento e inversión al sec- tor de hidrocarburos a través de varios operadores que participen en la exploración y producción de crudo y gas, se necesita instrumentar una combinación de esquemas legales como contratos de producción compartida y concesiones. La decisión de qué instrumento legal debe ofrecerse, dependerá de la complejidad técnica y operativa de cada proyecto. Como explicamos en el capítulo 1, existen en general tres elementos que forman parte de cualquier arreglo legal en el sector de hidrocarburos:[14]

1. **Regalías:** Es el primer pago que realiza el operador. Se determina con base en la cantidad y el valor del petróleo producido. Puede ser un porcentaje fijo o depender de una escala móvil de acuerdo con el grado de rentabilidad de un proyecto.

2. **Deducciones / Recuperación de costos:** En esta fase se deducen los costos de operación, depreciación, amortización y agotamiento, así como los costos intangibles de la perforación. En un esquema de concesiones las deducciones no tienen límite, mientras que en los contratos de producción compartida sí se establece un tope.

3. **Esquema fiscal:** En esta fase se establecen impuestos con tasas variables. En el caso de una concesión, al ingreso neto menos la deducibilidad de costos se le denomina ingreso gravable y sobre él se establecen diferentes impuestos. En el caso de un contrato de producción compartida, posterior a la deducibilidad de costos se hace un reparto de las utilidades (profit oil split) y sobre el monto restante se establecen los impuestos.[15]

- De acuerdo con las particularidades de cada proyecto se deberán

---

13. Cálculo IMCO. Ver anexo de este informe.

14. Normalmente, en la rama económica de exploración y producción de petróleo y gas no aplica el principio de P.T.U. (Participación de los Trabajadores en las Utilidades). Esta práctica es vigente en la mayoría de las naciones productoras de petróleo.

15. Daniel Johnston (1994). International Petroleum fiscal systems and production sharing contracts. Tulsa, Ok: Penn Well Publishing

definir tanto los porcentajes de regalías, el límite a la deducción y recuperación de costos, así como los impuestos que deberá pagar cada operador.

- El Estado mexicano podrá determinar los mecanismos para desarrollar las reservas, el riesgo que deberá asumir el operador estatal en cada proyecto, así como la distribución de la renta petrolera.

2. Eliminar el monopolio constitucional de Pemex en la exploración y explotación de hidrocarburos

Para permitir la entrada de otros operadores al sector, es necesario reformar los artículos 25 y 28 de la Constitución para que el sector de hidrocarburos sea un área prioritaria y no estratégica. Con ello sería posible la participación de los sectores social y privado en la industria de hidrocarburos. Asimismo, es necesario reformar el artículo 4 de la Ley Reglamentaria del artículo 27 constitucional para eliminar la exclusividad de Pemex en todas las áreas de la industria petrolera.

3. Fortalecer a la Comisión Nacional de Hidrocarburos (CNH) como institución rectora de un sector abierto y competitivo

Para impulsar el desarrollo de un sector de hidrocarburos abierto, dinámico y transparente, así como para garantizar las condiciones de maximización del valor de la renta para el Estado, se debe fortalecer a la CNH como órgano regulador. La CNH debe ser la encargada de coordinar y supervisar las actividades de exploración y producción *(upstream)* como lo hace el DNP en Noruega o la ANH en Colombia. En ambos países, el Estado ejerce una rectoría eficaz del sector a través de un órgano regulador independiente y capaz de orientar el desarrollo del sector hacia el interés común.

En sus nuevas atribuciones, la CNH:

- Ejercería la rectoría del Estado, protegiendo los intereses de la nación. Por ello, deberá tener la facultad de sancionar a las empresas participantes en la industria petrolera, en los términos del artículo 3 de la Ley Reglamentaria del artículo 27 constitucional, salvo lo dispuesto en la Ley de la Comisión Reguladora de Energía (CRE).

- Debe ser la encargada de licitar los bloques sujetos a asignaciones petroleras, ya sea de Pemex o de terceros, con criterios transparentes que maximicen el valor de la renta petrolera de largo plazo, la transferencia tecnológica al país y el desarrollo de las comunidades involucradas.

- Aprobar los planes de desarrollo de los bloques asignados para verificar la congruencia de éstos con los objetivos del Estado, definidos en la Estrategia Nacional de Energía y el Plan Nacional de Desarrollo.

- Fijar, en conjunto con la SHCP, las tasas fiscales aplicables a cada tipo de proyecto, dependiendo de su complejidad tecnológica, riesgo asociado y montos de inversión requeridos.

- Ser la instancia responsable de recopilar la información de reservas aportada por Pemex y los nuevos operadores, para ser presentada a la Secretaría de Energía para su aprobación. El fortalecimiento de la CNH requeriría cambios en un amplio espectro de leyes pero ningún cambio constitucional.

- De modo similar que los agentes regulatorios en otros países (DNP en Noruega, ANP en Brasil y ANH en Colombia), se encargaría de almacenar toda la información sobre las reservas del país (información geológica, sísmica y geofísica). Además, tendría la facultad de poner a disposición de los operadores dicho conocimiento geológico a través de un banco de información, con el objetivo de fomentar la inversión en exploración y producción.

4. Separar a Pemex del presupuesto federal

Esto implica otorgarle autonomía presupuestal y financiera, es decir, que el Estado controlara sus utilidades y no su gasto. Para ello, es necesario cambiar disposiciones, directivas y reglas de operación de la relación entre Pemex y la SHCP, principalmente. Asimismo, es necesario añadir a la Ley de Petróleos Mexicanos diversas disposiciones para mejorar la eficiencia en la toma de decisiones al interior de la empresa. Esto supone hacer eficientes y transparentes los procesos de compras y el manejo de los recursos humanos de Pemex.

5. Reducir gradualmente la carga tributaria de Pemex

La carga fiscal actual de Pemex es excesiva bajo estándares internacionales e impide que la empresa pudiera competir en condiciones equitativas con otras empresas operadoras. El esquema fiscal de Pemex es muy complejo y extrae prácticamente toda la renta, no a través del impuesto sobre la renta sino a través de impuestos diseñados para que la cantidad de recursos que se queda la empresa sea decidida por la lógica política. Es necesario simplificar el esquema fiscal y reducirlo a niveles competitivos para que Pemex pueda operar verdaderamente como empresa y competir adecuadamente.

Una menor tasa impositiva no implica que los ingresos petroleros que genera Pemex tengan que disminuir. Si Pemex se enfoca en actividades de exploración y producción, en las que tiene ventajas comparativas, se incrementaría su productividad y con ello los ingresos petroleros para el Estado. Además, si se abre el sector, se detonaría un aumento tanto de la inversión como de la producción y se incrementaría la recaudación por los ingresos generados con la entrada de nuevos operadores en actividades de exploración y producción lo cual fortalecería las finanzas públicas.

6. Reformar el proceso de integración del Consejo de Administración de Pemex

Es importante que el Consejo de Administración de Pemex funcione como el de cualquier otra empresa. Para esto, es necesario garantizar que los consejeros cuenten con un perfil profesional e independiente, y que no existan conflictos de interés entre quien dicta la política energética y quien la ejecuta. En este sentido, es necesario:

- Aislar al Consejo de cualquier interferencia política
- Reducir el número de representantes del sindicato en el Consejo
- Eliminar la relación contractual de los consejeros independientes como empleados de Pemex

7. Transformar al Instituto Mexicano del Petróleo (IMP) en el órgano de investigación científica y tecnológica de Pemex

Ello implica integrar al IMP a la estructura corporativa de Pemex y fusionar sus presupuestos y personal. El objetivo es elevar la capacidad técnica y tecnológica de Pemex a través de una vinculación más estrecha con el IMP, cuya investigación estaría orientada hacia el desarrollo de soluciones que cubran las necesidades de la empresa.

8. Garantizar la sustentabilidad ambiental y social del sector

La capacidad del sector de hidrocarburos para modernizarse y crecer dependerá también de la forma en que sus distintas actividades se integren y convivan dentro del contexto ambiental y social. En México, el historial de Pemex ha estado ligado con una sucesión de accidentes industriales, estrechamente vinculados con la falta de presupuesto para mantenimiento, estos han implicado altos costos tanto en vidas humanas como para el medio ambiente.[16] Dichos accidentes han da-

ñado la reputación de Pemex como empresa social y ambientalmente responsable, dificultando la viabilidad de nuevos proyectos por la oposición de las comunidades en las que opera. Por lo anterior, si la inversión privada se pudiera dar en toda la cadena de valor, sería fundamental:

- Garantizar el cumplimiento de estándares internacionales de protección al medio ambiente y a las comunidades locales. Por ejemplo, homologar la normatividad mexicana con la normatividad de la Agencia de Protección Ambiental[17] (EPA, por sus siglas en inglés) de Estados Unidos, o con la normatividad de la Agencia Ambiental Europea.[18] El objetivo es garantizar que la actividad de empresas del sector no afecte a las comunidades y ecosistemas en las que operan.

- Inclusión obligatoria de planes de desarrollo sustentable en las comunidades afectadas por la actividad de la industria petrolera, definida en el artículo 3 de la Ley Reglamentaria del artículo 27 constitucional en los planes de desarrollo sometidos a consideración de la CNH.

- Hacer vinculantes los lineamientos de la Ley General de Protección Ambiental al desempeño de todos los operadores.

9. Establecer criterios de transparencia y rendición de cuentas para vigilar el desempeño de nuevos operadores

Los operadores privados deben tener obligaciones de transparencia similares a las de una empresa paraestatal o las que se le imponen a las empresas que cotizan en bolsa, ya sea en México o en los mercados internacionales. La información de su desempeño debe ser pública y accesible para todos los mexicanos. El grado de transparencia y de rendición de cuentas de las empresas del sector deberá ser ejemplar, por tratarse de un sector estratégico y políticamente sensible.

---

16. Desde la tragedia de San Juanico en 1984, Pemex ha estado involucrado repetidamente en accidentes con un alto costo humano, patrimonial y ambiental. Estos accidentes han estado asociados a deficiencias en los protocolos de seguridad industrial de la empresa, así como a actividades criminales (el robo de hidrocarburos a partir de la "ordeña" de ductos). Para un recuento detallado de los accidentes de Pemex en las últimas décadas, consultar la cronología de Excélsior, (01/02/2013). *Los accidentes más severos de Pemex desde 1984*. Obtenido en: http://www.excelsior.com.mx/2013/02/01/882272 o la de El Economista (31/01/2013), *Cronología de accidentes de Pemex*. Obtenido en: http://eleconomista.com.mx/sociedad/2013/01/31/cronologia-accidentes-Pemex

17. Agencia de Protección Ambiental de los Estados Unidos (EPA) (2011). *Oil and Gas Extraction Sector* (NAICS 2011). Obtenido en: http://www.epa.gov/lawsregs/sectors/oilandgas.html

18. European Environmental Agency (EEA). Obtenido en: http://www.eea.europa.eu/

Capítulo 4. Apertura y competencia para explotar nuestra riqueza petrolera

Objetivo 2. Garantizar la seguridad energética y fortalecer la competitividad del país

Es crucial asegurar el suministro de energéticos de calidad a precios competitivos tanto a la industria como a los consumidores residenciales. La seguridad energética se alcanza cuando se minimiza el riesgo de interrupción del suministro de energía -es decir, cuando la oferta energética siempre satisface a la demanda.

En México, la discusión sobre la reforma al sector de hidrocarburos ha tendido a centrarse en temas relacionados con la oferta: cómo producir más petróleo, gas y derivados y cómo aumentar la renta petrolera. Sin embargo, la perspectiva de la demanda es también importante. El sector de hidrocarburos debe estar diseñado en torno a las necesidades de la economía nacional para garantizar la seguridad energética y fortalecer la competitividad de México.

Algunos energéticos como el petróleo, se comercian globalmente y son fácilmente transportables, por lo que su precio es global. Otros energéticos no son fácilmente transportables, como el gas natural, por lo que su precio es regional. Actualmente, en EUA y Canadá existe una abundancia de gas natural que ha empujado a la baja los precios de este energético en la región. Los bajos precios han reducido los costos de operación de empresas manufactureras y han detonado inversiones en el sector energético[19] y otras áreas de la industria. Sin embargo, México se ha quedado atrás en este nuevo contexto regional y no ha aprovechado su potencial para incrementar su productividad.

La forma de garantizar el suministro de hidro- carburos a precios competitivos y de alta calidad para las empresas y hogares mexicanos, es a través de la creación de un mercado libre. Actualmente, el Estado mexicano (a través de Pemex) tiene el monopolio de la venta de combustibles y de la mayoría de los derivados del petróleo.

Crear un mercado de energía implica liberalizar los precios de todos los energéticos e integrar al país, física y comercialmente, con la bonanza del mercado de América del Norte. La falta de integración le cuesta muy caro a México en términos de competitividad. En 2012, Pemex pagó hasta 21 dólares por millón de BTU de gas natural licuado importado desde Asia.[20] En contraste, en el mismo año los precios del gas natural

por millón de BTU en EUA[21] (Henry Hubb) se mantuvieron por debajo de los 4 dólares.

La manifestación más clara de la falta de inversión en transporte y distribución de gas, es la declaración de alertas críticas para el gas natural que se han dado en los últimos dos años. Estas alertas restringen la actividad industrial porque la oferta de gas natural es inestable y puede ser inferior a la demanda en determinado momento.

La integración de nuestro mercado de energéticos al de América del Norte requiere de la articulación física de la infraestructura y los sistemas de gasoductos entre los tres países. Con ello, México dejaría de ser un mercado en sí mismo, para convertirse en parte de un mercado regional mucho más grande.

Un libre mercado de energía también implicaría eliminar las restricciones para que otras empresas, además de Pemex, participen en la transformación y comercialización de hidrocarburos, petrolíferos y derivados del petróleo (downstream). Por definición, este mercado estaría articulado en torno a las necesidades de la demanda de las empresas y hogares mexicanos. Es irrelevante si la energía que consumen los hogares o empresas mexicanas es producida por Pemex o por cualquier otra empresa, nacional o extranjera, siempre y cuando se cumplan los supuestos de oportunidad, abasto, precio, idoneidad del energético y eficiencia.

En un escenario de libre mercado, el Estado no fija precios ni limita la oferta o la demanda. La importación y exportación de hidrocarburos y productos derivados se daría sin barreras legales y arancelarias al comercio de energéticos. La participación del Estado mexicano en el mercado se limitaría a la formulación de la política energética. Además, jugaría un rol regulatorio para defender al consumidor, garantizar la competencia entre productores y sancionar prácticas anticompetitivas.

Pemex, en este nuevo contexto, deberá ser un jugador más en el mercado y enfrentar la competencia de otras empresas o asociarse con ellas para proyectos específicos. Esto es algo que Pemex ya hace hoy. Sin embargo, sólo le está permitido hacerlo fuera de México como en el caso de la refinería Deer Park en Texas, EUA, que poseen y controlan conjuntamente Shell y la paraestatal mexicana.

19. Boston Consulting Group (2012). *Rising US Exports -Plus Reshoring- Could Help Create up to 5 Million Jobs by 2020.* Comunicado de prensa, 21 de septiembre de 2012. Obtenido en: http://www.bcg.com/media/pressreleasedetails.aspx?id=tcm:12-116389

20. Reforma (20-03-2013). *Importa Pemex gas más caro del mundo.*

21. Para ver los precios de gas natural en EUA, consultar *Henry Hub Gulf Coast Natural Gas Spot Price,* EIA (2013). Obtenido en: http://www.eia.gov/dnav/ng/hist/rngwhhdd.htm

Propuestas concretas para el objetivo 2

1. Apertura en refinación

La productividad de la refinación depende del intercambio intenso de crudos y refinados con los mercados. Muy pocas empresas están totalmente integradas verticalmente. El costo de oportunidad al integrarse totalmente en crudos y refinados es altísimo. Además, la configuración de nuestras refinerías requiere inversiones muy grandes para poder procesar los crudos pesados mexicanos. Para ello, se requiere:

- Permitir la inversión privada en refinación y permitirle a Pemex asociarse con otros operadores para este tipo de procesos. Esta propuesta requeriría una reforma a los artículos 25, 27 y 28 constitucionales así como al artículo 3 de la Ley Reglamentaria del artículo 27 constitucional en el Ramo del Petróleo (LRA27CRP).

- Pemex Refinación es muy ineficiente y pierde dinero continuamente, sobre todo en términos de productividad laboral. Por lo tanto, para atraer inversión y que cualquier estrategia en refinación sea rentable, es indispensable reestructurar la planta laboral de Pemex Refinación.

- La apertura en refinación deberá aprovechar la oportunidad de intercambiar productos refinados con la costa de EUA en el Golfo de México. Pemex Refinación podría adquirir capacidad de refinación muy eficiente (como ya la tiene en *Deer Park*), ya sea solo o en copropiedad. Esta es una solución económicamente más eficiente que invertir de cero en la construcción de refinerías en México.[22]

- La apertura en refinación tiene que ir de la mano de la liberalización de los precios de venta y por lo tanto, de la eliminación de los subsidios a las gasolinas.

2. Permitir la inversión privada en el transporte, distribución y almacenamiento de petróleo, de petrolíferos y petroquímicos a través de terminales y ductos

El sistema de transporte y distribución de refinados debe ser un medio para atender la demanda nacional de manera eficiente y en beneficio de los consumidores. Para ello, se requiere ampliar las excepciones contempladas para el transporte, almacenamiento y distribución del gas natural.[23] Estas previsiones están contenidas principalmente en el segundo párrafo del artículo 4 de la Ley Reglamentaria del artículo 27 constitucional en el Ramo del Petróleo (LRA27CRP). Asimismo, se deberá ampliar el estatus de utilidad pública a actividades de petroquímicos y refinados, contemplado en el segundo párrafo del artículo 10 de la LRA27CRP y actualmente reservado para el gas natural.

3. Ampliación e interconexión del Sistema Nacional de Gasoductos

La CRE tendrá que consolidar y revisar el marco regulatorio para el transporte y distribución de gas con el fin de incentivar la participación privada en la construcción de gasoductos que, aunque está permitida por la ley, no se ha cristalizado en los niveles de inversión necesarios.

4. Permitir la comercialización, incluyendo la venta de primera mano de petróleo, gas y petrolíferos en todo el país

- Para ello se deben reformar los primeros dos párrafos del artículo 3 de la LRA27CRP. Asimismo, habría que reformar los artículos 4, 10, 13 y 14 de la LRA27CRP para homologar los procesos administrativos aplicables a las actividades de petroquímicos y refinados, y que hoy sólo prevén el gas natural.

- Fortalecer a la CRE al otorgarle la capacidad de investigar y sancionar prácticas anticompetitivas en el mercado de energía y promover un clima de competencia en el sector para evitar fallas de mercado. Esto se lograría al darle el mandato de proteger al consumidor y garantizar la oferta de energéticos a precios competitivos. Asimismo, complementaría el esfuerzo que ya realiza la Procuraduría Federal del Consumidor (PROFECO).

5. Apertura en petroquímica básica

La estrategia de desarrollo de la industria petroquímica tiene que ser integral. El punto más importante es asegurar el suministro de insumos básicos de forma competitiva. Es indispensable eliminar las restricciones existentes a la participación de privados en petroquímica básica para modernizar las plantas y desarrollar canales de distribución suficientes. Al igual que en el caso de refinación, se le debe permitir a Pemex asociarse con terceros en proyectos de petroquímica básica. Este sector se verá particularmente beneficiado por la liberalización de los precios,

---

22. La decisión de una refinería en el Pacífico es diferente del Golfo por las restricciones que California impone a la industria, y por lo tanto crea una oportunidad para servir a ese mercado.

23. Es fundamental hacer un análisis de las razones por las que estas excepciones al gas natural no han sido efectivas para incentivar la inversión en infraestructura de transporte y distribución de gas.

puesto que sus productos actualmente están fijados por el mercado mientras que sus insumos tienen precios fijados por el Estado.

Objetivo 3. Convertir al sector en una palanca de desarrollo industrial y tecnológico

El sector de hidrocarburos es una gran cadena de valor que comprende múltiples actividades económicas de exploración y producción (upstream), transformación, transporte y comercialización de hidrocarburos y sus derivados (downstream). El desarrollo de esta cadena de valor puede tener un efecto multiplicador en el resto de la economía por varios canales:

- Atracción de inversión (nacional y extranjera)

- Desarrollo de proveedores nacionales

- Generación de capital humano

- Transferencia, adopción e innovación tecnológica

- Generación de empleo

Contar con hidrocarburos no es condición suficiente para impulsar el desarrollo industrial y tecnológico del país. Es necesario que se abran oportunidades para la inversión a lo largo de toda la cadena de valor (upstream y downstream). También deben existir condiciones e incentivos para la creación de nuevas empresas, grandes y pequeñas, que detonen procesos de innovación.

El sector de petróleo y gas requiere altos niveles de innovación para aumentar su productividad de manera sostenida. De acuerdo con datos de la Oficina de Patentes y Marcas Registradas de EUA, en este sector se generan alrededor de 3.7 patentes por cada mil trabajadores.[24] EUA cuenta con un mercado abierto de energía que empuja a las empresas a invertir en investigación y desarrollo para seguir siendo competitivas.

En contraste, en México el efecto multiplicador del conocimiento generado por el sector de hidrocarburos está acotado a la inversión que se le permite realizar a Pemex, debido a que es parte del presupuesto federal. Esta limitación se ve reflejada en el bajo nivel de innovación que tienen Pemex y su brazo de investigación y desarrollo, el Instituto Mexicano del Petróleo (IMP). Por ejemplo, en 2011 el IMP contaba con apenas 22 patentes internacionales vigentes, 16 de ellas registradas en EUA.[25] Ese mismo año, Schlumberger (una empresa de servicios) generó 540 patentes.[26]

México tiene el potencial para desarrollar una cadena de valor de clase mundial en este sector. En buena medida, y a pesar de ser mercados completamente diferentes, el modelo a seguir es la industria automotriz mexicana basada en la integración de las cadenas productivas en conglomerados (clusters) regionales. Esta industria es un caso de éxito ya que de 2006 a 2011 las exportaciones mexicanas de automóviles crecieron 45%, al pasar de 44 mil a 64 mil millones de dólares.[27] En ese lapso, el sector automotriz mexicano sólo fue superado en crecimiento por los de India y China, considerando solamente los 10 mayores países productores. El sector automotriz es un imán de inversión global, de 2010 a 2012 atrajo nuevas inversiones por 11 mil millones de dólares.[28]

Para que el sector de hidrocarburos se convierta en una palanca de desarrollo industrial y tecnológico, tenemos que pensar no sólo en términos de la maximización de la renta petrolera o la liberalización del mercado de energéticos. Estas medidas son necesarias pero no suficientes para desarrollar el potencial transformador del sector. La meta debe ser desarrollar empresas proveedoras de bienes y servicios en todas las etapas de la cadena de valor que le permitan al país avanzar en la sofisticación de su sector industrial, generar capital humano altamente calificado y acelerar la transferencia de tecnología.

Esta meta requiere una evolución empresarial en todas las actividades asociadas al sector de hidrocarburos, particularmente aquellas denominadas downstream: refinación, petroquímica, transporte, almacenamiento y comercialización de hidrocarburos, derivados y productos procesados. Este cambio puede ser impulsado a través de una política industrial pensada en torno a las condiciones favorables de México, no sólo como potencia productora de gas y petróleo sino también como un hub petro-industrial de relevancia internacional.

El desarrollo de las cadenas productivas podría impulsar la competitividad y el desarrollo económico de México, aún si se agotaran las reservas de petróleo. Si desarrollamos proveedores de clase mundial, éstos podrán salir a competir y producir en todo el mundo, generando riqueza y empleo en beneficio de todo el país. Noruega ofrece un buen ejemplo de esto, aunque la producción de crudo en esta nación está en declive, ello no significa que el Estado y la economía noruega estén dejando de recibir beneficios por la actividad petrolera. Gracias a la internacionalización de la empresa petrolera estatal Statoil,[29] Noruega tendrá producción

---

24. Ibíd.

25. Pemex (2012). *Patentes concedidas al IMP 1970 al 2011*. Obtenido en: http://www.pemex.com/index.cfm?action=statusfilecontent&contentfileid=40062

26. Presentación del Dr. Vinicio Suro en el Congreso Mexicano del Petróleo. 9 al 13 de septiembre de 2012.

27. Price Waterhouse Coopers (2012). *Doing Business in Mexico: Automotive Industry.*

28. USA Today (07-02-2013). *Southeast industry sees Mexico as threat*. Obtenido en: http://www.usatoday.com/story/money/cars/2013/02/07/automakers-mexico-jobs/1898399/

29. Por ejemplo, hasta 2012 Statoil operaba en 35 países. Un tercio de la producción

petrolera en el futuro, aunque provenga de campos en otros países. En contraste, Pemex únicamente explora y produce en México.

El efecto multiplicador que podría tener el desarrollo de las cadenas productivas de hidrocarburos sobre el resto de la economía sería considerable. Este proceso daría impulso a la generación de inversión, empleo y riqueza, el desarrollo de infraestructura y tecnología relevante para otras ramas económicas, la inversión en investigación y desarrollo, y el surgimiento de empresas nacionales especializadas capaces de competir en todo el mundo.

Propuestas concretas para el objetivo 3

1. Desarrollo de tecnología de punta

- Diseñar cláusulas de contenido nacional para los planes de desarrollo sometidos a consideración de la CNH. Con esto se darían los incentivos para que se desarrolle tecnología de punta, que hoy es inexistente en el sector petrolero. Para evitar ineficiencias, las cláusulas deben ser graduales y progresivas, reconociendo la curva de aprendizaje de las actividades estratégicas.

- La CNH deberá definir las actividades estratégicas y verificar que las empresas cumplan con las cláusulas establecidas en los planes de desarrollo.

2. Estrategia de desarrollo de capital humano

Una consecuencia de la apertura del sector de hidrocarburos es que la demanda de recursos humanos calificados se incrementaría de forma importante. Por ello, el Estado debe diseñar una política educativa que fomente e incentive la formación de talento en áreas asociadas con el sector de hidrocarburos. Esta estrategia debe ser doble:

- Aumentar la inversión pública, a través del Consejo Nacional de Ciencia y Tecnología (Conacyt) y las universidades mexicanas, con la finalidad de desarrollar talento especializado en áreas específicas y de alto grado de complejidad.

- Crear programas de capacitación en áreas específicas de la industria petrolera. El objetivo es contar con trabajadores especia-

lizados para satisfacer la demanda esperada tras la apertura del sector. Se podrían ofrecer incentivos fiscales a las empresas privadas que cumplan con estos programas, ya sea por iniciativa propia o en asociación con el Conacyt.

Objetivo 4. Transformar la renta petrolera en bienestar de largo plazo

Si bien el objetivo de generar riqueza a partir de los hidrocarburos es primordial, no hay que olvidar que es necesario transformar esa riqueza en bienestar para los mexicanos de hoy y de mañana. Si nos enfocamos únicamente en la maximización del valor de la renta petrolera y no cambiamos el uso que le damos, corremos el riesgo de fracasar en el intento de que el sector de hidrocarburos impulse la competitividad de otros sectores económicos y sea beneficio para las futuras generaciones.

En países como Venezuela, Nigeria o Guinea Ecuatorial, los flujos de riqueza petrolera a lo largo de décadas no se han traducido en desarrollo humano sostenido.[30] México no es del todo ajeno a esta experiencia, pues la riqueza petrolera no ha sido transformada en la magnitud que debiera en activos financieros, físicos (infraestructura y tecnología) o de capital humano, que generen rendimientos en el largo plazo.

El petróleo y el gas son recursos no renovables que le pertenecen a todos los mexicanos en una lógica intergeneracional. Desde el punto de vista del interés nacional, el siguiente paso después de establecer condiciones para abrir el sector e impulsar la atracción de talento e inversión, así como promover mercados eficientes de hidrocarburos para impulsar la competitividad, es transformar estos recursos no renovables en activos que rindan beneficios a los mexicanos de hoy y de mañana.

Es por ello que se debe establecer hacia qué objetivos se va a canalizar esa riqueza y cómo va a servir para impulsar el desarrollo de largo plazo. Debe repensarse la forma en que el Estado utiliza la riqueza del subsuelo en beneficio de la Nación. Usarla como hasta ahora de forma meramente confiscatoria, al extraer el mayor monto posible del único operador para financiar necesidades del gobierno en el corto plazo, es quizá la peor forma de hacerlo.

Para transformar la renta petrolera en bienestar de largo plazo se requiere reformar tanto el sector de hidrocarburos como el sistema fiscal. México necesita un sistema fiscal moderno y eficiente, cuya salud no

---

diaria de gas y petróleo de Statoil (669 mil barriles de petróleo crudo equivalente por día) provienen del resto del mundo. Actualmente Statoil tiene licencias de exploración en 11 países en 4 continentes: Argelia, Angola, Azerbaiyán, Brasil, Canadá, Libia, Nigeria, Rusia, el Reino Unido, EUA y Venezuela. Ver más en Statoil (2013). *Annual Report 2012. Development and Production - International* Obtenido en: http://www.statoil.com/AnnualReport2012/en/OurOperations/BusinessAreas/DevelopmentAndProductionInternational/Pages/DevelopmentAndProductionIntern ational(DPI).aspx

30. Para una discusión sobre el uso de las rentas generadas por recursos naturales no renovables en países en desarrollo como los citados, ver Deacon, Robert T. y Ashwin Rode (2012), *Rent Seeking and the Resource Curse*. Universidad de California -Santa Bárbara. Obtenido en: http://www.econ.ucsb.edu/~deacon/RentSeekingResourceCurse%20Sept%2026.pdf

dependa primordialmente de la renta petrolera. Entre 2008 y 2012, los ingresos petroleros representaron entre 37 y 31% de los ingresos totales del Estado mexicano.[31] La dependencia de los ingresos petroleros es muy riesgosa para el país porque la volatilidad de los precios del crudo y del tipo de cambio se traducen en incertidumbre para las finanzas públicas.

Si bien la reducción de la dependencia petrolera es deseable y necesaria, es evidente que no se puede lograr de forma inmediata. La *despetrolización* de las finanzas públicas mexicanas tendrá que ser gradual. El objetivo de mediano y largo plazo es reducir la proporción de la renta que se canaliza al gasto del gobierno y, paralelamente, aumentar la proporción que se invierte en activos que incrementen el bienestar de todos los mexicanos.

De llevarse a cabo una reforma que contemple abrir el sector a la inversión y participación privada en exploración, producción y transformación de hidrocarburos, seguramente aumentará la riqueza derivada de la producción y transformación de hidrocarburos. Esto a su vez generará un aumento en los ingresos petroleros gubernamentales (vía licencias de exploración, derechos de producción e impuestos).

¿Por qué no aprovechar este auge de riqueza petrolera para apuntalar el desarrollo de largo plazo del país? Existen diversos mecanismos para transformar la renta petrolera en activos financieros, reservas del sistema de pensiones, capacidades tecnológicas y formación de capital humano, que generen beneficios y bienestar en el largo plazo. Estos mecanismos tienen algo en común: convierten los flujos de renta petrolera en activos financieros y humanos que generan retornos en el futuro.

Un buen ejemplo es el diseño del fondo de inversión de renta petrolera que opera en Noruega, el Fondo Global de Pensiones Gubernamentales. Este fondo recibe recursos a partir de un mecanismo muy sencillo: el porcentaje de ingresos petroleros que el gobierno noruego recibe cada año está topado a 4%[32] y todos los excedentes se canalizan al fondo, que a su vez invierte en activos financieros en todo el mundo.

El gobierno no puede tocar el capital del fondo, únicamente recibe los retornos a la inversión.[33] Actualmente, el fondo soberano de esta nación es el más grande del mundo, equivalente a más de 1% del valor de los mercados globales de capitales y más de 150% del PIB noruego.[34]

Propuesta concreta para el objetivo 4

1. Crear un Fondo Soberano de Inversión

Invertir una proporción de la renta petrolera que captura el Estado en un Fondo Soberano de Inversión, lo que permitirá al país incrementar los niveles de bienestar y prosperidad tanto de las generaciones actuales como de las futuras. A continuación se presentan algunas consideraciones para el diseño e instrumentación de este fondo soberano:

- No deberá debilitar las finanzas públicas mexicanas. Su creación debe ir acompañada de una reforma fiscal que le permita al Estado reducir su dependencia de los ingresos petroleros.

- Únicamente se destinarán al fondo los ingresos petroleros no tributarios, tales como licencias, derechos, regalías y bonos de exploración, derivados de la apertura del sector. Los ingresos tributarios de las empresas petroleras (por ejemplo, el Impuesto Sobre la Renta) irían a las arcas de la SHCP como ocurre con las demás empresas.

- El fondo deberá ser manejado por una institución pública autónoma. Por ello, se deberá ampliar el mandato constitucional del Banco de México para que sea éste el administrador del fondo. Las decisiones de los administradores del fondo deberán responder a los intereses estratégicos de largo plazo del país y no a las coyunturas políticas.

- Sus objetivos estratégicos deberán estar estrechamente ligados al bienestar y desarrollo de largo plazo del país. El fondo podrá utilizarse para financiar las pensiones de las generaciones presentes y futuras de mexicanos, invertir en el desarrollo de capital humano o desarrollar infraestructura física en el país. En cualquiera de los casos, es fundamental que los objetivos y parámetros del fondo sean establecidos con absoluta claridad y certidumbre jurídica para evitar cualquier manejo político o discrecional.

---

31.   SHCP (2012). Informe de Finanzas Públicas. Los ingresos petroleros: Ingresos propios PEMEX más derechos y aprovechamientos, impuesto especial sobre producción y servicios e impuesto a los rendimientos petroleros.

32.   Este límite es conocido como un *cap* a los ingresos petroleros

33.   Banco Central de Noruega (2012). *On managing wealth*. Norges Banks Skriftserie No. 45.

34.   Institutional Investor (2013). *The 2012's World's Biggest Sovereign Wealth Funds*. Obtenido en: http://www.institutionalinvestor.com/Research/3908/Overview.html

Cuadro 4.2 Nuestros hijos y el petróleo: visión intergeneracional de la renta petrolera

Manuel J. Molano Ruíz

Una figura ausente en las discusiones de reforma energética es la de los mexicanos del futuro. Los distintos grupos políticos y económicos del país tienen ideas diferentes respecto a qué se tiene que hacer con las utilidades que genera el negocio del petróleo, pero ninguna de ellas incluye la mejora del bienestar de las generaciones futuras.

J. M. Hartwick, economista de recursos naturales, definió una regla que lleva su nombre y dice que la explotación de recursos no renovables como el petróleo debe compensarse con inversiones en capital físico o humano equivalentes al monto explotado del recurso cada año.[35] De esta manera, la explotación del recurso no renovable no implica una destrucción de activos de la economía. Un ejemplo para ilustrar el punto, es el de la empresa que pierde dinero pero toma recursos de su balance de resultados para financiar sus operaciones hasta agotar el capital acumulado. Otra forma más sencilla de verlo es la siguiente: un individuo en lugar de trabajar se dedica a desmantelar su casa y vender las puertas, ventanas, ladrillos y todos los aparatos que le ayudan a resolver sus necesidades. En ambos casos, llega un punto en que el acervo de capital está completamente agotado, y el individuo y su familia son definitivamente más pobres. Esto es lo que Hartwick quería evitar para las economías ricas en recursos no renovables. La solución es crear un mecanismo para preservar el capital de manera que las reservas petroleras se conviertan en otra forma de capital que siga siendo útil para las generaciones futuras.

En este sentido, los ingresos derivados del petróleo en México representaron entre 6.9 y 8.6% del PIB[36] entre 2006 y 2011, mientras que la inversión pública en el mismo período osciló entre 5 y 8%. Los ingresos derivados del petróleo no son equivalentes a la renta petrolera (dado que no les estamos quitando los costos de extracción de Pemex). Sin embargo, podemos ver que en años recientes, el sector público ha invertido en capital físico recursos en cantidades ligeramente mayores a los ingresos provenientes del petróleo. En 2006 y 2007, los ingresos petroleros eran muy superiores a la inversión pública. En esos años, los 2 ó 3 puntos porcentuales del PIB de ingresos petroleros en exceso de inversión pública se convirtieron en gasto público.

---

35. Ver Hartwick, J. M. (1977), *Intergenerational equity and the investing of rents from exhaustible resources. American Economic Review* 67, 972-974, y Hartwick, J. M. (1978), *Substitution among exhaustible resources and intergenerational equity. Review of Economic Studies* 45, 347-354.

36. Con datos de la Secretaría de Hacienda y de INEGI a precios de 2003, para el periodo descrito.

En general, los años recientes indican que México ha experimentado cierta convergencia hacia el cumplimiento de la regla de Hartwick, aunque no por diseño institucional, como ocurre en Noruega.

Inversión pública e ingresos petroleros, 2006-2011 como porcentaje del PIB

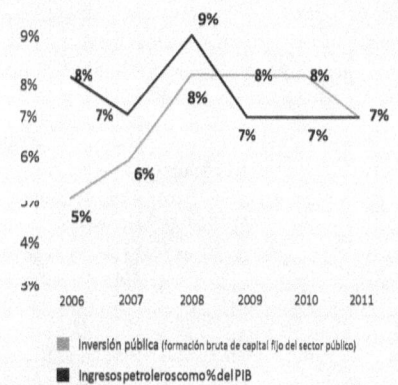

Fuente: Cálculos de IMCO con datos de SHCP e INEGI a precios de 2003, al cuarto trimestre de cada año.

¿Inversión o talento?

Una pregunta obligada es *el destino* de la inversión de los recursos naturales. En un país con carencias crónicas de infraestructura básica tiene sentido que la renta petrolera se invierta en bienes públicos físicos, como puede ser la infraestructura carretera o aeroportuaria. Sin embargo, los cambios en la economía mundial que están propiciando una economía más intensiva en conocimiento, sugerirían que las inversiones tendrían que ocurrir en capital humano, tecnologías de la información y telecomunicaciones.

Enfermedad holandesa

La enfermedad holandesa es un término acuñado en economía para definir al retroceso de los sectores comercializables de un país, especialmente los intensivos en mano de obra, cuando se experimenta un crecimiento inesperado en los ingresos de divisas. Un problema grave derivado de la renta de un recurso como el petróleo es precisamente el efecto de apreciación que puede tener sobre el tipo de cambio, situación que disminuye la competitividad de la industria nacional.

Un problema grave derivado de la renta de un recurso como el petróleo, es el efecto de apreciación que puede tener sobre el tipo de cambio. Los recursos que el erario público obtiene del petróleo no van a la subasta de dólares de Banco de México y se invierten de manera directa en el país. Si el gobierno mexicano, usando la renta petrolera, adquiere cementos con una empresa y los paga en dólares, y esa empresa, a su vez usa los dólares para pagar obligaciones en la misma moneda en el extranjero, no hay un efecto de enfermedad holandesa derivado de la renta petrolera.

Sin embargo, si estos recursos se utilizan para pagar obligaciones en pesos a los trabajadores de las empresas que ejecutan la obra pública que contrata el gobierno, o la compra de factores e insumos nacionales por parte de estas empresas, entonces sí hay un efecto de apreciación del tipo de cambio derivado de la renta del petróleo. Este efecto puede ser nocivo para la competitividad internacional del precio de las manufacturas y exportaciones.

Un ejercicio econométrico muy simple,[37] muestra que el nivel de la producción anual de petróleo y el precio del petróleo explican alrededor del 54% de la variación en la cotización del tipo de cambio real[38] promedio del año. La producción de petróleo tiene un efecto positivo para el tipo de cambio (depreciación), mientras que el precio del petróleo tiene un efecto negativo (apreciación).

Es decir, la variable que está correlacionada con el esfuerzo productivo y la productividad de la industria petrolera (un incremento en la plataforma de producción) tiene efectos favorables para un tipo de cambio competitivo; mientras que la variable correlacionada con el azar (el precio del petróleo) tiende a apreciar el tipo de cambio, lo cual puede ser perjudicial para las exportaciones de manufacturas.

Esto quiere decir que la producción de petróleo puede ser un buen punto de apoyo para que el sector energético genere un efecto de spillover en otras ramas de producción. Para que ello ocurra, el Estado tiene que ser muy disciplinado en la esterilización de la renta petrolera.

Noruega: el mejor ejemplo de uso de la renta petrolera

En 1990 el parlamento noruego decretó la creación del fondo petrolero noruego hoy conocido como el Fondo Global de Pensiones Gubernamentales. En este fondo, se reserva para las generaciones futuras el producto de la renta petrolera. Actualmente, la cantidad que puede utilizarse para el gasto público está limitada por ley a 4% del valor total del fondo.

Se estima que el valor de mercado del fondo es equivalente a 4.04 billones de coronas noruegas,[39] equivalentes al 146% del PIB noruego y al 1.25% del PIB mundial.[40] El Fondo es uno de los principales inversionistas en activos bursátiles europeos.

En el caso noruego como en el mexicano, la producción de petróleo parece tener un efecto benéfico para la competitividad del tipo de cambio. Sin embargo, el precio del petróleo no explica la cotización del cambio entre la corona y el dólar.

Ambos países tuvieron un cambio estructural importante en la década de 1990. En Noruega, con la creación del Fondo Petrolero, antecedente del Fondo Global de Pensiones Gubernamentales. En México, con la libre flotación del tipo de cambio en 1995. Las mismas regresiones presentadas antes no son significativas a partir del cambio estructural. Esto puede significar dos cosas: o las políticas de ambos países fueron altamente efectivas para esterilizar las divisas petroleras, o aún no hay suficiente información estadística acumulada. Más allá del análisis econométrico, lo importante es que la renta petrolera se use para los mexicanos del futuro y no solamente para la generación presente.

---

37. Regresión del tipo de cambio real contra la producción de petróleo y un precio representativo del mercado, usando datos anuales.
38. Deflactado usando la inflación de los Estados Unidos.

39. Obtenido en: www.nbim.no/en/About-us/Government-Pension-Fund-Global/. Consultado el 7 de marzo de 2013.
40. Suponiendo un PIB global de 5.66×10^{13} dólares a finales de 2012. Cálculos propios con datos de WolframAlpha y el FMI.

Figura 4.1 Resumen de los cuatro objetivos estratégicos y sus propuestas

Objetivos	Propuestas	Modificaciones constitucionales o legales
1. Maximizar el valor de la renta petrolera	1. Diseñar un nuevo marco institucional para la maximización del valor de la renta petrolera por parte del Estado en el contexto de un sector abierto. 2. Eliminar el monopolio constitucional de Pemex en la exploración y explotación de hidrocarburos. 3. Fortalecer a la Comisión Nacional de Hidrocarburos (CNH) como institución rectora de un sector abierto y competitivo. 4. Separar a Pemex del presupuesto federal. 5. Reducir gradualmente la carga tributaria de Pemex. 6. Reformar el proceso de integración del Consejo de Administración de Pemex. 7. Transformar al Instituto Mexicano del Petróleo (IMP) en el órgano de investigación científica y tecnológica. 8. Garantizar la sustentabilidad ambiental y social del sector. 9. Establecer criterios de transparencia y rendición de cuentas para vigilar el desempeño de nuevos operadores.	• Reforma a los artículos 25, 27 y 28 constitucionales • Modificar los artículos 3 y 4 de la Ley Reglamentaria del artículo 27 constitucional en el Ramo del Petróleo (LRA27CRP) • Hacer vinculantes los criterios de la Ley General de Protección Ambiental • Modificar la Ley de Petróleos Mexicanos
2. Garantizar la seguridad energética y fortalecer la competitividad del país	1. Apertura en refinación. 2. Permitir la inversión privada en el transporte, distribución y almacenamiento de petróleo, de petrolíferos y petroquímicos a través de terminales y ductos. 3. Ampliación e interconexión del Sistema Nacional de Gasoductos. 4. Permitir la comercialización, incluyendo la venta de primera mano, de petróleo, gas y petrolíferos en todo el país. 5. Apertura en petroquímica básica.	• Reforma a los artículos 25, 27 y 28 constitucionales • Modificar los artículos 3, 4, 10, 13 y 14 de la Ley Reglamentaria del artículo 27 constitucional (LRA27CRP) • Modificar la Ley de Petróleos Mexicanos
3. Convertir al sector en una palanca de desarrollo industrial y tecnológico	1. Desarrollo de tecnología de punta. 2. Estrategia de desarrollo de capital humano.	• No se requieren reformas legales o constitucionales
4. Transformar la renta petrolera en bienestar de largo plazo	1. Crear un fondo soberano de inversión.	• Ampliación del mandato constitucional del Banco de México • Diseño del fondo y decreto de creación

Fuente: IMCO.

Petróleo, el dominio de la Nación

La propiedad directa de la Nación sobre el petróleo y otros recursos naturales ha existido desde la Constitución de 1917. Desde ese entonces, el artículo 27 de la Carta Magna establece que:

"Corresponde a la Nación el dominio directo de todos los minerales o substancias que en vetas, mantos, masas o yacimientos, constituyan depósitos cuya naturaleza sea distinta de los componentes de los terrenos, [...] los combustibles minerales sólidos; el petróleo y todos los carburos de hidrógeno sólidos, líquidos o gaseosos".[1]

El Código Civil confirma la acepción que invariablemente tiene en México la palabra "dominio" como equivalente de propiedad. Los bienes son del dominio público cuando pertenecen a la Federación, Estados o Municipios. Son de propiedad privada las cosas cuyo dominio pertenece a los particulares.[2] En ese contexto, esta propiedad o dominio de la Nación no impidió que antes de la expropiación o de la reforma constitucional de 1940, empresas nacionales y extranjeras explotaran el petróleo. Entonces, ¿qué cambió en la Constitución para propiciar el monopolio del Estado?

Los antecedentes de la expropiación petrolera son ampliamente conocidos: "conflictos laborales; desacato a resoluciones de tribunales mexicanos; protestas diplomáticas y desobediencia a un laudo de carácter laboral dictado por la Suprema Corte de Justicia de la Nación en favor de los trabajadores petroleros, motivaron la expropiación por causas de utilidad pública y en favor de la nación, de los bienes de dieciséis compañías petroleras el 18 de marzo de 1938."[3] Sin embargo, el decreto expropiatorio no impedía que otras compañías de capital privado siguieran explotando el petróleo. La expropiación no prohibió la participación privada en la industria petrolera.

En noviembre de 1940, después de la expropiación, Lázaro Cárdenas terminó su sexenio decretando una adición al artículo 27 constitucional: "Tratándose del petróleo y de los carburos de hidrógeno sólidos, líquidos o gaseosos, no se expedirán concesiones y la Ley Reglamentaria respec-

tiva determinará la forma en que la Nación llevará a cabo las explotaciones de esos productos." Con esta reforma constitucional se inicia el proceso de nacionalización de la industria petrolera.

Finalmente en 1960, el presidente Adolfo López Mateos terminó por consolidar el monopolio del Estado iniciado por Cárdenas 20 años antes. Es decir, en un contexto de política nacionalista y de sustitución de importaciones, el sector energético se terminó por cerrar al capital privado.

En definitiva, el artículo 27 constitucional se modificó para incluir más prohibiciones: "Tratándose del petróleo y de los carburos de hidrógeno sólido, líquidos o gaseosos, no se otorgarán concesiones ni contratos, ni subsistirán los que se hayan otorgado y la nación llevará a cabo la explotación de esos productos, en los términos que señale la ley reglamentaria respectiva."

La reforma constitucional de 1940 originalmente tuvo la intención de concentrar toda la industria petrolera en manos del Estado mexicano. El presidente Lázaro Cárdenas en su informe de 1938 pidió al Congreso que "para evitar en lo posible que México se pueda ver en el futuro con problemas provocados por intereses particulares extraños a las necesidades interiores del país, se pondrá a la consideración de Vuestra Soberanía que no vuelvan a darse concesiones del subsuelo en lo que se refiere al petróleo y que sea el Estado el que tenga el control absoluto de la explotación petrolífera."[4] No obstante, la redacción final del artículo 27 no cumplió ese propósito. El mismo Cárdenas en su siguiente informe de labores dijo: "El Gobierno de la Revolución no desconoce la importancia de la ayuda que puede presentarle la inversión privada, la cual tiene legítimo campo de acción para fortalecer la economía nacional, y juzga que su actuación no es incompatible con la del Gobierno si se adapta a las exigencias de su programa de cuyos beneficios resultados a la postre disfrutará también."[5]

En otras palabras, el monopolio vertical en la industria petrolera no se conformó con la expropiación petrolera ni con la reforma de 1940, sino que terminó por establecerse legalmente, más allá de lo que la propia Constitución había establecido, con la Ley Reglamentaria del Artículo 27 Constitucional en el Ramo del Petróleo de 1958.

---

1   Artículo 27 de la Constitución Política de los Estados Unidos Mexicanos del 5 de febrero de 1917.

2   Morineau, Oscar, (1997). Los Derechos reales y el subsuelo en México, Fondo de Cultura Económica, México, p. 10.

3   Zenteno, Javier, (1997). Regulación del Sector Energético en La Regulación de los Hidrocarburos en México, Instituto de Investigaciones Jurídicas UNAM, México, 1997, p. 89.

4   IV Informe de Gobierno del Presidente Constitucional de los Estados Unidos Mexicanos Lázaro Cárdenas del Río, 1° de septiembre de 1938, Servicio de Investigación y Análisis, Dirección Referencia Especializada, Cámara de Diputados, 2006.

5   V Informe de Gobierno del Presidente Constitucional de los Estados Unidos Mexicanos Lázaro Cárdenas del Río, 1° de septiembre de 1939, Servicio de Investigación y Análisis, Dirección Referencia Especializada, Cámara de Diputados, 2006.

Figura 2. Regulación del Petróleo en México

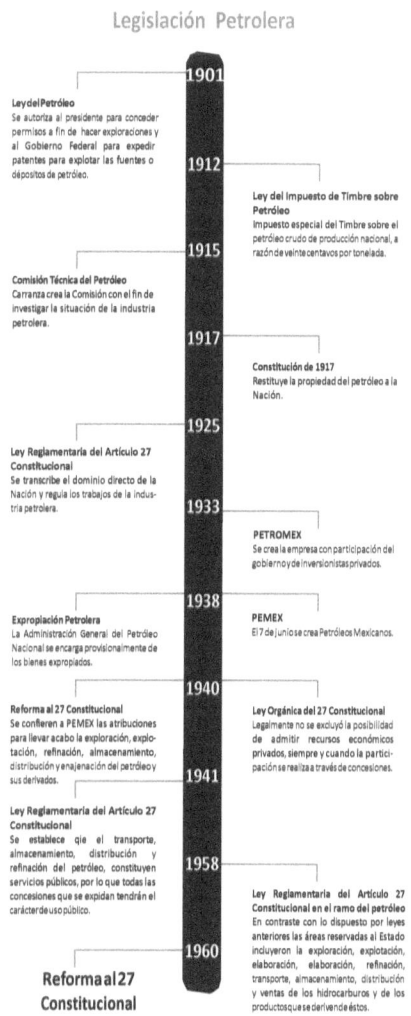

Elaboración de IMCO con datos de la Cámara de Diputados.

Consecuencias de la expropiación petrolera

En los informes presidenciales de 1938 y 1939 ante el Congreso de la Unión, Lázaro Cárdenas dio cuenta de las consecuencias que trajo el decreto expropiatorio del 18 de marzo de 1938. Advirtió que derivado de la expropiación de los bienes de compañías petroleras hubo un "tendencioso e insistente retiro de los depósitos que las compañías petroleras tenían en las principales instituciones del sistema bancario, para transformarlos en divisas extranjeras y situarlos fuera del país. Este movimiento tuvo repercusiones en el público, quien por desconfianza en la seguridad de la moneda, contribuyó en forma sensible al retiro de los depósitos. Para dar una idea de la demanda de divisas que existía por causas diferentes de las comerciales, basta decir que los depósitos a la vista, de junio de 1937 a junio de este año, bajaron 81.2 millones, disminución que afectó a la Reserva Monetaria."[6] Esta disminución de depósitos a la vista significaba cerca de 18% del Presupuesto General de Egresos de la Federación aprobado por la Cámara de Diputados en 1938.

Fuente: Elaboración IMCO con datos de "Fuentes para la historia del petroleo en Mexico", Colmex 2008.
Regulacion del Sector Energetico, IIJ-UNAM, 1997.

6   Informe de Gobierno, Op.cit., nota 4.

La expropiación hizo imposible continuar sosteniendo el tipo de cambio, ya que las ventas de petróleo no solo no aumentaron, sino que se previó una disminución. El gobierno de Cárdenas determinó abandonar las medidas hasta entonces adoptadas para sostener el tipo de cambio, es decir, optar por una devaluación que afectaría los precios de los artículos de importación y un detrimento de las inversiones.

En cuanto a la producción petrolera del país, Cárdenas informó que las compañías petroleras expropiadas realizaban una intensa campaña que afectó la colocación del producto nacional en el extranjero, por lo que fue necesario reducir la capacidad productora de los campos petrolíferos. Sin embargo, para mediados de 1939 la productividad estaba en crecimiento: "no sólo es ya innecesario limitar el rendimiento de los campos, sino que los compromisos contraídos están requiriendo aumentar la producción y mejorar los sistemas de transportes con objeto de que las entregas en los puntos de embarque sean hechas con expedición y oportunidad."[7]

En el informe presidencial de 1939, se comunicó que:

Las circunstancias favorables de nuestra industria petrolera en los últimos meses, han justificado la realización de esfuerzos

para abrir nuevos pozos y localizar otros campos petrolíferos. En la región del Istmo de Tehuantepec se perforaron cinco, resultando con producción diaria aproximada de 900 metros cúbicos; en Poza Rica se perforaron otros cinco, con promedio total diario de 3,641 metros cúbicos, lo que significa un incremento de 22,000 barriles diarios en la producción de ese campo, comparada con la anterior a la expropiación. Este aumento ha requerido modificaciones y adiciones a los sistemas de almacenamiento, bombeo y transportes. Al efecto, se ha rectificado el trazo del oleoducto Palma Sola - Atzcapotzalco para acortarlo, suprimiendo una estación de bombas y aumentando el diámetro de la tubería; se ha procedido a construir una planta de destilación primaria en Poza Rica; y en la región de Pánuco fue preciso reconstruir el oleoducto Caracol - Mata Redonda; en los campos de Cerro Azul, Ebano y en la zona del Istmo, se efectuaron también obras de construcción o mejoramiento de los sistemas de transportes por oleoducto.[8]

A pesar de esa recuperación, el Ejecutivo Federal indicó que en la época inmediata posterior a la expropiación se redujo hasta 45% la producción petrolera y hasta 85% la exportación de crudo. En consecuencia, la producción petrolera mexicana en 1938 representó 82.1% de la alcanzada en 1937 y se exportó 59% del correspondiente a ese año.

---

7   Informe de Gobierno, Op.cit., nota 5.

8   Ibid.

Contratos petroleros para México: ¿Qué elegir?

Miriam Grunstein
Centro de Investigación y Docencia Económicas

Hoy día las clasificaciones convencionales de las negociaciones petroleras tienen un valor más político que técnico. Esto es, la denominación específica que lleve una negociación tiene menores implicaciones técnicas y económicas que políticas. El detalle no está en el nombre sino en el modelo económico y comercial que se establezca entre estado y las empresas invitadas.

Las concesiones, por ejemplo, alguna vez estuvieron vinculadas con grandes excesos cometidos por las empresas. Las concesiones viejas fueron redactadas por los grandes consorcios petroleros y fueron firmadas con gobiernos inconscientes del gran valor del negocio. Desde la expropiación petrolera en México, dichas concesiones fueron en su gran parte, y en el mejor de los casos, convertidas a otro tipo de negociación. Por lo tanto, México se puede jactar de haberle puesto el punto final a las concesiones que daban a las empresas derechos ilimitados en el tiempo y en el espacio mientras que, por otra parte, pagaban al dueño del recurso una contraprestación mínima por su explotación. La muerte súbita de las concesiones mexicanas se extendió como una pandemia a otros lugares del mundo. De Venezuela a Abu Dabí, el Estado se dio a entender como un defensor del valor de sus recursos.

Poner puntos finales es fácil si se compara con reescribir negociaciones futuras. Una cosa es decidir lo que no se quiere y otra muy distinta es elegir un nuevo texto que gobierne la liga entre estados y empresas, la cual debe ser fuerte pero elástica. En el caso de México, tras haber experimentado con esquemas contractuales que resultaron no ser comercialmente competitivos, se decidió por un esquema en el cual el único gran actor sería la gran "empresa" de Estado, mientras que se contrataría a empresas que le prestarían una variedad amplia de obras y servicios. Por ellos, se les pagaría una contraprestación fija, desligada de la producción. Con ello se pretendía disociar las obras y servicios de las operaciones petroleras, sobre las cuales, al menos en la teoría, PEMEX no puede ceder el control. Bajo este esquema, PEMEX es supuestamente el único operador mientras que los demás se limitan a hacer obras y servicios para este.

Así, pues, el esquema contractual mexicano descansa sobre dos principios que hasta hoy parecen estar labrados en piedra. Uno es la propiedad del recurso y otro es el control de las operaciones. Ello se debe más a una demanda política y social que a necesidades técnicas, económicas y comerciales. Los contratos de servicios se han percibido como los que menos "ultrajan" la soberanía de la nación sobre sus recursos ya que las empresas se limitan a prestar servicios y a realizar obras. Sin embargo, en la práctica, estos contratos pueden ser onerosos, por lo cual los costos de servicio disminuyen indebidamente la renta petrolera y el operador puede perder el control si no da seguimiento debido a los trabajos. En suma, aun este tipo de contratos puede representar un mal negocio para el estado.

Algunos dirían que, si aún los contratos más limitados representan un riesgo de pérdida, lo mejor sería no contratar nada. De esta forma, el Estado tendría que perforar pozos, proveerse de tuercas y tornillos, hasta provisiones para los trabajadores. En el aislamiento absoluto no podrían cometerse abusos puesto que el estado sería el único proveedor de sí mismo. No es necesario tener mucha imaginación, ni criterio, para suponer que este es un esquema inusitado por inoperante. En otras palabras, nadie lo hace pues no funciona.

Dicho esto, parecería que nada funciona: que la apuesta contractual está perdida, que tanto los esquemas de mayor apertura se prestan a abusos, mientras que el hermetismo lleva a la asfixia. De ser así, de plano habría que clausurar la industria petrolera mundial y pasar a otra cosa.

Sabemos que no es así y que no puede ser así. A lo ancho del mundo, miles de procesos competitivos en pos de contratos petroleros se llevan a cabo. Hoy día, las concesiones viejas han sido sustituidas por esquemas que abandonan las viejas usanzas que causaron su destierro. En muchas concesiones de hoy, el estado ya no es un recolector de renta, pasivo sino que participa en el proyecto como socio de la empresa invitada. La tecnificación y madurez de muchas empresas petroleras estatales permite que puedan ser socias funcionales en muchos tipos de proyectos. El abuso no está implícito en el nombre de la negociación, si se cuida puntillosamente su clausulado. Entonces, suponiendo que existen esquemas de negociación funcionales, ¿cuál es el óptimo para México?

La respuesta a esta pregunta depende en gran parte de los proyectos en cuestión. Por el grado de desarrollo de PEMEX y la industria petrolera mexicana, tal vez no sea necesario que México, ni PEMEX, se asocien en igualdad de condiciones con terceros. En algunos campos, PEMEX podría seguir siendo el operador único, asistido por empresas de servicios. En otros, por los retos tecnológicos y financieros, seguramente la mejor solución es que PEMEX busque alianzas para llevar a cabo los proyectos o, de plano, concesionar las áreas para que el Estado recaude rentas sustanciales, sin involucrarse directamente en los proyectos, aunque suene a sacrilegio.

Los esquemas que podrían adoptarse son muy variados y pueden coexis-
tir funcionalmente. En Colombia, por ejemplo, se han mantenido negociaciones de varios tipos, en situación de coexistencia, en la medida en
que sean comercial, técnica y económicamente convenientes. Esto es,
para algunos campos, se ha determinado que Ecopetrol necesita compañía, mientras que en otros las empresas son titulares de sus concesiones. En este esquema el Estado colombiano, a través de la Agencia
Nacional de Hidrocarburos, no es un operador directo, sino un recolector
de renta. En suma, el proyecto es el que determina la negociación.

No se trata, por lo tanto, de abrir o no abrir sino de abrir, correctamente.
Para ello, habrá que partir de las necesidades económicas y geológicas
del proyecto. Los contratos o concesiones que podrían ser idóneos para
Cantarell pueden no serlo para aguas profundas o para Chicontepec. Lo
que queda claro es que la industria mexicana no puede descansar en
la premisa que los contratos obedezcan primariamente a restricciones
políticas o jurídicas. Para ello es indispensable que se estudien y se
comparen modelos a la luz de proyectos semejantes en el mundo.

Por lo tanto, ¿Abrir o No Abrir? Esa no es la cuestión. Las preguntas relevantes son ¿Cómo abrir y para qué? Sobre este punto, cabría hacer énfasis en un punto frecuentemente ignorado en los procesos de apertura.
Hoy día cualquier negociación, llámese concesión o contrato, no puede
ser rentable a expensas de su sostenibilidad en materia de seguridad,
salud y medio ambiente. La evolución de la industria ya se ha vuelto in-
tolerante a negociaciones petroleras que sean rentables por abaratar las
inversiones en seguridad y medio ambiente. También, habrá que cuidar
minuciosamente que las operaciones petroleras no causen los desplaza-
mientos en las poblaciones originarias de esos terrenos.

Más aún, esto solo será posible dentro de un marco de fortaleza institucional y organizativa. De poco o nada servirá a México el haber adoptado concesiones o contratos "de punta" si su implementación no se
lleva a cabo por instituciones comprometidas con una política de Estado
legítima y sostenible. Tal vez pocos criticarían el modelo de concesión
nigerianas de gas. ¿Pero es sostenible, desde todos los puntos de vista,
al menos los relevantes?

El mundo de las negociaciones petroleras es cada vez más complejo porque los contratos y concesiones ya no son arreglos de dos partes. Hay muchas partes implicadas más allá de las que rubrican su texto. Su cabal
cumplimiento, y su conveniencia, serán el blanco de las miradas de miles
de observadores, fuera y dentro del territorio en donde se lleven a cabo las
operaciones.

Transformar la transparencia en una efectiva rendición de cuentas: el reto para una nueva reforma energética en México.

Juan Carlos Quiroz

Analista de Políticas Públicas / Revenue Watch Institute

La transparencia gubernamental fue un elemento crucial de la agenda democrática en México y desde la aprobación de la Ley de Transparencia en 2002 ha habido avances innegables en la materia. En el sector energético la transparencia es importante por varias razones. En un mercado sin competencia la determinación de los precios y la distribución de los costos deben seguir reglas y prácticas abiertas al escrutinio para minimizar distorsiones. La transparencia es también un elemento crucial para la regulación, supervisión y rendición de cuentas de todos los actores.

Aunque todavía existen áreas donde sería deseable mayor transparencia, por ejemplo en el papel de Pemex como administrador de contratos de exploración y producción, la contribución de las empresas de servicios a las operaciones de la compañía, el uso de fondos sociales y la responsabilidad del sindicato en el manejo de recursos públicos, los avances son significativos. Las estadísticas clave para evaluar con detalle las operaciones de Pemex, su situación financiera, la contribución a las finanzas públicas y el destino de los ingresos petroleros, son fácilmente accesibles a través de publicaciones periódicas, parte de requerimientos legales y regulatorios, de todas las secretarías y agencias involucradas en la industria. Con la información disponible es posible evaluar el diagnóstico de los problemas que enfrenta el sector y las soluciones propuestas para resolverlos

Entre 1992 y 2008, el sector energético y Pemex en particular han sido objeto de múltiples reformas legales. Estas reformas han buscado, entre otras cosas, modernizar el sector, incrementar su eficiencia, garantizar la estabilidad de las finanzas públicas, asegurar fondos para la inversión y aumentar la rendición de cuentas. Estas reformas incluyeron la reestructuración de Pemex en distintas subsidiarias, un intento de atraer inversión privada a la producción de gas natural, el financiamiento de proyectos de infraestructura con deuda, dos recortes a la tasa impositiva (nominal) de Pemex para dar mayores recursos a la empresa y la creación de una nueva estructura regulatoria. Lo que ha faltado en todos estos casos es la aceptación de la competencia como mecanismo para incrementar la eficiencia y el reconocimiento de la necesidad de fuentes alternativas de financiamiento. El análisis de los datos del sector energético después de dos décadas de reformas no deja lugar al optimismo.

La economía mexicana se ha transformado y diversificado, pero el sector petrolero continúa siendo el ancla de la política fiscal y un territorio de monopolios. A mediados de los ochenta, el petróleo representaba 80% de las exportaciones totales, 10% del PIB y un tercio de los ingresos fiscales. Actualmente, el petróleo representa menos de 10% de las exportaciones totales y alrededor de 4% del PIB, pero todavía genera un tercio de los ingresos del gobierno. En este periodo, las reservas y producción de petróleo han sufrido un declive notable. Las reservas probadas de petróleo pasaron de 15 mil millones de barriles en 2003 a poco más de 10 mil millones de barriles a finales de 2012. Por su parte, la producción de petróleo declinó desde un máximo de producción de casi 3.5 millones de barriles diarios (bd) en 2004 a 2.6 millones de bd en 2012. Las exportaciones de crudo pasaron de 1.8 millones de bd en 2003 a tan sólo 800 mil bd en 2012. Sólo la rara fortuna de un aumento sostenido de los precios del petróleo ha mantenido constante la contribución de Pemex al presupuesto.

En el mediano plazo, esta situación es insostenible. El 90% de la producción de hidrocarburos proviene de campos con más de veinte años de operación, en los cuales la tendencia es a producir menor volumen con costos crecientes. Detrás de esto se encuentra Cantarell: el mayor yacimiento del país alcanzó un pico de 2.1 millones de barriles diarios en 2004 para caer a 450 mil barriles diarios en 2012. Por si fuera poco, las regiones con mayor potencial de hidrocarburos implican mayores costos y retos tecnológicos. Un ejemplo es Chicontepec, donde se prevé la necesidad de perforar un número de pozos superior al total perforado en la historia del país. Otro ejemplo son los proyectos de exploración en aguas profundas.

El aumento en los costos es visible en el presupuesto de inversión. En la última década la inversión en exploración y producción se triplicó al pasar de 77.8 mil millones de pesos en 2000 a 251.9 mil millones en 2012. El objetivo de esta inversión histórica no es aumentar el producto, sino estabilizar la producción de petróleo crudo. A pesar de este esfuerzo, la Agencia de Información Energética de Estados Unidos prevé que México se convierta en un país importador de crudo en la próxima década. La dependencia de los ingresos petroleros estuvo basada en la explotación de petróleo barato y de fácil acceso, pero con la declinación de Cantarell generar ingresos petroleros será cada vez más caro para las finanzas públicas.

La reforma de 2008 respondió a la caída en la producción y a la necesidad de aumentar la inversión con cambios en la estructura regulatoria. Tomando inspiración de reformas recientes en Brasil, Colombia e Indonesia, se creó una Comisión Nacional de Hidrocarburos y se fortalecieron las provisiones legales para establecer una regulación independiente.

Estas medidas tienen el potencial de aumentar la rendición de cuentas de Pemex, pues la agencia técnica puede evaluar el cumplimiento de contratos y planes de trabajo, al tiempo que controla el acceso a las reservas como agente del estado. Sin embargo, los cambios en la gobernabilidad del sector son insuficientes si los organismos reguladores tienen carácter consultivo y carecen de los recursos necesarios para supervisar a la petrolera. A diferencia de otros países donde se abrió el sector energético a la participación de compañías internacionales y se transformó a las petroleras nacionales en entidades comerciales públicas, en México se decidió mantener el monopolio estatal sobre la exploración y producción.

La siguiente generación de reformas tendrá que enfrentar de nueva cuenta el problema de la falta de competencia y la necesidad de encontrar fuentes alternativas de financiamiento. Una reforma que finalmente abra el sector a la competencia y proporcione incentivos para atraer inversión privada sería la mejor solución para que el Estado mexicano asegure ingresos fiscales, reduzca costos y garantice el abasto de energía. En ese escenario, la transparencia y una efectiva rendición de cuentas serán fundamentales para fortalecer la capacidad regulatoria, asegurar que el gobierno siga recaudando ingresos petroleros y generar apoyo para una agenda de transformación que tiene intereses poderosos en contra.

Convertir a Pemex en una verdadera empresa

Aldo Flores Quiroga
Secretario General del Foro Internacional de Energía

La seguridad energética de cualquier nación depende de mucho más que la identidad del dueño de sus fuentes de energía. Si es incapaz de estructurar a su industria para aprovechar estas fuentes -fósiles, renovables radiactivas- de manera que disponga de bienes y servicios energéticos cuándo, dónde y en la calidad que los requiera, al precio que refleje su verdadero costo de oportunidad, incluidos el cuidado del medio ambiente y los derechos de trabajadores y accionistas, sean éstos públicos o privados, pondrá en riesgo su seguridad energética.

Desde hace más de 70 años México ha elegido una solución política a este desafío eminentemente técnico y económico, y es en el sector petrolero donde los límites de un enfoque como éste son más evidentes. Un marco conceptual anacrónico, quizá apropiado para otro momento del país, de las relaciones internacionales y del mercado petrolero mundial mantiene a Pemex gestionando un negocio petrolero bajo un régimen que corresponde al de una dependencia del gobierno federal no obstante la serie de reformas de la que ha sido objeto a lo largo de los años para que parezca más una empresa. Los ejes que han guiado sus operaciones durante todo este tiempo -propiedad de la Nación, explotación y administración burocrática— han servido para someterla a candados regulatorios y a una pesada carga de procesos burocráticos. Éstos le han impedido emplear más herramientas y estructuras de negocios modernas, con las cuales podría adaptarse más rápido a los vertiginosos cambios de la industria petrolera.

Frente a la nueva geografía mundial de la oferta y demanda de hidrocarburos -que está alterando la estructura de precios internacionales, la mezcla de fuentes de energía empleada en muchos países y la dirección del comercio- Pemex permanece sin la opción de asociarse con otras empresas, por lo menos dentro del país. Actúa así como virtual observadora del aumento en la producción de petróleo y gas no convencionales en Estados Unidos, cuando podría ser partícipe desde el lado mexicano.

Y mientras nuevos consorcios y alianzas se crean entre empresas nacionales e internacionales para desarrollar reservas de difícil acceso o procesamiento, como en la costas de Sudamérica y el sureste de África, la región del Mar Caspio o en los mares del Pacífico sur, Pemex no puede siquiera aspirar a lo mismo dentro del Golfo de México, con excepción de lo que ocurra con los yacimientos transfronterizos.

¿Qué ruta seguir en esta enésima iteración de la discusión sobre la reforma al sector petrolero? A estas alturas hay poco que agregar: sobran los diagnósticos y las propuestas. Sin embargo, vale enfatizar que el eje rector de la reforma debe apuntar más a la seguridad energética que al equilibrio de las cuentas públicas. Drenar a Pemex de recursos porque en el resto de la economía la evasión de impuestos es alta es una mala estrategia energética.

Es preciso convertir a Pemex de una vez por todas en una empresa que controle su presupuesto de inversión y decida su estrategia de negocios con mucho mayor autonomía de la que ahora tiene. Su ciclo de toma de decisiones debe estar al margen de los vaivenes de los tiempos electorales, del fuego cruzado entre los partidos políticos o de la competencia por el poder entre los miembros del gabinete presidencial. Conviene además desligar su desempeño de la imagen del Presidente: continuar situando a Pemex dentro del gabinete y asociando su capacidad para encontrar reservas al éxito de una administración presidencial es reincidir en una práctica que no sirve bien ni a la política ni a los negocios.

En el mundo hay otros tres países productores, además de México, que impiden al sector privado el acceso a sus reservas de petróleo: Arabia Saudita, Irán e Irak. Al igual que México, utilizan contratos de servicios para explorar y desarrollar sus reservas. La diferencia clave es que esos tres países aún poseen yacimientos gigantes o megagigantes bien identificados -con algunas salvedades— cuya explotación es menos compleja que la de las aguas profundas mexicanas o que la de campos de gas de lutitas. No requieren por lo tanto de asociaciones con otras empresas para mantener las reservas y los niveles de producción. En el caso saudita, que es notable, la otra diferencia fundamental es que a su empresa nacional, Saudi Aramco, se le resguarda de los intentos de interferencia política para definir sus estrategias de inversión y se le permite aliarse con otras empresas para hacer negocios en los demás eslabones de la cadena productiva petrolera.

Otros cuatro países productores -Brasil, Noruega, Canadá y Estados Unidos- otorgan acceso total, o casi total, al sector privado a sus reservas y al resto del sector petrolero. En los últimos años sus empresas han conseguido destacados aumentos en su volumen de reservas probadas y producción. Todas estas empresas, nacionales o internacionales, pagan impuestos, regalías, aprovechamientos, derechos, dividendos y demás obligaciones con el Estado y sus accionistas, nacionales o privados.

El resto de los países productores se sitúa entre ambos modelos. Sus gobiernos han otorgado a sus empresas nacionales la oportunidad de aliarse con otras para conjuntar capacidades técnicas y financieras. También pagan al erario y a sus accionistas lo que les corresponde.

El registro de las experiencias en otras regiones y países es claro: la propiedad nacional de los hidrocarburos no es prerrequisito para lograr la seguridad energética. Tampoco es pretexto para impedir a las empresas nacionales entrar en alianzas de negocios con otras firmas para obtener el mayor provecho de los recursos petroleros. Las empresas petroleras nacionales que hacen negocios en lugar de política contribuyen más a la seguridad energética y a la hacienda pública.

Dice el proverbio chino que no importa si el gato es negro o blanco, sino que atrape al ratón. Descansar menos en el dogma y optar por más pragmatismo debe ser la guía para esta nueva etapa de la discusión sobre la reforma del sector petrolero. Dedicarla únicamente a estrechar la semántica del texto constitucional o de los documentos doctrinarios de los partidos políticos será una pérdida de tiempo valioso.

El régimen de pensiones en Pemex

El objetivo de las pensiones es proteger los ingresos de los trabajadores después del retiro. Las condiciones específicas de los esquemas pensionarios dependen típicamente de la edad de los trabajadores, el número de años trabajados y el monto de la pensión.

En México existen varios esquemas pensionarios. Los más importantes son los del IMSS, ISSSTE, CFE y Petróleos Mexicanos. La gran mayoría de estos esquemas se han reformado en los últimos años debido a que eran insostenibles financieramente. De estos el único que falta es el de Pemex.

La sustentabilidad financiera de estos esquemas (específicamente del sector público) se vio amenazada por varias causas: la transición demográfica del país entre 1970 y 2010 (menos trabajadores en activo por cada trabajador jubilado), la asimetría entre las aportaciones del patrón y las de los trabajadores, y reglas de jubilación con parámetros -como edad y antigüedad- que elevan el costo de las pensiones. Este problema se debió fundamentalmente a la ausencia de un sistema de cuentas individuales como el que existe en el sector privado. Estos sistemas tienen un piso marcado por las condiciones establecidas en la ley del IMSS y un techo que cada empresa y sus empleados negocian en caso de buscar condiciones jubilatorias por encima de las establecidas en esta ley.

Los esquemas del sector público[2] fueron hasta hace unos años mucho más generosos que los esquemas de cuentas individuales basados en la ley del IMSS, ya que eran sistemas de beneficios definidos. Las condiciones de la jubilación y pensión eran conocidas y no dependían de las aportaciones de los trabajadores a cada esquema. Además, los trabajadores no podían transferir sus derechos pensionables entre los distintos esquemas (tanto entre el sector público como entre los sectores público y privado). Es decir, perdían su antigüedad y los recursos que hubieran acumulado.

Situación actual

Al 31 de diciembre de 2011 Pemex y sus organismos subsidiarios[3] empleaba a 150,561[4] trabajadores. De esta cifra, 17,169 correspondían a trabajadores temporales[5] (también llamados transitorios).[6]

Cuadro 1. Empleados de Petróleos Mexicanos, organismos subsidiarios y Grupo PMI[7]

	2007	2008	2009	2010	2011
Exploración y Producción	49,045	50,273	50,544	49,802	51,713
Pemex Refinación	44,811	45,510	43,706	45,306	46,909
Pemex Petroquímica	13,823	14,028	13,447	13,542	13,541
Pemex Gas y Petroquímica Básica	12,397	12,976	12,550	12,327	11,918
Petróleos Mexicanos	21,070	20,634	24,899	26,391	26,480
Subtotal	141,146	143,421	145,146	147,368	150,561
Grupo PMI	320	322	315	324	323
TOTAL	**141,466**	**143,743**	**145,461**	**147,692**	**150,884**

Fuente: IMCO con datos de Pemex.

Los trabajadores de Pemex se pueden clasificar en dos grupos: empleados sindicalizados y empleados de confianza. En 2011 aproximadamente 72% de los trabajadores eran sindicalizados, y el restante 28% de confianza.[8] Las condiciones laborales de los trabajadores sindicalizados de Pemex se definen en el Contrato Colectivo de Trabajo entre la empresa y el Sindicato de Trabajadores Petroleros de la República Mexicana (STPRM).[9] Las condiciones laborales de los trabajadores de confianza

1   Petróleos Mexicanos y sus Organismos subsidiarios = Pemex

2   La reforma al esquema del Régimen de Jubilaciones y Pensiones se hizo en 2004, la del ISSSTE en 2007, la reforma para CFE se publicó en 2008 y aplica únicamente para los trabajadores que ingresaron a la CFE después de Agosto de 2008.

3   Petróleos Mexicanos y sus Organismos subsidiarios = Pemex

4   Pemex (2011). Forma 20-F ante la United States Securities and Exchange Commission de Petróleos Mexicanos. Obtenido en: http://www.ri.pemex.com/files/content/PEMEX_2011_FORM_20-F_from_EDGAR.pdf

5   Ibíd.

6   Los trabajadores transitorios que obtienen una plaza definitiva se convierten en trabajadores sindicalizados y conservan la antigüedad acumulada como trabajadores transitorios.

7   Pemex (2011) Op. Cit.

8   Ibíd.

9   Pemex (2011) Obtenido en: (http://www.pemex.com/files/content/cct_2011-2013.pdf)

se definen en el Reglamento de Trabajo del Personal de Confianza de Petróleos Mexicanos y Organismos Subsidiarios.[10]

El contrato colectivo se renegocia cada dos años, aunque se hacen revisiones salariales anuales. Por otra parte, el reglamento para los empleados de confianza adopta los cambios que se le hacen al Contrato Colectivo en cada revisión y renegociación. De acuerdo con el Contrato Colectivo, Pemex tiene la obligación de incrementar las pensiones y ayudas a sus jubilados de acuerdo con las revisiones salariales anuales de los trabajadores en activo. Estos incrementos son superiores a la inflación, encareciendo el esquema en términos reales.El esquema de jubilación actual en Pemex se resume en el cuadro 2:

Cuadro 2. Régimen de pensiones actual en Pemex[11]

Concepto	Parámetros
Edad y antigüedad	• 55 años de edad y 25 de servicio (80% de la pensión) • 55 años de edad y 30 de servicio (100% de la pensión) • 35 años de servicio independiente de la edad (100% de pensión)
Salario pensionable y servicios médicos	• Último salario recibido • Servicios médicos provistos por Pemex para pensionados y beneficiarios
Actualización anual de las pensiones	• Ajuste a las pensiones igual a la revisión contractual del salario de los trabajadores en activo
Ayudas	• Ayudas por gasolina, gas y canasta básica que se incrementan en cantidad y precio como parte de la revisión contractual de cada año
Aportaciones del trabajador	• El trabajador no aporta ningún porcentaje del salario para su pensión
Aportaciones de la empresa	• La empresa cubre el 100% de las obligaciones contingentes (es decir, de las pensiones en curso)

10   Pemex (2000) Obtenido en: (http://www.pemex.com/files/content/REGLAMENTO-PERSONALCONFIANZA2000.pdf)

11   Pemex (2011) Obtenido en: (http://www.pemex.com/files/content/cct_2011-2013.pdf)

Retos y problemas del esquema de pensiones de Pemex

Para analizar cualquier sistema pensionario es necesario considerar algunos factores clave como:

- Los parámetros de edad y antigüedad

- El monto de la pensión

- El crecimiento de la pensión en el tiempo en que el trabajador y sus beneficiarios la reciban

- Las aportaciones que se hacen durante la vida laboral de cada uno de los trabajadores.

En general, es muy difícil de financiar en el largo plazo cualquier esquema pensionario en el que los trabajadores no hacen aportaciones. De igual forma, en esquemas con edades de retiro bajas los pensionados disfrutan de la pensión por más tiempo, por lo cual son esquemas más caros.

El cuadro 3 ofrece un comparativo entre Pemex, la ley del IMSS -piso de los esquemas de pensiones en el sector privado- y el esquema reformado de la CFE.

El régimen pensionario de Pemex es muy caro. El monto de la pensión es igual al del último salario y se incrementa igual que los salarios en activo. Los trabajadores no hacen aportaciones y por lo tanto la empresa está obligada a enfrentar en su totalidad ese costo. Los parámetros de edad y antigüedad son muy bajos y hacen que las pensiones -que crecen en monto anualmente- se tengan que pagar durante muchos más años que en otros esquemas donde la edad de retiro es mayor.

Para complicar aún más las cosas, Pemex no cuenta con recursos claramente etiquetados para hacer frente a sus obligaciones pensionarias y los trabajadores activos no hacen aportaciones. Este es, quizá, el problema más grave. No existe un fondo para hacerle frente a las obligaciones por pensiones más allá de cumplir con los pagos contingentes. La empresa, y finalmente el estado mexicano, cumplen en su totalidad con estos pagos. En los sistemas de reparto—en los que se garantiza una pensión y los trabajadores hacen contribuciones—existe lo que se conoce como equidad intergeneracional. Esto quiere decir que los trabajadores en activo y la empresa fondean los pagos de los trabajadores jubilados y de la empresa. Sin embargo, en Pemex, los trabajadores activos no contribuyen ningún porcentaje de su salario para este propósito. La empresa (y por ende el Estado mexicano) cumple con

Concepto	IMSS régimen general[12]	CFE reformado[13]	Pemex[14]
Pensión máxima por ley como % del último salario	Cuenta individual	Cuenta individual	100% del último salario
Aportaciones del trabajador como % del salario integrado	1.13%	5%	No hay
Requisitos para jubilarse	Antigüedad mínima: 24 años Edad: 65 años	Antigüedad mínima: 25 años Edad: 65 años	80% de la pensión Antigüedad: 25 años Edad: 55 años
			100% de la pensión Antigüedad: 30 años Edad: 55 años ó Antigüedad: 35 años sin importar la edad
Crecimiento de la pensión	Inflación	Inflación	Revisiones salariales anuales de los trabajadores en activo

Fuente: IMCO con datos de Pemex.

la totalidad de estos pagos. No existe un fondo para hacerle frente a las obligaciones por pensiones más allá de cumplir con los pagos contingentes.

En otras palabras, mientras que los esquemas del IMSS y de CFE reformado están fondeados y son esquemas de contribuciones definidas, el de Pemex es un esquema de beneficios definidos sin que exista un esquema de fondeo (más allá de los pagos contingentes).

Para entender la magnitud de las obligaciones por pensiones en Pemex tenemos que analizar la evolución del pasivo laboral en los estados financieros de la empresa. El análisis a partir de la información pública disponible se limita a lo publicado en los estados financieros, reporte de resultados y la forma 20F.[15]

En otras palabras, mientras que los esquemas del IMSS y de CFE reformado están fondeados y son esquemas de contribuciones definidas, el de Pemex es un esquema de beneficios definidos sin que exista un esquema de fondeo (más allá de los pagos contingentes).

Para entender la magnitud de las obligaciones por pensiones en Pemex tenemos que analizar la evolución del pasivo laboral en los estados financieros de la empresa. El análisis a partir de la información pública disponible se limita a lo publicado en los estados financieros, reporte de resultados y la forma 20F.

Para elaborar los estados financieros y el reporte de resultados se siguen normas contables en las que únicamente se registran las pensiones en curso de pago y los servicios pasados de los activos -Obligaciones por Beneficios Definidos (OBD). El OBD es el pasivo laboral contingente total[16] considerando pensionados actuales y únicamente servicios pasados (antigüedad acumulada) de los trabajadores activos. Sin embargo, el OBD no refleja el total de las obligaciones de la empresa ya que no toma en cuenta el otorgamiento de pensiones futuras de los trabajadores activos.

La magnitud real del régimen de pensiones es mayor a lo que se calcula en términos contables y se mide en términos actuariales. Es decir, contablemente se mide la obligación ya adquirida con los jubilados y los trabajadores actuales pero no se incluyen las obligaciones con los trabajadores futuros ni las obligaciones futuras con los trabajadores actuales (antigüedad por devengar).. Por lo tanto la magnitud real del esquema de pensiones incluye este cálculo actuarial.

12   "Ley del Seguro Social" Disponible en: http://www.imss.gob.mx/instituto/normatividad/Documents/Leyes/LSS.pdf

13   Presidencia de la República (Septiembre 2008). http://segundo.informe.gob.mx/informe/PDF/ECONOMIA_COMPETITIVA_Y_GENERADORA_DE_EMPLEOS/M137-141.pdf

14   Pemex (2011) Op. Cit. y Pemex (2000) Op. Cit.

15   Pemex emite deuda en los mercados de Estados Unidos. Para poder hacer esto es necesario registrar las emisiones de bonos de deuda ante la United States Securities and Exchange Commission (SEC) y lo obliga a presentar la forma 20 F.

16   El pasivo laboral contingente es el que se genera por fallecimiento, invalidez, separación voluntaria, despido, jubilación e incluye pensiones, ayudas (canasta básica, gas y gasolina), servicios médicos, prima de antigüedad y liquidaciones.

En la gráfica 1 se presentan el comportamiento de la deuda de Pemex con sus trabajadores. El pasivo registrado se clasifica como un pasivo a largo plazo y se le denomina "Reserva para Beneficios a los Empleados" en los Estados Financieros Consolidados. El OBD se encuentra en la "Nota 13" de los mismos.

Gráfica 1. Evolución del Pasivo Laboral de Pemex (OBD)[17](miles de millones de pesos constantes a 2012)

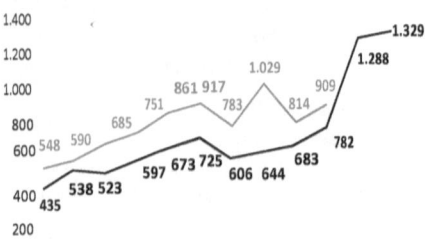

Fuente: Elaboración propia con información de los estados financieros consolidados de Pemex, 2002-2011 y reporte de resultados de Pemex al 31 de marzo de 2013. En el caso del OBD el último dato disponible es a 2011.

La gráfica 2 es una comparación entre el pasivo laboral y el total del pasivo de Pemex.[18] El total del pasivo lógicamente es la suma de todos los pasivos de la empresa y está contenido en los estados financieros de Pemex. El pasivo laboral registrado al 31 de marzo de 2013 representó el 57% del total del pasivo de la empresa mientras que el OBD al 31 de diciembre de 2011 ascendió a 49% del total del pasivo.[19] Estos números son representativos de la magnitud del problema.

El crecimiento promedio del pasivo laboral en Pemex durante los últimos 5 años fue de cerca de 10% anual. Tan sólo en 2012, de acuerdo a cifras preliminares de la empresa,[20] el pasivo laboral aumentó 20.3% respecto a 2011. Este incremento se debió no sólo al comportamiento inercial sino también a actualizaciones en las premisas actuariales como son las tablas de mortalidad y la tasa de descuento.

Gráfica 2. Evolución del pasivo laboral y del pasivo total de Pemex

17 De 1992 a 2009 se seguían las reglas contables del Boletín D-3 «Obligaciones Laborales». En 2009 las reglas contables cambiaron y se adoptaron las NIF C - 4

18 http://www.ri.pemex.com/index.cfm?action=content&sectionID=14&cat ID=12146

19 En el caso del OBD el último dato disponible es al 31 de diciembre del 2011

20 http://www.ri.pemex.com/files/content/Reporte%20de%20resultados_1T13.pdf

(miles de millones de pesos constantes a 2012)

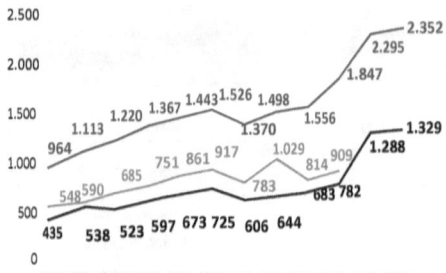

Fuente: Elaboración propia con información de los estados financieros consolidados de Pemex 2002-2011 y reporte de resultados de Pemex al 31 de marzo de 2013. En el caso del OBD el último dato disponible es a 2011.

Conclusiones y escenarios de solución

La sostenibilidad del esquema pensionario de Pemex está en riesgo. La situación se agrava cuando se toma en cuenta que los fondos necesarios para cubrir el pasivo laboral mencionado son fondos públicos.

La decisión fundamental que el Estado mexicano debe tomar, a través de la administración de Pemex, es si se mantiene el esquema de reparto (beneficios definidos), o si se migra a uno de contribuciones definidas (es decir, cuentas individuales).

En cualquiera de estos dos escenarios se deben considerar tres tipos de trabajadores. Los trabajadores jubilados, los trabajadores actuales y los trabajadores futuros.

Si se mantiene el esquema de beneficios definidos, para moderar el crecimiento del pasivo laboral a futuro se tendrían que implementar cambios en los parámetros de edad y antigüedad y crecimiento de la pensión. En este escenario los jubilados actuales no sufrirían cambios.[21] Los trabajadores actuales y futuros se jubilarían con incrementos en los parámetros de edad y antigüedad mientras que el monto de la pensión crecería de acuerdo con la tasa de inflación.

El efecto de optar por un esquema de cuentas individuales, segundo escenario, se describe a continuación:

21 En el esquema de Pemex la pensión se incrementa anualmente de acuerdo a las revisiones salariales valdría la pena preguntarse sobre la posibilidad de que ésta se incremente con la inflación como en otros esquemas pensionarios sustentables.

- Los jubilados tendrían un tratamiento similar al escenario anterior. Es decir, no tendrían cambios en sus pensiones.

- Los trabajadores actuales tendrían dos posibilidades:

    (1) Migrar al sistema de cuentas individuales a través de un incentivo que reconociera en alguna medida la antigüedad acumulada adquiriendo portabilidad en sus recursos pensionarios o

    (2) Permanecer en el esquema actual con cambios en los parámetros de edad y antigüedad.

- Los trabajadores que ingresaran después de la reforma tendrían un esquema de cuentas individuales con contribuciones definidas.

En resumen, la solución del problema de pensiones en Pemex requerirá tanto de cambios en los parámetros del esquema actual como de la implementación de un sistema de cuentas individuales. Este deberá estar fondeado con contribuciones definidas tanto del trabajador como de la empresa. Los parámetros de edad y antigüedad tendrán que estar en línea con los de esquemas financieramente sanos y sustentables.

Los detalles de una posible reforma reflejarán el peso de cada una de las partes involucradas así como la voluntad para hacerle frente a una responsabilidad inaplazable por parte tanto de la empresa como del Gobierno Federal.

En este tipo de reformas el argumento fácil de la afectación a los derechos de los trabajadores pierde de vista que con esquemas claramente insostenibles los más afectados son precisamente ellos.

La salud financiera de Pemex depende de muchos factores que rebasan el alcance de este texto. Sin embargo, resolver un problema que representa entre 40% y 50% del total de sus deudas es sin duda de vital importancia.

El petróleo y el pueblo

Publicado originalmente en Letras Libres
06 de abril de 2013
Carlos Elizondo Mayer-Serra

La producción y las reservas de petróleo mexicano han caído en los últimos años. Es urgente una reforma profunda en el sector energético que abra a Pemex a la competencia en todos los ámbitos. Es el momento, nos dice Carlos Elizondo, de dejar de mirar hacia atrás y ver hacia el futuro.

"El petróleo no es del gobierno, es de la Nación. Es del pueblo de México".

Andrés Manuel López Obrador

Tiene razón López Obrador. El petróleo es del pueblo de México. El reto es que esos recursos nos lleguen en la mayor cantidad posible, incluidos nuestros hijos y nietos. El sindicato de Pemex y los administradores de la empresa no son el pueblo de México. Tampoco aquellos contratistas que venden caro porque tienen amigos en la administración de Pemex. Cada peso que desperdicia Pemex por mala administración o por exceso de personal, es un peso que alguien privatiza a su favor y que no le llega al pueblo de México. Todo gasto adicional por una mala regulación son recursos del pueblo de México tirados a la basura. Igual sucede cuando hay accidentes, por la razón que sea. ¿Cuál debe ser la mejor forma de extraer esos recursos naturales para beneficio de todos los mexicanos? ¿Cómo maximizar la llamada renta petrolera?

Por renta petrolera se entiende el excedente que queda después de todos los gastos que se requieren para extraer los hidrocarburos. El tamaño de la renta es el valor de los recursos a los que puede acceder el pueblo de México. Si la empresa que extrae el petróleo tiene costos altos, la renta que nos llega es menor. Si pretende subsidiar los productos que vende, también disminuye la renta.

El mejor arreglo institucional es aquel que permite minimizar los costos de extracción. En el caso de que fueran empresas privadas las que explotaran el petróleo, las utilidades de los accionistas serían un componente de esos costos; como sucede hoy con las utilidades de los contratistas de Pemex que son parte de sus costos. Si la empresa pública es muy ineficiente, sus costos pueden ser mayores que los de una privada, incluyendo sus utilidades. Para tener renta hay que extraer petróleo. Si no hay dinero para invertir, o el que se tiene se usa mal y no se encuentran nuevas reservas de hidrocarburos o estas no se logran extraer, la renta actual irá desapareciendo.

No hay renta petrolera en las actividades industriales de Pemex. Puede haber un excedente que se le extrae al consumidor, como lo haría un monopolio en cualquier sector que puede vender caro o productos de mala calidad. En la parte industrial del sector lo que debe privar es una política que permita que, sin subsidios, se tenga el mejor precio, disponibilidad y calidad posibles en estos productos. Para ello se requiere, como en todos los lugares del mundo que conozco, quitar las restricciones y permitir la competencia.

¿Qué se hace con esa renta, qué tanto le llega al pueblo? En este artículo discuto únicamente cuál es la mejor forma de ampliar la renta petrolera. Sin embargo, un reto central es que el recurso le llegue a la gente con bienes y servicios de calidad o en pagos en efectivo. En el sexenio pasado, por el aumento del precio del petróleo en los mercados mundiales, se incrementó esta renta en poco más de tres puntos del PIB adicionales disponibles cada año. No está claro en qué se benefició al pueblo, dado que buena parte de este dinero se usó mal, incluido mucho del que fue destinado a entidades y municipios, aunque sin esa renta los mexicanos habrían tenido que pagar muchos más impuestos para este mismo nivel de gasto público.

Hay otros dos temas respecto a qué hacer con la renta petrolera. Uno: el país debiera tener un fondo petrolero en el que se guarde una parte significativa de esta renta por razones de equidad intergeneracional. No es justo que nuestra generación consuma esta riqueza y ni siquiera se dé cuenta del privilegio de gozar de ella. Dos: buena parte de los recursos de este fondo hay que depositarlos en un portafolio de acciones y bonos en el extranjero. Si no lo hacemos, si aumenta el precio o el volumen de extracción de hidrocarburos, tendremos una mayor entrada de divisas que tenderá a apreciar el peso y vulnerar nuestro reciente éxito de exportación de manufacturas. Este requiere un tipo de cambio que no se aprecie más de lo que ya lo ha hecho.

Pemex genera mucho dinero porque se le ha dado la tarea de desarrollar nuestras reservas de hidrocarburos. Estas son propiedad de la nación, pero no se le vendieron, se le regalaron. Pemex no solo tiene el monopolio para extraerlas, que es donde está la renta petrolera, sino también el monopolio de varias actividades industriales asociadas a la tarea de sacar hidrocarburos, desde refinación hasta petroquímica básica.

Las ventas internas totales de Pemex para 2011 sumaron el equivalente de 1.787 millones de barriles diarios,[1] lo cual representó ventas por 392 mil millones de pesos anuales.[2] Los derechos e impuestos que pagó en 2011 suman 212 mil millones de pesos,[3] 1.36 veces los impuestos pagados por todas las empresas que cotizan en la bolsa.[4]

¿Son muchos o pocos impuestos? No es claro. Pemex no paga impuesto sobre la renta. Salvo Pemex Exploración y Producción (PEP) ninguna subsidiaria paga impuesto directo alguno. PEP enfrenta una serie de gravámenes muy significativos como forma de cobrarle el uso de las reservas petroleras que son de la nación. Después de estos impuestos Pemex pierde dinero, pero no sabemos con precisión si esto es así porque esos impuestos son excesivos, o porque tiene costos muy altos, que llevan, por ejemplo, a casi todas sus subsidiarias, que no pagan un centavo de impuesto sobre la renta o similar, a tener pérdidas. Para contestar esta pregunta se necesita un estudio comparado que no solo mida cuánto se le cobra a las distintas empresas en regalías e impuestos, sino cuáles son los costos de las mismas frente a los de Pemex. Si Pemex fuera más eficiente tendría más utilidades y los mexicanos tendríamos una mayor renta disponible.

Los costos de la ineficiencia

Lo que sí sabemos es que Pemex enfrenta muchos problemas. El primero: le sobra personal. Al cierre de 2011, Pemex registró 142,330 trabajadores, de los cuales 81.4% estaban sindicalizados. En los últimos ocho años Pemex incorporó 12,975 nuevos empleados, pero el crudo producido cayó en 835 mil barriles diarios. Así, de producir 24.5 barriles diarios por trabajador en 2004, en 2012 sólo produjo 16.9.[5] Según el diario El Universal, el gobierno de Peña Nieto se encontraba considerando despedir

unos quince mil trabajadores de confianza que aparentemente sobran.[6] En los datos de empleo de Pemex no se toman en cuenta todos los empleados de aquellos servicios que subcontrata, incluidos, por ejemplo, los de la empresa que brindaba mantenimiento en el edificio B2, donde murieron 37 trabajadores en la explosión del 31 de enero de 2013.

Sirva como comparación que, al cierre de 2011, Petrobras registró una plantilla laboral de 81,918 trabajadores, de los cuales 5,515 trabajaban fuera de Brasil.[7] Exxon registró 82,200 empleados en 2011, de los cuales 32,200 están en Estados Unidos y el resto en otras regiones del mundo.[8]

También sabemos que el personal de Pemex se jubila a edad temprana y con muy buenas pensiones. En los estados de cuenta financieros consolidados de 2011, dentro del pasivo para calcular lo que se le debe a los empleados (beneficios acumulados por pensiones, primas de antigüedad, otros beneficios al retiro y por terminación de la relación laboral por causa distinta de reestructuración), se llega a un total de poco más de 730 mil millones de pesos.[9] Para 2012 este pasivo alcanzaba ya poco más de un billón (trillón en términos anglosajones) de pesos.[10] Este pasivo no está reservado. Es tan significativo su costo que estamos frente a una bomba de tiempo que será pagada por todos los contribuyentes o se descontará de futuros ingresos petroleros, con lo cual al pueblo le llegará mucho menos renta de la que le correspondería si el régimen de pensiones fuera como el que tenemos el resto de los mexicanos.

La empresa paga caros muchos servicios y opera mal. Dos ejemplos de lo segundo. A pesar de que la capacidad de refinación en México para 2011 era de 1 millón 690 mil barriles diarios,[11] lo que se procesó en todas las refinerías sumó 166 mil barriles diarios.[12] Es decir que en México

1   Pemex (2012). "Volumen de las ventas internas de productos petrolíferos y gas", Indicadores de petróleo, noviembre de 2012. Disponible en línea: (http://www.ri.pemex.com/index.cfm? action=content&sectionID=16&catID=12155&media=pdf)

2   Pemex (2013). "Principales resultados financieros 3T12", Presentación a los inversionistas, enero de 2013, p. 28. Disponible en línea: (http://www.ri.pemex.com/files/content/Pemex_Outlook_E.pdf)

3   Pemex (2013). "Principales resultados financieros 3T12", Presentación a los inversionistas, enero de 2013, p. 28. Disponible en línea: (http://www.ri.pemex.com/files/content/Pemex_Outlook_E.pdf)

4   De acuerdo con una investigación publicada por El Economista, las empresas de la BMV pagaron 156,000,000,000 de pesos en 2011. Ana Valle, "Elektra, tercera que más paga impuestos en 2011", El Economista, Mercados y Estadísticas (19-03-2012). Disponible en línea: (http://eleconomista.com.mx/mercados-estadisticas/2012/03/19/elektra-tercera-que-mas-impuestos-pago-2011)

5   El Financiero (04-03-2013). "En los últimos ocho años Pemex utilizó más personal y produjo cada vez menos petróleo. Disponible en línea: (http://www.elfinanciero.com.mx/component/content/article/45-negocios/6665-menos-petroleo-y-mas-empleados.html)

6   El Universal (15-03-2013). "Proyecta Pemex despedir a 15 mil". Sección Cartera, B1.

7   Petrobras (2012), "Prácticas laborales y derechos humanos", Informe de Sostenibilidad 2011, p. 71: (http://www.petrobras.com.br/rs2011/downloads/RS_espanhol_online_p%C3%A1gina%20dupla.pdf)

8   Exxon (2012). "Workforce by Geographic Region", 2011 Corporate Citizenship Report, p. 31: (http://www.exxonmobil.com/Corporate/Files/news_pub_ccr2011.pdf)

9   Pemex (2012). "Estados de situación financiera consolidados", estados financieros consolidados auditados al 31 de diciembre de 2011, p. 41. Disponible en línea: (http://www.ri.pemex.com/files/content/5%20Estados%20Financieros%20Consolidados_2011.pdf)

10   Pemex (2013). "Estado de Posición Financiera enviada a la Bolsa Mexicana de Valores. 4° trimestre de 2012". Disponible en: (http://www.ri.pemex.com/files/content/Reporte%20trimestral%202012-4P_%20completo_130227.pdf)

11   Pemex (2013). "Capacidad de proceso en refinerías", Refinación, Informe Pemex 2012, p. 34. Disponible en línea: (http://www.ri.pemex.com/files/content/4_Refinacion_2012.pdf)

12   Pemex (2013). "Proceso de crudo y elaboración de productos petrolíferos por refinería", Refinación, Informe Pemex 2012, p. 36: (http://www.ri.pemex.com/files/content/4_Refinacion_2012.pdf)

las refinerías operan al 68% de su capacidad, mientras que en muchos lugares del mundo la eficiencia se encuentra por arriba del 90%. Con esta baja eficiencia -y pésimo rendimiento energético cuando sí están funcionando- no sorprende que en refinación Pemex haya perdido, en 2011, 139 mil 491 millones de pesos.[13]

Otro ejemplo: en Chicontepec se han invertido más de 450 mil millones de pesos,[14] sin embargo, en los primeros meses del 2012 sólo se produjeron 70 mil barriles de petróleo diarios.[15] Se prometió que para el periodo 2009-2017 se registraría una producción de crudo de 443 mil barriles diarios.[16] Con el régimen contractual que se ha usado en buena parte de esta gran inversión, Pemex encargó perforaciones y el contratista cobraba en algunos casos fortunas sin haber producido una gota de crudo.

Los problemas y restricciones en el sector impactan negativamente al resto de la economía. América del Norte está en una revolución energética como resultado del desarrollo de nuevas tecnologías para la extracción de crudos y gases no convencionales. Estos desarrollos vinieron fundamentalmente de empresas medianas, no de las grandes.

El gas de lutitas (shale gas) ha permitido a Estados Unidos llevar a cabo inversiones en el sector de hasta 90 mil millones de dólares en los últimos dos años y abaratar de forma importante el precio del gas. Los empleos generados suman más de 600 mil.[17] Esta revolución ha creado importantes oportunidades de expansión de la capacidad instalada en industrias intensivas en el uso de energía o que requieren el gas como insumo, como lo es en la petroquímica.[18] Cabe resaltar que a estos precios tan bajos el gas en sí mismo no es negocio, sino el petróleo asociado a este gas, que tiene un precio mucho mayor.

En México no hay gas suficiente por falta de ductos que lo traigan de Estados Unidos. La ley permite a empresas privadas invertir en gasoductos, pero las reglas vigentes lo han hecho poco atractivo para ellos y para el propio Pemex. Si bien esto se resolverá en los siguientes años por las inversiones de Pemex en el sector anunciadas recientemente, este rezago en ductos debió haber sido evitado con una mejor regulación y una mayor capacidad de planeación por parte de Pemex. Solo CFE reportó haber tenido un costo adicional el año pasado de casi 19 mil millones de pesos por tener que usar en sus plantas de gas combustibles más caros como el combustóleo, dada la falta de gas.[19]

Es urgente que las empresas mexicanas tengan acceso sin recortes a gas de Estados Unidos para que la industria intensiva en energía o dependiente del etileno como insumo no se vaya a nuestro vecino del norte. El gas se podría extraer en México. Una empresa mexicana ha sido muy exitosa en hacerlo en la cuenca norte del Río Bravo. El marco legal no le permite a nadie que no sea Pemex explotar las oportunidades de extracción en gas de lutitas que se supone tiene México. Según datos de Estados Unidos, somos el cuarto país de reservas de gas de lutitas con 681 trillones de pies cúbicos técnicamente recuperables.[20] ¿Pemex puede hacerlo por sí mismo? En el último año hizo seis perforaciones de gas de lutitas y solo encontró gas en dos.[21] En contraste, en Estados Unidos se completaron 5,123 pozos de gas de lutitas en 2010.[22] Llevan ya un total de 50 mil pozos perforados.[23]

Además, la producción de hidrocarburos ha caído en los últimos años. De acuerdo con el último anuario estadístico de Pemex, publicado en 2012, mientras que en 2001 se produjeron 3 millones 127 mil barriles diarios, en 2007 fueron 3 millones 76 mil; en 2009, 2 millones 601 mil y, en 2011, 2 millones 550 mil. En el 2001 el saldo de petrolíferos, restando a las exportaciones las importaciones, era de 1 millón 420 mil barriles diarios. En 2001 era de 659 mil barriles diarios.[24] Este saldo en dólares pasó de un superávit de 15 mil millones de dólares en 2006, cuando llegó a su pico, a uno de casi 6 mil millones de dólares en 2012.[25]

13   Enrique Quintana (04-05-2012). "Pemex no paga de más", Reforma, sección negocios, p. 4.

14   Comisión Nacional de Hidrocarburos (2012). "Reporte de Indicadores de Inversión". Disponible en: (http://www.cnh.gob.mx/_docs/Informme_Inv/Informe_de_Inversion_Mar_2012.pdf)

15   Reforma (22-06-2012). "Consigue Chicontepec resultados con estudio", sección Negocios, p. 3.

16   Pemex (08-06-2012). "¿Cuánta producción se estima obtener del proyecto Chicontepec?", Preguntas frecuentes. Proyecto Chicontepec. Disponible en: (http://www.pemex.com/index.cfm? action=content&sectionid=143&catid=12526)

17   IHS Global Insight. "The economic and employment contributions of shale gas in the United States", America's Natural Gas Alliance, p. 20. Disponible en línea: (http://anga.us/media/content/F7D1750E-9C1E-E786-674372E5D5E98A40/files/shale-gas-economic-impact-dec-2011.pdf)

18   Financial Times (17-12-2012). "$90 billion US investment spurring shale gas revolution". Disponible en: (http://www.breitbart.com/Big-Government/2012/12/16/90-Billion-U-S-Investment-Spurring-Shale-Gas-Revolution)

19   Reforma (07-03-2012). "Cuestan a la cfe alertas 19 mil mdp", Negocios, p. 2.

20   EIA, US Energy Information Administration, Mexico overview.. Disponible en línea: (http://www.eia.gov/countries/cab.cfm?fips=MX)

21   ]Reforma (28-01-2012). "Fracasan en gas shale", Negocios, p. 1.

22   HS Global Insight, "The economic and employment contributions of shale gas in the United States", America's Natural Gas Alliance, p. 15.

23   Parlamento Europeo (2011). Impacts of shale gas and shale oil extraction on the environment and on human health. Policy Department A: Economic and Scientific Policy. Disponible en línea: (http://www.europarl.europa.eu/document/activities/cont/201107/20110715ATT24183/20110715ATT24183EN.pdf)

24   Pemex (2013). "Anuario Estadístico 2012". Disponible en línea: (http://www.ri.pemex.com/files/content/Anuario%20Estadistico%202012.pdf)

25   Banco de México (2013). "Balanza de productos petroleros" (consultado el 12 de

En el camino han disminuido las reservas. En 1982 había 57 mil millones de barriles de reservas probadas, la cifra para 2011 disminuyó a 11.4 mil millones. Las reservas disminuyeron 2.5% en 2011 con relación a 2010, lo cual es una mejora porque significa que se está reponiendo casi todo lo que se extrae, pero nos sigue dejando con poco margen de maniobra hacia adelante.[26] En contraste, Brasil ha aumentado su producción de 268 mil barriles diarios en 1982 a 2 millones 193 mil barriles diarios en 2011.[27] Sus reservas han aumentado de 1.7 mil millones de barriles en 1982 a 15.1 mil millones en 2011.[28]

Si hay un tema que pueda detonar el crecimiento en el país y sostener o ampliar la renta petrolera es una reforma en el sector. En México, la gran esperanza. Un Estado eficaz para una democracia de resultados -el libro que Enrique Peña Nieto dio a conocer antes de la campaña presidencial- se dice que para paliar la disminución en la producción en Pemex es "necesario tomar medidas mucho más audaces para revigorizar nuestro sector energético; para lograrlo tendremos que despojarnos de las ataduras ideológicas que impiden detonar el potencial de Pemex como gran palanca del desarrollo nacional [...] México deberá examinar los mecanismos utilizados exitosamente en otros países para que, sin renunciar a la propiedad pública de los hidrocarburos ni a la rectoría y conducción del Estado en materia energética, esta empresa se pueda beneficiar de asociaciones con el sector privado para dinamizar su producción, así como aumentar su rentabilidad y transparencia".[29]

Se esperaba una reforma ambiciosa en el sector al arranque de la administración de Peña. Sin embargo, sin mayoría en la Cámara de Senadores y con la presión de la izquierda, el gobierno optó por el Pacto por México. Este es muy parco en materia energética, seguramente para poder contar con la firma del PRD. En el segmento de enfrentar los monopolios no dice nada respecto a los monopolios públicos.

Una reforma poco ambiciosa

En el Pacto se menciona la apertura en el sector de refinación, petroquímica y transporte, pero se aclara que no se venderán los activos de Pemex en estas materias. En exploración y producción parece defenderse el statu quo. "Se mantendrá en manos de la Nación, a través del Estado, la propiedad y el control de los hidrocarburos y la propiedad de Pemex como empresa pública. En todos los casos, la Nación recibirá la totalidad de la producción de Hidrocarburos."

No es una camisa de fuerza con valor jurídico. Además, sectores de la izquierda lo han leído como que ahora sí viene la privatización. Lo hasta ahora dicho por el nuevo gobierno pareciera indicar poco apetito por una gran reforma, que implica mantener la rectoría de Estado para controlar los hidrocarburos y la necesidad de crear mecanismos para que otros puedan competir, incluido explorar y extraer hidrocarburos.

La asamblea que el PRI celebró a principios de marzo quitó los llamados candados de sus estatutos para permitir una reforma en el sector, pero los documentos no están aún disponibles para saber si tienen alguna restricción. Tampoco se dijo nada respecto a qué tipo de reforma está concibiendo el partido en el poder. En su visita a Santiago de Chile, en enero, el presidente Peña delineó su estrategia. Que Pemex sea una "empresa pública de carácter productivo", que se multiplique la exploración de producción de hidrocarburos, que se fomente un entorno de competencia en la refinación, petroquímica y transporte de hidrocarburos, y que sea el eje de una cadena de proveedores nacionales.[30] Se puede hablar de estrategia en sentido estricto solo los dos últimos puntos, los otros son meros objetivos de cualquier estrategia. ¿Alguien querrá hacer a Pemex una empresa improductiva? Por momentos parece que eso queremos con un arreglo institucional como el vigente.

La primera estrategia parece implicar que no se va a abrir exploración y producción a terceros para que puedan competir por el acceso a estos campos, lo cual se puede hacer manteniendo la propiedad de ese petróleo. De ser cierto esto, estaríamos frente a una reforma poco ambiciosa. Basada en permitir a los privados invertir con Pemex, pero sin abrir el sector a la competencia.

En ese sentido se inscribe seguramente la idea de buscar una alianza con Petrobras, anunciada también en el viaje a Chile, lo cual está lejos de ser una novedad. Pemex está asociado con Shell en Estados Unidos en una refinería desde 1993. Esta no sirvió más que para tener una refinería

febrero de 2013). Disponible en línea: (http://www.banxico.org.mx/SieInternet/consultarDirectorioInternetAction.do?accion=consultarCuadroAnalitico&idCuadro=CA188&sector=1&locale=es)

26   British Petroleum (2012). Oil: proven reserves (barrels from 1980 to 2011), BP Statistical Review of World Energy, June 2012. Disponible en línea: (http://www.bp.com/statisticalreview)

27   British Petroleum (2012). Oil production (barrels from 1965), BP Statistical Review of World Energy, June 2012. Disponible en línea: (http://www.bp.com/statisticalreview)

28   British Petroleum (2012). Oil: proven reserves (barrels from 1980 to 2011), BP Statistical Review of World Energy, June 2012. Disponible en línea: (http://www.bp.com/statisticalreview)

29   Enrique Peña Nieto (2011). "Impulsar una nueva reforma energética", título I, Capítulo I, en México, la gran esperanza. Un Estado eficaz para una democracia de resultados, México, Grijalbo, pp. 68 y 69.

30   Reforma (27-01-2012). "Evalúan alianza Pemex-Petrobras", Nacional, p. 4

bien administrada en Estados Unidos. Lo ahí aprendido no ha servido para operar mejor las refinerías de Pemex en territorio nacional.

En lo que se refiere a ser eje de una cadena de proveedores nacionales, no es una estrategia para el sector, sino para la industria. Para Pemex implicará comprar más caro al reducirse el universo de contratistas posibles. Petrobras ya está sufriendo retrasos y sobrecostos en parte porque le impusieron un objetivo similar.

Lo fácil es pensar, como lo hace todo nuevo gobierno, que la fórmula es tratar de administrar mejor a Pemex, bajo la premisa de que ellos sí saben cómo hacerlo. Los presidentes entrantes suelen creer que solo es cuestión de voluntad política o de reorganizarla administrativamente. Ahora se habla de fusionar las subsidiarias en una sola empresa, como estaba antes de la reforma del presidente Salinas de 1992. No sé si este cambio sea mejor o peor, pero su ganancia, si la hubiera, sería marginal y el costo de lograrla muy alto. No se resuelve el problema estructural de un edificio dañado por un sismo cambiando la distribución de los muebles.

El problema de Pemex es mucho más complejo del que puede enfrentarse con una simple reforma administrativa y "echándole más ganas". Ni si quiera se han entendido bien sus detalles técnicos. Tiene dos componentes básicos: una entidad monopólica en el sector que, como suele pasar cuando no hay competencia, tiene muchas ineficiencias (es decir, los bienes y servicios que compra, incluido sus empleados, le cuestan más de lo que deberían), y una compleja, costosa y barroca regulación del gobierno sobre Pemex que hace muy complicada su administración, pero que se requiere para tratar de domesticar a un monopolio con espíritu autónomo, el cual no tiene incentivo alguno para operar más eficientemente y a un menor costo.

Desde la izquierda la solución pasa por darle a Pemex autonomía presupuestal y autonomía de gestión a la par de fortalecer a la Secretaría de Energía y a la Comisión Nacional de Hidrocarburos y repensar tarifas, precios y subsidios de combustibles y electricidad para lograr un acceso equitativo a la energía, entre otras medidas menores. No está claro cómo con esta estrategia van a evitar que el monopolio abuse. Si los accionistas, que somos todos los mexicanos, no tenemos mecanismos para apropiarnos de las rentas que provienen de ese crudo que es nuestro, hay un alto riesgo de que estas se las queden en montos mayores en la empresa, sus trabajadores y administradores y quienes les venden bienes y servicios.

Desde una perspectiva liberal, la cual comparto, la única forma en que Pemex funcione eficientemente como sus pares internacionales es la competencia en todos los ámbitos, incluido exploración y producción. Solo así tendrá los incentivos para ser más eficiente y para concentrarse de forma eficaz en lo más rentable de sus actividades, que es la exploración y producción de crudo.

Hoy Pemex no está en condiciones de competir. Se requiere una transición de algunos años, donde se le permita ir reorganizándose con más libertad, con menos sobrerregulación, y dejando de cargarle subsidios que hoy absorbe, como el del gas LP. Si se le deben cobrar menos impuestos esto sólo se podrá decidir si se tiene un buen estudio que lo demuestre.

Debe existir una fecha clara de inicio de la competencia en todos los ámbitos y se requiere una sofisticada y sólida capacidad regulatoria para este nuevo entorno. De lo contrario, es muy alto el riesgo de que los nuevos jugadores (ese Pemex con más libertad y las empresas privadas que participen en el sector) puedan hacer lo que sea, desde contaminar el ambiente sin pagar costo alguno, hasta contribuir con muchos menos impuestos de los que les corresponderían, con lo cual se afectaría al dueño del petróleo, que es el pueblo de México.

Sin un Estado fuerte y eficaz, los beneficios de la apertura pueden ser menores a lo esperado. Ya nos pasó en la ronda de reformas en los años noventa. Regulamos mal. El costo fue la quiebra de muchos bancos y altos precios en el sector de telecomunicaciones y el ferroviario, por citar dos ejemplos. La expropiación petrolera fue la respuesta a la incapacidad de regular adecuadamente a dicha industria.

Hay que reformar la ley de amparo para que nos proteja contra acciones arbitrarias del gobierno. El poder judicial debe otorgar a la administración pública la deferencia técnica que se le otorga a ésta en otros sistemas judiciales, donde se acepta que la administración es la responsable de planear y ejecutar las políticas públicas y contempla las implicaciones de sus sentencias para el interés general que está, en principio, representado por el Ejecutivo. En la nueva ley de amparo la Cámara de Diputados optó por no otorgar suspensiones en sectores donde el Estado tiene el dominio directo de los recursos según el artículo 27 constitucional. La minuta fue regresada al Senado. La solución va en el sentido correcto de fortalecer a la autoridad, aunque quitar la suspensión sin regular tiempos de solución para las controversias se puede prestar al abuso, por lo que se requiere precisar esto.

Se habla mucho de hacer de Pemex una empresa como cualquiera en el sector privado, pero propiedad del Estado. Una advertencia: si no se hace con cuidado a través de las modificaciones legales necesarias, esta entidad estaría obligada a pagar utilidades a sus trabajadores, con lo cual se apropiarían de una parte no trivial de la renta petrolera. Es decir, la estaríamos privatizando por la puerta trasera.

Siempre hemos temido que Estados Unidos nos presione para abrir el sector. En las negociaciones del Tratado de Libre Comercio de América del Norte el gobierno del presidente Salinas optó por dejarlo fuera de toda discusión. Nuestros vecinos ya no tienen mucho interés en nuestro petróleo.[31] Si se completara el ducto que conecta las nuevas reservas de petróleo no convencional de Alberta, Canadá, con la refinerías del Golfo de México, Estados Unidos podrá prescindir del crudo de Venezuela (el único cliente que le paga en efectivo) y puede generar presiones de precio sobre el crudo mexicano. En las proyecciones de Estados Unidos para 2035, México será un gran importador de gas de nuestro vecino, al que le comprará la mitad delo que estará exportando.

Seguramente hoy es Estados Unidos quien menos quiere que nuestras reservas de gas se exploten y que parte de los empleos creados en Estados Unidos se vengan a México. En relación al crudo estas proyecciones estiman una sustancial caída en la producción mexicana y por lo tanto en nuestras exportaciones. Canadá exporta ya a Estados Unidos casi el doble de crudo que México y para 2035 superarán cuatro veces lo que nosotros exportamos.[32]

Es el momento de dejar de estar mirando hacia atrás y ver hacia el futuro. Hay que buscar la mejor forma para maximizar la renta petrolera y no conformarnos con el actual arreglo o alguna mejora marginal de este, dado que nos ha llevado a una menor producción, a una regulación farragosa, a pérdidas e ineficiencias y, a final de cuentas, a una menor renta petrolera disponible para el pueblo de México.

El gobierno ha generado altas expectativas en los mercados financieros de que habrá una reforma energética. Durante la campaña parecía -por lo dicho en el libro del candidato Peña Nieto y lo que se discutía de forma privada- que esta reforma implicaría abrir a la competencia por lo menos la exploración y producción en el gas no asociado. Si el actual gobierno no hace una reforma petrolera profunda (y una fiscal), las buenas expectativas sobre México se pueden desinflar y muy rápido, como lo está viviendo ahora Brasil.

El gobierno, como ya se dijo, parece inclinarse por una reforma petrolera que permita a Pemex asociarse con terceros, sin abrir de verdad el sector a la competencia, como lo hizo Brasil en 1997. Esto será suficiente para ser criticado por la izquierda, como ya lo han anticipado tanto el PRD como Morena, los cuales ante la lentitud del gobierno en mandar una iniciativa de reforma en el sector ya ocuparon el espacio con una crítica a cualquier reforma posible. Sin embargo, aunque sería un avance, esta estrategia no transformará al sector. Sí hará muy felices a muchos empresarios que podrán participar como socios o contratistas de una expansión en el sector.

Hay sectores donde ya se funciona de modo similar, como en el gas LP, donde existen monopolios regionales privados que extraen una gran renta al consumidor y a los cuales Pemex tiene que surtir. Estas empresas privadas de gas LP son mejores para el consumidor de lo que sería si Pemex tuviera también ese monopolio, dado que Pemex sería mucho más ineficiente. Ciertas asociaciones de Pemex con terceros pueden abaratar algunos costos y abrir a la inversión ciertos sectores, pero no resolverán los excesos de Pemex que provienen de su condición de monopolio.

De hecho, con la reforma petrolera del gobierno de Calderón se tienen las bases legales para lograr contratos de riesgo que permitan potenciar la producción de Pemex y aprender de las mejores prácticas internacionales. Si el gobierno realmente quiere irse por el lado de las asociaciones con terceros, un camino es implementar con profundidad esta reforma. Hasta ahora ha habido dos rondas de campos maduros en los que se usan estos contratos, pero no se ha producido un barril más de petróleo del que antes extraía Pemex de estos campos. Un modelo de este tipo bien implementado, competitivo frente a lo que hay en otros países, y transparente respecto a quién se la asignan los contratos, se puede usar mañana para atraer inversiones y tecnología en aguas profundas, si es que el gobierno tiene la voluntad política para hacerlo. Son proyectos de casi una década de maduración y que requieren decenas de miles de millones de dólares, algo que Pemex no podrá hacer ni conviene que corra el riesgo exploratorio solo. Proponer reformas legales para algo que ya es posible realizar con la legislación vigente puede ser un pretexto para no usar bien los recursos que ya se tienen.

Sin embargo, convendría hacer una reforma constitucional para poder realmente rehacer el sector. La experiencia internacional muestra, como en el caso de Noruega y Brasil, que una buena apertura, lejos de debilitar a la empresa otrora monopólica, la fortalece al hacerla más eficiente.

---

31   Debo este punto a Jaime Zabludovsky.

32   US Energy Information Administration (2012). Annual Energy Outlook 2012. With projections to 2035. Disponible en: (http://www.eia.gov/forecasts/aeo/pdf/0383(2012).pdf)

Bajo este esquema, la empresa sigue siendo por mucho la más grande en el sector, pero la competencia le permite al administrador disciplinar a trabajadores y contratistas que en el caso de México hoy se están quedando con una parte importante de la renta petrolera. Una reforma que abra el sector a la competencia permitiría también el desarrollo de nuevas empresas que le vayan inyectando dinamismo al sector. Abrir a la inversión privada sin competencia en exploración y producción puede terminar siendo una forma distinta de asignar rentas, además de que propiciará un lento e ineficiente crecimiento en el sector, dada la ineficaz burocracia de Pemex y sus reguladores.

Para que el pueblo tenga la mayor renta posible se requiere entender bien cómo han logrado maximizarla los países más eficaces en la materia. Ya hay buenos ejemplos a estudiar y en todos los casos tienen más competencia y mejor regulación que la que hoy enfrenta Pemex. Los cómos específicos para lograr esto son muy complejos y deben decidirse con rigor técnico y con información rigurosa, no a partir de simplificaciones ideológicas o de atavismos constitucionalistas. Pero hay que avanzar ya, en este momento que no hay crisis y podemos decidir con autonomía. De lo contrario, nos arriesgamos a tenerlo que hacer cuando seamos importadores netos de petrolíferos, además de que estaremos nuevamente desaprovechando la oportunidad de crecer más y de hacer más grande esa renta petrolera que es y debe ser del pueblo de México, el de hoy y el de mañana.

Conclusión

En el entorno político mexicano, la defensa de una reforma energética empieza casi inevitablemente con una negación: no se propone ceder la propiedad de la Nación sobre los recursos del subsuelo. Nadie en posición de influencia lo ha propuesto en el pasado reciente y nadie, hasta donde sabemos, lo propondrá en el futuro próximo.

Mucho mejor empezar con una afirmación: es posible poner a México en las ligas mayores de la producción de petróleo y gas, en la vanguardia de la revolución tecnológica del sector energético, en un sitio privilegiado en la generación de conocimiento y la provisión de servicios petroleros.

Es más que posible, hasta fácil resulta. La geología, la geografía y la demografía juegan de nuestro lado. Hay enormes recursos en el subsuelo a unos pasos apenas del mayor mercado de energía del mundo, en un país con una población grande y creciente, con una clase media en expansión.

Nos faltan las instituciones. Pero no se requiere innovar demasiado en ese terreno, basta con poner a México a la hora del mundo. Hay decenas de modelos, incluidos los de países de orientación socialista, que podemos adoptar y adaptar a nuestras circunstancias particulares.

Esto no implica en modo alguno la desaparición de Pemex. Por el contrario, en un escenario de apertura, Pemex, como múltiples organismos pares en otros países, puede no sólo sobrevivir sino prosperar como empresa pública. Pemex cuenta con ventajas significativas: tiene un conocimiento sin paralelo de la geología mexicana, posee gran experiencia en algunos procesos productivos y cuenta con cuadros altamente calificados y con gran compromiso profesional. Tras una reforma, tendría que adaptarse, competir y abrirse al mundo, pero eso es tanto oportunidad como reto.

Reformar significa maximizar el valor de la renta petrolera. A mayor producción mayor flujo de derechos e impuestos, aún si las tasas deben ajustarse a los estándares internacionales. Sobre todo, reformar es darnos la oportunidad de reordenar nuestras finanzas públicas y abandonar la adicción al petróleo, de hacer al gobierno plenamente responsable frente a los ciudadanos, de impulsar la competitividad de la economía y tener seguridad energética, de convertir nuestro patrimonio geológico en activos para el futuro.

Sabemos de las resisten- cias que enfrentará cualquier intento de reforma transformadora. Sabe- mos del entorno de corrupción y complicidad que rodea a Pemex, de los muchos intereses creados, de los arreglos irregulares que unen a fun- cionarios, contratistas y sindicato. Sabemos también del peso simbólico del petróleo en la psique nacional, del peso del nacionalismo en la vida pública del país. Y no, no somos ciegos a la historia negra de algunas multinacionales del petróleo, su rol en la destrucción de las libertades democráticas en múltiples países, su depredación del entorno natural, su participación en graves casos de corrupción, su involucramiento con grupos violentos y hasta criminales.

A pesar de ello, apostamos por la reforma. Por diversas razones se han alineado las condiciones políticas para crear una oportunidad de vencer a los intereses creados y cortar los nudos históricos del sector petrolero. Asimismo, el retraso en los cambios estructurales nos da una ventaja paradójica: podemos aprender en cabeza ajena. Podemos escoger lo mejor del mundo, las mejores instituciones, las mejores prácticas. Podemos decidir ser Noruega y no Nigeria.

Se requiere valor político, sin duda. Pero tal vez menos del que se anticipa. Bien explicada, una buena reforma puede alcanzar el respaldo mayoritario de la opinión pública. Habrá gritos y sombrerazos, manifestaciones ruidosas y condenas fulminantes. Pero nada que implique la muerte política de un legislador que se atreva a votar por una reforma bien hecha.

El reto es construirla, no hay fórmula única. Las propuestas presentadas en este reporte no son más que eso, propuestas. Mejorables, debatibles, sujetas a escrutinio crítico. Muchas otras vendrán en los próximos meses, probablemente superiores a las nuestras. Mientras más, mejor. La reforma al sector de hidrocarburos exige un gran esfuerzo de imaginación e inteligencia colectivas. Si en algo contribuye este reporte a ese propósito, nos sentiremos más que satisfechos.

No estamos casados con ninguna solución específica al dilema petrolero, pero alguna solución debe haber. Lo único intolerable es la parálisis, el estancamiento, la imposibilidad de movernos de las certidumbres de otra época, la pérdida de oportunidades irrepetibles. En política, también se peca por omisión. No hacer nada cuando hay todo por ganar es condenar a México a ser el país que siempre ha sido y que ya no quiere ser.

Resultados del Índice de Competitividad Internacional 2013

Resultados del Índice General

El Índice de Competitividad Internacional evalúa y compara la capacidad de las economías más importantes y avanzadas del mundo para atraer y retener talento e inversión. Para lograr estos dos objetivos, los países deben crear condiciones integrales que permitan a las personas y empresas maximizar su potencial productivo. Además, deben incrementar de forma sostenida su nivel de bienestar, más allá de las posibilidades intrínsecas que ofrezcan sus propios recursos y sus capacidades tecnológicas y de innovación. Estos esfuerzos por fomentar la competitividad deben ser independientes de las fluctuaciones normales inherentes a los ciclos económicos.

Los diez subíndices

Los índices de competitividad están construidos con base en diez subíndices de competitividad. A continuación se describe brevemente cada uno:

1. Sistema de Derecho confiable y objetivo.

Este subíndice tiene por objeto calificar la existencia y observancia generalizada de reglas claras, libertades y garantías indispensables para un correcto desempeño económico. Para ello, incorpora los principales aspectos de certeza jurídica en la interacción entre personas, empresas y gobiernos en la economía y en la sociedad, como base fundamental para incentivar la inversión y la sana competencia. También evalúa los niveles de seguridad pública y de corrupción en una sociedad.

2. Manejo sustentable del medio ambiente.

Este subíndice califica tanto el estado de conservación ambiental como la interacción entre los recursos naturales, las actividades productivas y la población. El subíndice refleja la sustentabilidad ambiental como condición indispensable para generar crecimiento y desarrollo en el largo plazo.

3. Sociedad incluyente, preparada y sana.

Este subíndice califica los niveles de inclusión, salud y educación de una sociedad. Considera que el bienestar y las capacidades de la fuerza laboral constituyen una aproximación del capital humano de una sociedad, lo cual a su vez está determinado por el acceso a la educación, la salud y a la igualdad de oportunidades. En la era del conocimiento, el capital humano representa el principal componente de una sociedad competitiva y el principal determinante de su calidad de vida.

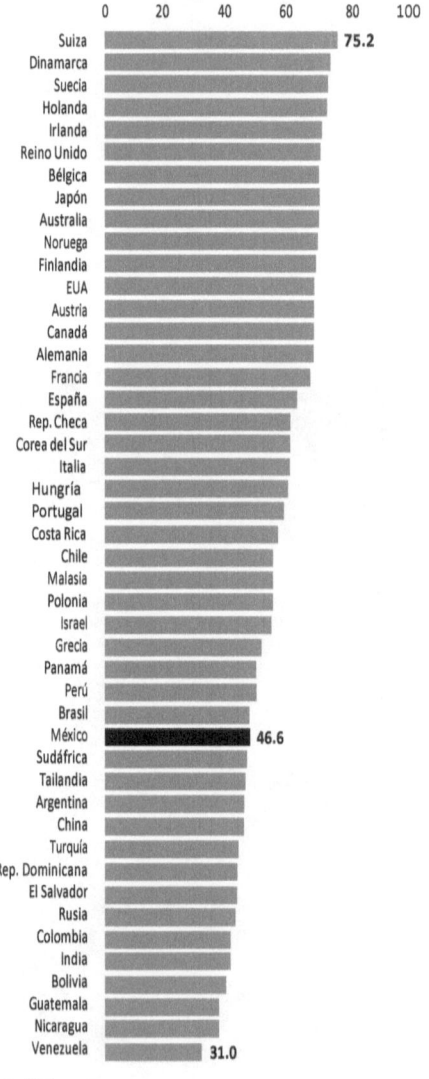

Gráfica 1. Índice General de Competitividad Internacional 2013

Fuente: IMCO.

4. Economía estable.

Este subíndice mide el desempeño y la estabilidad de la economía que otorga certidumbre a inversionistas, empresas e individuos para planear y tomar decisiones de corto y largo plazo. El subíndice incorpora medidas de riesgo relacionadas con el endeudamiento público y privado, así como el riesgo implícito en la volatilidad de la economía de cada país.

5. Sistema político estable y funcional.

Este subíndice califica la calidad del sistema político a partir de su legitimidad democrática, representatividad, estabilidad y efectividad. Se incluyen indicadores que incorporan los derechos políticos de los ciudadanos y su participación en los procesos electorales. También se consideran factores de riesgo que amenazan el desempeño de las instituciones democráticas.

6. Mercados de factores eficientes.

Este subíndice califica la eficiencia de los mercados de factores de producción -es decir, los mercados de los insumos que utilizan las empresas para sus actividades productivas. Para este fin, utilizamos indicadores que evalúan y comparan los costos y la productividad de distintos factores de producción, como el trabajo y la energía, además de los bienes de capital.

7. Sectores precursores de clase mundial.

Este subíndice mide la calidad, eficiencia y costos de sectores precursores tales como telecomunicaciones, transporte y financiero, que inciden en la productividad de muchos otros sectores de la economía. Por lo tanto, el buen funcionamiento de estos sectores es una condición necesaria para el desarrollo a largo plazo de un país. Los sectores precursores conforman una infraestructura logística y financiera que facilita el intercambio comercial, la provisión de servicios de punta, la innovación y el desarrollo de productos y empresas.

8. Gobierno eficiente y eficaz.

Este subíndice mide cómo interactúan los gobiernos con la economía, afectando su desempeño de manera directa e indirecta. El subíndice consta de tres ejes que miden el impacto de las políticas e instituciones de gobierno en la competitividad de los mercados. Los tres ejes son: (1) el costo de hacer negocios, asociado a trámites e interacción con autoridades; (2) la calidad de la regulación sectorial y promoción de la competencia y, (3) la suficiencia y eficiencia del gasto público.

9. Aprovechamiento de las relaciones internacionales.

Este subíndice califica en qué medida los países capitalizan su relación con el exterior para ser más competitivos. Evalúa temas como el turismo internacional, el comercio exterior y los flujos de capitales a través de indicadores que reflejan tanto el volumen de los flujos como las barreras que enfrentan.

10. Innovación y sofisticación en los sectores económicos.

Este subíndice califica la capacidad de los países para competir con éxito en la economía global, particularmente en sectores de alto valor agregado intensivos en conocimiento y tecnología de punta. El subíndice evalúa temas como el nivel de sofisticación de las economías de los países y su capacidad para generar valor a través de la innovación y el avance tecnológico.

Tres primeros lugares

Suiza ha ocupado la primera posición en el Índice de Competitividad en 10 de los 11 años que comprende el estudio. La nación helvética cuenta con una economía avanzada, diversificada y plenamente inte- grada a la economía global. Sus habitantes gozan de un alto estándar de vida y cuentan con niveles envidiables de educación y salud. Suiza destaca en casi todos los subíndices, y en cuatro de ellos se ubica en los primeros tres lugares. En términos globales, es el país más exitoso para atraer y retener talento e inversión.

Dinamarca lidera el subíndice de Gobiernos eficientes y eficaces, y ocupa la tercera posición en el de Relaciones Internacionales. En los subíndices de Sistema de Derecho y de Sectores precursores alcanza la cuarta posición. Esta nación escandinava cuenta con niveles muy altos de bienestar social y destaca por su baja desigualdad socioeconómica y su alta equidad de género. Cuenta con una economía moderna de libre mercado y es altamente dependiente del comercio internacional. Exporta principalmente bienes de capital, instrumentos de precisión y alimentos procesados. A excepción del año 2001, Dinamarca se ha posicionado siempre entre los mejores cinco países del Índice. Además, en 2005 ocupó la primera posición.

Suecia es una economía avanzada bastante similar a Dinamarca por su combinación de una economía de libre mercado con un amplio Estado de Bienestar. Suecia, al igual que Dinamarca y Suiza, es una economía diversificada orientada al comercio internacional. Sin embargo, a diferencia de los dos países antes citados, Suecia no sólo exporta manufacturas y alimentos sino también materias primas como madera, energía y minerales. Suecia ocupa el tercer lugar en el Índice general debido a su buen desempeño en los subíndices de Derecho (2°), Sociedad (3°) y Medio ambiente (4°). Este es el mejor resultado que el país ha obtenido en el periodo de estudio. Suecia mejoró seis posiciones (de la novena a la tercera) entre 2001 y 2011.

¿Qué ha pasado en el mundo?

El contexto económico global ha mejorado gradualmente desde la crisis financiera y económica global de 2008-2009. Pero la recuperación no ha sido pareja. El mundo está creciendo a distintas velocidades: las naciones emergentes crecen a tasas relativamente altas y, en el mundo desarrollado, EUA y Japón continúan recuperándose a un paso moderado, mientras que Europa no logra salir de la recesión.

Un dato importante es que en los primeros meses de 2013 gran parte de los analistas han revisado a la baja sus expectativas de crecimiento tanto a nivel global como en la mayoría de las principales economías del mundo. Como se puede ver en la Gráfica 2, en los pronósticos de crecimiento del FMI solamente Japón tuvo una revisión al alza entre enero y abril de 2013.

Gráfica 2. Pronósticos de crecimiento económico en 2013 para las principales economías del mundo (%)

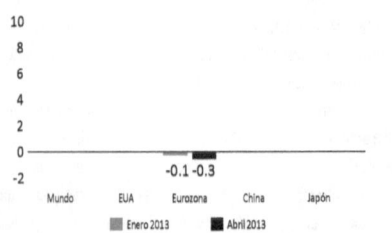

Fuente: IMCO con datos del Fondo Monetario Internacional, World Economic Outlook - Abril de 2013.

A continuación se mencionan las tendencias económicas de las principales economías del mundo en años recientes.

Europa

Si bien el riesgo de una disolución de la Eurozona hoy es más improbable que hace un año o dos, Europa aún está lejos de ver el fin de la recesión. En su conjunto, las economías de la Eurozona –que agrupa a 17 países de la Unión Europea- Están en recesión desde el último trimestre de 2011.[1] Sin reactivación económica, es difícil que los países europeos –en particular los del Mediterráneo, que son los más afectados por la crisis- logren reducir sus niveles de desempleo y de endeudamiento gubernamental. Por ejemplo, en marzo de 2013, las tasas de desempleo abierto en Grecia y España eran de 27%, contra un promedio de 12% para toda la Eurozona.[2] En Grecia, la deuda pública representaba 157% del PIB en 2012, la cifra más alta de la Unión Europea.[3] Actualmente, de las 17 economías de la Eurozona, sólo cinco -Finlandia, Eslovaquia, Eslovenia, Estonia y Luxemburgo- tienen niveles de endeudamiento por debajo del tope de 60% establecido por el Acuerdo de Maastricht (el pacto fundacional de la moneda única europea).

Es difícil imaginar que los países europeos logren reducir sus niveles de desempleo y de deuda si no logran reactivar sus economías. En 2012, de las cuatro economías más grandes de la Eurozona, sólo Alemania registró tasas positivas de crecimiento. Italia, Francia y España estuvieron en contracción. Sin embargo, la economía alemana dista de gozar de plena salud: se espera que en 2013 se expanda en tan sólo 0.6%, luego de crecer 0.7% en 2012 y un robusto 3% en 2011.

La Eurozona está en una fase de ajustes estructurales necesarios para subsanar los desequilibrios que han llevado a la unión monetaria al borde del abismo. Por ello, es improbable que en el corto plazo las economías del viejo continente regresen a la senda del crecimiento.

Estados Unidos

El gigante norteamericano continúa siendo, por mucho, la primera economía del orbe, con más de 20% del PIB global. El país está en franca recuperación: el PIB creció 1.7% en 2011, 2.2% en 2012, y se espera una cifra similar para 2013. En el primer trimestre del año se expandió a una tasa anualizada de 2.5%, una tasa envidiable para casi todas las economías desarrolladas.[4]

1. Eurostat (15-05-2013). *Flash estimate for the first quarter of 2013*. Obtenido en: http://epp.eurostat.ec.europa.eu/cache/ITY_PUBLIC/2-15052013-AP/EN/2-15052013-AP-EN.PDF

2. EUROSTAT (Mayo 2013). Comisión Europea. *Estadísticas de Desempleo*. Obtenido en: http://epp.eurostat.ec.europa.eu/statistics_explained/index.php/Unemployment_statistics

3. EUROSTAT (Mayo 2013). Comisión Europea. *Estadísticas de Gobierno*. Obtenido en: http://epp.eurostat.ec.europa.eu/portal/page/portal/government_finance_statistics/data/main_tables

4. Bureau of Economic Analysis (26-04-2013). *"National Income and Product*

Sin embargo, la economía norteamericana aún no se recupera por completo. La tasa de desempleo se mantiene en niveles cercanos a 7.5%, muy por encima del 4.4% registrado en mayo de 2007, antes del inicio de la crisis financiera y de la recesión económica.[5] Por otra parte, la falta de un plan bipartidista para reducir la deuda gubernamental del gobierno estadounidense ha provocado una serie de recortes al gasto público (el Budget sequester), sin los cuales la recuperación de la economía norteamericana sería aún más robusta. Sin embargo, es claro que Estados Unidos ha regresado a la senda del crecimiento y que la producción industrial, el empleo y el consumo volverán eventualmente a sus niveles pre-crisis. En este sentido, su situación es mucho más saludable que la de la Eurozona.

Japón

La tercera economía más grande del mundo también ha retomado el crecimiento económico. Japón está saliendo de dos décadas muy malas económicamente: en medio de una etapa de estancamiento prolongado que inició en 1991, esta nación resintió con agudeza la crisis de 2008-2009 y posteriormente fue sacudida por el terremoto y tsunami de marzo de 2011. Este siniestro, además de dañar la central nuclear de Fukushima, destruyó una parte importante de la infraestructura industrial del este de Japón y, por lo tanto, redujo el nivel de actividad económica. Sin embargo, desde entonces las perspectivas económicas del país han mejorado continuamente, y se espera un crecimiento del PIB de 1.6% para 2013.[6]

El plan de estímulo económico del gobierno de Shinzo Abe podría elevar el potencial de crecimiento económico de la economía nipona y sacarla en definitiva del estancamiento. Entre los elementos de este plan están la flexibilización de la política monetaria, el incremento del gasto público, y el impulso a las exportaciones a través de nuevos tratados de libre comercio y de reformas estructurales que den impulso a la innovación en sectores específicos.

El mundo emergente

Las regiones emergentes del planeta -África, América Latina, la mayor parte de Asia y Europa Oriental- están creciendo de forma sostenida. De 2001 a 2011 el último año para el cual tenemos datos los países en desarrollo crecieron a una tasa promedio anual de 5.9%.[7] Esta cifra es casi cuatro veces mayor a la que registraron las economías avanzadas en el mismo periodo (1.5%). En 2010, por primera vez en la historia, la producción de las economías emergentes superó la de las desarrolladas (a paridad de poder de compra).[8] El mundo emergente (y en particular las economías más grandes como China e India) se ha convertido en el motor del crecimiento económico global. Su importancia continuará creciendo en las siguientes décadas.

Si bien las economías emergentes están creciendo, en conjunto, a tasas cercanas al 6%, en términos regionales hay contrastes significativos. Como se puede ver en la Gráfica 3, la región de Asia Oriental y el Pacífico asiático creció a una tasa promedio de 9% en la última década. En general, las economías emergentes asiáticas tuvieron el mejor desempeño en este periodo. En contraste, América Latina fue la región emergente con menor crecimiento con una tasa promedio anual de sólo 3.5%. Es preocupante que la tasa de crecimiento de México en este periodo - de 2%- haya sido muy inferior al promedio de América Latina y de todas las regiones emergentes del mundo.

Gráfica 3. Tasa promedio de crecimiento económico por región del mundo en desarrollo, 2001-2011 (%)

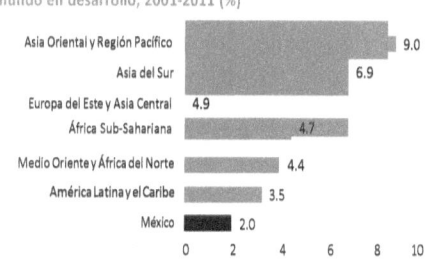

Fuente: IMCO con datos del Banco Mundial (World Development Indicators).

Accounts Gross Domestic Product, First Quarter 2013 (advance estimate)". Obtenido en: http://www.bea.gov/newsreleases/national/gdp/gdpnewsrelease.htm

5. Bureau of Labor Statistics (2013). "Labor Force Statistics from the Current Population Survey". Obtenido en: http://data.bls.gov/timeseries/LNS14000000

6. Fondo Monetario Internacional (2013). World Economic Outlook, abril 2013. Obtenido en: http://www.imf.org/external/pubs/ft/weo/2013/01/pdf/text.pdf

7. Promedio para 144 países ponderado por el tamaño de la economía. Fuente: Banco Mundial (2013). World Development Indicators. Obtenido en: http://databank.worldbank.org/data/

8. OCDE (2010). "Perspectives on Global Development 2010: Shifting Growth"

China

El gigante asiático merece una mención especial por su espectacular trayectoria económica. La economía china ha sufrido una ligera desaceleración en los últimos tres años, pero sigue creciendo a tasas que serían excepcionalmente altas para casi cualquier país: 7.8% en 2012, contra 9.3% en 2011 y 10.4% en 2010. Para 2013, la expectativa de crecimiento de la economía es de alrededor de 8%.

China es la nación que más contribuye al crecimiento económico mundial. También es clave en términos del comercio internacional. En 2010, rebasó a Alemania para convertirse en el mayor exportador del mundo.[9] El ascenso de China ha sido vertiginoso: en 2000 era apenas la sexta economía del orbe, pero para 2010 ya era la número dos, sólo detrás de EUA.

Las altas tasas de crecimiento económico en China han generado serios problemas ambientales, políticos y sociales que merecen atención. Sin embargo, no tenemos indicios para suponer que China esté en riesgo de sufrir una desaceleración marcada (por debajo de la tasa de 8% a la que crece actualmente). Por lo tanto, es probable que en los siguientes años China continúe jugando el rol de motor del crecimiento global y que siga siendo el mercado más atractivo y con más potencial para empresas de todo el mundo.

Desempeño de México

Gráfica 4. Desempeño de México en el Índice General de Competitividad 2001-2011 (posición entre 46 países).

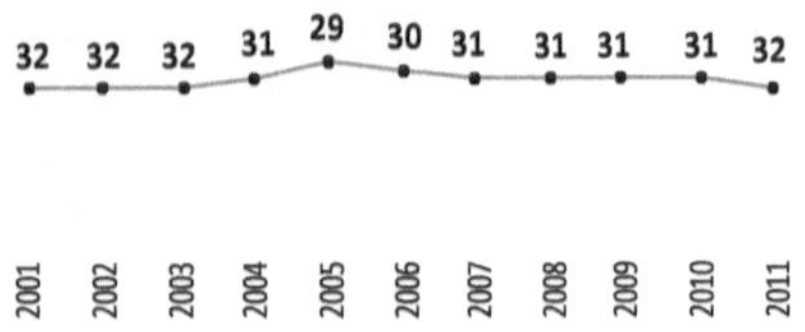

2001	2002	2003	2004	2005	2006	2007	2008	2009	2010	2011
32	32	32	31	29	30	31	31	31	31	32

Fuente: IMCO.

México se encuentra actualmente en la posición 32. Esto quiere decir que el país está en la misma posición que hace 11 años en relación a las principales economías del mundo. El estancamiento de México tiene múltiples causas, pero quizá la más importante sea la incapacidad del país para crecer sostenidamente a partir del incremento de la productividad. A pesar del buen manejo de las variables macroeconómicas, y de algunos avances en lo social y en lo político, el país aún no ha podido crear las condiciones para que la economía despegue. En términos absolutos es cierto que México está mejor que en 2001: los indicadores de ingreso, educación, salud y consumo son sin duda mejores. Pero muchas naciones emergentes similares a México -como Chile, Perú, Brasil o Colombia en América Latina, y otras en Asia- han avanzado a un ritmo mucho mayor.

---

9. The Guardian (01-10-2010). "China becomes world's biggest exporter". Obtenido en: http://www.guardian.co.uk/business/2010/jan/10/china-tops-germany-exports

Desempeño de México por subíndice

1. Sistema de Derecho confiable y objetivo			
Índice (0-100)			
2011	Posición	2009	Posición
51.02	29	53.14	29

2. Manejo sustentable del medio ambiente			
62.11	29	62.00	31

3. Sociedad incluyente, preparada y sana			
54.35	35	51.98	36

4. Economía estable y dinámica			
70.45	21	62.91	35

5. Sistema político estable y funcional			
67.03	36	71.15	31

6. Mercados de factores eficientes			
27.66	39	21.09	40

7. Sectores precursores de clase mundial			
23.63	42	23.61	42

8. Gobierno eficiente y eficaz			
61.68	30	63.48	27

9. Aprovechamiento de las relaciones internacionales			
31.09	29	31.32	28

10. Innovación y sofisticación en los sectores económicos			
23.57	27	23.76	27

Fortalezas de México

Economía estable. Es el único subíndice en el que México logra ubicarse por arriba de la media. Ocupa la posición 21 tras un avance de 14 posiciones desde 2009. Lo anterior es consecuencia de una mayor estabilidad de la economía mexicana, misma razón por la que otros países como España, Grecia o Portugal experimentan fuertes retrocesos tras las crisis en las que se han visto sumergidos recientemente.

Rezagos de México

Sectores precursores de clase mundial. México ocupa la posición 42 en este subíndice debido a fuertes rezagos en indicadores como el tránsito de pasajeros en vuelos comerciales, la baja cantidad de usuarios de internet en el país y la escasa penetración del sistema financiero privado. En general, México se encuentra entre los últimos 15 países en ocho de los 13 indicadores que componen este subíndice.

Mercados de factores eficientes. Se ubica en la posición 39 de 46 países. México se ve principalmente afectado por el hecho de ser una de las únicas dos naciones del estudio (junto con Venezuela) en mantener el sector energético cerrado a la inversión privada. Por otra parte, obtiene bajos puntajes en los índices de Flexibilidad de las leyes laborales y Transparencia y regulación de la propiedad privada, elaborados por Fraser Institute y Jones Lang LaSalle respectivamente. En ambos índices México se encuentra en la posición 33, muy alejado del promedio del resto de los países.

Tendencias a futuro

El inicio del siglo XXI no ha sido auspicioso para México. El crecimiento económico del país ha sido muy bajo respecto a lo ocurrido en el mundo. Entre 2001 y 2011, la economía se expandió a una tasa promedio anual de 2%. Si consideramos el ingreso per cápita -quizá el indicador más importante de bienestar- el incremento promedio anual ha sido de sólo 0.8%. Esto quiere decir que, si el país no cambia su tendencia en materia económica, habrá que esperar 92 años para que el ingreso de los mexicanos se duplique. Esta cifra contrasta con la de otros países emergentes: en China, el ingreso per cápita tardará 10 años en duplicarse, si se mantiene la tasa de crecimiento económico de la última década. En Perú tardará 20 años, y Chile 32. Pocas economías emergentes han tenido un desempeño económico tan pobre en años y décadas recientes como México.

Sin embargo, en 2013 existe una valiosa ventana de oportunidad para aprobar e implementar una serie de reformas estructurales que podrían elevar la competitividad del país y, por ende, su capacidad para crecer de manera sostenida, generando empleo y bienestar. El arranque de la actual administración ha sido promisorio, entre otras cosas, por la articulación del Pacto por México: un acuerdo político entre PRI, PAN y PRD que define una serie de objetivos y propuestas de política pública de gran alcance. El Pacto por México es un ejercicio inédito de construcción de una agenda prioritaria para el desarrollo del país por sus principales fuerzas políticas.

El Pacto ya ha rendido algunos frutos: las reformas educativa y de telecomunicaciones fueron discutidas y elaboradas a través de esta plataforma. Al mismo tiempo, el Pacto ha permeado en las expectativas de reforma tanto en México como en el exterior. Las reformas estructurales que antes parecían políticamente imposibles hoy lucen viables como resultado de una nueva coyuntura política.

Es cierto que el Pacto por México es un instrumento político frágil, sujeto a las voluntades, intereses y conflictos de las fuerzas políticas que hasta ahora han decidido apoyarlo. Pero también es cierto que, hasta mediados de 2013, aún se mantiene vigente y sigue siendo el vehículo más importante para la realización de las tan necesarias reformas. En la segunda mitad de este año se discutirán y presentarán iniciativas de reforma en materia fiscal y energética por esta vía. Estas dos reformas serán la prueba de fuego del Pacto, que en el proceso podría fracturarse. Sin embargo, su potencial para transformar al país es significativo y por ellas bien vale la pena asumir el riesgo de agotar el Pacto.

Como se argumenta en la sección sobre energía en este mismo reporte, una reforma de fondo al sector de hidrocarburos podría multiplicar la inversión en el sector y convertirlo en un motor de competitividad, innovación y desarrollo tecnológico, impulsando a la economía nacional. El vasto potencial de México en este sector no ha podido ser aprovechado como resultado de un marco legal excepcionalmente restrictivo y obsoleto. Sin embargo, aún no queda claro qué tan ambiciosa será la iniciativa de reforma que presentará el Ejecutivo federal y el Pacto por México en el otoño.

Por otra parte, una reforma fiscal ambiciosa debe tener como primer objetivo elevar la eficacia del gasto público, es decir, lograr que cada peso que recauda el gobierno tenga el mayor impacto posible en el bienestar de la sociedad y en el dinamismo de la economía. Antes de pretender recaudar y gastar más, el Estado deberá demostrar su compromiso de gastar mejor a través de la evaluación rigurosa de los programas de gobierno y la eliminación de aquellos que no valen lo que cuestan, por ejemplo. También deberá frenar los actos de corrupción que conducen al desfalco del erario público. Al igual que en el caso de la reforma energética, en materia fiscal aún no se tiene suficiente información para inferir en qué medida la reforma buscará recaudar más, y en qué medida contribuirá a que contemos con un gobierno más eficaz, más eficiente y más responsable a la hora de gastar el dinero de la sociedad.

En el largo plazo, la tendencia más importante para el desarrollo del país será la evolución de la productividad. La administración del Presidente Peña Nieto tiene razón al subrayar la importancia de esta variable como determinante de los niveles de prosperidad y bienestar de los mexicanos. En las últimas tres décadas la productividad por hora trabajada -es decir, el valor agregado que genera un trabajador promedio- lejos de aumentar, ha decrecido ligeramente. Esta tendencia explica el estancamiento de los salarios y del empleo, así como el lento mejoramiento de los indicadores de calidad de vida.

Impulsar la productividad es una tarea compleja que requiere de acciones en muchos ámbitos: elevar la calidad de la educación y el nivel de capital humano, impulsar la formalización de la actividad económica, facilitar el desarrollo de las Pymes a través de una mayor diversidad de fuentes de financiamiento, promover la inversión en investigación y desarrollo, y ampliar el acceso a las tecnologías de la información, por mencionar algunos ejemplos. Alcanzar estas metas requiere no sólo de reformas y programas que emprenda el gobierno, sino también de los esfuerzos y sinergias entre la sociedad civil, el sector privado y las instituciones educativas.

I. Sistema de Derecho confiable y objetivo

I. Sistema de Derecho confiable y objetivo

Este subíndice tiene por objeto calificar la existencia y observancia generalizada de reglas claras, libertades y garantías indispensables para un correcto desempeño económico. Para ello, incorpora los principales aspectos de certeza jurídica en la interacción entre personas, empresas y gobiernos en la economía y en la sociedad como base fundamental para incentivar la inversión y la sana competencia. También evalúa los niveles de seguridad pública y de corrupción en una sociedad.

Indicadores del subíndice

1. Índice de imparcialidad de las cortes.

Qué mide: La capacidad del sistema judicial para resolver controversias entre individuos y empresas. Se realiza a través de una encuesta a empresas y líderes de opinión.

Unidades: Índice (0-10), más alto es mejor.

Fuente: Fraser Institute.

2. Índice de independencia del poder judicial.

Qué mide: El grado de independencia del sistema judicial. Se basa en encuestas a empresas y líderes de opinión.

Unidades: Índice (0-10), más alto es mejor.

Fuente: Fraser Institute.

3. Índice de corrupción.

Qué mide: La percepción de corrupción en el sector público. El índice incluye opiniones de expertos, del sector empresarial y de la población en general.

Unidades: Índice (0-100), más alto es mejor.

Fuente: Transparency International.

4. Índice de crimen organizado.

Qué mide: La percepción del sector empresarial respecto al poder y la prevalencia del crimen organizado.

Unidades: Índice (1-7), más alto es mejor.

Fuente: World Economic Forum (WEF).

5. Índice de derechos de propiedad.

Qué mide: La probabilidad de que una propiedad sea expropiada así como la eficacia con la cual las leyes protegen la propiedad privada.

Unidades: Índice (0-100), más alto es mejor.

Fuente: Heritage Foundation.

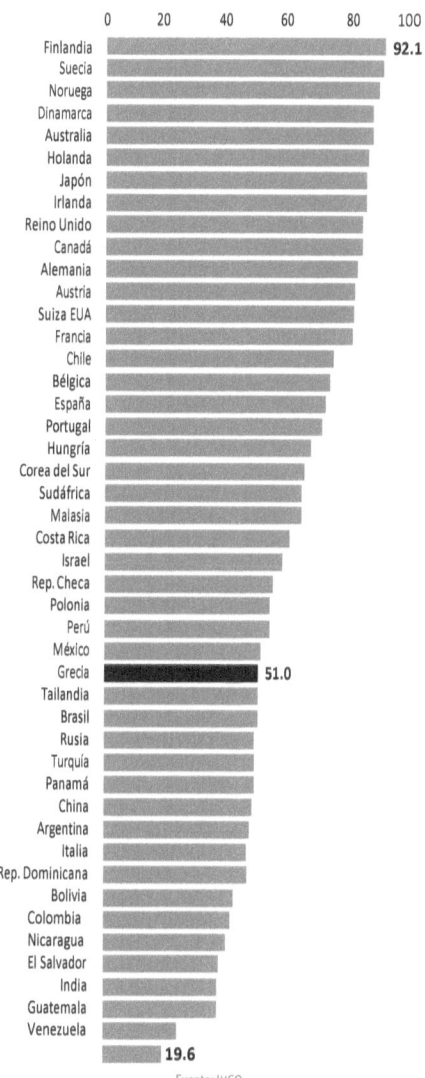

Gráfica 1. Posiciones en Sistema de Derecho confiable y objetivo

Finlandia 92.1
Suecia
Noruega
Dinamarca
Australia
Holanda
Japón
Irlanda
Reino Unido
Canadá
Alemania
Austria
Suiza EUA
Francia
Chile
Bélgica
España
Portugal
Hungría
Corea del Sur
Sudáfrica
Malasia
Costa Rica
Israel
Rep. Checa
Polonia
Perú
México
Grecia 51.0
Tailandia
Brasil
Rusia
Turquía
Panamá
China
Argentina
Italia
Rep. Dominicana
Bolivia
Colombia
Nicaragua
El Salvador
India
Guatemala
Venezuela 19.6

Fuente: IMCO

6. Índice de libertades civiles.

Qué mide: Evalúa las libertades civiles y los derechos políticos con que cuentan los ciudadanos en un país.

Unidades: Índice (0-100), más alto es mejor.

Fuente: Heritage Foundation.

7. Índice de protección a acreedores.

Qué mide: El grado en que las leyes regulan la bancarrota y sus daños colaterales para proteger a los deudores y a los acreedores.

Unidades: Índice (0-10), más es mejor.

Fuente: Banco Mundial.

8. Índice de piratería informática.

Qué mide: La proporción de software que es ilegal ("pirata") en un país.

Unidades: Índice (0-1), menos es mejor.

Fuente: Business Software Alliance.

9. Tiempo para resolver quiebras.

Qué mide: Los años que toma la resolución de una quiebra desde el momento en que ésta es declarada.

Unidades: Años.

Fuente: Banco Mundial.

10. Tiempo medio para ejecutar contratos.

Qué mide: El número de días promedio requeridos para la ejecución de contratos de negocios.

Unidades: Días.

Fuente: Banco Mundial.

Tres primeros lugares

Finlandia - Este país nórdico lidera el subíndice debido a que ocupa la primera posición en tres de los diez indicadores que lo componen. Estos indicadores son el Índice de percepción de corrupción, el Índice de derechos de propiedad y el Índice de libertades civiles. También ocupa la segunda posición en las variables de Imparcialidad de las cortes y Crimen organizado.

Suecia - La segunda posición de Suecia en el subíndice se debe principalmente a que lidera cuatro indicadores: Imparcialidad de las cortes, Independencia del poder judicial, Índice de derechos de propiedad y el Índice de libertades civiles (en éstos dos últimos comparte la primera posición con Finlandia).

Noruega - Se ubica dentro de los cinco mejores países en siete indicadores. Destaca su segunda posición en la variable de Tiempo para ejecutar contratos, proveniente del informe Doing Business, así como el hecho de contar con el cuarto menor tiempo para la resolución de una quiebra.

Desempeño de México

Gráfica 2. Desempeño de México en el subíndice de Derecho, 2001-2011 (posición entre 46 países).

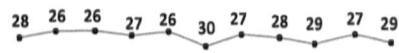

28	26	26	27	26	30	27	28	29	27	29
2001	2002	2003	2004	2005	2006	2007	2008	2009	2010	2011

Fuente: IMCO.

México se ha mantenido relativamente estable en este subíndice durante el periodo 2001-2011, oscilando entre las posiciones 26 y 30. El indicador más rezagado para México es la seguridad pública, la cual se ha deteriorado significativamente desde 2007, así como el sistema de justicia penal. La reforma penal de 2008, que podría fortalecer significativamente el sistema de Derecho del país, no ha sido implementada a nivel federal y en las entidades federativas avanza de forma heterogénea.

I. Sistema de Derecho confiable y objetivo

1. Índice de imparcialidad de las cortes
Índice (0-10), más alto mejor

	2011	Posición	2009	Posición
México	3.75	30	3.74	31
Fraser Institute				

2. Índice de independencia del poder judicial
Índice (0-10), más alto mejor

	2011	Posición	2009	Posición
México	3.82	35	3.69	36
Fraser Institute				

3. Índice de corrupción
Índice (0-100), más alto mejor

	2011	Posición	2009	Posición
México	34	40	33	40
Transparency International				

4. Índice de crimen organizado
Índice (1-7), más alto mejor

	2011	Posición	2009	Posición
México	2.70	42	2.70	41
WEF				

5. Índice de derechos de propiedad
Índice (0-100), más alto mejor

	2011	Posición	2009	Posición
México	50	26	50	24
Heritage Foundation				

6. Índice de libertades civiles
Índice (0-10), más bajo mejor

	2011	Posición	2009	Posición
México	3	33	3	33
Freedom House				

7. Índice de protección a acreedores
Índice (0-10), más alto mejor

	2011	Posición	2009	Posición
México	3	37	5	29
Banco Mundial				

8. Índice de piratería informática
Índice (0-1), menos es mejor

	2011	Posición	2009	Posición
México	0.57	29	0.60	31
Business Software Alliance				

9. Tiempo para resolver quiebras
Años

	2011	Posición	2009	Posición
México	1.80	19	1.80	17
Banco Mundial				

10. Tiempo medio para ejecutar contratos
Días

	2011	Posición	2009	Posición
México	415	16	415	15
Doing Business				

Fortalezas de México

Tiempo medio para ejecutar contratos – Los 415 días que se necesitan en el país para la ejecución de un contrato colocan al país en la posición 16 de 46. Si bien esto ubica a México por encima del promedio, los tres mejores países del indicador se ubican por debajo de los 300 días.

Tiempo para resolver quiebras - En este indicador México está ligeramente mejor que el promedio, al requerir 1.8 años para una resolución de este tipo, contra los 2.1 de la media de los países. No obstante, en nueve países esta acción requiere de un año o menos, por lo que aún existe un amplio margen de mejora para el país.

Rezagos de México

Índice de crimen organizado – La larga crisis de inseguridad que ha vivido el país provoca que se ubique entre los peores cinco en este indicador, únicamente por arriba de El Salvador, Guatemala, Venezuela y Colombia. En la última década, México ha figurado consistentemente en las últimas posiciones del subíndice, situación que continuará mientras no se reduzcan significativamente los niveles de violencia y criminalidad.

Índice de corrupción – De acuerdo con datos de Transparencia Internacional, la corrupción en México continúa en niveles muy altos y con una tendencia al alza. En 2011 el país obtuvo una calificación de 34 puntos sobre 100, muy por debajo del promedio de 56 puntos que presentan los países incluidos en el estudio. Desde 2001, México ha caído del percentil 48 al 60 en este índice, una de las caídas más pronunciadas dentro de los 170 países evaluados.

Tendencias a futuro

Aunque desde 2011 han bajado ligeramente los niveles de violencia en el país, éstos siguen siendo muy altos. Millones de mexicanos viven bajo el asedio del crimen organizado. Es difícil pronosticar la tendencia en este renglón, pero las tasas de violencia y de criminalidad aún deben descender significativamente para que el país regrese a una normalidad pacífica que permita tanto el crecimiento sostenido de la economía como el que los mexicanos se sientan otra vez seguros. A principios de 2013, por ejemplo, la tasa de homicidios del país todavía es más del doble de lo que era en 2007, antes de que el país entrara en la espiral de violencia.

Especialmente importante será el desenlace de las crisis de gobernabilidad por las que atraviesan entidades como Michoacán y Guerrero. En estos estados, la incapacidad de los gobiernos estatales y locales para contener al crimen organizado ha provocado el surgimiento de grupos de autodefensa que en ocasiones operan al margen de las instituciones. El Estado mexicano debe incrementar su capacidad para proteger a la población y luchar contra el crimen organizado, sin soslayar los derechos humanos y las garantías democráticas.

Un riesgo adicional en estas entidades es la tendencia de movimientos sociales (como el movimiento magisterial en rechazo a la reforma educativa) a violar los derechos de terceros y cometer ilícitos como instrumento de presión política. La incapacidad del Estado para aplicar la ley de forma legítima, creíble y con apego a derecho podría incentivar a otros grupos de presión en todo el país a incurrir en actividades delicti-

vas a fin de obtener una salida política a sus conflictos, fuera del cauce del Sistema de Derecho. Por lo tanto, es importante que estos actos no queden impunes.

En lo que respecta a la procuración de justicia, la tendencia más importante en los próximos años será la implementación de la olvidada reforma penal. Aprobada en 2008, esta reforma constitucional busca crear las bases de un sistema de justicia penal confiable y transparente, fincado en el debido proceso y congruente con la democracia y los derechos humanos. Sin embargo, a 5 años de su aprobación, a nivel federal la implementación de la reforma penal es incipiente. En el sexenio de Felipe Calderón este proceso no fue considerado prioritario y quedó en el olvido. Está por verse si las cosas cambian en la actual administración.

En las entidades federativas la implementación de la reforma ha sido heterogénea y dispareja. No ha existido una visión compartida: cada estado ha implementado la reforma según su propio entendimiento de la misma. Por ello, los resultados han sido muy diversos. Sin el liderazgo del gobierno federal para delinear una ruta crítica de la reforma penal en las entidades federativas, será muy complicado que la reforma tenga éxito. El órgano de seguimiento que existe actualmente, la Secretaría Técnica (SETEC) del Consejo de Coordinación para la Implementación del Sistema de Justicia Penal, no cuenta con suficiente fuerza (en cuanto a atribuciones y recursos) para ejercer adecuadamente este rol de liderazgo en la implementación de la reforma.

Se propone

A continuación se presentan algunas propuestas encaminadas a cuatro objetivos: (1) reducir los niveles de violencia e impunidad del crimen organizado en general, (2) reducir la violencia asociada a los mercados de drogas, (3) implementar la reforma penal y (4) combatir la corrupción.

1. Reducción de crímenes violentos a través de la disuasión focalizada

En el corto plazo se pueden adoptar algunas medidas para reducir la incidencia de ciertos delitos violentos, que se asocian al concepto de disuasión focalizada.[10] Ese tipo de intervenciones tiene tres componentes básicos.

---

10.   El término, acuñado por los criminólogos estadounidenses David M. Kennedy y Anthony Braga, se refiere a estrategias que disuaden conductas específicas de grupos acotados de delincuentes, mediante la comunicación directa de amenazas creíbles

I. Sistema de Derecho confiable y objetivo

a) **Concentración dinámica de esfuerzos:** Definir un subconjunto de delitos suficientemente reducido, sobre el cual sea factible incrementar significativamente la posibilidad de castigo a sus perpetradores. El criterio de selección puede ser por ubicación geográfica, ubicación temporal, tipo de víctima, tipo de victimario, o circunstancias del delito.

b) **Certeza y rapidez en el castigo:** En el subconjunto seleccionado, los delincuentes potenciales deben tener la certeza de que una conducta específica tendrá como consecuencia ineludible la aplicación de un castigo rápido y significativo. El castigo puede dirigirse en contra de un grupo completo, aunque sólo algunos de sus miembros hayan sido responsables de la conducta castigada.

c) **Comunicación directa de advertencias creíbles:** para que los delincuentes potenciales tengan claridad de las consecuencias de una conducta específica, es indispensable que se comunique la advertencia de la manera más directa, reiterada y consistente posible. Para ello se pueden utilizar medios masivos, pero también foros públicos, comunicación en las cárceles, cartas y correos electrónicos, visitas domiciliarias.

Ya existen algunas propuestas para utilizar un modelo similar. Una propuesta es que el gobierno federal concentre sus esfuerzos en las organizaciones más violentas.[11] Otros expertos han sugerido que el gobierno federal establezca un mecanismo público y transparente de puntaje para clasificar a las organizaciones criminales en términos del recurso a la violencia[12]: el grupo con el puntaje más elevado en un plazo perentorio (un mes, por ejemplo), se convertiría en el blanco prioritario tanto del gobierno de México como del Estados Unidos. Una vez destruida o severamente disminuida esa primera organización, se repetiría el ejercicio. El objetivo sería crear una desventaja competitiva para las organizaciones más violentas y por tanto, incentivos al racionamiento de la violencia.

2. Métodos de regulación alternativos en los mercados de drogas

Aunque la legalización de las drogas ilícitas provocaría una reducción importante en los niveles de violencia, en el contexto nacional e internacional es poco factible que una iniciativa de legalizar las drogas (inclusive sólo la marihuana) pueda prosperar. Sin embargo, existen medidas que México puede tomar dentro del marco legal vigente para reducir la violencia relacionada a los mercados de drogas ilegales:

a) **Eliminar o limitar los esfuerzos de erradicación:** la política vigente sólo conduce a la pulverización de los cultivos ilícitos, sin incidir mayormente en el volumen producido y comerciado (los productores se adaptan a la erradicación sembrando más).

b) **Reducir la restricción aérea en la frontera sur:** la política actual (obligar a los vuelos privados provenientes de Centroamérica a descender en Tapachula o Cozumel) genera un alargamiento de las rutas terrestres, con pocos efectos sobre el volumen trasegado. Si se modifica, se acortaría (en tiempo y espacio) el paso de la cocaína por territorio nacional y por lo tanto se reducirían los incidentes violentos asociados a la lucha por el control del tráfico de esta droga.

c) **Limitar la inspección de contenedores en un número reducido de puertos marítimos:** misma lógica que en el punto anterior. Se reduciría el número de envíos y la longitud de las rutas terrestres.

d) **Diseñar intervenciones focalizadas en contra de métodos flagrantes de venta de droga al menudeo** (venta en vía pública, narcotienditas permanentes o giros negros): con esto se haría menos visible y menos violento el narcomenudeo.

e) **Establecer programas de abstinencia mandatada para poblaciones específicas** (procesados, sentenciados en situación de libertad supervisada): este tipo de programas combina exámenes toxicológicos frecuentes y aleatorios con sanciones leves, pero inmediatas e ineludibles, en caso de consumo de drogas.

f) **Ampliar el límite legal de la dosis personal de drogas,** para reducir el número de usuarios criminalizados.

g) **En el plano diplomático, iniciar acercamientos con otros gobiernos** para potencialmente negociar una convención internacional en materia de cannabis, similar a la existente para el tabaco.

h) **Iniciar conversaciones para incluir en las convenciones internacionales sobre drogas un mecanismo financiero compensatorio** para los países productores o de tránsito.

3. Implementación de la reforma penal

La implementación adecuada de la reforma penal es el reto más importante del Sistema de Derecho del país. La reforma penal debe crear pesos

---

11. Ver, por ejemplo, el texto de Eduardo Guerrero "La estrategia fallida" (Nexos, 01/12/2012, disponible en http://www.nexos.com.mx/?P=leerarticulo&Artic le=2103067)

12. Notablemente Mark Kleiman, Profesor de Políticas Públicas en la Universidad de California - Los Ángeles y experto en criminalidad y narcotráfico

y contrapesos efectivos entre el Ministerio Público (MP), el juez y la defensa que garanticen del debido proceso, la transparencia y la rendición de cuentas. El objetivo último de la reforma es crear un sistema penal oral-adversarial en el cual los juicios se diriman a partir de la evidencia y los argumentos que presenten tanto el MP como la defensa ante un juez, de forma pública y transparente. La evidencia que presente el MP deberá ser recabada por la policía a través de una rigurosa investigación, y no a partir de la mentira o la fabricación de pruebas. Para ello, es necesario:

a) Crear un órgano de implementación de la reforma penal con muchas más atribuciones y presupuesto que la Secretaría Técnica (SETEC) del Consejo de Coordinación para la Implementación del Sistema de Justicia Penal. Es necesario que una institución federal asuma el liderazgo de la implementación de la reforma a través de la definición de una ruta crítica tanto para las entidades federativas como para el propio Gobierno Federal. Es importante que en este órgano de implementación participen tanto los gobernadores como funcionarios federales del más alto nivel.

b) Convertir a los juicios orales en un mecanismo para elucidar la verdad, y no en una lectura pública de la averiguación previa. En las entidades que ya están en una fase avanzada de implementación, las audiencias orales únicamente funcionan como sesiones de lectura pública de la averiguación previa, sin haber oportunidad para presentar pruebas y argumentos adicionales. Por lo tanto, es importante que se exploren qué instrumentos se pueden incorporar para evitar que las inercias burocráticas capturen y desvirtúen el proceso de cambio de la reforma penal.

c) Profesionalizar plenamente el sistema de justicia. El capital humano es el insumo más importante para contar con un sistema de justicia confiable, transparente, moderno y consistente con una sociedad democrática. La profesionalización debe abarcar al MP pero, sobre todo, a la defensoría pública, que tradicionalmente ha sido el eslabón más débil y peor preparado del sistema de justicia. La profesionalización debe de ir acompañada de un esfuerzo por cambiar los hábitos y costumbres de la burocracia judicial. La profesionalización también implica capacitar al personal del sistema de justicia en temas como derechos humanos y el respeto al debido proceso.

d) Reformar a la Procuraduría General de la República (PGR) para convertirla en una institución profesional, confiable y autónoma que haga justicia y fortalezca el Estado de Derecho. Para ello, es fundamental que se termine con la práctica de usar testigos prote-

gidos para elaborar información falsa que incrimine a terceros. La reciente absolución de los acusados de la Operación Limpieza, y del general en retiro Tomás Ángeles Dauahare, entre otros casos de alto perfil, han mostrado que la PGR aún recurre a la falsificación de información para integrar expedientes vía los testigos protegidos.

En este sentido, será necesario dar seguimiento al objetivo establecido en el Plan Nacional de Desarrollo (PND) sobre Garantizar un Sistema de Justicia Penal eficaz, expedito, imparcial y transparente. Este será un ejercicio importante para poder evaluar el avance del actual gobierno en materia de procuración de justicia.

4. Crear una Comisión Nacional Anticorrupción fuerte y eficaz

La corrupción es un cáncer que carcome las instituciones del Estado mexicano, que impone enormes costos a las empresas y a los hogares, y que dificulta el desarrollo económico del país. En este sentido, es una buena señal la creación de la Comisión Nacional Anticorrupción (CNAC) que anunció el Presidente Peña en noviembre de 2012, antes de asumir posesión. Sin embargo, hasta la fecha el Senado no ha votado esta iniciativa. La CNAC podría desempeñar un papel importante en la lucha contra la corrupción tanto a nivel federal como a nivel estatal -puesto que podría servir como modelo para la creación de instituciones similares en las entidades. Sin embargo, para que la CNAC funcione deberá ser autónoma, blindada de presiones políticas, y fuerte en lo que respecta a sus atribuciones y recursos. Es importante señalar que el combate contra la corrupción juega un rol muy discreto en el Plan Nacional de Desarrollo 2013-2018. La estrategia 1.4.3 está enfocada en este tema, pero la las líneas de acción que se proponen son muy generales. El único indicador de desempeño asociado a esta meta que se menciona en el PND es el Índice de Integridad Global, que publica Global Integrity. Habrá que estar pendientes de la próxima publicación del indicador en 2014.

II. Manejo sustentable del medio ambiente

Este subíndice califica tanto el estado de conservación ambiental como la interacción entre los recursos naturales, las actividades productivas y la población. El subíndice refleja la sustentabilidad ambiental como condición indispensable para generar crecimiento y desarrollo en el largo plazo.

Indicadores del subíndice

1. Áreas naturales protegidas.

Qué mide: **La superficie total de las áreas naturales protegidas como porcentaje de la superficie total.**

Unidades: Porcentaje del territorio.

Fuente: Banco Mundial.

2. Cambio en área forestal.

Qué mide: El cambio porcentual en la cobertura forestal anual.

Unidades: Porcentaje.

Fuente: Banco Mundial.

3. Eficiencia en el consumo de agua.

Qué mide: Metros cúbicos de agua consumida por cada dólar producido.

Unidades: m³ por dólar de PIB.

Fuente: Aquastat.

4. Eficiencia energética.

Qué mide: Dólares en paridad de poder de compra de PIB por kilogramo equivalente de petróleo.

Unidades: Dólares PPC de PIB por Kg. equivalente de petróleo.

Fuente: Banco Mundial.

5. Emisiones de CO_2

Qué mide: Las toneladas de dióxido de carbono emitido a la atmósfera cada año por cada mil dólares de PIB.

Unidades: Toneladas por cada mil dólares de PIB.

Fuente: Banco Mundial.

6. Empresas certificadas como limpias.

Qué mide: Número de empresas que se han certificado con ISO-14001 (certificación ambiental), por cada millón de habitantes de la PEA.

Unidades: Por millón de PEA.

Fuente: ISO.

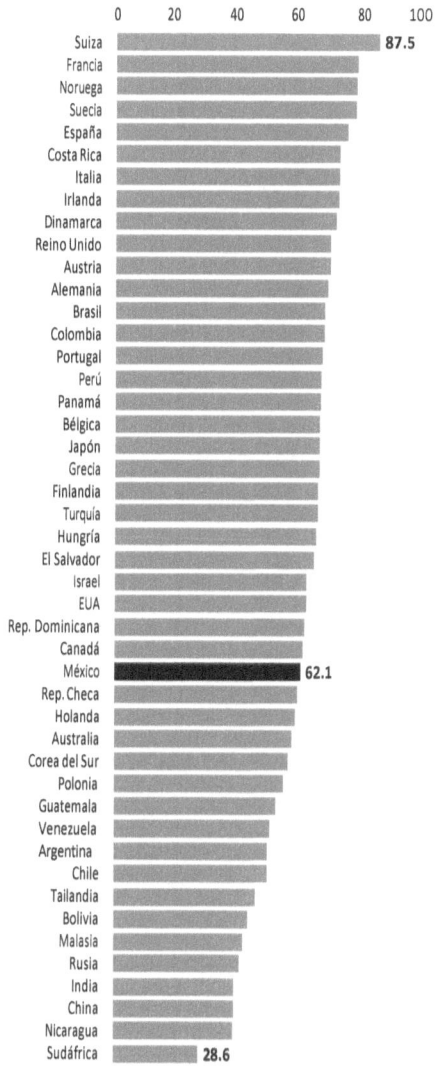

Gráfica 1. Posiciones en Manejo sustentable del medio ambiente

Fuente: IMCO

---

7. Uso de fertilizantes no orgánicos en la agricultura.

Qué mide: La cantidad de fertilizantes (nutrientes) que se utilizan en los cultivos por hectárea cultivada. Los productos fertilizantes no orgánicos incluyen aquellos basados en nitrógeno y fosfato, que contaminan los acuíferos. Por lo tanto, este indicador se califica negativamente. No incluye fertilizantes orgánicos.

Unidades: Kilogramos por hectárea (Kg/Ha).

Fuente: Banco Mundial.

8. Fuentes de energía no contaminantes.

Qué mide: Porcentaje de la energía total consumida proveniente de fuentes limpias, es decir, no fósiles (no emiten dióxido de carbono). Esto incluye energía hidroeléctrica, nuclear, geotérmica, solar, eólica y otras fuentes alternativas.

Unidades: Porcentaje del total de energía consumida.

Fuente: Banco Mundial.

9. Recarga de acuíferos.

Qué mide: La cantidad de agua que regresa a los mantos acuíferos (recarga) de un país anualmente.

Unidades: Kilómetros cúbicos (km³) de agua al año.

Fuente: Aquastat.

10. Tragedias ecológicas por intervención humana.

Qué mide: Número de accidentes ecológicos no naturales, tales como accidentes industriales, ocurridos en el último año.

Unidades: Desastres distintos a los naturales.

Fuente: International Disaster Database.

Tres primeros lugares

Suiza - Este país lidera el subíndice ya que se encuentra entre los mejores cuatro países en cuatro de los diez indicadores. Es el país con mayor eficiencia energética y con menor cantidad de emisiones de carbono respecto a su PIB. Ocupa la tercera posición en generación de energía con fuentes no contaminantes, y la cuarta en número de empresas certificadas como limpias.

Francia - La segunda posición de Francia en el subíndice se debe principalmente a que es el país con el mayor porcentaje de generación de energía proveniente de fuentes no contaminantes con 48%, mientras que la media es 13%. La mayor parte de la electricidad en Francia se genera a través de la energía nuclear. También destaca en emisiones de

---

CO_2, siendo el cuarto país con menos emisiones por cada mil dólares de PIB.

Noruega - Ocupa el tercer lugar en emisiones de CO_2 en relación a su PIB y la sexta posición en fuentes de energía no contaminantes, con 35%. También destaca su posición en cambio de área forestal en donde ocupa la octava posición, por haber aumentado su cobertura en 0.6%.

Desempeño de México

Gráfica 2. Desempeño de México en el subíndice de Medio ambiente, 2001-2011 (posición entre 46 países).

Fuente: IMCO.

México ha perdido posiciones en el subíndice en los últimos 11 años. Destaca la caída de tres posiciones entre 2006 y 2007, la cual se debe principalmente a una mejora de los demás países combinada con el estancamiento de México. Ocupó su peor posición en 2009 (31) y desde entonces ha avanzado dos lugares, para llegar al lugar 29. Sin embargo, se encuentra todavía muy por debajo de su mejor posición, la 24, alcanzada en 2006.

Desempeño por indicador

1. Áreas naturales protegidas				
Porcentaje del territorio				
	2011	Posición	2009	Posición
México	12.00	28	11.13	30
Banco Mundial				

2. Cambio en área forestal				
Porcentaje				
	2011	Posición	2009	Posición
México	-0.20	35	-0.20	35
Banco Mundial				

II. Manejo sustentable del medio ambiente

3. Eficiencia en el consumo de agua

m³ por dólar de PIB

	2011	Posición	2009	Posición
México	14.39	22	21.85	20
Aquastat				

4. Eficiencia energética

Dólares PPC de PIB por kg. equivalente de petróleo

	2011	Posición	2009	Posición
México	10.18	17	9.19	19
Banco Mundial				

7. Uso de fertilizantes no orgánicos en la agricultura

Kg. por Ha.

	2011	Posición	2009	Posición
México	53.17	8	54.52	8
Banco Mundial				

8. Fuentes de energía no contaminantes

Porcentaje del total de energía consumida

	2011	Posición	2009	Posición
México	6.18	29	6.32	29
Banco Mundial				

9. Recarga de acuíferos

Km³/año

	2011	Posición	2009	Posición
México	139	11	139	11
Aquastat				

10. Tragedias ecológicas por intervención humana

Desastres distintos a los naturales

	2011	Posición	2009	Posición
México	0	1	0	1
International Disaster Database				

Fortalezas de México

Uso de fertilizantes en la agricultura – México ocupa la octava posición en cuanto al menor uso de fertilizantes no orgánicos en la agricultura, con tan solo 53 kg. por hectárea, mientras que el promedio se ubica en 185 kg.

Rezagos de México

Emisiones de CO_2 México ocupa la posición número 33 en el indicador de emisiones de CO_2, ya que genera 398 toneladas del gas por cada mil dólares de PIB. El promedio de los países en este indicador está ligeramente por debajo de México, con 384 toneladas. Sin embargo, Suiza, el país líder, emite únicamente 63 toneladas por cada mil dólares de su PIB.

Empresas certificadas como limpias- México cuenta únicamente con 132 empresas por cada millón de población económicamente activa (PEA) que cuentan con la certificación de empresa limpia ISO 14001, lo que lo ubica en el lugar 36. El país se encuentra más de 10 veces por debajo del promedio de 1,517 empresas para las 46 economías analizadas.

Tendencias a futuro

En los años siguientes, es probable que México continúe con una tendencia marcada por claroscuros. Por un lado, el país ha adquirido compromisos internacionales importantes en materia de cambio climático: México fue el primer país en presentar acciones de mitigación dentro de la segunda fase del protocolo de Kioto, a través del Programa Especial de Cambio Climático. En el mismo sentido, el país ha emprendido un esfuerzo importante, que continuará en los próximos años, por impulsar las energías renovables. La Estrategia Nacional de Energía (ENE) 2012-2026 contó por primera vez con metas específicas de emisiones de gases de efecto invernadero, e incluye la meta de incrementar la participación de fuentes no fósiles a la generación de electricidad a 35% en 2026. Estas metas se incluyeron también en la ENE 2013-2027. En el Pacto por México, así como en el Plan Nacional de Desarrollo, se contemplan otros programas destinados a incorporar las externalidades de la generación de energía, financiar e incentivar la conservación de bosques, impulsar la captación de agua pluvial y mejorar la infraestructura para la gestión de residuos.

En contraste, el país aún no logra hacer frente a una serie de retos ambientales que podrían comprometer su viabilidad ecológica, social y económica. Uno de los retos más graves es el manejo del agua. México es un país con una baja disponibilidad de agua por habitante, lo cual nos obligaría a ser muy cuidadosos en el trato que le damos a este recurso. Sin embargo, en la práctica y la política ocurre lo contrario: en nuestro país la contaminación de mantos acuíferos, ríos y lagos ocurre sistemáticamente. La eficiencia en el consumo de agua (del cual 80% corresponde a actividades rurales) es muy baja, y no existen programas o políticas para revertir este problema. Es urgente que la creación de infraestructura hídrica en zonas rurales vaya acompañada de medidas para garantizar el uso racional del líquido. También es crucial que se eleve la capacidad de tratamiento de aguas residuales, que hasta 2011 se mantenía por debajo del 50% del volumen captado por el drenaje. La escasez de agua limpia, particularmente en las zonas desérticas o semidesérticas del país y en el Valle de México, es una amenaza seria a la actividad económica y calidad de vida de los mexicanos.

Además del agua, el país enfrenta otros retos que requieren de la acción coordinada y sostenida de los tres órdenes de gobierno (municipal, estatal y federal). Las ciudades mexicanas han crecido de forma descontrolada y la contaminación del aire se ha vuelto un tema crítico de salud pública que cobra alrededor de 15 mil vidas al año. La tala ilegal persiste en los bosques del país, contribuyendo a la desertificación y destruyendo parte de la biodiversidad nacional. Al mismo tiempo, el país es cada vez más vulnerable a eventos climatológicos extremos como las inundaciones y las sequías que están ocurriendo con mayor frecuencia como resultado del cambio climático.

Para hacer frente de forma eficaz a estos retos el país necesita alinear los incentivos de las instituciones públicas con los objetivos del desarrollo sustentable y el manejo racional de los recursos naturales.

Se propone

Para frenar el deterioro ambiental que sufre el país, y elevar la sustentabilidad del desarrollo económico del país, seleccionamos la siguiente lista de propuestas de alto impacto:

1. Promover medidas de financiamiento, como créditos blandos o subsidios para incentivar a las empresas medianas y grandes a invertir en eficiencia energética. Aunque este tipo de proyectos en muchos casos son rentables requieren de inversiones muy altas que las empresas no pueden absorber de golpe.

2. Realizar el cobro de energía a través de redes inteligentes de energía, que cobren dependiendo de si la demanda de electricidad se realizó a una hora pico o no. De esta forma el precio reflejaría el costo real de generación durante el día.

3. Cambiar la regulación del sector energético para que las empresas e individuos puedan vender electricidad a CFE. Por otro lado,

se deben incluir las externalidades de los costos de generación de electricidad ex ante a la construcción de las plantas, y contemplar dentro de estas externalidades otros efectos indirectos, como son, la generación de gases invernadero, los efectos sobre la salud y los impactos ambientales. De esta manera, se nivelaría la competencia entre renovables y no renovables sin necesidad de programas especiales.

4. Crear mercados de agua funcionales. Para lo anterior se deberá establecer un mercado de derechos de extracción flexible en función del equilibrio entre los costos sociales de provisión (precio de oferta) y el valor del recurso (precio de demanda) considerando la escasez. Asimismo, se deberá cobrar el agua con tarifas diferenciadas en función del volumen consumido, para incentivar el ahorro.

5. Adoptar políticas para desarrollar ciudades compactas y poner fin al modelo de desarrollo extenso, desconectado, distante y horizontal que ha prevalecido en la última década. Ciudades más compactas no sólo promueven una mayor calidad de vida de las personas (al reducir sus necesidades de transporte y permitir las sinergias que da la cercanía), sino que también permiten reducir las emisiones de gases de efecto invernadero, de otros contaminantes y del uso de suelo de conservación. Para crear ciudades compactas es necesario, entre otras cosas:

   a) Que la nueva Secretaría de Desarrollo Agrícola, Territorial y Urbano (SEDATU) revise todos los lineamientos de la política sectorial para hacer una mejor gestión del suelo urbano que restrinja la expansión horizontal, desconectada y desordenada de las ciudades. Estos lineamientos deberán estar vinculados con los fondos federales concursables dirigidos a ciudades (como el Fondo Metropolitano).

   b) Tarifas geográficamente diferenciadas de servicios públicos que reflejen los costos reales de provisión. El costo de llevar servicios a zonas remotas es mucho más alto que el de proveer dichos servicios en zonas céntricas. Por lo tanto, si las tarifas reflejan los costos se incentivará el desarrollo de los centros de las ciudades y no el de sus periferias.

   c) Incentivar el desarrollo vertical y mixto en las zonas céntricas de las ciudades, flexibilizando los reglamentos de construcción y de uso de suelo pero fortaleciendo criterios de sustentabilidad. También es importante desincentivar los lotes baldíos en los centros urbanos, estableciendo tasas diferenciadas de predial para que el dueño del lote realice el potencial del mismo.

d) Homologar la normatividad de desarrollo urbano entre municipios conurbados para evitar el arbitraje regulatorio y mejorar las capacidades institucionales de los municipios periféricos y recientemente urbanizados.

e) Coordinar la política pública urbana a través de una adecuada arquitectura institucional, promoviendo la profesionalización de la administración urbana y mejorando la coordinación entre los tres niveles de gobierno.

f) Vincular los planes de desarrollo urbano con estrategias de movilidad sustentable a nivel metropolitano. El objetivo debe ser crear ciudades pensadas en las personas, en la cual tengan prioridad peatones, ciclistas y usuarios de transporte público. En la práctica, el desarrollo urbano en las ciudades mexicanas ha favorecido a los automovilistas. El uso masivo del automóvil genera externalidades como la congestión, la contaminación y la inseguridad vial, que imponen costos elevados a la sociedad en su conjunto.

III. Sociedad incluyente, preparada y sana

Este subíndice califica los niveles de inclusión, salud y educación de una sociedad. Parte de considerar que el bienestar y las capacidades de la fuerza laboral constituyen una aproximación del capital humano de una sociedad, que a su vez está determinado por la escolaridad, la salud y las condiciones generales de vida de la población, así como por la equidad en el acceso a servicios básicos. En la era del conocimiento, el capital humano representa el principal componente de una sociedad competitiva y el principal determinante de su calidad de vida.

Indicadores del subíndice

1. Acceso a agua potable.

Qué mide: El porcentaje de la población con acceso a alguna fuente mejorada de abastecimiento de agua, como conexión doméstica, toma de agua pública, pozo de barrena, pozo excavado protegido, manantial protegido y captación de agua de lluvia.

Unidades: Porcentaje de la población.

Fuente: Banco Mundial.

2. Acceso a alcantarillado.

Qué mide: La proporción de personas que habitan en viviendas que están conectadas al sistema de drenaje cerrado.

Unidades: Porcentaje de población.

Fuente: Banco Mundial.

3. Analfabetismo.

Qué mide: El porcentaje de la población mayor a 15 años que no sabe leer ni escribir.

Unidades: Porcentaje de la población mayor de 15 años.

Fuente: Banco Mundial.

4. Índice de calidad educativa.

Qué mide: La percepción que tiene el sector empresarial sobre la calidad de la educación pública.

Unidades: Índice (0-7), más es mejor.

Fuente: World Economic Forum (WEF).

5. Cobertura en educación preescolar.

Qué mide: Tasa de matriculación a nivel preescolar del total de la población que le corresponde atender a ese nivel educativo. La educación preescolar es crucial para el desarrollo cognitivo de los niños. De hecho, los retornos más altos a la inversión en capital humano ocurren entre

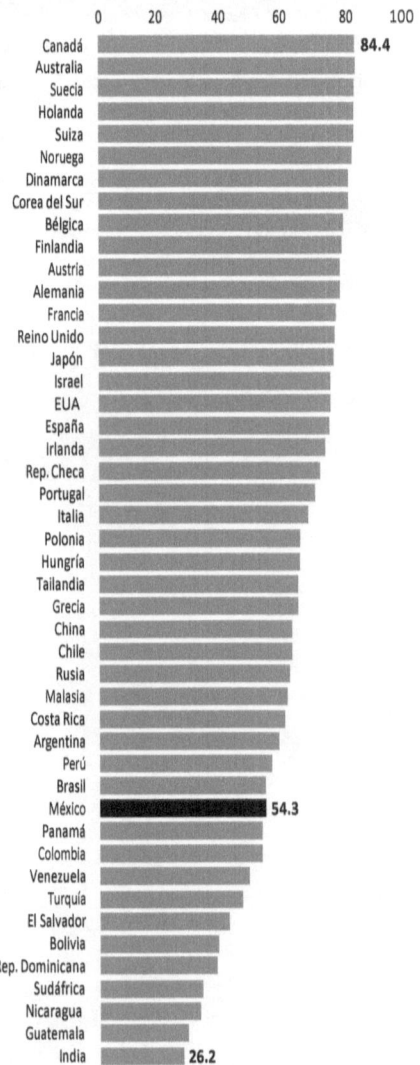

Gráfica 1. Posiciones en Sociedad incluyente, preparada y sana

Canadá	84.4
Australia	
Suecia	
Holanda	
Suiza	
Noruega	
Dinamarca	
Corea del Sur	
Bélgica	
Finlandia	
Austria	
Alemania	
Francia	
Reino Unido	
Japón	
Israel	
EUA	
España	
Irlanda	
Rep. Checa	
Portugal	
Italia	
Polonia	
Hungría	
Tailandia	
Grecia	
China	
Chile	
Rusia	
Malasia	
Costa Rica	
Argentina	
Perú	
Brasil	
México	54.3
Panamá	
Colombia	
Venezuela	
Turquía	
El Salvador	
Bolivia	
Rep. Dominicana	
Sudáfrica	
Nicaragua	
Guatemala	
India	26.2

Fuente: IMCO.

III. Sociedad incluyente, preparada y sana

los 0 y los 5 años.[13]

Unidades: Porcentaje de la población en edad preescolar.

Fuente: Banco Mundial.

6. Tasa de dependencia de la población económicamente activa (PEA).

Qué mide: La razón de la población dependiente (menores de 15 años y mayores de 65 años) entre la población económicamente activa (población de entre 15 y 65 años). Una menor tasa de dependencia está asociada con niveles más altos de bienestar y de prosperidad, pues significa que cada trabajador tiene que apoyar a menos personas económicamente. El llamado "bono demográfico" es la situación en la cual la tasa de dependencia alcanza un mínimo porque hay pocos niños y de adultos mayores en relación a la población en edad de trabajar.

Unidades: Población menor a 15 y mayor a 65 años en relación a la población económicamente activa.

Fuente: Banco Mundial.

7. Equidad de género en el poder legislativo.

Qué mide: Número de mujeres que tienen un asiento en la cámara baja del parlamento de un país, como proporción del total de escaños. Es un proxy del grado de equidad de género en el sistema de gobierno de un país.

Unidades: Mujeres en el poder legislativo como porcentaje del total.

Fuente: Programa para el Desarrollo de Naciones Unidas.

8. Embarazos de adolescentes.

Qué mide: Es la tasa de fertilidad adolescente definida como el número de nacimientos de madres de entre 15 y 19 años, por cada 1,000 mujeres en ese grupo de edad. En términos generales, las madres adolescentes suelen tener muchos problemas para continuar con su educación o para trabajar tiempo completo sin descuidar la atención del infante. Una elevada proporción de las madres adolescentes en los países en vías de desarrollo vive en condiciones de pobrezas. Por lo tanto, las madres adolescentes enfrentan dificultades para ofrecer a sus hijos un entorno favorable para su desarrollo intelectual y humano. Es por ello que la reducción de los embarazos adolescentes es una meta asociada al bienestar y la igualdad de oportunidades.

Unidades: Embarazos de mujeres de entre 15 y 19 años de edad, por cada mil mujeres en ese rango de edad.

Fuente: Banco Mundial.

13. The Washington Post (14/02/2013). "James Heckman: In Early Childhood Education, Quality Really Matters". Obtenido en: http://www.washingtonpost.com/blogs/wonkblog/wp/2013/02/14/james-heckman-in-early-childhood-education-quality-really-matters/

9. Escolaridad promedio.

Qué mide: El número promedio de años de educación cursados por la población mayor a 25 años de edad.

Unidades: Años de educación formal.

Fuente: Banco Mundial.

10. Esperanza de vida.

Qué mide: Indica el número de años que viviría un recién nacido en el caso de que los índices de mortalidad existentes al momento de su nacimiento se mantuviesen sin cambios durante toda su vida. Refleja a grandes rasgos tanto la calidad de sistema de salud de un país como la calidad de vida en general.

Unidades: Años de vida.

Fuente: Banco Mundial.

11. Gasto en salud por cuenta propia.

Qué mide: Desembolsos directos de las familias, con inclusión de honorarios y otros pagos en especie, a personal de salud, dispensadores de medicamentos y otros bienes y servicios dedicados al cuidado y mejoramiento de la salud, como porcentaje del gasto total de los hogares en salud. Un alto valor en este indicador refleja condiciones de ineficiencia e inequidad en el sistema de salud de un país.

Unidades: Porcentaje del gasto total en salud.

Fuente: Banco Mundial.

12. Índice de GINI.

Qué mide: El grado de desigualdad en la distribución del ingreso familiar en los hogares de un país. Toma valores de 0 a 100, donde 0 corresponde a total igualdad (todos los hogares tienen el mismo nivel de ingreso) y 100 a total desigualdad (un hogar concentra todo el ingreso). Un alto nivel de desigualdad del ingreso está asociado con desigualdad de oportunidades en una sociedad.

Unidades: Índice (0-100), más bajo mejor.

Fuente: CIA World Factbook.

13. Índice de Desarrollo Humano.

Qué mide: Es un índice compuesto de tres dimensiones -salud, educación e ingresos-, elaborado mediante una combinación de cuatro indicadores: esperanza de vida al nacer, escolaridad promedio, escolaridad esperada e ingreso bruto per cápita.

Unidades: Índice (0-1), más es mejor.

Fuente: Programa para el Desarrollo de Naciones Unidas.

14. Población en ciudades medias y grandes.

Qué mide: Porcentaje de habitantes que vive en ciudades de 500 mil o más habitantes. Se parte de la premisa de que una sociedad que en su mayoría vive en ciudades medias y grandes tiene mayor facilidad para proveer y acceder a los servicios educativos, de salud y públicos que le permitirán una mayor productividad y movilidad social, respecto a lo que ocurre en las zonas rurales y en las comunidades urbanas pequeñas.

Unidades: Porcentaje de la población que habita en ciudades de 500 mil habitantes o más.

Fuente: Demographia.

15. Mortalidad infantil.

Qué mide: Indica la probabilidad de que un niño muera antes de cumplir cinco años. El indicador refleja la cobertura y calidad de los servicios de salud para la población más vulnerable.

Unidades: Muertes de niños menores de cinco años, por cada mil niños en ese grupo de edad.

Fuente: Banco Mundial.

16. Mujeres en la población económicamente activa (PEA).

Qué mide: La proporción de mujeres de más de 15 años de edad que son económicamente activas. Refleja la equidad de género en el acceso al empleo.

Unidades: Porcentaje de las mujeres mayores de 15 años que forman parte de la PEA.

Fuente: Banco Mundial.

Tres primeros países

Canadá - Este país se encuentra en el primer lugar debido a que tiene un desempeño por encima del promedio en la mayoría de los indicadores. Al igual que el resto de las economías desarrolladas, Canadá cuenta con cobertura del 100% en alfabetismo y servicios básicos. También destaca por su escolaridad promedio de 12.2 años, la tercera más alta de la muestra de países.

Australia - Se ubica en la segunda posición por su cobertura completa en servicios como agua potable y alcantarillado, y por su segunda posición en el Índice de Desarrollo Humano. También cuenta con una esperanza de vida de 82 años, la cuarta más alta de los países analizados.

Noruega - Esta nación escandinava ocupa el primer lugar en el Índice de equidad de género en el poder legislativo. Ocupa la segunda posición

en el Índice de GINI, lo cual quiere decir que es, después de Suecia, la sociedad con la distribución de riqueza más equitativa dentro de los 46 países analizados.

Desempeño de México

Gráfica 2 – Desempeño de México en el subíndice de Sociedad incluyente, preparada y sana (posición entre 46 países).

37 37 36 35 35 34 33 33 36 35 35

2001 2002 2003 2004 2005 2006 2007 2008 2009 2010 2011

Fuente: IMCO.

México se ha mantenido relativamente estable en este subíndice durante el periodo 2001-2011. Logra escalar posiciones entre 2001 y 2007, llegando a ocupar el lugar 33, su mejor registro en el subíndice. Sin embargo, presenta una caída de tres posiciones en 2008 debido a un mal desempeño del país en un número importante de indicadores.

Desempeño por indicador

1. Acceso a agua
Porcentaje de la población

	2011	Posición	2009	Posición
México	96.51	32	95.00	34
Banco Mundial				

2. Acceso a alcantarillado
Porcentaje de la población

	2011	Posición	2009	Posición
México	85.96	34	84.00	34
Banco Mundial				

3. Analfabetismo
Porcentaje de la población mayor de 15 años

	2011	Posición	2009	Posición
México	6.68	36	6.56	33
UNDP				

III. Sociedad incluyente, preparada y sana

4. Índice de calidad educativa
Índice (1-7), más alto mejor

	2011	Posición	2009	Posición
México	3.56	36	3.30	37

WEF

5. Cobertura en nivel preescolar
Porcentaje

	2011	Posición	2009	Posición
México	102.81	1	103.24	1

Banco Mundial

6. Tasa de dependencia de la PEA
Población menor a 15 y mayor a 65 años en relación a la población económicamente activa (PEA)

	2011	Posición	2009	Posición
México	35.18	34	35.74	38

Banco Mundial

7. Equidad de género en el poder legislativo
Mujeres como porcentaje de miembros del poder legislativo

	2011	Posición	2009	Posición
México	34.20	18	35.10	18

UNDP

8. Embarazos en adolescentes
Nacimientos por cada mil mujeres de entre 15 y 19 años

	2011	Posición	2009	Posición
México	66.52	36	68.57	36

Banco Mundial

9. Escolaridad promedio
Años

	2011	Posición	2009	Posición
México	8.64	32	8.28	32

Banco Mundial

10. Esperanza de vida
Años

	2011	Posición	2009	Posición
México	76.90	26	76.47	26

Banco Mundial

11. Gasto en salud por cuenta propia
Porcentaje del total de gasto en salud

	2011	Posición	2009	Posición
México	46.63	43	47.59	43

Banco Mundial

12. Índice de Gini
Índice (0-100), más bajo mejor

	2011	Posición	2009	Posición
México	47.04	36	47.86	36

CIA World Factbook

13. Índice de Desarrollo Humano
Índice (0-1), más alto mejor

	2011	Posición	2009	Posición
México	0.77	30	0.76	30

UNDP

14. Población en ciudades grandes
Porcentaje que vive en ciudades de 500 mil o más habitantes

	2011	Posición	2009	Posición
México	48.21	8	48.21	8

Demographia

15. Mortalidad infantil
Muertes de menores de 5 años por cada mil vivos

	2011	Posición	2009	Posición
México	15.70	37	17.60	34

Banco Mundial

16. Mujeres en la PEA
Porcentaje de las mujeres mayores de 15

	2011	Posición	2009	Posición
México	44.53	40	42.50	42

Banco Mundial

Fortalezas de México

Cobertura en nivel preescolar - México ocupa el primer lugar en cobertura en nivel preescolar, con un 100%, lo anterior gracias a que desde el año 2008 la educación preescolar es obligatoria en el país.

Población en ciudades grandes – El 48% de la población mexicana vive en ciudades de 500 mil o más habitantes, lo que lo ubica en la octava posición del indicador. México se encuentra 12 puntos porcentuales por encima de la media, aunque todavía se encuentra muy por debajo de Corea del Sur, el país líder en el indicador en donde el 74% de la población vive en ciudades grandes.

Rezagos de México

Gasto en salud por cuenta propia - La población mexicana es la tercera que más gasta en salud de su propio bolsillo, lo que ubica a México en el lugar 43. Cabe destacar que en el periodo estudiado el porcentaje que gastan las familias cayó de 52% a 47% del gasto total, lo que podría estar relacionado con la expansión del Seguro Popular.

Índice de GINI– México ocupa el lugar 36 en el índice de GINI. Esto significa que es uno de los países más desiguales de la muestra. El índice para México toma el valor de 47 sobre 100 (más alto es peor), mientras que la media de los países evaluados es 39, y Suecia, el país con menor desigualdad, tiene un valor de 22.

Tendencias a futuro

A pesar de los esfuerzos realizados en las últimas dos décadas, México aún está lejos de contar con una sociedad incluyente, preparada y sana. Casi la mitad de la población mexicana aún vive por debajo de la línea oficial de pobreza, y los niveles de desigualdad aún se ubican entre los más altos de América Latina. Muchos de los avances en combate a la pobreza alcanzados en la década anterior fueron borrados por la crisis de 2009 y el alza de los precios de los alimentos básicos, que representan una alta proporción del gasto de los hogares más pobres.

Sin embargo, en los próximos años el país tiene ante sí la oportunidad de dar un paso importante en materia de desarrollo social e igualdad de oportunidades. El Pacto por México y el Plan Nacional de Desarrollo plantean la urgencia de crear un sistema de seguridad social universal que constituya un piso mínimo de bienestar para todos los mexicanos, independientemente de su condición laboral. Este sistema incluiría el acceso universal a los servicios de salud, portabilidad de las coberturas y convergencia de los sistemas para igualar cobertura y calidad. También contemplaría una pensión para adultos mayores de 65 años que no cuentan con un sistema de ahorro para el retiro, así como aportaciones sociales del Gobierno federal para todo mexicano de 18 o más años de edad para que disponga con una cuenta individual para su retiro.

El sistema de seguridad social planteado incluiría un seguro de desempleo para los trabajadores del sector formal asalariado y un seguro de vida para jefas de familia (incluye también a los padres jefe de familia). El diseño e implementación de este sistema de seguridad social universal aún está por definirse, pero indudablemente es un paso en la dirección correcta. Si este sistema se estructura adecuadamente, podría representar el mayor avance en materia social en varias décadas.

En materia educativa, el país se encuentra en una encrucijada crítica como resultado de la aprobación de la reforma educativa de 2013. Esta reforma, a través de la cual el Estado busca recuperar la rectoría de la educación y orientar el sistema educativo nacional hacia la calidad de la enseñanza, está enfrentando una resistencia importante de parte de algunas organizaciones sindicales docentes. El contenido y los objetivos de la reforma es el correcto: entre otras cosas, la reforma busca fortalecer la rendición de cuentas y la transparencia del sistema educativo, sujetar todas las plazas magisteriales a concurso de oposición, crear un Sistema de Información y Gestión Educativa, y vincular la paga y la permanencia de los maestros a su desempeño y conocimientos.

Pero en entidades como Michoacán, Guerrero y Oaxaca, el rechazo de grupos de docentes a la reforma educativa (y, en el caso de Guerrero, la presión para la implementación de una contra-reforma estatal) ha puesto en evidencia que la aprobación de la reforma es apenas el primer paso en el largo camino hacia la educación de calidad. El desenlace del impasse sobre la reforma educativa en estas entidades será decisivo para el éxito de la misma.

IMCO propone

Para impulsar la consolidación de una sociedad incluyente, preparada y sana, caracterizada por un alto nivel de capital humano y de bienestar, hemos seleccionado las siguientes propuestas de alto impacto.

1. Garantizar la implementación eficaz de la reforma educativa en todas las entidades federativas. Llevar a la práctica los objetivos planteados en esta reforma (en esencia, la recuperación de la rectoría de la educación por parte del Estado, particularmente en lo que se refiere a la contratación y evaluación de maestros) será una tarea políticamente difícil. Pero la implementación de la reforma es

fundamental para crear un sistema educativo de calidad, centrado en el desarrollo de las habilidades cognitivas del alumno.

2. Establecer un programa, de detección temprana de talento para identificar a niños con capacidades sobresalientes y atenderlos de forma adecuada para que alcancen su desarrollo potencial. Dicho programa debería instrumentarse de manera conjunta entre la SEP y las secretarías de educación estatales, de la mano de la sociedad civil.

3. Incorporar herramientas tecnológicas para complementar la calidad y la labor de los maestros y para estimular el aprendizaje en los alumnos (por ejemplo, videojuegos con contenido educativo alineados al plan de estudios).

4. Instrumentar programas para incentivar la demanda educativa: subsidios que cubran el costo de oportunidad de estudiar para los alumnos más capaces y los dispuestos a estudiar más (por ejemplo, becas mensuales en preparatorias de la SEP, Bécalos, Lumni, sociedades financieras), programas de tutoría en primarias y secundarias que ayuden a elevar las aspiraciones de los niños con ejemplos a seguir (por ejemplo, en Estados Unidos, Big Brothers Big Sisters, Sponsor-A-Scholar, City Year, 826). Estos programas dependen de la iniciativa de la sociedad civil pero el apoyo de las instituciones públicas podría ser fundamental, al menos en un inicio.

5. Hacer uso extensivo de tecnologías de información y comunicación (TICs) en los sectores de educación y salud para reducir los costos de cobertura e incrementar la calidad de los servicios (por ejemplo, expedientes electrónicos en el caso de salud y software alineado al plan de estudios en el caso de educación).

IV. Economía estable

El subíndice mide el desempeño y la estabilidad de la economía que otorga certidumbre a inversionistas, empresas e individuos para planear y tomar decisiones de corto y largo plazo. El subíndice incorpora medidas de riesgo relacionadas con el endeudamiento público y privado, así como el riesgo implícito en la volatilidad de la economía de cada país.

Indicadores del subíndice

1. Activos financieros.

Qué mide: Estimación del *Economist Intelligence Unit* (EIU) sobre el valor de la riqueza de los países que está en activos financieros (acervo) como porcentaje del PIB (flujo).

Unidades: Porcentaje del PIB.

Fuente: Economist Intelligence Unit (EIU).

2. Deuda externa.

Qué mide: El endeudamiento público y privado del país con acreedores extranjeros, en relación al tamaño de la economía.

Unidades: Porcentaje del PIB.

Fuente: Banco Mundial / CEPAL.

3. Inflación.

Qué mide: La tasa anual de cambio en los precios de una canasta representativa de bienes y servicios.

Unidades: Porcentaje.

Fuente: Banco Mundial.

4. Inflación promedio a tres años.

Qué mide: La tasa de cambio en los precios de una canasta representativa de bienes y servicios en los últimos tres años.

Unidades: Porcentaje.

Fuente: Banco Mundial.

Gráfica 1. Posiciones en Economía estable

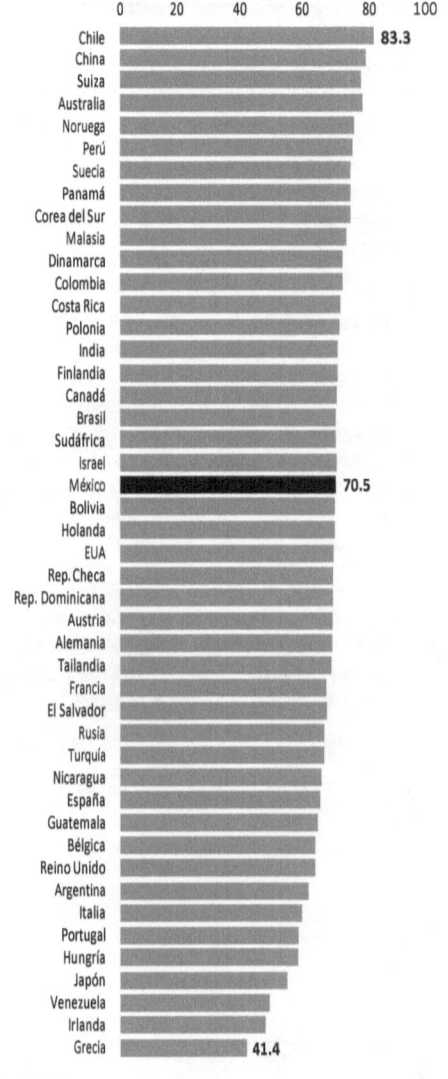

Fuente: IMCO

IV. Economía estable

5. Variabilidad de la inflación.

Qué mide: La volatilidad de la inflación en los últimos 10 años.

Unidades: Desviación estándar.

Fuente: Banco Mundial.

6. Crecimiento del PIB.

Qué mide: La tasa de crecimiento anual de la economía.

Unidades: Porcentaje.

Fuente: Banco Mundial.

7. Crecimiento promedio del PIB.

Qué mide: La tasa de crecimiento promedio anual de la economía en los últimos cinco años.

Unidades: Porcentaje.

Fuente: Banco Mundial.

8. Variabilidad del crecimiento del PIB.

Qué mide: La desviación estándar del crecimiento anual de la economía en los últimos 10 años. La inestabilidad en el crecimiento económico de los países genera incertidumbre e inhibe la inversión.

Unidades: Desviación estándar.

Fuente: Banco Mundial.

9. Pasivos del gobierno.

Qué mide: Qué tan endeudado está el gobierno nacional del país. No incluye la deuda de los gobiernos subnacionales.

Unidades: Porcentaje del PIB.

Fuente: EIU.

10. Reservas.

Qué mide: El total de reservas medido como el flujo de dólares que ingresa al país vía importaciones.

Unidades: Dólares por cada mil de importaciones.

Fuente: Banco Mundial.

11. Activos de los depositantes.

Qué mide: El total de activos en poder de los bancos de depósito como porcentaje del PIB. Los activos incluyen al sector no financiero nacional que comprende a los gobiernos central, estatales, y locales, así como empresas públicas no financieras y el sector privado. Los bancos de depósito abarcan bancos comerciales y otras instituciones financieras que aceptan depósitos transferibles, tales como depósitos a la vista.

Unidades: Porcentaje del PIB.

Fuente: Banco Mundial.

12. Índice de libertad para competir.

Qué mide: El grado en que las instituciones y políticas de los países contribuyen a la libertad económica. Considera como fundamentales la libertad de decisión, de transacción, de competencia y la protección a la propiedad privada. Se construye con base en 45 variables relacionadas con el grado de intervención del gobierno en la economía, la regulación de negocios y de la mano de obra, y las restricciones al comercio internacional, a la competencia y al financiamiento.

Unidades: Índice (1-5), más es mejor.

Fuente: EIU.

13. Índice de economía informal.

Qué mide: La percepción de las empresas sobre el impacto de la informalidad en el desarrollo de la economía.

Unidades: Índice (0-10), más es mejor.

Fuente: International Institute for Management Development (IMD).

14. Índice de riesgo del sector bancario.

Qué mide: El índice mide riesgos del sistema bancario. Dado que EIU no es una calificadora de valores que cobre a los países por su evaluación, es una de las mediciones más objetivas que existen sobre el riesgo de los sistemas bancarios en el mundo. Puede interpretarse como la probabilidad de quiebra o de inminente rescate gubernamental de los bancos.

Unidades: Índice (0-100), menos es mejor.

Fuente: EIU.

Tres primeros lugares

Chile - Este país sudamericano lidera de nueva cuenta el subíndice debido a que ocupa la primera posición en dos de los 14 indicadores que componen al subíndice. Estos son el Índice de economía informal y el Índice de libertad para competir. También es el segundo país menos endeudado, y cuenta con el sexto menor nivel de riesgo en el sector bancario.

China - Este país ocupa la segunda posición de este subíndice por su tasa de crecimiento económico, su bajo nivel de deuda externa y su alto nivel de reservas internacionales en relación a sus importaciones.

Suiza - Suiza cuenta con el sector bancario de menor riesgo, de acuerdo con el Economist Intelligence Unit. Además, este país europeo ha presentado tasas de inflación muy bajas y estables en los últimos años, regularmente por debajo del 1%.

Desempeño de México

Gráfica 2. Desempeño de México en el subíndice de Economía estable y dinámica, 2001-2011 (posición entre 46 países).

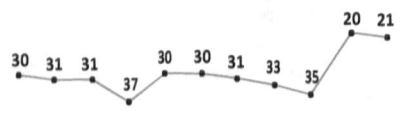

Fuente: IMCO.

México ha sufrido varios cambios de posiciones en este subíndice durante el periodo 2001-2011. Destaca principalmente el avance en quince posiciones en 2010, al moverse del lugar 35 al 20, aunque para 2011 bajó una posición. Esta mejora se debió principalmente a la rápida recuperación económica del país luego de la crisis de 2009: el PIB creció 5.6% en 2010 y 3.9% en 2011, apoyado por un buen manejo de las variables macroeconómicas. México es uno de los diez países con menor deuda externa y menor variabilidad de la inflación. En contraste, y a pesar del contexto macroeconómico favorable, México no ha podido crecer de forma sostenida a tasas elevadas en las últimas décadas.

Desempeño por indicador

1. Activos financieros
Porcentaje del PIB

	2011	Posición	2009	Posición
México	208.80	40	223.30	41
EIU				

2. Deuda externa
Porcentaje del PIB

	2011	Posición	2009	Posición
México	24.74	8	22.67	7
Banco Mundial / CEPAL				

3. Inflación
Porcentaje

	2011	Posición	2009	Posición
México	3.41	21	5.30	39
Banco Mundial				

4. Inflación promedio a tres años
Porcentaje

	2011	Posición	2009	Posición
México	4.39	31	4.40	32
Banco Mundial				

5. Variabilidad de la inflación
Desviación estándar en los últimos diez años

	2011	Posición	2009	Posición
México	0.81	10	3.98	40
Banco Mundial				

6. Crecimiento del PIB
Porcentaje

	2011	Posición	2009	Posición
México	3.91	18	-5.95	42
Banco Mundial				

7. Crecimiento promedio del PIB
Tasa promedio de los últimos cinco años

	2011	Posición	2009	Posición
México	0.73	27	2.55	26
Banco Mundial				

8. Variabilidad del crecimiento del PIB
Desviación estándar en los últimos diez años

	2011	Posición	2009	Posición
México	0.03	37	0.02	36
Banco Mundial				

9. Pasivos del gobierno
Porcentaje del PIB

	2011	Posición	2009	Posición
México	35.27	11	36.73	12
EIU				

IV. Economía estable

10. Reservas

Dólares por cada mil de importaciones

	2011	Posición	2009	Posición
México	365.30	18	358.93	25
Banco Mundial				

11. Activos de los depositantes

Porcentaje del PIB

	2011	Posición	2009	Posición
México	34.30	39	33.99	41
Banco Mundial				

12. Índice de libertad para competir

Índice (1-5), más alto mejor

	2011	Posición	2009	Posición
México	3.00	35	3.00	36
EIU				

13. Índice de economía informal

Índice (0-10), más alto mejor

	2011	Posición	2009	Posición
México	2.07	43	1.75	45
IMD				

14. Índice de riesgo del sector bancario

Índice (0-100), más bajo mejor

	2011	Posición	2009	Posición
México	33	19	39	28
EIU				

Fortalezas de México

Deuda externa -México mantiene únicamente 25% del PIB como deuda externa, muy lejano a la media de 114% del resto de los países, con lo cual ocupa la octava posición en uno de los indicadores más importantes del subíndice. Esta posición se ha dado incluso con el crecimiento de casi 86% en la deuda del país entre 2001 y 2011. Lo anterior debido a que tras la crisis de 2008 muchos países desarrollados sufrieron el mayor retroceso en este indicador convirtiéndose en deudores netos. Destaca China como el país menos endeudado con sólo 8% de deuda como porcentaje de su PIB.

Variabilidad de la inflación - México es la décima economía con menor variabilidad de inflación durante los últimos diez años. Desde 2007 la inflación en el país comenzó a mostrar una mayor estabilidad, y en los últimos dos años se ha ubicado en niveles relativamente bajos y relativamente similares. Sin embargo, en algunos años la inflación anual ha rebasado la meta de 3%, pero está dentro del margen de +/- un punto porcentual, definido por el Banco de México.

Rezagos de México

Índice de economía informal- Sin duda uno de los pendientes a resolver en materia económica es la disminución de la economía informal. México se ubica en el lugar 43 de 46 países, únicamente por encima de Hungría, Colombia y Grecia. El país obtiene una calificación de 2.1 sobre 10, muy lejos de la media de 4.6 del resto de las naciones. Actualmente, la mayor parte de los trabajadores mexicanos laboran el sector informal, donde la productividad y los salarios tienden a ser más bajos que en el sector formal.

Activos financieros - Una de las áreas de oportunidad más importantes de la economía mexicana tiene que ver con el desarrollo de un sistema financiero que concentre el ahorro de hogares e individuos y lo canalice a la inversión productiva. Una forma de medir el desarrollo del sector financiero es a través de los activos financieros como % del PIB. En México sólo representan 209% del PIB, en contraste el promedio de la muestra de 46 países se ubica en 573%.

Tendencias a futuro

Tras la crisis de 2009, el país mostró una recuperación sólida en 2010, 2011 y 2012, con tasas de crecimiento de 5.6%, 3.9% y 4%, respectivamente. Sin embargo, en 2013 la economía ha entrado en una fase de desaceleración, y tanto el gobierno como los principales analistas han revisado a la baja sus expectativas de crecimiento, de 3.5% a alrededor de 3% para 2013. El ímpetu de la recuperación ya se agotó, y ahora es necesario crear condiciones para elevar el dinamismo interno de la economía mexicana.

En un contexto internacional más favorable que el de los últimos años -marcado por la recuperación sostenida de EUA y el crecimiento acelerado en Asia, África y gran parte de América Latina- México debe reformarse para poder crecer. La aprobación e implementación eficaz de reformas estructurales - en materia energética, fiscal, financiera y de telecomunicaciones- pueden elevar significativamente la tasa de crecimiento potencial de la economía mexicana. El gran reto es cómo elevar la productividad, que ha decrecido ligeramente desde 1982. La productividad media de los trabajadores y de las empresas mexicanas determina los niveles salariales de la economía, y por ende los niveles de vida de la población. México es una anomalía entre las grandes economías emergentes al ser la única en la cual la productividad, lejos de crecer sostenidamente, se ha reducido en décadas recientes.

Considerando lo anterior, es difícil predecir la tendencia a futuro de la economía mexicana, pues dependerá de la capacidad del Estado mexicano para lograr la aprobación e implementación de las reformas estructurales. La estabilidad económica es una condición necesaria para el crecimiento económico, pero no es suficiente. Para dejar atrás las bajas tasas de crecimiento que han caracterizado a la economía mexicana en las tres últimas décadas, es urgente realizar las reformas estructurales que promuevan la productividad, la competencia económica, la formación de capital humano, el estado de Derecho y el desarrollo sustentable, entre otras metas. Un obstáculo importante para elevar la productividad es el crecimiento de la economía informal, en la cual hoy en día labora la mayoría de la fuerza laboral mexicana. Si no se corrigen las distorsiones en el mercado laboral y si no se fortalecen los incentivos de pertenecer a la economía formal, la productividad de las empresas y trabajadores en México (y por ende el nivel de salarios) seguirá estancado.

IMCO propone

Para transformar a nuestra economía en una que sea más dinámica, a continuación se presenta una lista de propuestas:

1. Una reforma fiscal que amplíe la base de contribuyentes para aumentar la recaudación. Una propuesta es gravar indirectamente a las empresas evasoras a través de un impuesto generalizado al consumo. Al tener un sistema fiscal más robusto, el gobierno tendrá los recursos suficientes para sufragar el gasto público y la inversión en infraestructura indispensable para el crecimiento del país. En principio, una reforma fiscal debe ampliar la base tributaria antes que aumentar los impuestos a quienes ya los pagan. Para ello, es indispensable contar con los siguientes elementos:

   a) Un sistema fiscal con menos esquemas de excepción. Existe un gran número de regímenes especiales que generan distorsiones e inequidades en la economía y que difícilmente se justifican en términos de su contribución al dinamismo económico. Un ejemplo es la tasa cero de IVA a alimentos y medicinas: los sectores de mayores ingresos son quienes más se benefician de estas exenciones. Al eliminar esta exención se generarían recursos fiscales que alcanzarían para compensar a los sectores de menores ingresos y para aumentar la inversión en programas de desarrollo social.

   b) Eliminar la condonación del pago de impuestos. El arreglo fiscal vigente a través de la Ley de Ingresos de la Federación 2013, contempla la condonación de pasivos fiscales para entidades federativas y municipios. Esta previsión establece un beneficio fiscal sobre el pago del ISR de trabajadores de estos niveles de gobierno en un monto equivalente al 60% para 2013 y el 30% para 2014.

   Esta condición evidentemente es inequitativa y no da las señales adecuadas al resto de los contribuyentes para incentivar el pago de sus impuestos. Otro ejemplo es el Programa de Condonación Fiscal publicado en 2013 que permite eliminar los adeudos de contribuyentes morosos. Sin embargo, al no haber un criterio de transparencia, cabe el riesgo que medien intereses políticos más que criterios económicos en la decisión.

2. Crear un sistema de seguridad universal que se fondee a través de impuestos generales para reducir el costo de contratar a empleados formales. Las ventajas de un sistema de este tipo, que implica una reforma fiscal, son la existencia de un gasto dirigido que potencialmente puede llegar a toda la población sobre lo adicionalmente recaudado. Ello reduciría los costos de pertenecer al mercado formal e incentivaría la llegada de más empresas a este sector.

3. Avanzar en la transparencia y disciplina fiscal en estados y municipios. Si bien el indicador de deuda contemplado en este subíndice se refiere a la deuda externa de los países, un aspecto crucial es el control del endeudamiento a nivel subnacional. En México en los últimos dos años hemos sido testigos del incremento de la contratación de deuda de estados y municipios y de la falta de transparencia asociada a ésta. En 2012, 81.7% de las obligaciones financieras de los estados estaban garantizadas con participaciones.[14] Dado este contexto será muy importante que a nivel federal se vigile el apego de la contratación de deuda en estados y municipios a los principios de máxima publicidad y de un adecuado uso de los recursos públicos contenidos en los artículos 6° y 134 constitucionales. Esto es fundamental para evitar que una escalada de endeudamiento se convierta en un problema serio para la economía nacional en su conjunto.

---

14. IMCO con datos de la SHCP a marzo de 2012.

IV. Economía estable

4. Mejores reglas para expandir el crédito productivo. Por sí sola una expansión del crédito no generará un crecimiento económico importante. Un aspecto relevante es que esta ampliación del crédito vaya a financiar proyectos cuyas tasas de rentabilidad sean suficientemente elevadas para evitar un desastre financiero. Asimismo, se requiere diseñar políticas que permitan disminuir el riesgo percibido por el sector bancario para prestar al sector productivo.

5. **Desarrollar mecanismos para que las PYMEs tengan acceso a fuentes alternativas de financiamiento y capacitación a empresas.** Por ejemplo, se debe explorar cómo fortalecer y replicar los esquemas existentes del Fondo de Fondos e institutos públicos y privados de emprendedores, que no sólo aportan capital semilla sino asesoría de negocios y gobierno corporativo, así como redes de contacto.

V. Sistema político estable y funcional

Este subíndice califica la calidad del sistema político a partir de su legitimidad democrática, representatividad, estabilidad y efectividad. Se incluyen indicadores que incorporan los derechos políticos de los ciudadanos y su participación en los procesos electorales. También se consideran factores de riesgo que amenazan el desempeño de las instituciones democráticas.

Indicadores del subíndice

1. Índice de estabilidad política.

Qué mide: La percepción de la probabilidad de que el gobierno de un país sea desestabilizado o derrocado por medios inconstitucionales o violentos. Se estima a partir de encuestas a empresarios, ciudadanos y expertos así como reportes de centros de investigación y organizaciones internacionales no gubernamentales.
Unidades: Índice (-2.5, 2.5), más es mejor.
Fuente: Banco Mundial.

2. Índice de factibilidad de conflicto armado.

Qué mide: La percepción del riesgo de que en un país se suscite un conflicto armado. Se estima con la asesoría de expertos en la materia. Un puntaje alto indica una baja probabilidad de conflicto armado.
Unidades: Índice (1-5), más es mejor.
Fuente: Economist Intelligence Unit (EIU).

3. Índice de libertades políticas.

Qué mide: El estado general de las libertades políticas en un país o territorio, medido como una combinación de derechos políticos o civiles.
Unidades: Índice (0-10), menos es mejor.
Fuente: Freedom House.

4. Índice de interferencia militar en el estado de Derecho y/o en el proceso político.

Qué mide: El grado en que las fuerzas armadas se involucran en los asuntos políticos de los países. Una democracia funciona cuando existe una baja o nula interferencia de las fuerzas armadas en las cuestiones políticas. La estimación del indicador corre por cuenta de expertos considerando los eventos políticos de cada país, el perfil de los actores clave, un análisis de los riesgos y posibles escenarios, e información gubernamental.
Unidades: Índice (0-10), más es mejor,
Fuente: Fraser Institute.

Gráfica 1. Posiciones en Sistema político estable y funcional

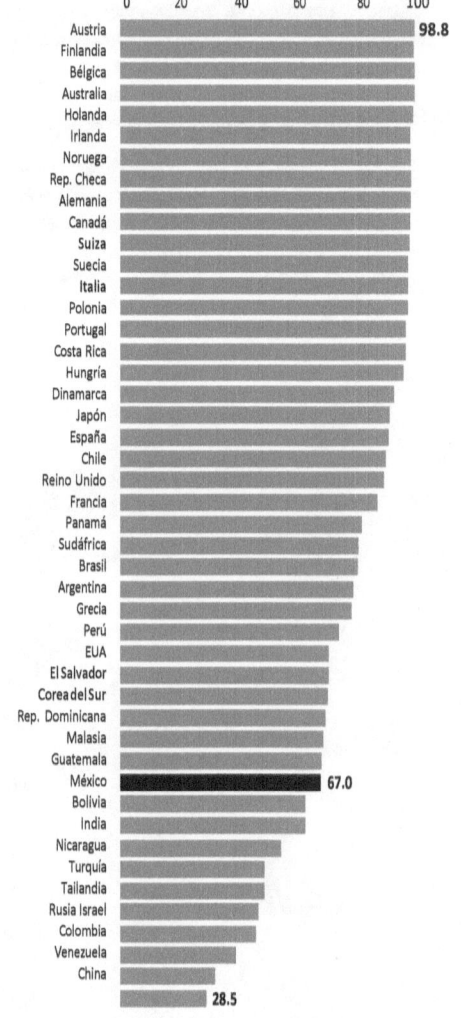

Fuente: IMCO

V. Sistema político estable y funcional

5. Índice de libertad de prensa.

Qué mide: **El grado en que un país permite el libre flujo de noticias e información. Es un índice compuesto por 96 indicadores agrupados en tres categorías: contexto legal, político y económico.**
Unidades: **Índice (0-100), menos es mejor.**
Fuente: **Reporteros sin fronteras.**

6. Participación electoral.

Qué mide: **Porcentaje de votantes registrados que votaron en la última elección legislativa.**
Unidades: **Porcentaje de registrados.**
Fuente: **International Institute for Democracy and Electoral Assistance (IDEA).**

Tres primeros lugares

Austria – Este país lidera el subíndice debido a que ocupa la primera posición en tres de los seis indicadores que lo componen. Éstos son el Índice de factibilidad de conflicto armado, el Índice de libertades políticas y el Índice de interferencia militar en el estado de Derecho y/o en el proceso político. Se ubica también como el cuarto mejor país en el Índice de libertad de prensa y quinto en el Índice de estabilidad política. En suma, Austria es una democracia robusta y funcional en el corazón de la Unión Europea.

Finlandia - Finlandia ocupa el primer lugar en cinco de las seis variables del subíndice - índices que evalúan la estabilidad política, la factibilidad de conflicto armado, las libertades políticas, la interferencia militar en el estado de Derecho y en el proceso político, y la libertad de prensa. Sin embargo, se encuentra en la posición 27 en la variable de participación electoral, lo que le hace caer a la segunda posición.

Noruega - Comparte la primera posición en tres indicadores: el Índice de factibilidad de conflicto armado, el Índice de libertades políticas y el Índice de interferencia militar en el estado de Derecho y/o en el proceso político. Asimismo, ocupa la posición 13 en los índices de estabilidad política y libertad de prensa.

Desempeño de México

Gráfica 2. Desempeño de México en el subíndice de Sistema político, 2001-2011 (posición entre 46 países).

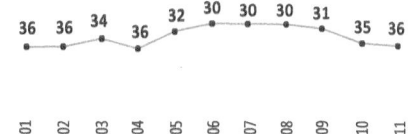

Fuente: IMCO.

México se mantuvo relativamente estable en este subíndice en el periodo 2001-2011. Destaca la caída de cuatro escalones en 2010, la cual se debió principalmente a un fuerte retroceso en el Índice de libertades políticas elaborado por Freedom House, que lo ubicó en la posición 34 en esta variable. Este hecho coincide con la crisis de seguridad por la que atraviesa el país desde 2008. La hipótesis es que las organizaciones criminales han comenzado a influir en los ciclos político-electorales, particularmente a nivel local. En años recientes han atacado y asesinado a representantes electos y a candidatos a puestos de elección popular a nivel estatal y municipal.

Resultados Generales

Desempeño por indicador

1. Índice de estabilidad política
Índice (-2.5, 2.5), más alto mejor

	2011	Posición	2009	Posición
México	-0.70	37	-0.74	37

Banco Mundial

2. Índice de factibilidad de conflicto armado
Índice (1-5), más alto mejor

	2011	Posición	2009	Posición
México	4	26	4	26

EIU

3. Índice de libertades políticas
Índice (0-10), más bajo mejor

	2011	Posición	2009	Posición
México	3	36	2	29

Freedom House

4. Índice de interferencia militar en el estado de derecho y/o en el proceso político
Índice (0-10), más alto mejor

	2011	Posición	2009	Posición
México	7.81	27	7.50	27

Fraser Institute

5. Índice de libertad de prensa
Índice (0-100), más bajo mejor

	2011	Posición	2009	Posición
México	72.67	45	48.25	44

Reporteros sin Fronteras

6. Participación electoral
Porcentaje de registrados

	2011	Posición	2009	Posición
México	47.83	41	47.83	42

IDEA

Fortalezas de México

En este subíndice México ocupa el lugar 39 de 46 y se encuentra igual o por debajo del promedio en todas las variables. Por lo tanto, difícilmente podemos hablar de fortalezas del país en este subíndice. En este escenario, los indicadores en donde México ocupa mejores posiciones son:

Índice de interferencia militar en el estado de Derecho y/o en el proceso político- Según datos del Fraser Institute, en 2011 México obtuvo una evaluación de 7.8 sobre 10. Este resultado es igual al promedio de los países que conforman este índice y coloca México en el lugar 27.

Índice de factibilidad de conflicto armado – México se ubica ligeramente peor que el promedio, al recibir 4 de 5 posibles puntos en el índice. Este resultado lo coloca en la posición 26 junto con Dinamarca, Francia, Grecia, Malasia, Perú y el Reino Unido.

Rezagos de México

Índice de libertad de prensa – México ocupa el lugar 45 de 46 países en este indicador, sólo por encima de China. Según datos de Reporteros sin fronteras, en una escala de 0 a 100 donde más bajo es mejor, México pasó de un puntaje de 22.8 en 2001 a uno de 72.67 en 2011. Es decir, tuvo un descenso de casi 50 puntos en una década. Esta preocupante tendencia se explica en buena medida por los frecuentes ataques del crimen organizado contra reporteros y periodistas. En años recientes, México se ha convertido en uno de los países más peligrosos del mundo para ejercer el periodismo. Prácticamente la totalidad de los crímenes contra periodistas quedan impunes.[15]

Participación electoral - México se encuentra en la posición 41, únicamente por arriba de Hungría, Estados Unidos, Corea del Sur, Colombia y China. Esto se debe a que en las últimas elecciones intermedias del Congreso (2009), la participación electoral fue de 48%. En contraste, en el resto de los países evaluados la participación electoral promedio fue de 68%.

Tendencias a futuro

México es una democracia joven y estable que ha evolucionado sostenidamente en las últimas tres décadas. Sin embargo, la democracia mexicana tiene muchas fallas. El nivel de satisfacción de la sociedad con el sistema político es el más bajo de América Latina: en 2011, sólo

15. En el Índice de Impunidad de Crímenes contra Periodistas 2013 del Comité para Proteger Periodistas (CPJ por sus siglas en inglés) México ocupa la posición siete entre los peores países. Ver más detalles en http://www.cpj.org/reports/2013/05/impunity-index-getting-away-with-murder.php

V. Sistema político estable y funcional

23% de los mexicanos manifestaban estar satisfechos con la democracia (contra 72% en Uruguay, por ejemplo), de acuerdo al Informe 2011 de Latinobarómetro. Los altos niveles percibidos de corrupción, la débil representación ciudadana, la ausencia de mecanismos eficaces de rendición de cuentas, los breves periodos de gobierno a nivel local, la ausencia de la reelección consecutiva de cualquier cargo de elección popular y el monopolio de facto que ejercen los partidos políticos sobre el sistema político, son algunos factores que posiblemente inciden en la insatisfacción generalizada con la democracia.

La crisis de violencia y de criminalidad que vive el país ha tenido un impacto considerable sobre las instituciones democráticas y el sistema político en general. Las organizaciones criminales tienen presencia en muchas regiones del país y es posible que tengan una participación directa en los procesos electorales locales e incluso estatales. La libertad de la prensa también ha sido afectada por el crimen organizado: de acuerdo con la Comisión Nacional de Derechos Humanos, entre 2005 y 2012 se registraron 82 asesinatos de periodistas.[16] Una prensa libre y plural es parte esencial de un sistema democrático vibrante y participativo.

Hablar de las tendencias a futuro del sistema político implica plantearnos la factibilidad de una reforma política que profundice la democracia representativa, abra espacios para la participación ciudadana, fortalezca la rendición de cuentas y que por ende eleve la satisfacción social con el sistema político. La reforma política de 2012 abrió la puerta a las candidaturas independientes, las consultas populares, las iniciativas ciudadanas, y las consultas populares. El Pacto por México incluye el compromiso de elaborar la ley reglamentaria de estos conceptos que contribuyen a fortalecer la democracia. Pero hay temas importantes que aún no se ponen sobre la mesa, como la reelección consecutiva de representantes populares. En ese sentido, el alcance de la reforma política planteada en el Pacto por México sería limitado.

Por otra parte, en lo que respecta a la libertad de prensa, uno de los compromisos del Pacto por México es la creación de "una instancia especial en la que participen autoridades y miembros de la sociedad civil organizada, que se aboque a establecer mecanismos de protección [de defensores de derechos humanos y periodistas]" (compromiso 29).[17] Habrá que esperar a ver cómo se instrumenta este compromiso y cuáles son sus efectos.

IMCO propone

Para mejorar a fondo el sistema político mexicano es necesario ampliar y proteger los derechos políticos de los ciudadanos. Para ello, es indispensable expandir y fortalecer la representación y participación ciudadana, así como la rendición de cuentas. De manera puntual se requiere:

1. Una reforma política que integre la reelección consecutiva de diputados, senadores, presidentes municipales, síndicos y regidores. Esta reforma generaría incentivos para que las autoridades atiendan las necesidades de sus votantes porque éstos tendrían la capacidad de premiarlos o castigarlos por medio del voto en la siguiente elección. De esta forma, las autoridades mencionadas responderían a las demandas de los ciudadanos y no a las de los partidos políticos. La reforma política aprobada por el Congreso en julio de 2012 generó avances en la democracia participativa al incluir las candidaturas ciudadanas, consultas populares y permitir las iniciativas de ley.[18] Sin embargo, al omitir la posibilidad de reelección en los cargos mencionados, fue una reforma incompleta. Por motivos históricos, México es una anomalía internacional al ser uno de los pocos países donde no existe la reelección de ningún cargo de elección popular. Esta anomalía debilita a la democracia mexicana al reducir los incentivos para la rendición de cuentas y vulnerar la representación democrática. El sistema político debe responder a las necesidades de una sociedad democrática y plural, en vez de estar limitado por tabús (como la "no reelección") que datan de hace más de un siglo y que resultan irracionales para el interés nacional.

2. Una nueva ley de transparencia que:

   a) Incluya como sujetos obligados a los partidos políticos, sindicatos y autoridades locales. Es inaceptable que estas instituciones estén, para todo fin práctico, exentas de los requerimientos de transparencia que el Estado mexicano exige del resto de las instituciones públicas.

   b) Dé mayores atribuciones al IFAI para que imponga sanciones económicas a los servidores públicos responsables del incumplimiento de sus resoluciones.

---

16. CNN México (17-05-2013). "Periodistas mexicanos preparan marcha en contra de asesinatos y amenazas". Disponible en: http://mexico.cnn.com/nacional/2013/04/26/periodistas-mexicanos-preparan-marcha-en-contra-de-asesinatos-y-amenazas

17. Pacto por México, http://pactopormexico.org/acuerdos/

18. CNN México (17-05-2013). "Candidaturas e iniciativas ciudadanas, los desafíos de la reforma política". Disponible en: http://mexico.cnn.com/nacional/2012/07/18/candidaturas-e-iniciativas-ciudadanas-los-desafios-de-la-reforma-politica

3. Fortalecer a la Fiscalía Especial para la Atención de Delitos cometidos contra Periodistas que depende de la Procuraduría General de la República. Uno de los mecanismos para lograrlo debe ser el uso más agresivo de su facultad para atraer los casos de su competencia. México ostenta la vergonzosa distinción de ser, junto con Irak y Afganistán, uno de los países más peligrosos para ejercer el periodismo en el mundo. Nuestro país ocupa la posición 153 entre 179 países en cuanto a libertad de prensa.

VI. Mercados de factores eficientes

VI. Mercados de factores eficientes

Este subíndice califica la eficiencia de los mercados de factores de producción –es decir, los mercados de los insumos que utilizan las empresas para sus actividades productivas. Para este fin, utilizamos indicadores que evalúan y comparan los costos y la productividad de distintos factores de producción, como el trabajo y la energía, además de los bienes de capital. Una economía dinámica y competitiva requiere de mercados de factores que impulsen la productividad, faciliten la innovación y maximicen el impacto del talento en las actividades económicas.

Indicadores del subíndice

1. Índice de flexibilidad de las leyes laborales.

Qué mide: Qué tan flexibles son las leyes nacionales en aspectos como contrataciones, despidos, salarios y duración de la jornada laboral. Un mercado laboral flexible hace a los países más competitivos, al permitirle a las empresas ajustar su fuerza laboral de acuerdo al ciclo económico.
Unidades: Índice (0-10), más es mejor.
Fuente: Fraser Institute.

2. Índice de transparencia y regulación de la propiedad privada.

Qué mide: Índice compuesto por indicadores que miden la calidad de la regulación, transparencia de los procesos, eficiencia y cimientos del mercado de bienes raíces.
Unidades: Índice (0-5), menos es mejor.
Fuente: Jones Lang LaSalle.

3. Producción de electricidad.

Qué mide: Electricidad producida en el país en relación a la población total. Este indicador mide qué tan escasa es la energía eléctrica en el país. La producción y el consumo de la electricidad están asociados con el desarrollo industrial y el grado de sofisticación de una economía.
Unidades: Millones de kWh por habitante.
Fuente: US Energy Information Administration.

Gráfica 1. Posiciones en Mercados de factores eficientes

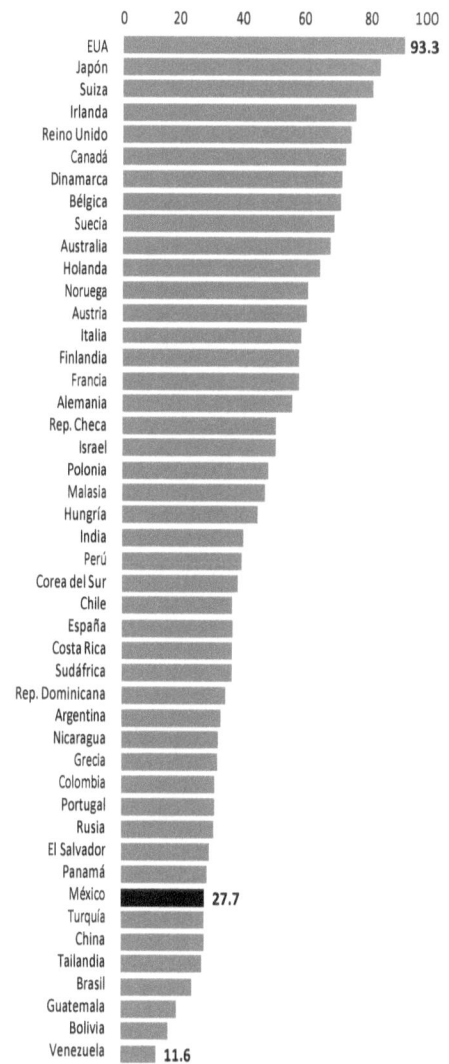

Fuente: IMCO

4. Productividad agropecuaria.

Qué mide: La cantidad de cereal producido por hectárea trabajada como aproximación a la productividad agropecuaria.

Unidades: Kilogramos de cereal por hectárea.

Fuente: Banco Mundial.

5. Productividad laboral en el sector industrial.

Qué mide: La contribución anual al PIB por trabajador en el sector industrial, medido en dólares.

Unidades: Dólares de PIB por trabajador.

Fuente: International Institute for Management Development (IMD).

6. Productividad media del trabajo.

Qué mide: El indicador se calcula dividiendo el Producto Interno Bruto entre la población económicamente activa. Es una aproximación de la productividad promedio por trabajador. A diferencia del indicador anterior de productividad en el sector industrial, esta variable contempla todas las actividades de la economía.

Unidades: Dólares de PIB por trabajador.

Fuente: Banco Mundial.

7. Liberalización del sector energético.

Qué mide: Variable dicotómica. El indicador toma el valor de 0 si el sector energético no está abierto a la participación privada, y un valor igual a 1 cuando sí lo está.

Unidades: Dummy (0 = no liberado, 1 = liberado).

Fuente: IMCO.

8. Cambio en inventarios.

Qué mide: Las fluctuaciones en la cantidad de bienes almacenados por las empresas para enfrentar cambios inesperados o temporales en la producción, ventas o el trabajo en curso. Un alto nivel de inventarios está asociado con una menor eficiencia en los mercados de factores.

Unidades: Porcentaje del PIB.

Fuente: Banco Mundial.

9. Productividad del capital fijo.

Qué mide: Mide el promedio de rendimiento en los últimos 10 años de las inversiones típicas de la economía con respecto al crecimiento del PIB. Un número menor a uno indica que las inversiones de capital no crecieron al mismo ritmo que la economía. Ello a su vez indicaría que el capital no es el principal factor para explicar el crecimiento de los últimos 10 años.

Unidades: Tasa promedio de crecimiento anual del PIB en los últimos 10 años, dividida entre la tasa promedio anual de crecimiento de la inversión[19] desfasada 5 años.

Fuente: Banco Mundial.

Tres primeros lugares

Estados Unidos - Lidera el subíndice debido a que ocupa la primera posición en dos de los nueve indicadores que lo componen y tiene un desempeño destacado en casi todos los demás. Los indicadores que lidera son el Índice de flexibilidad de las leyes laborales y el Índice de transparencia y regulación de la propiedad privada. Se ubica también como el tercer mejor país en los indicadores de Productividad laboral en el sector manufacturero y Productividad media del trabajo.

Japón - La segunda posición de esta nación asiática en el subíndice se debe principalmente a que lidera el indicador de Productividad media del trabajo. Adicionalmente, ocupa el tercer lugar en el Índice de flexibilidad de las leyes laborales y en el indicador de Cambio en inventarios.

Suiza - Se ubica dentro de los 10 mejores países en cinco indicadores. Destaca su cuarto lugar en el Índice de flexibilidad de las leyes labores y en la variable de Productividad media del trabajo.

---

19. Formación Bruta de Capital Fijo

VI. Mercados de factores eficientes

Desempeño de México

Gráfica 2. Desempeño de México en el subíndice de Mercados de factores eficientes (posición entre 46 países).

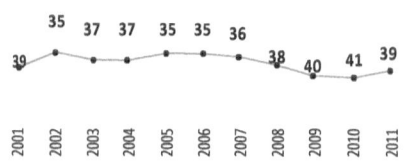

Fuente: IMCO.

La posición de México en este indicador se ha mantenido relativamente estable. Entre 2001 y 2011, el país osciló entre el lugar 35 y el 41. Sin embargo, el país tuvo una caída de seis posiciones entre 2006 y 2010, aunque en el ultimo año recuperó dos. Esta mejora se explica en buena medida por el avance de México en la variable de Productividad del capital fijo, en la que subió siete lugares de 2010 a 2011. México también ha avanzado en la flexibilidad de las leyes laborales y en la regulación de la propiedad privada. No obstante, el país no ha logrado salir de los diez últimos lugares en este subíndice.

Desempeño por indicador

1. Índice de flexibilidad de las leyes laborales
Índice (0-10), más alto mejor

	2011	Posición	2009	Posición
México	5.67	37	5.47	31
Fraser Institute				

2. Índice de transparencia y regulación de la propiedad privada
Índice (0-5), más bajo mejor

	2011	Posición	2009	Posición
México	2.97	33	2.94	29
Jones Lang LaSalle				

3. Producción de electricidad
Millones de kWh por habitante

	2011	Posición	2009	Posición
México	2.25	35	2.21	35
U.S. Energy Information Administration				

4. Productividad agropecuaria
Kg de cereal / Ha.

	2011	Posición	2009	Posición
México	3571.05	31	3434.00	33
Banco Mundial				

5. Productividad laboral en el sector industrial
Dólares de PIB por trabajador

	2011	Posición	2009	Posición
México	54,403	28	49,775	28
IMD				

6. Productividad media del trabajo
Dólares de PIB por trabajador

	2011	Posición	2009	Posición
México	14262.68	28	13731.51	27
Banco Mundial				

7. Liberalización del sector energético
Dummy (0 = no liberado, 1 = liberado)

	2011	Posición	2009	Posición
México	0.00	45	0.00	45
IMCO				

8. Cambio en inventarios
Porcentaje del PIB

	2011	Posición	2009	Posición
México	4.01	41	2.48	43
Banco Mundial				

9. Productividad del capital fijo
CAGR 10 años PIB / CAGR 10 años FBCF desfasado 5 años

	2011	Posición	2009	Posición
México	0.45	29	0.19	36
Banco Mundial				

Fortalezas de México

México ocupa el lugar 39 de 46 en este subíndice y se encuentra por debajo del promedio en todas las variables. Por lo tanto, estrictamente hablando, México no muestra fortalezas en este subíndice. De cualquier modo, cabe mencionar los indicadores en los que México tiene un mejor desempeño:

Productividad laboral en el sector industrial - En 2011 la contribución al PIB por trabajador del sector industrial en México fue de 54,404 dólares, cifra que es 4,628 dólares más alta que la de 2009. Sin embargo, el promedio para la muestra de los 46 países en 2011 fue de 71,522 dólares y en Noruega, país que ocupa la primera posición, fue de 209,331 dólares.

Productividad media del trabajo – México ocupa el lugar 28 en esta variable. La productividad promedio (PIB/PEA) fue de 14,263 dólares, equivalente a poco menos de la mitad del promedio de los países incluidos en el índice (30,113 dólares).

Rezagos de México

Liberalización del sector energético - México y Venezuela ocupan el último lugar en esta variable por ser los únicos países del índice donde el sector energético está cerrado a la participación privada.

Producción de electricidad – Mientras que los países que conforman el índice producen en promedio 5.8 kWh por habitante, en México se generan tan sólo 2.2. Como resultado, el país se encuentra en la posición 35 en esta variable.

Tendencias a futuro

El desempeño de México en el subíndice ha sido pobre: desde 2001, el país se ha ubicado en el cuartil inferior (el 25% más bajo) en el ranking del subíndice. Para que esta tendencia cambie es necesario que se presente una mejoría en la flexibilidad de las leyes laborales y que aumente la productividad media del trabajo, los dos aspectos de mayor peso en el subíndice.

En el primer aspecto, se puede esperar un incremento en el índice de flexibilidad de las leyes laborales derivado de las reformas a la Ley Federal de Trabajo publicadas en noviembre de 2012. Algunas de estas reformas estuvieron encaminadas a hacer más flexibles las contrataciones, despidos, salarios y duración de la jornada. Por ejemplo, se reguló la subcontratación, los trabajos temporales y los periodos de prueba y capacitación inicial. Asimismo, se normó el pago por hora.[20]

Una de las preguntas clave para los próximos años es: ¿cuál será la tendencia de la productividad laboral? Como se señala en el Plan Nacional de Desarrollo 2013-2018, la productividad laboral en México ha caído ligeramente durante los últimos 30 años. La tendencia de la productividad tendrá un efecto directo sobre el crecimiento económico, los salarios, el empleo y los niveles de vida de la población. No hay una sola medida que aumente la productividad promedio del trabajador mexicano: más bien existen una serie de medidas (desde incentivar la actividad económica formal hasta formar más capital humano, pasando por el acceso a la tecnología y al financiamiento) que promueven una mayor productividad. Sin un aumento sostenido en los niveles de productividad, los salarios y el nivel de vida de la población permanecerán estancados.

IMCO propone

Para elevar la competitividad del país a través de la consolidación de mercados de factores eficientes, se propone:

1. Generar un sistema de seguridad social universal desvinculado del estatus ocupacional de las personas. De esta manera, el costo de contratar personal de manera formal o informal sería el mismo, con lo que se evitarían distorsiones en el mercado laboral y su impacto sobre la productividad. Eliminar dichas distorsiones implicaría que el trabajo y el capital sean asignados eficientemente, es decir, de acuerdo al nivel de productividad de las empresas.[21]

2. Liberalizar el sector energético. Se necesita una reforma energética integral y profunda que, manteniendo la rectoría del Estado sobre el sector y la propiedad de la Nación sobre los hidrocarburos, permita lo siguiente:

   a) Convertir al sector de hidrocarburos en un factor de competitividad orientado a proveer insumos energéticos de alta calidad y a precios competitivos a la economía del país. El consumidor debe estar en el centro de la política energética nacional.

---

20. Secretaría del Trabajo y Previsión Social, Cuadro comparativo. Disposiciones de ley federal del trabajo anteriores y el Decreto por el que se reforman, adicionan y derogan diversas disposiciones de la ley federal del trabajo (Diario Oficial de la Federación, 30 de Noviembre de 2012, consultada el 15 de mayo de 2013, http://www.stps.gob.mx/bp/micrositios/reforma_laboral/archivos/Cuadro%20comparativo%20LFT%20vs%20Reforma.pdf
http://impacto.mx/nacional/fkA/en-qu%C3%A9-consisten-las-modificaciones-a-la-ley-federal-del-trabajo

21. Matías Busso, María Victoria Fazio y Santiago Levy, (In)formal and (Un)productive): The Productivity Costs, of Excessive Informality in Mexico, (Inter-American Development Bank, 2012), disponible en http://www.iadb.org/intal/intalcdi/PE/2012/11271.pdf

b) Maximizar la renta petrolera a partir de un modelo de sector flexible en el cual se eleve la productividad y capacidad de ejecución de Pemex y en el cual se abran espacios a la participación de otros operadores en toda la cadena de valor de los hidrocarburos. La renta petrolera no solamente deberá fortalecer la capacidad financiera del Estado mexicano, sino beneficiar directamente a los mexicanos de las generaciones actuales y futuras.

c) Convertir al sector de hidrocarburos en una palanca de desarrollo industrial y tecnológico, que genere ventajas competitivas para el país en toda la cadena de valor. Para desarrollar ventajas competitivas en este sector, México debe crear capital humano especializado de clase mundial. También debe enfocarse en la innovación y el desarrollo de nuevas tecnologías del sector, y promover el surgimiento de empresas privadas de servicios. En el largo plazo, la competitividad del sector dependerá de la capacidad de las empresas mexicanas para operar en cualquier parte del mundo, generando empleo y bienestar (como lo han hecho las empresas noruegas del ramo, pese al declive de la producción local).

3. Dar seguimiento a los nuevos mecanismos contenidos en la Ley de Federal de Trabajo para alinear las remuneraciones y productividad. Entre ellos están el pago por horas y la contratación y despido temporal de trabajadores. En esta primera etapa es necesario monitorear su implementación, así como evaluar su impacto sobre la productividad marginal de los trabajadores. Este tipo de seguimiento permitirá detectar si es necesario realizar ajustes al diseño de dichos mecanismos.

4. Transitar hacia un esquema de seguro de desempleo universal que dependa poco de los recursos públicos y de manera importante de las aportaciones de las empresas y de los trabajadores. Dicho esquema permitiría eventualmente eliminar el esquema de liquidación laboral. Tal y como está, la legislación de liquidación laboral en México, combinada con las leyes de quiebra, dificulta el desarrollo de las PYMES e impone trabas al crecimiento de la productividad y de la eficiencia en las empresas. Un esquema como el propuesto alinearía los incentivos de empresas y trabajadores con el objetivo nacional de elevar la productividad y por ende incrementar la capacidad del país para generar prosperidad.

VII. Sectores precursores de clase mundial

Este subíndice mide la calidad, eficiencia y costos de sectores precursores tales como los de telecomunicaciones, transporte y financiero, que inciden en la productividad de muchos otros sectores de la economía. Por lo tanto, el buen funcionamiento de estos sectores es una condición necesaria para el desarrollo de largo plazo de un país. Los sectores precursores conforman una infraestructura logística y financiera que facilita el intercambio comercial, la provisión de servicios de punta, la innovación y el desarrollo de productos y empresas.

Indicadores del subíndice

1. Capacidad de banda ancha.

Qué mide: La capacidad doméstica total de ancho de banda de Internet en megabits por segundo.

Unidades: Megabits por segundo (Mbit/s).

Fuente: International Telecommunication Union (ITU).

2. Carreteras pavimentadas.

Qué mide: Carreteras con superficie de piedra triturada y un hidrocarburo aglutinante o bituminadas, con concreto o con adoquines, como porcentaje de todas las carreteras del país.

Unidades: Porcentaje del total de caminos.

Fuente: Banco Mundial.

3. Distancia al principal socio comercial.

Qué mide: La distancia en kilómetros entre un país y su principal mercado de exportación. Si los países tienen frontera común, la distancia es cero. En general, la cercanía a los mercados de exportación es un factor importante para la competitividad de este sector en cualquier país.

Unidades: Kilómetros.

Fuente: CIA World Factbook.

4. Índice de infraestructura portuaria.

Qué mide: Es un índice de la calidad y capacidad de la infraestructura portuaria de un país. Los puertos son fundamentales para el comercio internacional. Su capacidad para manejar eficazmente la carga marítima afecta directamente la productividad de las redes logísticas internacionales.

Unidades: Índice (1-5), más es mejor.

Fuente: Economist Intelligence Unit (EIU).

Gráfica 1. Posiciones en Sectores precursores de clase mundial

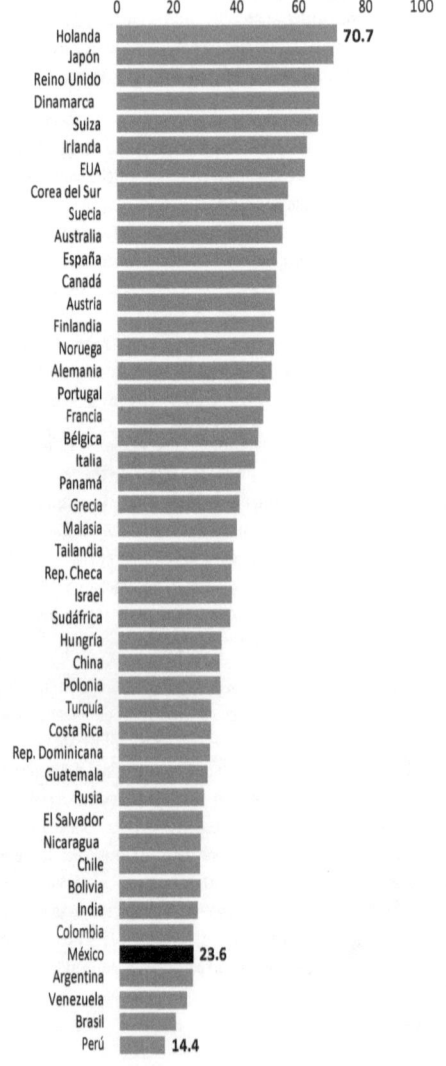

Fuente: IMCO

VII. Sectores precursores de clase mundial

5. Líneas telefónicas móviles.

Qué mide: Es la suma de líneas telefónicas móviles (celulares) en operación por cada 100 mil habitantes. Un número mayor indica un mayor potencial de comunicación en el país, que a su vez está asociado con un mayor potencial económico y una mayor competitividad.

Unidades: Líneas por cada mil habitantes.

Fuente: Banco Mundial.

6. Tránsito de pasajeros aéreos.

Qué mide: Los pasajeros aéreos transportados en aeronaves de las compañías aéreas registradas en el país. Incluye tanto vuelos nacionales como internacionales.

Unidades: Pasajeros transportados vía aérea en relación a la población (cociente simple).

Fuente: Banco Mundial.

7. Red ferroviaria.

Qué mide: La densidad de la red ferroviaria en operación, es decir, la longitud total de la red ferroviaria en relación a la extensión territorial de un país.

Unidades: Kilómetros de vías por cada mil km² de territorio.

Fuente: Banco Mundial.

8. Competencia en la banca.

Qué mide: La diferencia entre la tasa de interés promedio que cobran los bancos al prestar dinero y la tasa de interés que pagan sobre los depósitos. Un menor diferencial indica un mayor grado de competencia entre bancos.

Unidades: Diferencial entre las tasas de interés promedio de préstamo y de depósito (net interest spread).

Fuente: Economist Intelligence Unit (EIU).

9. Transporte intraurbano de alta capacidad.

Qué mide: La existencia de sistemas de transporte masivo de pasajeros en las ciudades, usando como variable de aproximación a los sistemas de metro o autobuses de tránsito rápido (BRT, por sus siglas en inglés).

Unidades: Proporción de las ciudades de más de 250 mil habitantes que cuentan con metro o sistema BRT.

Fuente: Metrobits / Global BRT data / Statistics Finland.

10. Usuarios de internet.

Qué mide: Grado de penetración del internet por cada 100 habitantes.

Unidades: Usuarios por cada 100 habitantes.

Fuente: Banco Mundial.

11. Servidores seguros de internet.

Qué mide: Los servidores que utilizan tecnología de encriptación en las transacciones por internet.

Unidades: Servidores seguros por cada millón de habitantes

Fuente: Banco Mundial.

12. Índice de competencia de Boone.

Qué mide: Es una medida del grado de competencia en el sector financiero. Compara la eficiencia relativa del sector y si encuentra baja eficiencia y utilidades extraordinarias, concluye que hay problemas de competencia. Cuando encuentra el caso contrario (alta eficiencia y utilidades promedio bajas) concluye que el sector está más cerca de la competencia perfecta.[1]

Unidades: Índice, más bajo es mejor.

Fuente: Banco Mundial.

13. Penetración del sistema financiero privado.

Qué mide: El crédito privado no garantizado por el gobierno, como porcentaje del PIB (excluyendo bonos internacionales).

Unidades: Valor de la cartera de crédito bancario como porcentaje del PIB.

Fuente: Banco Mundial.

Tres primeros lugares

Holanda- Este país lidera el subíndice al ocupar el primer lugar en cuatro de los 13 indicadores que lo conforman. Es el país con el mayor número de servidores seguros de internet por cada millón de habitantes (2,750). Cuenta además con la mejor infraestructura portuaria de los países evaluados. Como es el caso de prácticamente todas las economías desarrolladas, en Holanda el 100% de las carreteras están pavimentadas. Además, Holanda es vecina de su principal socio comercial, Alemania, lo cual facilita el comercio. Se ubica también como el segundo mejor país con más usuarios de internet: 92 de cada 100, sólo por debajo de Noruega, que registra 93.

---

1.   Éste se calcula como la elasticidad de las utilidades al costo marginal (cambio porcentual de las utilidades sobre el cambio porcentual del costo marginal). Para obtener la elasticidad, se utiliza un modelo econométrico donde la variable dependiente es el logaritmo de los rendimientos y es regresado contra el logaritmo de los costos marginales.

Japón - Ocupa el primer lugar en transporte intraurbano de alta capacidad, pues todas sus ciudades de más de 250 mil habitantes cuentan ya sea con sistemas de metro o autobuses de tránsito rápido (BRT por sus siglas en inglés). También ocupa el primer lugar en el indicador de Penetración del sistema financiero, ya que los créditos bancarios representan 340% de su PIB.

Reino Unido- Los principales indicadores que hacen que el Reino Unido ocupe la tercera posición en este subíndice son la cobertura de la red ferroviaria y de carreteras pavimentadas, pues en ambas variables se ubica en el primer lugar. Asimismo, es el segundo país con la mayor capacidad de banda ancha, con una velocidad promedio de 20 Mb/s, sólo por debajo de Corea del Sur.

Desempeño de México

Gráfica 2. Desempeño de México en el subíndice de Sectores precursores de clase mundial (posición entre 46 países).

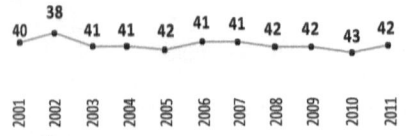

Fuente: IMCO

Durante el periodo 2001-2011 México no presenta grandes cambios en este subíndice. A excepción de 2002, durante la última década México siempre se ha ubicado entre los últimos seis lugares de este subíndice. Esto significa que los sectores financiero, de telecomunicaciones y de transporte del país están muy rezagados frente al resto de las economías del estudio.

Desempeño por indicador

1. Capacidad de Banda Ancha
Megabits por segundo

	2011	Posición	2009	Posición
México	6	15	1	20
International Telecommunication Union				

2. Carreteras pavimentadas
Porcentaje del total de carreteras

	2011	Posición	2009	Posición
México	36.07	33	35.54	33
Banco Mundial				

3. Distancia al principal socio comercial
Kms.

	2011	Posición	2009	Posición
México	0	1	0	1
CIA World Factbook				

4. Índice de infraestructura portuaria
Índice (1-5), más alto mejor

	2011	Posición	2009	Posición
México	3.20	24	3.00	26
EIU				

5. Líneas móviles
Por cada mil habitantes

	2011	Posición	2009	Posición
México	823.79	42	742.58	40
Banco Mundial				

6. Tránsito de pasajeros
Pasajeros transportados en vuelos comerciales como proporción de la población

	2011	Posición	2009	Posición
México	0.16	43	0.17	41
Banco Mundial				

7. Red ferroviaria
Km. de vías por cada mil km² de territorio

	2011	Posición	2009	Posición
México	13.74	26	13.74	24
Banco Mundial				

8. Competencia en la banca

Dif. entre tasas de interés de préstamo y de depósito

	2011	Posición	2009	Posición
México	3.96	38	5.06	40
EIU				

9. Transporte intraurbano de alta capacidad

Proporción de las ciudades de más de 250 mil habitantes que cuentan con metro o sistema BRT

	2011	Posición	2009	Posición
México	0.12	34	0.10	34
Metrobits / Global BRT data / Statistics Finland				

10. Usuarios de internet

Por cada 100 habitantes

	2011	Posición	2009	Posición
México	36.15	38	26.34	39
Banco Mundial				

11. Servidores seguros de internet

Por cada millón de personas

	2011	Posición	2009	Posición
México	26.82	35	16.54	33
Banco Mundial				

12. Índice de competencia de Boone

Índice, más bajo es mejor

	2011	Posición	2009	Posición
México	-0.07	8	-0.14	4
Banco Mundial				

13. Penetración del sistema financiero privado

Créditos bancarios como porcentaje del PIB

	2011	Posición	2009	Posición
México	45.51	39	43.84	40
Banco Mundial				

Fortalezas de México

Distancia al principal socio comercial – La vecindad con Estados Unidos es una de las pocas fortalezas que tiene el país en este subíndice. El hecho de ser vecino de su principal socio comercial implica que México incurre en menores costos de transacción, de fletes y mayores facilidades para realizar negocios.

Rezagos de México

De los 13 indicadores de este subíndice, México se ubica por debajo del promedio en 11 de ellos. Sin duda, es el subíndice donde México presenta el peor desempeño.

Tránsito de pasajeros aéreos - El indicador con mayor rezago es el tránsito de pasajeros, en el cual México perdió dos lugares entre 2009 y 2011 para ocupar el lugar 43. Mientras que el promedio de las naciones evaluadas es de 53 millones de pasajeros aéreos, en México la cifra para 2011 es de sólo 18 millones -es decir, apenas 0.2 pasajeros por habitante. Más preocupante aún es la tendencia: en el periodo 2001-2011 el flujo de pasajeros aéreos se redujo en un 9%. El sector de aerotransporte de pasajeros en México no ha logrado despegar. La quiebra de Mexicana en 2010 redujo la competencia en el sector y por lo tanto permitió un aumento en las tarifas, que condujo a una caída en el volumen de pasajeros transportados.

Penetración del sistema financiero - Otro indicador en el que México tiene un muy mal desempeño es el grado de penetración del sistema financiero. A lo largo de la década México no ha podido abandonar las últimas posiciones en este indicador. Esto significa que la cartera de créditos bancarios, sin contar los bonos internacionales, está en un nivel muy incipiente comparado con el resto de los 45 países del índice. El valor de los créditos bancarios en el país representa apenas un 46% del PIB, mientras que el promedio de los países se ubica en 118%.

Usuarios de internet - En México existen 36 usuarios de internet por cada 100 habitantes, muy lejos del promedio de 58 del resto de los países, con lo que el país ocupa el lugar 38. Si bien la penetración del internet creció 400% en México entre 2001 y 2011, esta tasa de crecimiento ha sido inferior a la de muchos países emergentes. Por lo tanto, el país no ha podido dejar los últimos escaños en este indicador.

Tendencias a futuro

De manera sistemática, el subíndice en el que México ha tenido el peor desempeño en la última década ha sido el de sectores precursores. El lento e incipiente desarrollo de los sectores financiero, de infraestructura de transporte y de telecomunicaciones en el país es una debilidad seria de la economía mexicana, que limita su competitividad y por lo tanto su capacidad para crecer y generar riqueza y empleo formal. El rezago del país en este renglón frente a las economías líder del mundo emergente no se ha acortado en años recientes.

Sin embargo, hay razones para ser optimistas sobre el desempeño de México en estos sectores en los próximos años. El motivo son las reformas de telecomunicaciones y financiera. La reforma de telecomunicaciones busca fortalecer la competencia entre proveedores de servicios de internet, telefonía y televisión, e incorpora algunas de las mejores prácticas del sector a nivel mundial al nivel de la regulación (que llevará a cabo el nuevo Instituto Federal de Telecomunicaciones).[2] Si es implementada adecuadamente, la reforma podría redundar en servicios de telecomunicaciones de mayor calidad y a precios más bajos para millones de mexicanos, lo cual impactaría favorablemente la productividad y eficiencia de las empresas del país.

Por otra parte, la reforma en materia financiera podría eliminar las trabas para que México cuente con un sector financiero más profundo y accesible, que satisfaga las necesidades de crédito de pequeñas y medianas empresas en un contexto de vigorosa competencia. El crédito, relativo al nivel de actividad económica, aún es muy bajo en México -inclusive en comparación con economías latinoamericanas. La iniciativa de reforma también podría contemplar un rol mucho más activo de la banca de desarrollo como instrumento para financiar proyectos económicos que la banca comercial tiende a dejar fuera de su cartera. Si bien es incierto el contenido definitivo de esta reforma, es evidente que hay mucho por hacer para que México cuente con un sector financiero moderno y sofisticado que actúe como motor de competitividad para las empresas mexicanas y la economía del país en su conjunto.

IMCO propone

Para elevar la competitividad del país a través de los sectores precursores de la economía, hemos identificado las siguientes propuestas de alto impacto en materia de telecomunicaciones, competencia y transporte:

En materia de telecomunicaciones y competencia:

1. La reforma de telecomunicaciones, entre otros aspectos, busca dar fuerza y distinguir las distintas funciones de los órganos rectores del sector, en particular de la SCT y nuevo órgano regulador.

Asimismo busca subsanar la falta de infraestructura de redes y de competencia entre los operadores. Habrá que estar vigilantes de su implementación.

2. Además de fomentar la competencia entre operadores y la cobertura de servicios, el gobierno debe fomentar la apropiación de las TIC (Tecnologías de información y comunicación) entre la población. Es necesario que el gobierno desarrolle a la brevedad posible una Agenda Digital, y que se comprometa a implementarla al menos durante este sexenio. El éxito de esta agenda en parte dependerá del nivel de coordinación de los agentes del gobierno involucrados (SSA, SEP, SEGOB, SE, entre otros) en fomentar el uso de las TIC entre la población. Será fundamental tener procesos coordinados y una clara diferenciación de funciones entre cada uno de estos agentes para una exitosa instrumentación de la estrategia integral digital del gobierno.

3. En el sexenio pasado se crearon varios proyectos de apoyo para la industria de TIC. Es momento de crear un programa de monitoreo para cuantificar el impacto, rentabilidad y costos de dichos programas, y cualquier otro que el gobierno vaya a implementar en esta materia. El gobierno debe realizar una evaluación a fondo de cada programa desde el período de prueba hasta el seguimiento de su impacto en los beneficiarios. Para ello se sugiere contar con organismos, idealmente ajenos al gobierno, para monitorear, evaluar y recabar datos sobre la efectividad de los programas y esfuerzos para impulsar la industria TIC y en general, las telecomunicaciones en el país.

En materia de transporte:

4. Política de cielos abiertos. México está rezagado respecto a naciones de nivel de desarrollo similar en cuanto a nivel de tránsito aéreo. Con una política de cielos abiertos, se incrementaría la competencia en el sector aéreo dado que cualquier empresa podría ofrecer rutas desde México hacia otros países así como dentro del país. Ello incidiría en tarifas más bajas para los consumidores y en la reactivación del turismo internacional al reducir los precios de las tarifas para viajar a México. También se fomentaría la competencia entre aeropuertos lo que conduciría a menores tarifas de uso aeroportuario (TUA).

5. Desarrollar sistemas de transporte masivo en las ciudades medias y grandes del país. A través de programas como el Programa de Apoyo al Transporte Masivo (PROTRAM) y el Programa de

2. A la fecha de elaboración de este informe, la mayoría de los congresos estatales (19) recientemente había aprobado la reforma constitucional en materia de telecomunicaciones. Con ello la minuta cumple con la mayoría para ser publicada por el jefe del Ejecutivo. Ver más en: http://www.eluniversal.com.mx/notas/923523.html Consultado el 20 de mayo de 2013.

Transformación del Transporte Urbano (PTTU) de Banobras y del Banco Mundial (Clean Technology Fund), el gobierno federal puede acercar esquemas de financiamiento a los gobiernos estatales y locales, en combinación con la inversión privada. La creación de sistemas de transporte masivo -como Metros, trenes ligeros o sistemas BRT- haría más competitivas a las ciudades mexicanas y elevaría la calidad de vida de sus habitantes.

6. Consolidar la estrategia de modernización de la red ferroviaria del país. De materializarse esta medida, incluida en el Pacto por México, se logrará una mayor conectividad entre los estados del sur, centro y norte del país. Actualmente la mayoría del transporte de carga en el país se realiza por carretera, pero el transporte ferroviario podría ser una alternativa competitiva por los menores costos potenciales. Además, de modernizarse la red de transporte ferroviario de carga, se eliminarían cuellos de botella para la movilización de mercancías al interior del país y para su exportación a EUA y Centroamérica.

En el sector financiero:

7. Impulsar un programa piloto para realizar transferencias de programas sociales (como Oportunidades) a través de teléfonos celulares y reducir obstáculos para que la población de bajos recursos pueda acceder al sistema financiero a través de esta tecnología. Si el programa piloto tiene éxito, se podría replicar a escala nacional. Para el gobierno, las transferencias por celular podrían ser una forma para atender comunidades marginadas y reducir los costos de operación de los programas. Por otra parte, esta medida permitiría que la población tuviera acceso a cuentas de ahorro, préstamos y remesas que mejoren sus oportunidades económicas y aumenten la formalidad, así como para poder enfrentar riesgos y desastres. Emplear dinero electrónico a través de telefonía móvil impactaría de forma contundente en la adopción de TIC en la ciudadanía. Además propiciaría un crecimiento importante de los intermediarios financieros que faciliten la reducción del uso del dinero en efectivo.

8. Eliminar los obstáculos regulatorios que impiden que los usuarios de servicios financieros puedan migrar fácilmente de un producto a otro y de un banco a otro. Esta medida, además de beneficiar directamente al usuario financiero, fortalecería la competencia entre bancos. De este modo se podría facilitar, por ejemplo, la refinanciación de adeudos con un banco competidor o facilitar la cancelación de productos financieros (por ejemplo, tarjetas de crédito, cuentas de depósito, ahorro y cheques).

VIII. Gobierno eficiente y eficaz

Este subíndice mide cómo interactúan los gobiernos con la economía, afectando su desempeño de manera directa e indirecta. El subíndice consta de tres ejes que miden el impacto de las políticas e instituciones de gobierno en la competitividad de los mercados. Los tres ejes son: (1) el costo de hacer negocios, asociado a trámites e interacción con autoridades; (2) la calidad de la regulación sectorial y promoción de la competencia y, (3) la suficiencia y eficiencia del gasto público.

Indicadores del subíndice

1. Facilidad para abrir una empresa.

Qué mide: Promedio de días necesarios para cumplir con todos los trámites necesarios para abrir una empresa.
Unidades: Número de días.
Fuente: Banco Mundial.

2. Costo de la nómina.

Qué mide: El pago en efectivo y en especie que hace el gobierno a sus empleados por los servicios prestados, así como las contribuciones asociadas a la seguridad social y pensiones de estos mismos trabajadores.
Unidades: Porcentaje del gasto total.
Fuente: Banco Mundial.

3. Costos visibles de importación.

Qué mide: Índice construido a partir de tres variables: (1) ingresos derivados de impuestos sobre el comercio, (2) la tasa arancelaria promedio y (3) la desviación estándar de las tasas arancelarias.
Unidades: Índice (0-10), más es mejor.
Fuente: Fraser Institute.

4. Índice de efectividad del gobierno.

Qué mide: La percepción que se tiene sobre la calidad de los servicios públicos y su grado de autonomía frente a las presiones políticas, así como la calidad del diseño e instrumentación de políticas públicas y credibilidad del gobierno. Se construye a partir de encuestas de percepción realizadas a individuos, empresas, organismos no gubernamentales, organismos gubernamentales y oficinas de gobierno.
Unidades: Índice (-2.5, 2.5), más es mejor.
Fuente: Banco Mundial.

Gráfica 1. Posiciones en Gobierno eficiente y eficaz

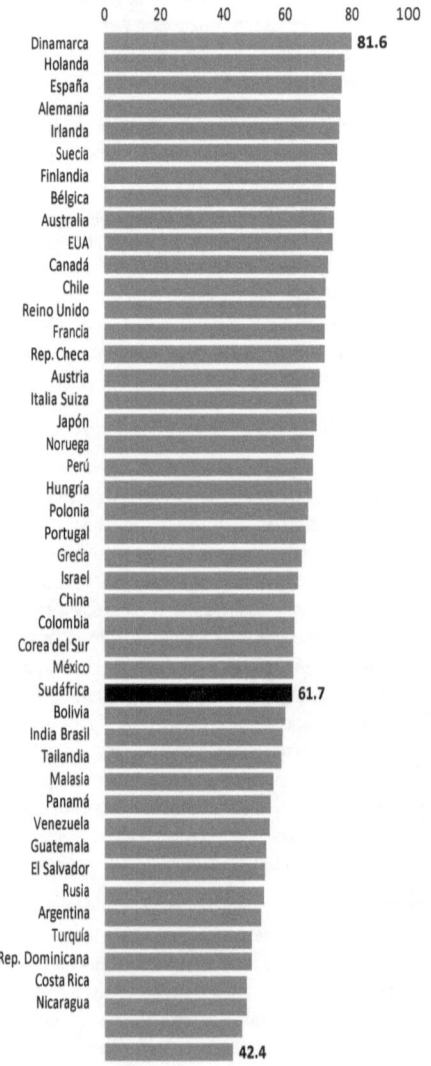

Fuente: IMCO

VIII. Gobierno eficiente y eficaz

5. Tiempo para calcular y pagar impuestos.

Qué mide: El número de horas al año que le toma a una empresa calcular, archivar y pagar (o retener) tres principales tipos de impuestos: impuesto sobre la renta, impuesto al valor agregado o a la venta de bienes y servicios y el impuesto al trabajo, que incluye el impuesto a la nómina y las contribuciones a la seguridad social.

Unidades: Horas por año.

Fuente: Banco Mundial.

6. Impuesto sobre el ingreso.

Qué mide: Tasa de impuestos a un salario equivalente al PIB per cápita.

Unidades: Porcentaje.

Fuente: International Institute for Management Development (IMD).

7. Edad de retiro.

Qué mide: La edad legal de jubilación.

Unidades: Años.

Fuente: Organización Internacional del Trabajo.

8. Índice de calidad de gobierno electrónico.

Qué mide: El grado de penetración del gobierno electrónico (e-government) en cada país. Se analizan las páginas de internet de los gobiernos, la infraestructura de telecomunicaciones disponible en el país y el capital humano con la capacidad suficiente para manipular estos servicios.

Unidades: Índice (0-1), más es mejor.

Fuente: Naciones Unidas.

9. Miembro de Open Government.

Qué mide: Si un país es miembro del Open Government Partnership, organización internacional que promueve la transparencia, participación cívica, combate a la corrupción y la adopción de nuevas tecnologías para favorecer la rendición de cuentas y hacer al gobierno más abierto y más efectivo.

Unidades: Dummy (0=no, 1=sí).

Fuente: Open Government Partnership.

10. Presupuesto balanceado.

Qué mide: La relación superávit/déficit del presupuesto; es decir, el nivel de ingreso sobre los egresos del sector público. También considera si en el presupuesto anual del gobierno se estipula que se va gastar más o menos que los ingresos esperados.

Unidades: Superávit como porcentaje del PIB.

Fuente: Banco Mundial.

11. Tiempo de altos ejecutivos a temas burocráticos.

Qué mide: El costo de la burocracia desde la perspectiva de los empresarios. Para medirlo se plantea la siguiente pregunta: ¿cómo es la regulación en la calidad de los productos y servicios, en los recursos energéticos, así como otras regulaciones (fuera de las regulaciones ambientales) en tu país? Regulaciones más complicadas consumen más tiempo de los ejecutivos y reducen la competitividad del país.

Unidades: Índice (1-10), más es mejor.

Fuente: Fraser Institute.

Tres primeros lugares

Dinamarca – Este país lidera el subíndice debido a que ocupa las primeras posiciones en cinco de los 11 indicadores que lo componen. Ocupa el segundo lugar en el Índice de efectividad de gobierno y en la variable de Tiempo de altos ejecutivos en temas burocráticos. También se ubica como el cuarto mejor país en el Índice de calidad de gobierno electrónico y en el indicador de Edad de retiro.

Holanda – La segunda posición de Holanda en el subíndice se debe principalmente a que ocupa el segundo lugar en el Índice de calidad de gobierno electrónico y el tercero en la variable de Presupuesto balanceado. Al igual que Dinamarca, se encuentra en la cuarta posición en el indicador de Edad de retiro.

España – Este país destaca por ocupar los lugares seis y diez en las variables de Costo de la nómina y Costos visibles de importación, respectivamente, indicadores de gran peso dentro del subíndice. También se encuentra en el cuarto lugar en el indicador de Edad de retiro.

Desempeño de México

Gráfica 2. Desempeño de México en el subíndice de Gobierno, 2001-2011 (posición entre 46 países).

Fuente: IMCO

Desde 2006 México ha registrado una tendencia a la baja en este subíndice. Destaca la pérdida de nueve posiciones en 2007 y de seis en 2009. El primer caso se debió a una fuerte caída en la variable de Costos de importación que es una de las de mayor peso en el subíndice. El segundo caso estuvo relacionado a que se aumentó la tasa máxima del impuesto sobre la renta.

Desempeño por indicador

1. Facilidad para abrir una empresa
Días promedio

	2011	Posición	2009	Posición
México	9	17	28	31
Banco Mundial				

2. Costo de la nómina
Porcentaje del gasto total

	2011	Posición	2009	Posición
México	16.24	26	16.21	23
Banco Mundial				

3. Costos visibles de importación
Índice (1-10), más alto mejor

	2011	Posición	2009	Posición
México	6.49	38	6.66	38
Fraser Institute				

4. Índice de efectividad del gobierno
Índice (-2.5, 2.5), más alto mejor

	2011	Posición	2009	Posición
México	0.32	31	0.19	31
Banco Mundial				

5. Tiempo para calcular y pagar impuestos
Horas

	2011	Posición	2009	Posición
México	347	39	517	42
Banco Mundial				

6. Impuesto sobre el ingreso
Porcentaje del ingreso

	2011	Posición	2009	Posición
México	13.89	13	14.04	14
IMD				

7. Edad de retiro
Años

	2011	Posición	2009	Posición
México	65	4	65	3
Organización Internacional del Trabajo				

8. Índice de calidad de gobierno electrónico
Índice (0-1), más alto mejor

	2011	Posición	2009	Posición
México	0.62	30	0.59	26
Naciones Unidas				

9. Miembro de Open Government
Dummy (0 = no, 1 = sí)

	2011	Posición	2009	Posición
México	1	1	1	1
Open Government Partnership				

10. Presupuesto balanceado
Balance fiscal primario como porcentaje del PIB

	2011	Posición	2009	Posición
México	-0.96	21	-0.58	23
Banco Mundial				

11. Tiempo de altos ejecutivos a temas burocráticos
Índice (1-10), más alto mejor

	2011	Posición	2009	Posición
México	4.17	37	4.89	15
Fraser Institute				

VIII. Gobierno eficiente y eficaz

Fortalezas de México

Edad de retiro - México ocupa el cuarto lugar en esta variable debido a que la edad legal de jubilación es de 65 años, cuatro más que en el promedio de los países que conforman el índice. México está únicamente por debajo de Israel, Noruega y Estados Unidos. Hoy en día la mayor parte de las economías del mundo están aumentando su edad legal de retiro a 65 o más años para hacer sostenibles sus sistemas de pensiones.

Facilidad para abrir una empresa – De acuerdo con datos del reporte Doing Business del Banco Mundial, en México se requieren en promedio nueve días para abrir una empresa, 14 días menos que la media de todos los países analizados. Este resultado coloca a México en la posición 17 en esta variable. Junto con Panamá, México es el mejor país de América Latina en el rubro.

Rezagos de México

Tiempo para calcular y pagar impuestos – México ocupa el lugar 39 de 46 en esta variable. Al año, una empresa mexicana debe dedicar 347 horas en promedio para cumplir con sus obligaciones fiscales, dato que es aproximadamente cinco veces el número de horas necesarias en Suiza (63), el mejor país en este aspecto.

Costos visibles de importación - La puntuación de México en este índice cayó de 7.2 en 2007 a 6.6 en 2008 en una escala del 0 al 10 y no se ha recuperado. En 2011 su puntuación fue de 6.5, poco más de un punto por debajo del promedio, lo que lo coloca como el noveno peor país del indicador.

Tendencias a futuro

En los últimos tres años el país ha tenido un comportamiento estable en este subíndice. Sin embargo, como resultado del reciente cambio de gobierno y en especial del Pacto por México, podrían generarse nuevas tendencias. Uno de los compromisos de dicho Pacto es eliminar duplicidades de funciones en el Gobierno Federal, compactar áreas y dependencias de gobierno, y revisar permanentemente el gasto del sector público para mejorar su eficiencia y alcanzar mejores indicadores de desempeño (compromiso 71). El cumplimiento de este compromiso se traduciría en una reducción significativa en los costos de la nómina, uno de los indicadores de mayor peso en este subíndice.

Un tema que incidirá en las tendencias de gobierno a lo largo de este sexenio es la reforma fiscal que será presentada en el segundo semestre de 2013. Una buena reforma fiscal deberá enfocarse no tanto en aumentar la recaudación pública sino, sobre todo, en elevar la eficacia de los programas de gobierno y reducir significativamente la ineficiencia del gasto. Típicamente, el gobierno se ha enfocado en recaudar más (a través de mayores impuestos) y ha dejado de lado la complicada pero esencial tarea de lograr que cada peso recaudado tenga el mayor impacto posible sobre el bienestar social. Por lo tanto, habrá que estar al pendiente del contenido de la reforma fiscal que presentará el Gobierno Federal este año, y revisar si efectivamente está pensada para aumentar la calidad del gobierno o si simplemente busca expandir el gasto público.

IMCO propone

Elevar la eficacia y la eficiencia de nuestros gobiernos es una tarea fundamental para aumentar la competitividad del país y con ello generar prosperidad y bienestar para todos los mexicanos. Para este fin, hemos identificado algunas propuestas de alto impacto.

1. Realizar una reforma fiscal que contemple las siguientes medidas

   a) Reducir la dependencia de las finanzas públicas sobre los ingresos petroleros. La alta dependencia al petróleo es una amenaza a las finanzas públicas por dos razones. La primera es que el precio del petróleo es altamente volátil (y por lo tanto las finanzas públicas mexicanas también lo son). La segunda razón es que la producción petrolera de Pemex ha disminuido en casi un tercio desde 2004. De no revertirse esta tendencia, se espera que para 2018 la producción de energía sea menor que el consumo nacional (SENER, 2012). Como se ha mencionado antes, para reducir la tasa impositiva sin dañar las finanzas públicas se deberá incrementar la recaudación de ingresos tributarios no petroleros y construir un sistema fiscal moderno y equitativo. De esta forma, la renta petrolera, en vez de usarse para financiar el gasto de gobierno, se podrá invertir en el bienestar de las generaciones presentes y futuras de mexicanos.

   b) Eliminar el ISR y mantener el IETU. El ISR está lleno de tratamientos preferenciales y excepciones que restan capacidad contributiva y equidad a la actividad recaudatoria. Hacia el futuro, es deseable que se eliminen los tratos preferenciales. Por lo tanto, proponemos que el gobierno intente, de nueva cuenta, eliminar el ISR y mantener solamente el IETU como originalmente estaba planteado. La intención con la que se introdujo el IETU fue precisamente sustituir un ISR lleno de excepciones por un impuesto parejo, equitativo y con tasas bajas. Una ventaja adicional de esta medida es que permite la deducción inmediata de toda la inversión en activos fijos y en inventarios.

c) Reducir regímenes especiales y excepciones. Si bien el objetivo de cada una de las políticas de este tipo fue impulsar sectores específicos de la economía o proteger a los sectores de la población de bajos ingresos, en la práctica estas políticas han generado distorsiones, crean un piso disparejo para las empresas y agravan la desigualdad socioeconómica del país. Además, se requiere de un mayor gasto burocrático para cobrar el impuesto y vigilar su pago. Para determinar si es conveniente mantener estos regímenes es indispensable ponderar las ventajas en términos de impulso a la economía contra los costos en términos de burocracia, distorsiones y disminución en la recaudación. Uno de los compromisos del Pacto por México es "eliminar los privilegios fiscales" y "reducir el sector informal de la economía", sin embargo, no se mencionan los mecanismos para lograrlo.

d) Transparentar los criterios de condonación de impuestos. Como parte del Programa de Condonación Fiscal que beneficia a entidades federativas, también existe la posibilidad de eliminar los adeudos de contribuyentes morosos. Sin embargo, no existen criterios claros de selección para los beneficiarios. Las Reglas de Operación del programa señalan que los interesados pueden hacer una solicitud al SAT y este responderá con un veredicto en 30 días hábiles.[3] El SAT puede condonar impuestos como una medida para incentivar la formalidad, pero debe hacerlo con criterios claros.

2. Continuar con el esfuerzo de simplificación de normas y trámites con una lógica de negocio. En específico continuar ampliando los esfuerzos a las entidades federativas y a los municipios, que es donde se concentra el 80% de este tipo de trámites.

3. Crear un portal gubernamental único e inteligente que integre información y procedimientos para tener acceso a servicios públicos de los tres niveles de gobierno. A pesar de que recientemente se ha creado el portal www.gob.mx, este tiene tres principales deficiencias: (1) no cuenta con mecanismos de comunicación y retroalimentación para la ciudadanía y las empresas, (2) los ciudadanos no pueden acceder a los diferentes contenidos y servicios a menos que conozcan la estructura gubernamental y (3) no se ha generado una clave única para consultar y enviar información sobre el usuario a diferentes niveles o áreas de gobierno.

La creación de un portal único permitiría establecer estándares de interoperabilidad e interacción entre los diferentes niveles de gobierno y dependencias, lo que se traduciría en una mayor coordinación, colaboración y proveeduría de servicios públicos. También es importante que este sitio cuente con una versión para dispositivos móviles.

4. Además de la apertura de información pública (Open Data), también se requiere la apertura de procesos para facilitar un papel más proactivo por parte de la población. Esta iniciativa ha estado acompañada por la apertura del código (Open Source) para permitir que programadores independientes desarrollen nuevos productos para resolver problemas de política pública.

---

3. Consultar las Reglas Operativas del Programa en http://dof.gob.mx/nota_detalle.php?codigo=5288222&fecha=19/02/2013

IX. Aprovechamiento de las relaciones internacionales

Este subíndice califica en qué medida los países capitalizan su relación con el exterior para ser más competitivos. Evalúa temas como el turismo internacional, el comercio exterior y los flujos de capitales a través de indicadores que reflejan tanto el volumen de los flujos como las barreras que enfrentan.

Indicadores del subíndice

1. Diversificación de las importaciones.

Qué mide: El grado de diversificación (o concentración) de las importaciones de un país.

Unidades: Porcentaje de las importaciones que representa el principal socio comercial.

Fuente: CIA World Factbook.

2. Diversificación de las exportaciones.

Qué mide: El grado de diversificación (o concentración) de las exportaciones de un país.

Unidades: Porcentaje de las exportaciones que representa el principal socio comercial.

Fuente: CIA World Factbook.

3. Barreras ocultas a la importación.

Qué mide: La percepción de los empresarios que respondieron a la siguiente pregunta: ¿Hasta qué punto existen en su país impuestos arancelarios y no arancelarios que reduzcan la posibilidad de que los bienes importados compitan en el mercado doméstico?

Unidades: Índice (0-10), más es mejor.

Fuente: Fraser Institute.

4. Índice de apertura económica.

Qué mide: La suma de las importaciones y exportaciones de un país en relación a su Producto Interno Bruto.

Unidades: Exportaciones más importaciones, entre el PIB.

Fuente: Banco Mundial.

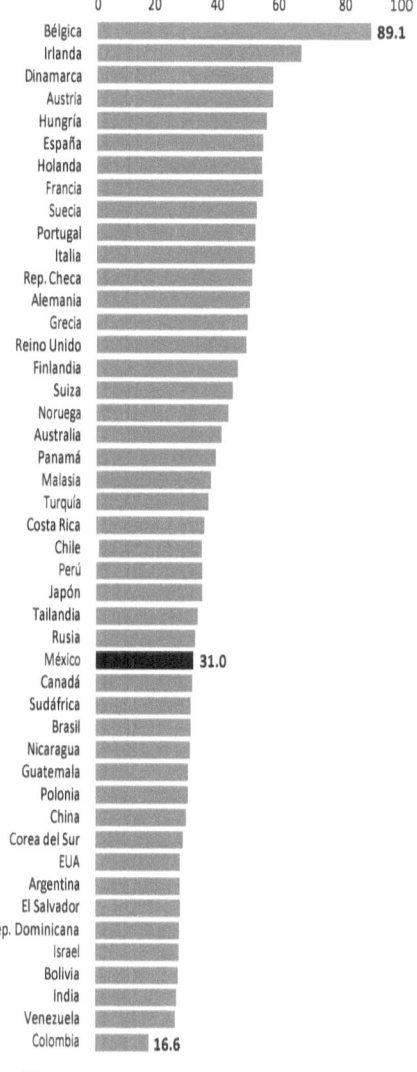

Gráfica 1. Posiciones en Aprovechamiento de las relaciones internacionales

Fuente: IMCO

5. Gasto militar.

Qué mide: El gasto militar de un país en relación al gasto público. Un mayor gasto militar está asociado con una mayor tensión política con países vecinos y con un mayor riesgo de conflicto interno.

Unidades: Porcentaje del gasto público.

Fuente: Banco Mundial.

6. Inversión Extranjera Directa.

Qué mide: El flujo neto de inversión extranjera directa (IED) que recibe un país en un año.

Unidades: Dólares por persona económicamente activa (PEA).

Fuente: Banco Mundial.

7. IED promedio a tres años.

Qué mide: El promedio móvil de tres años de la inversión extranjera directa (IED) que recibe un país.

Unidades: Dólares por PEA (promedio móvil de 3 años).

Fuente: Banco Mundial.

8. Ingresos por turismo.

Qué mide: Los ingresos por turismo de un país son los gastos de los turistas internacionales. Estos incluyen gastos por transporte aéreo a compañías nacionales así como todos los gastos por comida, hospedaje y compras dentro del país.

Unidades: Porcentaje del PIB.

Fuente: Banco Mundial.

9. Llegada de turistas.

Qué mide: La cantidad de visitantes internacionales que recibe un país en relación a su población.

Unidades: Turistas por cada mil habitantes.

Fuente: Banco Mundial.

10. Acuerdos comerciales.

Qué mide: El número de acuerdos comerciales internacionales suscritos por cada país.

Unidades: Número de acuerdos.

Fuente: Organización Mundial de Comercio (OMC).

11. Participación en organizaciones internacionales.

Qué mide: El número organizaciones internacionales a las que pertenece cada país. Las organizaciones internacionales juegan un rol crucial al promover la resolución pacífica de conflictos entre países y fortalecer sus vínculos comerciales, sociales y culturales.

Unidades: Número de organizaciones de las que es miembro el país.

Fuente: CIA World Factbook.

Tres primeros lugares

Bélgica - Esta pequeña nación europea ha capitalizado sus relaciones con el resto del mundo a partir de la inversión extranjera y el turismo. En 2011 fue la nación con el mayor nivel de inversión extranjera directa (IED) por persona ocupada, al registrar 20,600 dólares. Este monto es 13 veces mayor a la media del resto de los países. Por otro lado, Bélgica también alcanzó el primer lugar en ingresos por turismo internacional en relación al tamaño de la economía local. El turismo representó 16.5% del PIB en 2011.

Irlanda - El otrora "Tigre Celta" es una de las economías más abiertas del mundo. Su comercio exterior (medido como la suma de sus exportaciones e importaciones) representa 250% del PIB, muy por encima del promedio global de 92%. De igual manera, los ingresos por turismo representan 15.8% de la producción total del país, ubicándose únicamente por debajo de Bélgica en el rubro.

Dinamarca - Esta nación escandinava cuenta con la segunda mayor cantidad de entradas de turistas en relación a su población, al recibir a 1,710 por cada mil habitantes. Es también el tercer país con el mayor número de acuerdos comerciales: 37. En promedio, los países del estudio cuentan con 20 acuerdos.

IX. Aprovechamiento de las relaciones internacionales

Desempeño de México

Gráfica 2. Desempeño de México en el subíndice de Relaciones Internacionales, 2001-2011 (posición entre 46 países).

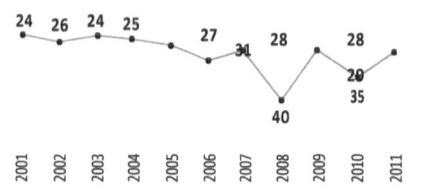

México ha ido a la baja en este subíndice, con un periodo de alta volatilidad entre 2007 y 2011. Lo anterior se debe principalmente a cambios bruscos en los indicadores de Gasto militar (como porcentaje del gasto total) e IED, la cual es común que presente una tendencia irregular. Para el caso del gasto militar, éste se ubicó regularmente entre 4 y 6% del gasto total, con un incremento en 2008 a 9.5%. La IED, por su parte, se mueve en un rango de 16 a 32 mil mdd en los últimos cinco años del periodo. El país no ha podido aprovechar su potencial en materia turística. En buena medida esto se debe al impacto internacional de la crisis de violencia que vive el país.

Desempeño por indicador

1. Diversificación de las importaciones
% que representa el principal socio comercial

	2011	Posición	2009	Posición
México	44.96	45	49.70	45
CIA World Factbook				

2. Diversificación de las exportaciones
% que representa el principal socio comercial

	2011	Posición	2009	Posición
México	78.60	46	81.37	46
CIA World Factbook				

3. Barreras ocultas a la importación
Índice (0-10), más alto mejor

	2011	Posición	2009	Posición
México	7.21	12	7.27	12
Fraser Institute				

4. Índice de apertura económica
(Imp + Exp) / PIB

	2011	Posición	2009	Posición
México	67.08	29	59.36	29
Banco Mundial				

5. Gasto militar
% del gasto público total

	2011	Posición	2009	Posición
México	5.20	27	4.42	20
Banco Mundial				

6. Inversión Extranjera Directa (IED)
Dólares por PEA

	2011	Posición	2009	Posición
México	402	30	340	27
Banco Mundial				

7. IED promedio a tres años
Dólares por PEA (prom. 3 años)

	2011	Posición	2009	Posición
México	378	31	523	29
Banco Mundial				

8. Ingresos por turismo
% del PIB

	2011	Posición	2009	Posición
México	1.66	26	1.40	35
Banco Mundial				

9. Llegadas de turistas
Por cada mil habitantes

	2011	Posición	2009	Posición
México	196.19	30	191.50	29
Banco Mundial				

10. Acuerdos comerciales				
#				
	2011	Posición	2009	Posición
México	15	**22**	15	**22**
OMC				

11. Organizaciones internacionales				
# de organizaciones las que pertenece el país				
	2011	Posición	2009	Posición
México	68	**23**	66	**26**
CIA World Factbook				

Fortalezas de México

Barreras ocultas a la importación – Este índice, elaborado por Fraser Institute, ubica a México en la posición 12 de 46 con una puntuación de 7.2/10. Lo anterior significa que los empresarios mexicanos consideran que los impuestos arancelarios no afectan en gran medida la posibilidad de que productos de importación compitan en el mercado nacional.

Rezagos de México

Diversificación de las exportaciones - México se ubica como el peor país en este rubro, ya que el 80% de los productos exportados tienen como destino los Estados Unidos, provocando una alta dependencia económica con el país vecino.

Diversificación de las importaciones - El hecho de que el 45% de los productos que entran al país provengan de Estados Unidos, colocan a México como el segundo peor país en el indicador, únicamente por debajo de Canadá, país en el cual casi el 50% de las importaciones provienen también de EUA.

Tendencias a futuro

Pese a ser una de las economías emergentes más grandes e importantes del mundo, en cuanto al aprovechamiento de sus relaciones internacionales y su inserción global, México sigue sin desplegar su potencial. El país no ha logrado posicionarse como una nación líder de América Latina o del mundo emergente, y continúa a la zaga de naciones como los BRICS (Brasil, Rusia, India, China y Sudáfrica) en lo que se refiere a influencia global. En este renglón no ha ayudado en nada la crisis de violencia y criminalidad que vive el país, que ha dañado seriamente la imagen y el prestigio internacional de México.

La imagen de México como un país violento ha afectado al sector turístico. En 2013, por primera vez en más de una década, México salió de la lista de los 10 destinos turísticos más importantes del mundo. Esto no se debe a una caída en términos absolutos, sino a que el país se ha estancado tanto en ingresos turísticos como en llegada de visitantes internacionales, mientras que otros países han seguido avanzando. Pero sería ingenuo creer que México puede promocionarse en el mundo como un destino seguro y pacífico mientras no se logre reestablecer el Estado de Derecho en muchas regiones y ciudades del país que desde hace varios años padecen el asedio del crimen organizado y la violencia. En este sentido, la tendencia a futuro de México como destino turístico estará estrechamente ligada al éxito o fracaso de la estrategia nacional de seguridad pública del gobierno de Enrique Peña Nieto, así como a la implementación de la reforma penal aprobada en 2008.

En cuanto a la inversión extranjera directa (IED), el panorama de México es incierto. A pesar de que el país ha desarrollado clusters de clase mundial en sectores como el automotriz, el aeroespacial y el de electrónicos, la inversión extranjera no ha crecido de manera sostenida. Incluso ha caído. En 2012 se registró la menor IED desde 2000: sólo llegaron al país 12 mil mdd. En contraste, en 2010 y 2012 esta inversión se ubicó en alrededor de 20 mil mdd. Sin embargo, el país podría aumentar su atractivo como destino de inversión extranjera si se eliminan restricciones a la inversión extranjera en telecomunicaciones y energía. Esto ya está contemplado, al menos parcialmente, en la reforma al sector de telecomunicaciones, cuya implementación está pendiente. Y está por verse si se contempla en la iniciativa de reforma energética que se presentará al Congreso en el segundo semestre de 2013.

Finalmente, cabe mencionar que la reforma migratoria que se aprobó en junio de 2013 en el Senado de EUA tendrá implicaciones para los millones de mexicanos indocumentados que habitan en ese país. La reforma abrirá la puerta para la regularización de la situación legal de estos migrantes y podría facilitar los flujos de personas entre los dos países. Es importante que México siga de cerca la implementación de la reforma migratoria en EUA y defienda los intereses y derechos de los ciudadanos mexicanos radicados en aquel país.

IMCO propone

1. Fortalecer la inserción de México en nuevos tratados y alianzas comerciales. Por ejemplo, México debe asumir un rol de liderazgo en las negociaciones de la Alianza Trans-Pacífico (ATP). Singapur, Brunei, Nueva Zelanda y Chile fundaron esta alianza en 2005. Desde 2010 los EUA, Canadá, Malasia, Australia, Perú, México,

IX. Aprovechamiento de las relaciones internacionales

Vietnam se han sumado a las negociaciones para la expansión de la alianza. La ATP podría ser crucial para facilitar el comercio entre México y países de la región Asia-Pacífico con los cuales actualmente hay poca interacción. También facilitaría los flujos de inversión hacia y desde esos países, y le permitiría a México continuar diversificando su comercio internacional.

2. Impulsar el turismo internacional a través del mejoramiento de las condiciones de seguridad en todo el país, especialmente en las zonas turísticas. En 2012, México abandonó el top 10 de destinos turísticos del mundo, perdiendo tres lugares para ubicarse en la posición 13. Mientras no se observe una disminución considerable en los niveles de violencia que vive el país, será muy difícil que México vuelva a ubicarse como una de las primeras 10 potencias turísticas mundiales.

3. Es necesario que el gobierno mexicano siga de cerca la discusión sobre la reforma migratoria en EUA y se prepare para los posibles efectos de dicha reforma. Si se abre la puerta para la regularización de millones de mexicanos indocumentados en aquel país, se facilitaría el flujo continuo de migrantes entre los dos países. Por otra parte, el gobierno mexicano debe hacer un esfuerzo para informar a los migrantes mexicanos en EUA sobre sus derechos y su condición legal. Por la misma razón, es de gran importancia que exista un diálogo con el gobierno americano en el establecimiento de nuevos requerimientos para otorgar la residencia a mexicanos, así como mejores condiciones para aquellos que se encuentren en situación de indocumentados.

4. México debe trabajar tanto en la protección de los migrantes centroamericanos que transitan por el territorio nacional, como en la seguridad de la frontera sur. Cada año, miles de centroamericanos son víctimas de robo, extorsión y secuestro en su trayecto por el territorio nacional. México está obligado a proteger los derechos de estos migrantes, independientemente de su condición legal. A la par de lo anterior, es fundamental que el Estado mexicano refuerce su control de la frontera sur, que actualmente es muy porosa y permite el flujo no sólo de personas, sino también de armas y drogas, lo cual representa un riesgo para la seguridad nacional.

X. Innovación y sofisticación en los sectores económicos

Este subíndice califica la capacidad de los sectores económicos de los países para competir con éxito en la economía global, particularmente en sectores de alto valor agregado intensivos en conocimiento y tecnología de punta. El subíndice evalúa temas como el nivel de sofisticación de las economías de los países y su capacidad para generar valor a través de la innovación y el avance tecnológico.

Indicadores del subíndice

1. Coeficiente de invención.

Qué mide: El número de patentes otorgadas a los residentes de un país, en relación al tamaño de la población económicamente activa.
Unidades: Aplicaciones de patentes por millón de PEA.
Fuente: World Intellectual Property Organization.

2. Empresas con ISO 9000.

Qué mide: El número de empresas que tiene el certificado ISO 9000 en relación a la población económica activa. El certificado representa una acreditación de los procesos y estándares de calidad de las empresas, y les permite posicionarse mejor tanto en el mercado nacional como en el internacional.
Unidades: Empresas por millón de PEA.
Fuente: International Organization for Standardization (ISO).

3. Empresas nacionales en el Fortune 500.

Qué mide: El número de empresas nacionales en el Fortune Global 500, una lista de las 500 corporaciones más grandes del mundo.
Unidades: Número
Fuente: Fortune.

4. Exportaciones de alta tecnología.

Qué mide: Se refiere a las exportaciones de productos altamente intensivos en investigación y desarrollo, tales como computadoras, maquinaria eléctrica, instrumentos de precisión, productos farmacéuticos y aeroespaciales.
Unidades: Porcentaje del total de exportaciones.
Fuente: Banco Mundial.

Gráfica 1. Posiciones en Innovación y sofisticación en los sectores económicos

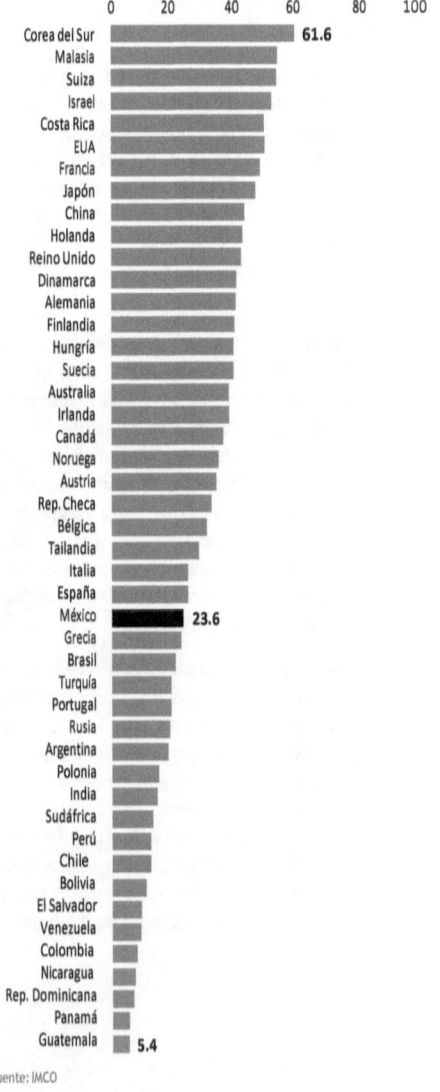

Fuente: IMCO

X. Innovación y sofisticación en los sectores económicos

5. Gasto en investigación y desarrollo.

Qué mide: El gasto corriente y de capital (tanto público como privado) en el trabajo de investigación realizado de manera sistémica para incrementar el conocimiento, así como el uso del conocimiento para nuevas aplicaciones. Cubre tanto la investigación básica como la aplicada y el desarrollo experimental.

Unidades: Porcentaje del PIB.

Fuente: Banco Mundial.

6. Artículos científicos y técnicos.

Qué mide: El número de artículos científicos y técnicos publicados en los siguientes campos: física, biología, química, matemáticas, medicina clínica, investigación biomédica, ingeniería y tecnología, y ciencias de la tierra y el espacio.

Unidades: Artículos por millón de PEA.

Fuente: Banco Mundial.

7. PIB del sector servicios.

Qué mide: El peso del sector servicios en una economía. A pesar de la alta interrelación que existe entre el sector industrial y el sector servicios, la tendencia de la mayoría de los países más desarrollados ha sido hacia un mayor peso del sector servicios en la economía, principalmente de aquellos que están basados en el conocimiento.

Unidades: Porcentaje del PIB.

Fuente: Banco Mundial.

8. Valor agregado de la agricultura.

Qué mide: La producción del sector agrícola (cultivos, pecuario, forestal, caza y pesca) menos el valor de los insumos intermedios. Es una medida de productividad asociada a la innovación en el sector.

Unidades: Dólares por trabajador agrícola.

Fuente: Banco Mundial.

Tres primeros lugares

Corea del Sur - Le corresponde la primera posición del subíndice principalmente porque ocupa el primer puesto en el indicador de Coeficiente de invención, medido como el número de patentes por PEA. Esta nación tiene casi 10 veces más patentes en relación a su población que el promedio de los países. También es notable el porcentaje de exportaciones de alta tecnología, con 29% del total, y el gasto en investigación y desarrollo, que representa el 4% del PIB, el doble del promedio.

Malasia - Alcanza la segunda posición en el subíndice por su liderazgo como exportador de bienes de alta tecnología, que representan el 43% de sus exportaciones totales. Esto representa más de tres veces el promedio de los países del estudio en ese indicador. Malasia es una nueva economía industrializado del sureste asiático que se ha enfocado en la exportación de manufacturas de alto valor agregado.

Suiza - Se ubica dentro de las primeras cinco posiciones en tres indicadores. Lidera el indicador de Artículos científicos y técnicos. Ocupa la segunda posición en Empresas con ISO 9000, donde cuenta con 3 veces más empresas certificadas que el promedio. Por último, ocupa la quinta posición en Exportaciones de alta tecnología, que representan el 25% del total.

Desempeño de México

Gráfica 2. Desempeño de México en el subíndice de Innovación, 2001-2011 (posición entre 46 países).

	24										
2001	2002	2003	2004	2005	2006	2007	2008	2009	2010	2011
26	27	26	26	27	27	28	27	27	27	

Fuente: IMCO

México se mantuvo estable en este subíndice en el periodo 2001-2011. El país está en la parte baja de la tabla, muy lejos de otras economías emergentes como Malasia, China y Costa Rica. En los últimos tres años se ha mantenido en la posición 27 de 46.

Desempeño por indicador

1. Coeficiente de invención				
Aplicaciones de patentes por millón de PEA				
	2011	Posición	2009	Posición
México	278	24	298	24
World Intellectual Property Organization				

2. Empresas con ISO 9000

Por millón de PEA

	2011	Posición	2009	Posición
México	904	36	769	36
ISO				

3. Empresas nacionales en el Fortune 500

#

	2011	Posición	2009	Posición
México	3	18	2	21
Fortune				

4. Exportaciones de alta tecnología

Porcentaje del total

	2011	Posición	2009	Posición
México	16.50	14	18.18	14
Banco Mundial				

5. Gasto en investigación y desarrollo

Porcentaje del PIB

	2011	Posición	2009	Posición
México	0.51	35	0.50	35
Banco Mundial				

6. Artículos científicos y técnicos

Por millón de PEA

	2011	Posición	2009	Posición
México	86.29	34	86.10	34
Banco Mundial				

7. PIB servicios

Porcentaje del total

	2011	Posición	2009	Posición
México	59.71	31	61.89	28
Banco Mundial				

8. Valor agregado de la agricultura

Dólares por trabajador agrícola

	2011	Posición	2009	Posición
México	5,894	36	5,133	36
Banco Mundial				

Fortalezas de México

Exportaciones de alta tecnología – Es el único indicador dentro del subíndice donde México se ubica por encima del promedio. El 16% de las exportaciones nacionales son de alta tecnología, lo que ubica al país en la posición número 14, tres puntos porcentuales por arriba del promedio del resto de los países. Gran parte de estas exportaciones son generadas por empresas transnacionales que tienen operaciones en México, en sectores como el aeroespacial y el electrónico.

Rezagos de México

Gasto en investigación y desarrollo – El porcentaje del PIB dedicado al gasto en investigación y desarrollo es del 0.5%, lo que ubica a México en el lugar 35 en el rubro. En promedio, el resto de los países analizados asignan un 1.6% del valor de su producción. En años recientes, el gasto en I+D aumentó ligeramente, al pasar de 0.37% del PIB en 2007 a 0.5% en 2009.

Valor agregado de la agricultura – El desempeño del país en este indicador es sumamente débil en relación al resto de los países analizados. México cuenta con un valor agregado por trabajador agrícola de alrededor de 6 mil dólares, mientras que la media de los países evaluados es de aproximadamente 27 mil dólares. En otras palabras, la productividad agrícola de la muestra de países evaluados es 4.5 veces superior a la de México.

Tendencias a futuro

México continúa rezagado en innovación y sofisticación respecto a otras naciones emergentes, particularmente asiáticas como China y Malasia. El país adopta tecnología del resto del mundo, pero su contribución a la innovación y el avance tecnológico es marginal. Esto se ve reflejado en magros indicadores como el número de patentes registradas en el país.

Sin embargo, México podría dirigirse a buen camino si se cumplen los acuerdos del Pacto por México que hablan sobre este tema. En este documento se sientan bases para convertir a México en una potencia manufacturera con capital humano de clase mundial. Lo anterior se lograría si se materializan los siguientes compromisos: inversión del 1% del PIB en ciencia y tecnología, definición de objetivos nacionales y regionales concretos para el desarrollo de la ciencia y la tecnología, y aumento del número de investigadores y centros de investigación.

En el área de la agricultura, el Pacto propone mejorar la productividad del campo otorgando crédito a tasas preferenciales a pequeños y medianos productores, además de focalizar los subsidios a incrementar el uso

X. Innovación y sofisticación en los sectores económicos

de tecnología en el sector. Está por verse si estos programas detonan un incremento en la productividad agrícola.

IMCO propone

Existe una larga lista de temas pendientes que resolver en México para mejorar su capacidad de innovar y desarrollar tecnologías avanzadas. Sin embargo, pueden resumirse en: (1) no existe una masa crítica de recursos humanos y tecnológicos dedicados a la investigación, y (2) la mayoría de los recursos los ejercen instituciones públicas donde no necesariamente hay incentivos para que la investigación incorpore criterios de eficiencia. La investigación es una actividad incierta y económicamente riesgosa, y por ello se justifica el uso de recursos públicos para alcanzar niveles socialmente óptimos de investigación y desarrollo. Sin embargo, es necesario incorporar incentivos para hacer una asignación eficiente de esos recursos. IMCO considera que la participación de capital privado es clave para lograr esto por lo tanto se propone .

Podemos dividir las medidas en dos categorías:

1. Eliminar las barreras al flujo de personas y tecnologías dedicadas a la investigación para generar una masa crítica de personas y recursos tecnológicos. Para ello, es necesario:

   a) Homologar los planes de estudio en las universidades públicas con instituciones internacionales, sobre todo en las carreras tecnológicas. Asimismo, desarrollar grados con equivalencia internacional.

   b) Crear programas de becas e intercambio de estudiantes con universidades extranjeras de clase mundial y expandir los existentes.

   c) Facilitar visas para investigadores y técnicos internacionales.

   d) Desarrollar una política migratoria orientada a facilitar la entrada de capital humano de clase mundial. Establecer un sistema de puntos (como los que operan en Canadá, Australia y el Reino Unido) puede ser el primer paso.

   e) Adecuar el régimen tributario para que empresas y centros de investigación puedan contratar extranjeros de manera temporal y permanente.

2. Incorporar criterios de eficiencia a la asignación de los recursos públicos para investigación y desarrollo, con el propósito de darles el mejor uso posible. Para ello, se requiere:

a) Canalizar los recursos adicionales para la investigación a proyectos concursables por áreas prioritarias que tengan además participación de capital privado.

b) Es indispensable replantear la política actual de subsidios al campo y a las PYMES. Se deben separar los objetivos de desarrollo social de los de política industrial para que éstos últimos se enfoquen únicamente en la generación de mayor valor.

c) Crear mecanismos para evaluar los resultados del Sistema Nacional de Investigadores (SNI) y hacerlos públicos. Es necesario replantear tanto los criterios actuales de evaluación a investigadores como a proyectos e instituciones de investigación, para que realmente existan incentivos hacia una investigación que sea de mayor utilidad a la sociedad y en vinculación con el sector empresarial.

d) Realizar certificaciones de capacidades laborales de acuerdo con estándares internacionales para incrementar el nivel de sofisticación de la mano de obra en la industria. De esta forma, aumentaría la confianza de las empresas nacionales y extranjeras en la fuerza laboral mexicana. Las certificaciones deberán enfocarse en la oferta relacionada con lenguajes de programación y bases de datos, así como el dominio del idioma inglés.

e) Generar una estrategia detallada de la industria TIC en la que se ordenen, integren y coordinen las políticas públicas existentes en el sector. Para potenciar los beneficios de los programas TIC, esta estrategia debe estar alineada con el Sistema Nacional de Innovación. Específicamente, la estrategia gubernamental debe centrarse en la vinculación entre la ciencia, el desarrollo tecnológico y la formación de profesionales con habilidades de adaptación a los nuevos mercados.

f) Apoyar y expandir las oficinas de transferencia de tecnología de las universidades, de forma que puedan incluir dentro de sus actividades la protección a los derechos de propiedad intelectual y las patentes conjuntas con la industria. Con ello, se facilitaría la transferencia a los sectores productivos y promover el interés de los universitarios por la innovación.

g) Incentivar la creación de apps para resolver problemas de política pública. Para asegurar una participación proactiva de los ciudadanos en el diseño de apps se requiere poner a disposición de la ciudadanía la información pública relevante y realizar concursos donde se premien con fondos públicos las aplicaciones más destacadas, como lo que realizó en 2009 Colombia.

h) Educar para y con las TICs. Más allá de promover la conectividad de las escuelas es indispensable plantear nueva currícula a partir de las TICs. Singapur, Corea y Finlandia muestran importantes avances en este tema. Por su parte, Nigeria muestra opciones interesantes con impactos evaluados sobre el uso de m-education, cursos vía celular.

Anexo
metodológico

Anexo Metodológico

Generales

El objetivo primordial del Índice de Competitividad Internacional 2013 es aportar información útil para diseñar, priorizar y dar seguimiento a las políticas públicas nacionales para la competitividad y el desarrollo económico de México. Lo anterior, a partir del análisis del desempeño de México a través del tiempo y en relación con las principales economías del mundo.

Al igual que en ocasiones anteriores, el proceso inició con la definición de competitividad y la determinación de sus 10 componentes, que denominamos subíndices. En términos generales, los subíndices están estrechamente vinculados con temas que la teoría económica, la experiencia internacional y el sentido común asocian con el desarrollo económico. Para este informe se revisaron las variables utilizadas tanto en el índice internacional como en los índices de estados y ciudades, para analizar y entender su relación con la atracción de inversión y de talento. A través de este ejercicio identificamos aquellas variables que empíricamente tienen una relación estadísticamente más significativa con los dos componentes de nuestra definición de competitividad: la inversión (medida como la formación bruta de capital fijo, o FBCF) y la atracción y retención de talento.

El siguiente paso fue identificar indicadores que tuvieran una clara contribución para explicar cada subíndice, tratando de eliminar redundancias. Únicamente se consideraron indicadores generados y publicados por fuentes reconocidas internacionalmente. Otro requisito de estos indicadores es que sean publicados de manera regular para la mayoría de los 46 países evaluados y que sean de fácil interpretación. Una vez determinado el universo inicial de indicadores, se recopilaron los datos correspondientes para todos los países del estudio. El conjunto final de 108 indicadores para los 46 países fue el resultado de un proceso intenso de revisión donde se emplearon herramientas de análisis estadístico y econométrico con el objetivo de corroborar (i) que las variables estuvieran correlacionadas con la inversión, (ii) que se excluyeran variables redundantes y (iii) que los subíndices estuvieran relacionados estadísticamente tanto con la inversión como con el talento.

¿Qué hace el índice?

- Compara transversalmente y a través del tiempo, la posición relativa de los 46 países en torno a 10 subíndices que, de acuerdo con la teoría económica, la experiencia internacional y el sentido común, tienen un impacto significativo en la competitividad.

- Comprueba que los 10 subíndices de competitividad considerados afectan positivamente la competitividad de un país (alta correlación con la inversión y con el talento).

- Asigna una calificación de 0 a 100 a cada país, tanto globalmente como para cada subíndice.

- Complementa la información que proveen otros indicadores internacionales y nacionales al brindar una perspectiva más amplia y específica para los 46 países, lo que permite elaborar análisis de sensibilidad para sugerir agendas prioritarias de política pública.

¿Qué no hace?

- No pretende ser un modelo de equilibrio general ni parcial.

- No permite realizar predicciones en relación con la inversión ni el talento en los países.

- No hace explícitas las interacciones entre los indicadores considerados.

Definición de competitividad

En el IMCO definimos la competitividad como la capacidad de una región para atraer y retener talento e inversión. Para lograr estos dos objetivos, los países deben crear condiciones integrales que permitan a las personas y empresas maximizar su potencial productivo. Además, deben incrementar de forma sostenida su nivel de bienestar, más allá de las posibilidades intrínsecas que ofrezcan sus propios recursos y sus capacidades tecnológicas y de innovación. Estos esfuerzos por fomentar la competitividad deben ser independientes de las fluctuaciones normales inherentes a los ciclos económicos.

Inversión y talento

La medición de inversión que se considera tanto para países como para estados es la formación bruta de capital fijo dividida entre la población económicamente activa.

El talento se define como el promedio simple de dos variables: la proporción de la población de entre 24 y 35 años que cuenta con educación terciaria, y el número de estudiantes universitarios extranjeros en relación a la población. Esta definición es aplicable tanto para países como para estados. Para generar el índice de talento, la ponderación de ambas variables se homologa en una escala de 0 a 100.

Para el cálculo de los ponderadores por subíndice, hemos usado un promedio geométrico de la variable de talento e inversión normalizadas.

10 subíndices de competitividad

A continuación se describe a grandes rasgos el sentido general de los aspectos que cada subíndice busca incorporar dentro de la noción del modelo conceptual.

I. Sistema de Derecho confiable y objetivo

Este subíndice tiene por objeto calificar la existencia y observancia generalizada de reglas claras, libertades y garantías indispensables para un correcto desempeño económico. Para ello, incorpora los principales aspectos de certeza jurídica en la interacción entre personas, empresas y gobiernos en la economía y en la sociedad como base fundamental para incentivar la inversión y la sana competencia. También evalúa los niveles de seguridad pública y de corrupción en una sociedad.

II. Manejo sustentable del medio ambiente

Este subíndice califica tanto el estado de conservación ambiental como la interacción entre los recursos naturales, las actividades productivas y la población. El subíndice refleja la sustentabilidad ambiental como condición indispensable para generar crecimiento y desarrollo en el largo plazo.

III. Sociedad incluyente, preparada y sana

Este subíndice califica los niveles de inclusión, salud y educación de una sociedad. Parte de considerar que el bienestar y las capacidades de la fuerza laboral constituyen una aproximación del capital humano de una sociedad, que a su vez está determinado por la escolaridad, la salud y las condiciones generales de vida de la población, así como por la equidad en el acceso a servicios básicos. En la era del conocimiento,

el capital humano representa el principal componente de una sociedad competitiva y el principal determinante de su calidad de vida.

IV. Economía estable

El subíndice mide el desempeño y la estabilidad de la economía que otorga certidumbre a inversionistas, empresas e individuos para planear y tomar decisiones de corto y largo plazo. El subíndice incorpora medidas de riesgo relacionadas con el endeudamiento público y privado, así como el riesgo implícito en la volatilidad de la economía de cada país.

V. Sistema político estable y funcional

Este subíndice califica la calidad del sistema político a partir de su legitimidad democrática, representatividad, estabilidad y efectividad. Se incluyen indicadores que incorporan los derechos políticos de los ciudadanos y su participación en los procesos electorales. También se consideran factores de riesgo que amenazan el desempeño de las instituciones democráticas.

VI. Mercados de factores eficientes

Este subíndice califica la eficiencia de los mercados de factores de producción -es decir, los mercados de los insumos que utilizan las empresas para sus actividades productivas. Para este fin, utilizamos indicadores que evalúan y comparan los costos y la productividad de distintos factores de producción, como el trabajo y la energía, además de los bienes de capital. Una economía dinámica y competitiva requiere de mercados de factores que impulsen la productividad, faciliten la innovación y maximicen el impacto del talento en las actividades económicas.

VII. Sectores precursores de clase mundial

Este subíndice mide la calidad, eficiencia y costos de sectores precursores tales como telecomunicaciones, transporte y financiero, que inciden en la productividad de muchos otros sectores de la economía. Por lo tanto, el buen funcionamiento de estos sectores es una condición necesaria para el desarrollo largo plazo de un país. Los sectores precursores conforman una infraestructura logística y financiera que facilita el intercambio comercial, la provisión de servicios de punta, la innovación y el desarrollo de productos y empresas.

VIII. Gobierno eficiente y eficaz

Este subíndice mide cómo interactúan los gobiernos con la economía, afectando su desempeño de manera directa e indirecta. El subíndice consta de tres ejes que miden el impacto de las políticas e instituciones de gobierno en la competitividad de los mercados. Los tres ejes son: (1) el costo de hacer negocios, asociado a trámites e interacción con autoridades; (2) la calidad de la regulación sectorial y promoción de la competencia y, (3) la suficiencia y eficiencia del gasto público.

IX. Aprovechamiento de las relaciones internacionales

Este subíndice califica en qué medida los países capitalizan su relación con el exterior para ser más competitivos. Evalúa temas como el turismo internacional, el comercio exterior y los flujos de capitales a través de indicadores que reflejan tanto el volumen como las barreras que enfrentan.

X. Innovación y sofisticación en los sectores económicos

Este subíndice califica la capacidad de los países para competir con éxito en la economía global, particularmente en sectores de alto valor agregado, intensivos en conocimiento y tecnología de punta. El subíndice evalúa temas como el nivel de sofisticación de las economías de los países y su capacidad para generar valor a través de la innovación y el avance tecnológico.

Selección de indicadores

Los 108 indicadores agrupados en los 10 subíndices de competitividad cumplen con las siguientes condiciones:

* Son publicados regularmente.

* Provienen de una fuente neutral de reconocido prestigio.

* Son de fácil interpretación y sus metodologías de cálculo son transparentes y accesibles para todo el mundo.

* No son redundantes: cada variable aporta información adicional a la que aportan las otras.

La integración de los indicadores para este informe no consistió únicamente de una actualización de las mismas. Con el fin de mejorar nuestro índice se sustituyeron, eliminaron o depuraron algunas variables y en ciertos casos se cambiaron sus métodos de estimación.

Todos nuestros indicadores de competitividad se construyen a partir de los últimos datos disponibles, los cuales generalmente presentan un desfase de uno a dos años. Para la actualización del Índice de Compe-

titividad Internacional 2013 se utilizaron datos al corte de 2011, por ser éstos los últimos disponibles para la mayoría de las fuentes.

En una minoría de casos, fue necesario hacer imputaciones y extrapolaciones de las variables para algún país. Esto se realizó acudiendo a las mejores técnicas estadísticas disponibles, incluyendo *random forests* implementados en el paquete estadístico R, análisis tendencial y análisis de regresión lineal con indicadores relacionados.

Fuentes

La objetividad de los datos está garantizada por la calidad de las fuentes consultadas. Las fuentes utilizadas aseguran la imparcialidad de la información analizada así como la calidad y replicabilidad de nuestro índice a través de los años. Las fuentes empleadas:

* Son de reconocido prestigio.

* Son expertas en el tema que trata el indicador.

* Actualizan regularmente sus cifras para todos los países.

* Son en su mayoría de dominio público y gratuitas.

Países considerados

Los países considerados en el análisis son principalmente aquellos con los que México compite:

* Por consumidores y mercados.

* Por inversiones.

* De manera muy especial por el mercado estadounidense y los productos que éste importa.

También se incluye a países que, por el tamaño de su economía o por acuerdos, gozan de tratamiento especial por las principales economías del mundo.

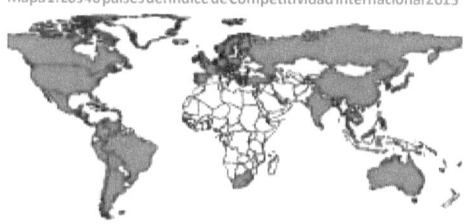

Alemania	Costa Rica	Irlanda	Reino Unido
Argentina	Dinamarca	Israel	República Checa
Australia	El Salvador	Italia	República Dominicana
Austria	España	Japón	Rusia
Bélgica	EUA	Malasia	Sudáfrica
Bolivia	Finlandia	México	Suecia
Brasil	Francia	Nicaragua	Suiza
Canadá	Grecia	Noruega	Tailandia
Chile	Guatemala	Panamá	Turquía
China	Holanda	Perú	Venezuela
Colombia	Hungría	Polonia	
Corea del Sur	India	Portugal	

Homologación de indicadores 0-100

Las variables de cada país se normalizan en una escala de 0 a 100 en función de los valores que presenten el resto de los países. Así, el peor valor de la muestra toma el valor 0, mientras que el mejor toma el valor 100. Los demás valores toman una calificación entre 0 y 100 en proporción a la escala utilizada. De esta forma se consiguen cuatro aspectos importantes:

- Se comparan valores normalizados y no números absolutos.

- Se hacen homogéneas las unidades de todas las variables.

- Se puede observar fácilmente la posición relativa de los países.

- El índice de competitividad general está en la misma escala que todos los subíndices.

Pesos de los indicadores

Los pesos de las variables se determinaron utilizando dos criterios:

1. La opinión de expertos, sobre la relevancia de la variable en cada uno de los factores (se consideran sólo tres niveles de relevancia: alto, medio y bajo).

2. La correlación de la variable con la variable dependiente.

Las variables sólo pueden tomar los siguientes pesos: 1 (alto), 0.5 (medio) y 0.1 (bajo).

Pesos de los subíndices

Este año hemos hecho una revisión minuciosa de los pesos de los subíndices, a partir de una regresión no lineal de la base de datos normalizada de los 108 indicadores, utilizando como variable dependiente un promedio geométrico de las variables de inversión (formación bruta de capital fijo) y talento (en diversas especificaciones, una de ellas el porcentaje de gente con educación terciaria). A partir de dichas regresiones, se definieron tres posibles valores para el ponderador de cada subíndice, como sigue:

Subíndice	Peso
Sistema de Derecho confiable y objetivo	0.1001
Manejo sustentable del medio ambiente	0.0829
Sociedad incluyente, preparada y sana	0.1001
Economía estable	0.1001
Sistema político estable y funcional	0.1171
Mercados de factores eficientes	0.1171
Sectores precursores de clase mundial	0.1171
Gobierno eficaz y eficiente	0.0829
Aprovechamiento de las relaciones internacionales	0.0829
Innovación y sofisticación en los sectores económicos	0.1001

Pruebas de robustez estadística

Se realizaron 4,000 simulaciones de Montecarlo, permitiendo variaciones en los pesos de las variables entre las tres posibilidades definidas en el modelo, con el fin de constatar que la posición asignada sea producto de los valores que toman las variables y no inducidos por los pesos. Los resultados se presentan en la gráfica 1, donde los brazos representan las posiciones mínima y máxima que cada país puede tomar, la dimensión de la caja representa el 50% de los valores (posiciones) obtenidos en las simulaciones, mientras que la línea que cruza la caja indica la mediana. A menor tamaño de la caja, menor variabilidad de la posición del país.

Gráfica 1. Posiciones de los países en las simulaciones de Montecarlo

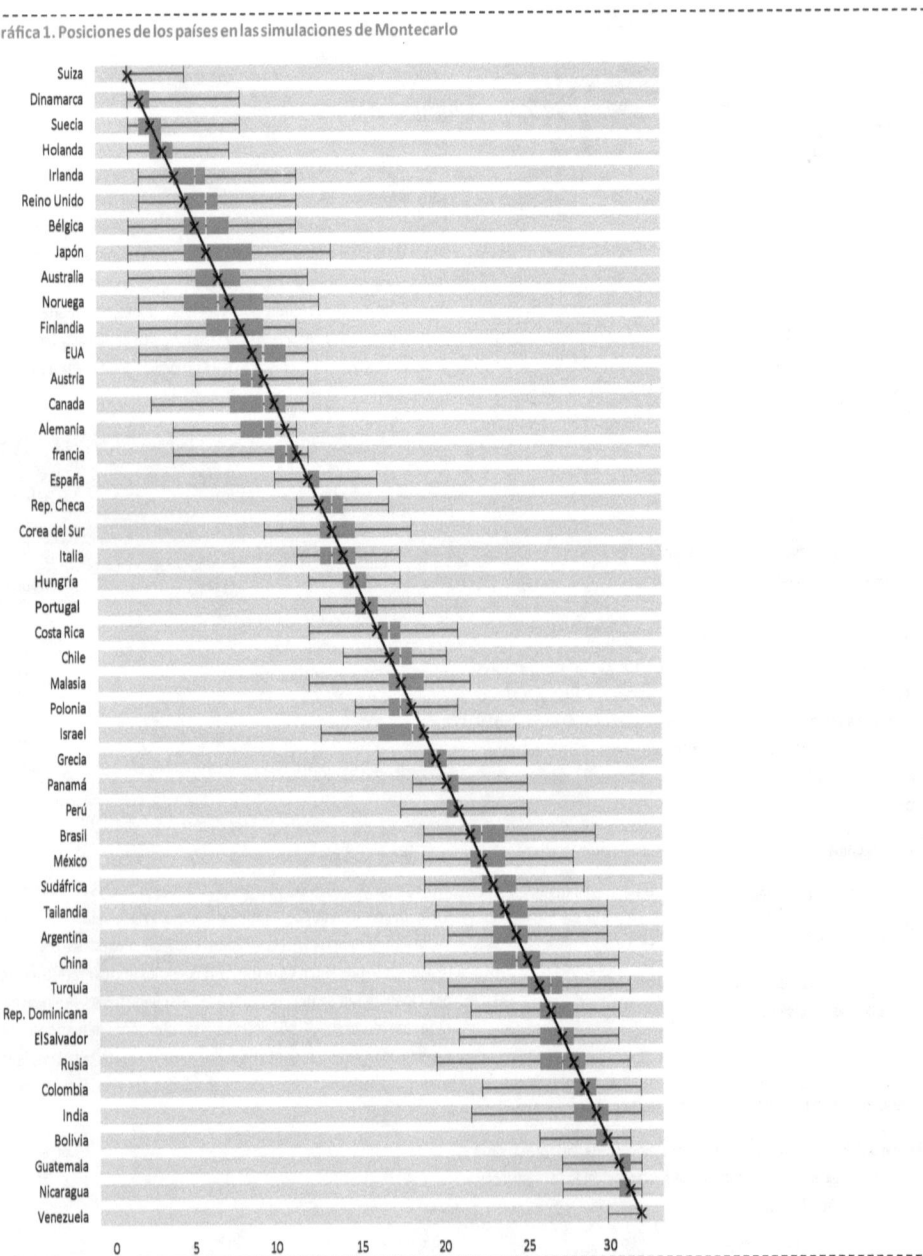

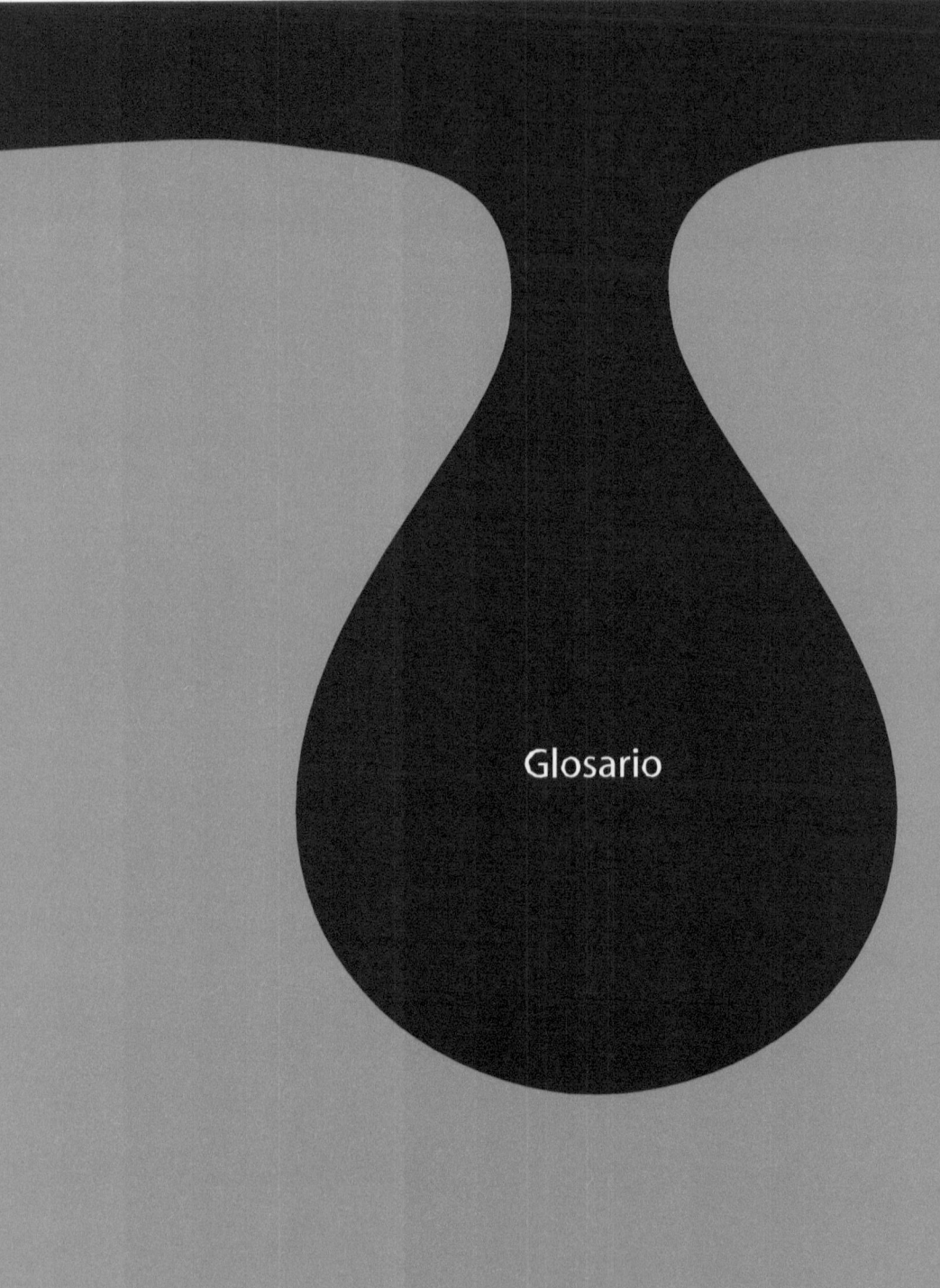

Glosario

Unidades de medición

bpce	Barriles de petróleo crudo equivalente.
bd	Barriles diarios.
mmtce	Miles de millones de toneladas de petróleo crudo equivalente.
mbd	Miles de barriles diarios (cada *m* implica tres ceros, por ejemplo: mmbd: millones de barriles diarios; mmmbd: miles de millones de barriles diarios, etc.)
BTU (British Thermal Unit).	Unidad para medir el contenido calórico del gas natural. La cantidad de calor que se requiere para incrementar en un grado Fahrenheit la temperatura de una libra de agua pura bajo condiciones normales de presión y temperatura.
pc	Pies cúbicos.

Recursos y equipo

Aceite	Porción de petróleo que existe en fase líquida en yacimientos y permanece así en condiciones originales de presión y temperatura. Puede incluir pequeñas cantidades de sustancias que no son hidrocarburos.
Aceite extrapesado	Aceite crudo con fracciones relativamente altas de componentes pesados, alta densidad específica y alta viscosidad, a condiciones de yacimiento.
Aceite ligero	La densidad de este aceite es de entre 27 y 38 grados API.
Aceite pesado	Es aquel cuya densidad es menor o igual a 27 grados API.
Aceite superligero	Su densidad es mayor a los 38 grados API.
Aceite de lutitas *(shale oil)*	El aceite de lutitas o *shale oil* es bastante parecido al petróleo, pudiendo sustituirlo en buena parte de sus aplicaciones. El aceite de lutitas presenta una menor cantidad de azufre (aproximadamente 1%) y una mayor fluidez, se encuentra en rocas sedimentarias arcillosas (esquistos bituminosos o lutitas bituminosas) que contienen materiales inorgánicos y orgánicos, procedentes de la fauna y la flora acuáticas.
Buque tanque	Buque dividido en compartimentos que son utilizados para transportar petróleo crudo y/o sus derivados. Es el medio de transporte de costo unitario de operación relativamente bajo y que permite la realización de grandes economías de escala. Sin embargo, sus requerimientos de infraestructura son grandes y costosos, tanto por la adquisición del buque tanque como por la realización de las obras portuarias que este requiere para operar. Es un medio de transporte muy adecuado cuando se trata de mover grandes volúmenes a grandes distancias.
Cabotaje	Tráfico marítimo en las costas de un mismo país.
Carro tanque	Vagón de ferrocarril, utilizado para transportar líquidos.
Ducto	Tuberías conectadas, generalmente enterradas o colocadas en el lecho marino, que se emplean para transportar petróleo crudo, gas natural, productos petrolíferos o petroquímicos utilizando como fuerza motriz elementos mecánicos, aire a presión, vacío o gravedad. Es el medio de transporte que ofrece máxima economía de operación y máxima vida útil, pero es también el que requiere el máximo de inversión y presenta el mínimo de flexibilidad.
Gas asociado	Gas natural que se encuentra en contacto y/o disuelto en el aceite crudo del yacimiento. Este puede ser clasificado como gas de casquete (libre) o gas en solución (disuelto).
Gas asociado libre	Es el gas natural que sobreyace y está en contacto con el aceite crudo en el yacimiento. Puede corresponder al gas del casquete.
Gas asociado en solución o disuelto	Gas natural disuelto en el aceite crudo del yacimiento, bajo las condiciones de presión y de temperatura que prevalecen en él.

Gas de lutitas (shale gas)	El gas de lutitas o *shale gas* se encuentra en los esquistos arcillosos sedimentarios, aunque el interior rocoso del esquisto presenta baja permeabilidad. Para la extracción comercial de dicho gas, es necesario fracturar la roca hidráulicamente (Fraccionamiento hidráulico o *hydraulic fracking*).
Gas húmedo	Mezcla de hidrocarburos que se obtiene del proceso del gas natural del cual le fueron eliminadas las impurezas o compuestos que no son hidrocarburos, y cuyo contenido de componentes más pesados que el metano es en cantidades tales que permite su proceso comercial.
Gas licuado de petróleo (GLP)	Gas que resulta de la mezcla de propano y butano. Se obtiene durante el fraccionamiento de los líquidos del gas o durante el fraccionamiento de los líquidos de refinación. Fracción más ligera del petróleo crudo utilizado para uso doméstico y para carburación.
Gas natural	Mezcla de hidrocarburos que existe en los yacimientos en fase gaseosa, o en solución en el aceite, y que a condiciones atmosféricas permanece en fase gaseosa. Este puede incluir algunas impurezas o substancias que no son hidrocarburos (ácido sulfhídrico, nitrógeno o dióxido de carbono).
GNL (LNG *Liquefied natural gas* por sus siglas en inglés)	Es gas natural que ha sido procesado para ser transportado en forma líquida. Es la mejor alternativa para monetizar reservas en sitios apartados, donde no es económico llevar el gas al mercado directamente ya sea por gasoducto o por generación de electricidad. El gas natural es transportado como líquido a presión atmosférica y a -162 °C donde la licuefacción reduce en 600 veces el volumen de gas transportado.
Gas no asociado	Es un gas natural que se encuentra en yacimientos que no contienen aceite crudo a las condiciones de presión y temperatura originales.
Gas seco	Gas natural que contiene cantidades menores de hidrocarburos más pesados que el metano. El gas seco también se obtiene de las plantas de proceso.
Grados API	La gravedad API, o grados API, de sus siglas en inglés *American Petroleum Institute*, es una medida de densidad que, en comparación con el agua, precisa cuán pesado o liviano es el petróleo. Si son superiores a 10, es más liviano que el agua, y por lo tanto flotaría en ésta. La gravedad API se usa también para comparar densidades de fracciones extraídas del petróleo.
Energía primaria	Se entiende por energía primaria a las distintas formas de energía tal como se obtienen de la naturaleza. Se refiere a las siguientes fuentes de energía: carbón, hidrocarburos (petróleo crudo, condensados, gas natural), nucleoenergía, renovables (hidroenergía, geoenergía, energía solar, energía eólica, biogás) y biomasa (bagazo de caña y leña).
Energía secundaria	Se le denomina así a los diferentes productos energéticos que provienen de los distintos centros de transformación y cuyo destino son los sectores de consumo y/o centros de transformación.
FPSO	*Floating Production Storage Offloading* es un buque flotante utilizado por la industria de petróleo y gas en alta mar para el procesamiento de hidrocarburos y para el almacenamiento de petróleo. Un buque FPSO está diseñado para recibir los hidrocarburos producidos cerca de plataformas o submarinos, procesarlos, y distribuirlos hasta que se puedan descargar en un buque o, con menor frecuencia, a través de una tubería. Los FPSO son preferidos en las regiones fronterizas en alta mar, ya que son fáciles de instalar y no requieren una infraestructura local, como gasoductos, para exportar petróleo.
Hidrocarburos	Compuestos químicos constituidos completamente de hidrógeno y carbono.
Oleoducto	Ducto usado para el transporte de crudo.
Petrolíferos	Productos refinados como gasolinas automotrices, turbosina, diésel, combustóleo y gas licuado.
Poliducto	Ducto usado para el transporte de productos petrolíferos y petroquímicos.
Pozos de desarrollo	Pozos que se instrumentan para ser productivos, una vez explorado y localizado el campo petrolífero.
Pozo petrolero	Perforación efectuada por medio de barrenas de diferentes diámetros y a diversas profundidades, con el propósito de definir las condiciones geológico-estructurales de la corteza terrestre, para la prospección o explotación de yacimientos petrolíferos. El método más utilizado es el rotatorio, y las perforaciones pueden desarrollarse con o sin recuperación de núcleo.

Recursos convencionales	Son los hidrocarburos que se encuentran en una roca almacenadora distinta a la roca generadora. Este es el crudo como comúnmente se ha extraído en México.
Recursos no convencionales	Son los hidrocarburos que se pueden extraer directamente de la roca generadora, estos pueden ser por ejemplo formaciones de lutitas. Cuando nos referimos a aguas profundas nos referimos a recursos convencionales, la diferencia con radica en la profundidad en la que se encuentra la formación.
Refinería	Conjunto de instalaciones petroleras destinadas al procesamiento del petróleo crudo a través de diversos métodos de refinación, a fin de obtener productos petrolíferos, tales como gasolinas, diésel, lubricantes y grasas, entre otros.
Reserva	Es la porción factible de recuperar del volumen total de hidrocarburos existentes en las rocas del subsuelo
Reservas probadas (también denominadas 1P)	De acuerdo con la *Securities Exchange Comission* (SEC) son cantidades estimadas de hidrocarburos (aceite crudo, gas natural y líquidos del gas natural), evaluadas a condiciones atmosféricas. A través de análisis de datos ingeniero - geológicos se estima, con razonable certidumbre, que serán comercialmente recuperables a una fecha específica y bajo las condiciones actuales económicas. Su estimación incluye promedios de precios y costos históricos en un período de tiempo consistente con el proyecto. Son las reservas con mayor probabilidad de certidumbre y menor riesgo asociado.
Reservas probables	Reservas *no probadas* de hidrocarburos que, con base en los análisis de datos ingeniero-geológicos, tienen una alta probabilidad de ser recuperables. La estimación de su volumen tiene una probabilidad de 50% de éxito. Con esta probabilidad se sabe que las cantidades a recuperar serán iguales o mayores a la suma de las reservas probadas más probables. El volumen de **reservas 2P** es igual a la suma de las **reservas probadas + probables**.
Reservas posibles	Volúmenes de hidrocarburos cuya recuperación comercial es menos factible que la de las reservas probables, con base en información geológica y de ingeniería. La estimación de su volumen tiene una probabilidad de 10% de éxito. Con esta probabilidad se sabe que las cantidades a recuperar serán iguales o mayores a la suma de las reservas probadas más las probables más las posibles. El volumen de reservas 3P es igual a la suma de las **reservas probadas + probables + posibles**. Es decir, son las reservas totales.
Terminal de Almacenamiento y Reparto (TAR)	Conjunto de instalaciones destinadas al recibo, almacenamiento, entrega y reparto de productos derivados del petróleo que generalmente abastece a su zona. Sin embargo, también puede apoyar a abastecer otras zonas, dependiendo del tamaño de la instalación. Existen varias terminales localizadas a lo largo del país y éstas pueden ser marítimas o terrestres. Las TAR se localizan en puntos estratégicamente seleccionados, por razones de demanda, configuración geográfica y vías de comunicación

Técnicas y procesos

Fraccionamiento hidráulico *(Hydraulic fracking)*	Proceso de producción asociado principalmente con la extracción de aceite y gas de lutitas. Se perfora un pozo a una profundidad de 2,000 a 2,500 metros, se hace una descarga eléctrica que expande momentáneamente la roca donde se encuentran los hidrocarburos, lo que aumenta significativamente su permeabilidad. Acto seguido se inyecta una solución especial que mantiene temporalmente abiertos los canales para que fluyan los hidrocarburos a la superficie para su producción.
Hidrodesulfuración	Proceso mediante el cual se elimina el azufre convirtiéndolo en ácido sulfhídrico en la corriente gaseosa, el cual puede separarse con facilidad y transformarse en azufre elemental.
Levantamiento sísmico	Una forma de prospección geofísica que tiene por objeto determinar la geología del subsuelo a través de la medición de las propiedades de la tierra por medio de los principios físicos tales como magnetismo, gravedad, térmica, electricidad y elástica.
Mercado spot	Mercado internacional en el que el crudo o sus derivados son vendidos para entrega inmediata a precio corriente (precio "spot")
Permeabilidad	Característica de la roca almacenadora que permite el movimiento de fluidos a través de poros interconectados.
Porosidad	Relación entre el volumen de poros existentes en una roca con respecto al volumen total de la misma. Es una medida de la capacidad de almacenamiento de la roca.
Recuperación mejorada	Es la extracción adicional del petróleo después de la recuperación primaria, adicionando energía o alterando las fuerzas naturales del yacimiento. Esta incluye inyección de agua, o cualquier otro medio que complete los procesos de recuperación del yacimiento.

Recuperación primaria	Extracción del petróleo utilizando únicamente la energía natural disponible en los yacimientos para mover los fluidos, a través de la roca del yacimiento hacia los pozos
Recuperación secundaria	Se refiere a técnicas de extracción adicional de petróleo después de la recuperación primaria. Esta incluye inyección de agua, o gas con el propósito en parte de mantener la presión del yacimiento.
Upstream	Fase de la cadena de hidrocarburos que se refiere a las actividades de exploración y producción de petróleo y gas.
Midstream	Las actividades logísticas y de transporte de crudo, gas sin proceso y productos refinados. Esta fase a su vez se puede dividir a su vez en *upper midstream* y *lower midstream*. La primera se refiere a logística y transporte de crudo y gas no procesado. *Lower midstream* se refiere logística y transporte de refinado
Downstream	Abarca la refinación de crudo y el procesamiento de gas natural, así como la comercialización de petrolíferos y petroquímicos. Para efectos de este informe agrupamos en esta fase las actividades de *midstream* y *downstream*.

Organismos, instituciones y empresas petroleras

Operador	Empresa petrolera que participa en la fase de exploración y producción de hidrocarburos.
Dueño	A excepción de Estados Unidos y Canadá, en todos los países la propiedad de los hidrocarburos es del Estado. En México la propiedad de los hidrocarburos es de la Nación, es decir los mexicanos de hoy y de futuras generaciones somos dueños de los hidrocarburos. Pemex es un operador más no el dueño.
Estado	En este documento los conceptos de Estado y Nación son utilizados indistintamente. Nos referimos al Estado como el dueño de los hidrocarburos, y por lo tanto, el que maximiza el valor de la renta petrolera.

ANH	Agencia Nacional de Hidrocarburos (Colombia)
ANP	Agencia Nacional de Petróleo (Brasil)
API	*American Petroleum Institute*
BP	*British Petroleum*
CFE	Comisión Federal de Electricidad
CNH	Comisión Nacional de Hidrocarburos
CNPC	*China National Petroleum Corporation*
CRE	Comisión Reguladora de Energía
CUPET	Unión Cubana de Petróleos, empresa petrolera estatal en Cuba
DNP	Directorado Noruego del Petróleo
Ecopetrol	Empresa petrolera estatal en Colombia
EIA	Agencia de Información Energética en EUA *(US Energy Information Administration)*
NOEC	*North Korea's Korean Oil Exploration Corporation*
NIOC	*National Iranian Oil Company*
OPEP *(OPEC, Organization of Petroleum Exporting Countries* por sus siglás en inglés)	Organización de Países Exportadores de Petróleo. Organización internacional que se ocupa de coordinar las políticas relativas al petróleo elaboradas por sus miembros. Fundada en 1960, la OPEP está constituida por 12 países: Argelia, Indonesia, Irán, Irak, Kuwait, Libia, Nigeria, Catar, Arabia Saudita, los Emiratos Árabes Unidos y Venezuela (Ecuador se incorporó en 1973, pero abandonó la organización en 1992).
Petrobras	Petróleos Brasileiros S.A., empresa petrolera estatal en Brasil
PEP	Pemex Exploración y Producción

PREF	Pemex Refinación
PGPB	Pemex Gas y Petroquímica Básica
PMI	Petróleos Mexicanos Internacional
SEC	*Securities and Exchange Commission*. Es la agencia norteamericana que exige a las empresas con valores bursátiles negociables revelar al público toda la información financiera pertinente a su disposición, como banco común de información para que los inversionistas puedan juzgar y decidir por sí mismos si la inversión en los títulos y obligaciones de determinadas empresas constituyen una buena inversión. La SEC supervisa también otros participantes clave en el mundo de las bolsas y mercados financieros, incluyendo las bolsas de valores, los corredores, los consejeros de inversiones, los fondos mutuos, y los consorcios controladores de empresas de servicio público.
SENER	Secretaría de Energía
SHCP	Secretaría de Hacienda y Crédito Público
Statoil	Empresa estatal de petróleo en Noruega
SINOPEC	*China Petroleum & Chemical Corporation*

Equivalencias

Volumen

1 pie cúbico	= 0.0283 metros cúbicos
1 metro cúbico	= 35.31 pies cúbicos
1 metro cúbico	= 6.29 barriles
1 galón (EUA)	= 3.785 litros
1 litro	= 0.264 galones (EUA)
1 barril	= 42 galones = 159 litros

Peso

1 tonelada métrica	= 2 204.6 libras
1 libra	= 0.454 kilogramos

Calor

1 BTU	= 0.252 kilocalorías
1 kilocaloría	= 3.968 BTU
1 kilojoule	= 0.948 BTU

Equivalencias calóricas

1 barril de crudo equivale a 5,000 pies cúbicos de gas natural
1 barril de combustóleo equivale a 6,800 pies cúbicos de gas natural
1 m³ de gas natural equivale a 8,460 kilocalorías (para efectos de facturación de gas seco)
1 pie cúbico de gas natural ≈ 1,000 BTU

Fuente: IMCO. Algunas fuentes consultadas fueron: Pemex, términos usados en la industria Petrolera; Pemex, 2012. Las reservas de hidrocarburos de México, 1 enero de 2012 y en SENER (2006-2012), glosario de términos petroleros.

www.ingramcontent.com/pod-product-compliance
Lightning Source LLC
Chambersburg PA
CBHW030434290526
45786CB00001B/277